AF401491

F. GRENARD

Le Tibet

Le Pays et les Habitants

AVEC UNE CARTE EN COULEUR HORS TEXTE

Librairie Armand Colin

Paris, 5, rue de Mézières

LE TIBET

LE PAYS ET LES HABITANTS

O²m
191

A LA MÊME LIBRAIRIE

Les Anglais aux Indes et en Égypte, par Eugène Aubin. Un volume in-18 jésus (2ᵉ *édition*), broché **3.50**
(*Ouvrage couronné par l'Académie française. Prix Furtado*).

Le Maroc d'aujourd'hui, par Eugène Aubin. Un volume in-18 jésus, *de 500 pages, avec trois cartes en couleur hors texte*, broché . . . . **5. »**

Droits de traduction et de reproduction réservés pour tous les pays y compris la Hollande, la Suède et la Norvège.

LE TIBET

LE PAYS ET LES HABITANTS

PAR

F. GRENARD

AVEC UNE CARTE EN COULEUR HORS TEXTE

PARIS
LIBRAIRIE ARMAND COLIN
5, RUE DE MÉZIÈRES, 5

1904

Tous droits réservés.

Dépôt Légal
No 2071
1904

PRÉFACE

Le livre que je présente aujourd'hui aux lecteurs est la réimpression partielle de l'ouvrage intitulé « Mission scientifique dans la Haute Asie » (Paris, Leroux. 3 vol. in-4° et un atlas in-folio), que j'ai publié en 1897-98 sous les auspices du Ministère de l'Instruction publique. Cette publication administrative, imposante par sa masse et son prix, n'est pas à la portée du commun des lecteurs ni particulièrement de ceux qui pourraient en avoir besoin. Il m'a semblé utile d'en tirer et de mettre sous un format commode tout ce qui concerne le Tibet et les Tibétains, sur qui de récents événements ont appelé l'attention générale. Je n'ai laissé de côté que les choses purement techniques.

Les pages qui suivent contiennent d'abord le récit du voyage malheureusement tragique que j'ai accompli avec mon très regretté chef et ami Dutreuil de Rhins à travers une région presque inaccessible. A défaut d'autre mérite, cette relation a celui de la sincérité. J'ai conscience de n'avoir rien embelli, ni dénaturé, de n'avoir jamais tenté ni d'étonner les imaginations en montrant les choses à travers des verres grossissants, ni de flatter le goût régnant d'exotisme romanesque qui dissimule, sous un vernis de convention, le véritable caractère des pays et des hommes. Après avoir fait sur son carnet de route la liste des misères et des difficultés avec lesquelles nous avons été aux prises, Dutreuil de Rhins écrit : « Ne jamais oublier tant de misères! » Loin de les exagérer cependant, je les ai plutôt atténuées, sachant combien il détestait tout ce qui pouvait ressembler à de la réclame et combien il tenait à ne point paraître solliciter l'admiration et la pitié d'autrui.

La seconde partie de ce volume comprend un exposé des mœurs et coutumes, de la vie sociale et économique, de l'état politique du Tibet, c'est-à-dire d'une contrée des plus singulières et des plus mal connues qui est à la veille de perdre une part notable de son originalité. Bien que datant de plusieurs années, cet exposé n'a rien perdu de sa nouveauté. Aucun des explorateurs qui nous ont succédé, Littledale, Wellby, Deasy, Bonin, Kozlof, Sven Hedin, tous très remarquables du reste, le dernier même de premier ordre au point de vue géographique, n'a été à même d'approfondir l'étude de la société tibétaine. Seuls, le pandit hindou Sarat Chandra Das [1] et le bouriate Tsybikof,

_____

1. *Journey to Lha-sa and Central Tibet*, London, 1902.

sujet russe[1], nous ont apporté quelques informations nouvelles à cet égard. Parmi les voyageurs récents qui nous ont précédés, je dois citer au premier rang de ceux qui ont ajouté à notre connaissance des peuples du Tibet le P. Desgodins, des Missions étrangères[2], et surtout M. W. W. Rockhill[3], qui est aujourd'hui l'homme le plus compétent dans la matière. J'ai pris soin de ne pas insister sur les points qu'ils avaient suffisamment éclaircis.

F. G.

1. Le Tibet central, article dans le *Bulletin de la Société de Géographie de Pétersbourg*, 1903, 3ᵉ livraison.

2. *Le Tibet*, Paris, 1885. Rempli de faits, mais dépourvu d'esprit scientifique.

3. *The land of the lamas*, Londres, 1891. — *Diary of a journey through Mongolia and Tibet*, Washington, 1891. — *Notes on the ethnology of Tibet*, Washington, 1895.

LE TIBET

PREMIÈRE PARTIE
VOYAGES A TRAVERS LE TIBET

CHAPITRE I
PREMIÈRES EXPLORATIONS DANS LE NORD-OUEST DU TIBET ET AU LA-DAG

Par un arrêté en date du 23 juillet 1890 le ministre de l'Instruction publique avait confié à Dutreuil de Rhins, qui s'était signalé par une exploration au Congo et par de remarquables travaux géographiques sur l'Indo-Chine et l'Asie centrale, une mission scientifique dans la Haute Asie, dont les frais devaient être supportés en partie par le ministère, en partie par l'Académie des Inscriptions et Belles-Lettres. Le 25 octobre de la même année je fus adjoint à cette mission et le 19 février 1891 nous quittâmes Paris, Dutreuil de Rhins et moi.

Je n'ai rien à dire ici de notre voyage à travers le Caucase, le Turkestan russe et la Kachgarie jusqu'à Khotan, véritable point de départ de notre mission, où nous arrivâmes le 7 juillet. Dès cette première année nous devions reconnaître les montagnes qui s'élèvent au sud de Khotan, retrouver, s'il était possible, les traces de la route qui, selon certains documents chinois, menait directement à travers ces montagnes de Khotan à Lha-sa dans les temps anciens où la Kachgarie était encore de religion bouddhique, puis après nous être avancés aussi loin que nos ressources nous le permettraient, revenir à Khotan pour organiser une nouvelle expédition qui, dans notre pensée, nous conduirait jusqu'à proximité de la capitale tibétaine.

Le 14 août nous gagnâmes le pauvre hameau turc de Polour situé par 2580 mètres d'altitude dans la vallée du Kouráb. C'est de ce côté le village le plus avancé dans les montagnes. Il se compose d'une seule rue, ou plutôt d'un chemin étroit et tortueux se faufilant entre une cinquantaine de tristes cases de terre, basses, sordides, suant l'humidité, dont les terrasses et les murailles lézardées sont envahies d'herbes folles. Auprès des maisons une douzaine de saules et de peupliers, les éternels arbres du Turkestan, quelques champs de blé et d'orge, bien vite arrêtés dans leur développement par les hautes collines grises et mornes qui se dressent au bord du torrent.

Après diverses excursions dans les environs, nous remontâmes vers le Sud la gorge du Kouráb par un chemin fort difficile. Tantôt il faut marcher dans le torrent rapide encombré de puissants quartiers de roches où les chevaux, déjà ébranlés par la force du courant, bronchent à chaque pas; tantôt il faut escalader le flanc d'une montagne par un sentier raide et si étroit que le moindre faux mouvement du cheval le précipite dans un ravin de plusieurs centaines de pieds. Le quatrième jour nous franchîmes la ligne de faîte de l'Altyn tâgh par le col Kyzyl davân, haut de 5150 mètres. Au sommet on voit un de ces tas de pierres au moyen desquels les Tibétains et les Mongols indiquent le haut des passes; c'est une preuve que ce col, aujourd'hui abandonné, était autrefois fréquenté par des voyageurs non musulmans. Au delà s'étend un plateau aride, semblable à une vaste arène environnée de toutes parts de montagnes neigeuses en guise de gradins. Le terrain en est d'origine volcanique et l'on y trouve, près de deux petits lacs, des gisements de soufre qui ont valu à ce lieu le nom de Gougourtlouk. Tel est le commencement de cet immense entablement, plus de cinq fois grand comme la France, qui sépare de la plaine de l'Inde les steppes de Mongolie, les sables et les oasis du Turkestan.

Peu après nous nous engageâmes dans l'Oustoun tâgh, chaîne de montagnes sensiblement plus élevées que l'Altyn tâgh, d'où leur nom d'Oustoun tâgh, c'est-à-dire la montagne supérieure, par opposition avec Altyn tâgh qui signifie la montagne inférieure. Ces deux systèmes montagneux ont des caractères bien distincts. L'Altyn tâgh est très articulé, abrupt, hérissé de pics pointus, entaillé de profondes vallées; l'Oustoun tâgh, au contraire, a les formes très larges et arrondies; il contient de plus nombreux et plus vastes glaciers, et tandis que l'Altyn tâgh abonde en roches calcaires, les roches primitives et schisteuses dominent dans l'Oustoun tâgh.

Remontant la rivière de Kéria, nous atteignîmes le 26 septembre une vaste vallée plate et marécageuse, semée de petits lacs, couverte d'une mince couche de neige, bordée à l'ouest par une chaîne de glaciers immenses si largement étendus qu'ils semblaient hauts à peine de quelques mètres. Nous étions à l'altitude de 5 470 mètres et nous crûmes faussement être arrivés à la source de la rivière et à la frontière du Tibet. L'éclat du soleil sur la neige de la plaine, le déroulement de cette blancheur dans l'air vibrant jusqu'à l'horizon lointain, sans aucun détail, aucune ombre pour reposer le regard, endolorissaient les yeux comme si on les perçait de milliers de pointes d'aiguilles. A l'étape, nos hommes aveuglés, la tête malade, se déclarèrent incapables de travailler et se couchèrent sur le sol sans planter leur tente ni préparer leur repas. Le lendemain nous redescendîmes la vallée pour nous diriger au nord-est sur Kara-say, espérant trouver à notre droite une coupée dans la montagne qui, l'année suivante, nous mènerait vers Lha-sa. Vain espoir! Dutreuil de Rhins, sur ce point, avait mal interprété les vieux géographes chinois.

Nous suivions le pied des glaciers de l'Oustoun tâgh, par une région encombrée de moraines de pierres, coupée de ravins, ondulée de côtes aux pentes faibles, creusée de dépressions dont le fond, le plus souvent désséché, était quelquefois occupé par un étang gelé. Tout cela était stérile, terne, silencieux comme la mort, d'une désolation infinie, et les immobiles géants de glace qui dominaient cette désolation la faisaient paraître plus horrible encore. Nous eûmes quelques jours très durs. Nous avions noté quarante degrés de chaleur au soleil de midi et le thermomètre baissa jusqu'à 20° au-dessous de zéro. Le matin en partant nous tremblions de froid, nous avions les mains enflées et crevassées par la gelée à manier la boussole et le crayon; au milieu du jour un soleil ardent nous brûlait le visage et, presque aussitôt, dès deux heures de l'après-midi, un vent vif et glacé se levait, amenant avec lui la neige et la grêle. L'altitude, presque toujours supérieure à cinq mille mètres, nous suffoquait, rendait pénible le moindre mouvement, la moindre parole. La nuit, enfouis sous d'épaisses couvertures qui suffisaient difficilement à ranimer nos membres engourdis, nous étions souvent réveillés par une sensation d'étouffement et d'angoisse, qui nous forçait de sortir de la tente et d'aspirer avidement l'air avare. Joignez la mauvaise nourriture infectée de fumée, la mauvaise eau, salée ou amère. Il n'en fallait pas tant pour abattre notre personnel. Pendant deux jours il y eut en tout trois hommes valides; les autres, aveuglés, pris du mal de montagne, harassés par des efforts physiques continuels, les mains ensanglantées par les tentes qu'ils devaient replier encore toutes chargées de neige glacée, étaient tous hors de service. Les chevaux furent moins heureux encore et furent pour nous une source d'inquiétudes graves. Pendant dix-huit jours nous ne trouvâmes point d'herbe qui leur convint ; partout des rochers, de la neige et quelques *yapkâk*, espèce de plante très basse, à racines extrêmement dures et profondes, servant à faire du feu, la seule chose à peu près qui ait le courage de pousser dans cet affreux pays. L'orge manqua bientôt. Exposés à la neige et au froid de la nuit avec une nourriture insuffisante, les animaux commencèrent à périr. Nous leur abandonnâmes tout notre pain et notre riz et nous fûmes réduits à manger uniquement du mouton; or, des moutons à jeun depuis plusieurs semaines ne sont ni bien gras ni bien succulents ; les nôtres n'avaient plus, à proprement parler, que la laine sur les os. Quant à la chasse, il n'y fallait pas songer : le pays est absolument désert et l'on ne voit même point passer une aile dans le ciel.

Cependant notre route se jalonnait en arrière des cadavres de nos chevaux; pour ménager les survivants débiles, nous dûmes laisser la partie la moins nécessaire de nos bagages et marcher à pied, ce qui est fort pénible à une pareille altitude. Nous craignions de ne point arriver assez tôt à une région plus basse et pourvue d'herbe, de perdre tous nos animaux et d'être contraints de tout sacrifier pour nous sauver nous-mêmes; nos hommes devenaient anxieux et se croyaient égarés, destinés à périr dans cette solitude sans issue visible. Nous allongeâmes les étapes, malgré la fatigue sans cesse grandissante. Enfin le 7 octobre, ayant franchi une crête de montagne escarpée qui fait partie de l'Altyn tâgh, nous arrivâmes au bord du petit lac salé de Hangid koul, dans une vallée qui ouvrait une voie dans l'est, une voie de salut et de délivrance.

Le 8, nous marchâmes jusqu'assez avant dans la nuit par la vallée de Sarygh touz. Comme la lune paraissait sur la montagne, nous arrivâmes à un endroit où l'herbe abondait, près d'une mine d'or abandonnée. Le lendemain et le surlendemain nous descendîmes le plus rapidement possible par une terrasse tapissée d'herbes longues et variées qui longe la rivière et que coupent des ravins profonds et à pic, taillés à l'emporte-pièce. Le 10 octobre, la nuit nous surprit, marchant toujours au milieu du désert et du silence que rompait seul le bruit des eaux grondant au fond de leur cañon. Tout à coup, comme nous descendions en tâtonnant les falaises qui encaissent le lit de la rivière, nous entendîmes des voix d'hommes résonner dans l'obscurité. C'étaient les gens que le mandarin chinois de Kéria avait envoyés à notre rencontre avec des provisions et des chevaux frais. Nous étions au bout de nos peines pour cette année. Le 12 nous arrivâmes à Kara-say, où vivent dans des demeures souterraines quelques familles de bergers. Ce lieu n'a plus que 3 140 mètres d'altitude et peut être considéré comme hors des montagnes; au nord il n'y a plus que quelques contreforts qui vont se perdre dans le désert de Taklamakân.

De là, passant par les prairies qui s'étendent au pied de l'Altyn tâgh et exhalent une pénétrante odeur d'absinthe, par une plaine stérile couverte de cailloux d'abord, puis de dunes de sable, nous parvînmes à la petite oasis de Nia.

En toute autre circonstance, les champs rasés et vides après la moisson faite, les feuillages raréfiés et jaunissants, les feuilles mortes roulant dans la poussière des chemins nous eussent donné une impression de tristesse. Mais alors la lumière adoucie et les tons variés de l'automne reposaient nos yeux fatigués, la tiédeur de la température, le mouvement et la vie du bazar, les voix et les cris des hommes ranimaient et réchauffaient les voyageurs qui sortaient du froid et de la solitude.

Après un séjour à Khotan, dont des circonstances qu'il est inutile de rappeler ici prolongèrent de beaucoup la durée, nous nous mîmes de nouveau en route le 18 juin 1892.

Le 16 juillet, nous revîmes pour la seconde fois ce pauvre village de Polour avec ses maisons humides et obscures tout imprégnées d'une odeur de boue et de lait aigre. Cette fois, ce maigre et misérable coin de terre nous parut délicieux parce que nous nous rappelions le rude et sauvage désert de montagnes au pied desquelles il est frileusement blotti. La population nous accueillit cordialement, mais le ciel nous fit grise mine. Il pleuvait, les sentiers de la montagne étaient rompus, impraticables, les torrents grossis roulaient des eaux bourbeuses, rapides, profondes, des toits s'effondraient sous la pluie; dans la plaine l'inondation emportait des arbres, des maisons, des morceaux de champs; dans les montagnes les pentes ruisselaient d'eau, les sommets se chargeaient de neige. Il fallut attendre encore après avoir déjà trop attendu.

Les pluies cessant et le chemin réparé, nous nous mîmes en route (10 août). Notre caravane comptait treize hommes, trente-six chevaux, vingt-deux ânes et trente moutons auxquels il faut ajouter soixante hommes et quarante-trois ânes de renfort fournis par Polour et les environs.

Avec tous ces moyens ce n'était pourtant pas une entreprise facile que de transporter, je devrais dire hisser, six tonnes de bagages sur le sommet d'un plateau plus haut que le Mont Blanc. Pendant trois jours on marcha avec les plus grandes précautions et les plus grandes peines dans les gorges et les entonnoirs du Kouràb. Le plus souvent on fit porter les sacs et les caisses à dos d'homme. Toutes les mesures furent assez bien prises et la fortune nous favorisa assez pour que nous n'eussions à déplorer la perte que d'un seul cheval. Parvenus sur le plateau de Saryz Koul nous trouvâmes le ciel et la terre aussi tristes l'un que l'autre. Des nuages gris et bas nous dérobaient la vue des montagnes, la neige floconnait et couvrait le sol d'une couche de dix centimètres (16 août). Tout était si mouillé qu'il fut impossible de faire du feu. La nuit passée, les hommes de renfort nous supplièrent avec des agenouillements, des lamentations et des larmes de leur donner congé. Vraiment on avait grande misère. Les yeux étaient abîmés par la poussière, le soleil et la neige ; l'altitude rendait la respiration difficile, les mouvements pénibles, la tête malade et faisàit grincer tous les rouages de la machine humaine. Les indigènes étaient mal vêtus, mal nourris, sans abri. Nous les renvoyâmes donc, excepté huit, dont six devaient nous suivre pendant trois jours encore et deux pendant sept.

Nous reprimes notre marche dans la direction de la source du Kéria daria. La saison était décidément mauvaise et le ciel plein de caprices. Un moment le temps était clair, le soleil brûlait et nous nous débarrassions de nos trop lourdes fourrures ; soudain un grand souffle de vent passait, des nuages noirs accouraient, s'accumulaient, apportant la neige et la grêle et, derechef, nous nous enveloppions dans nos peaux de mouton, tout grelottants de ce changement subit. Mais le plus grave était que les neiges tombées au printemps et en été se fondaient et transformaient le pays en une vaste fondrière. Les vallées étaient inondées, le sol des coteaux était boueux et mou. Une grande plaine que traverse le haut Kéria daria, où en 1891 nous n'avions vu que deux petits lacs, était devenue un bassin plein d'eau. Nous étions forcés de nous tenir autant que possible sur les hauteurs, ce qui augmentait la difficulté de la marche par des montées et descentes perpétuelles; les chevaux enfonçaient dans le terrain détrempé jusqu'aux genoux, quelquefois jusqu'au ventre; harassés de fatigue, suffoqués par l'altitude, frissonnant de froid, privés d'herbe, dégoûtés de l'orge qu'ils refusaient, ils dépérissaient rapidement et le 22 août nous en avions déjà perdu deux. Huit hommes sur treize étaient malades, les autres se trainaient comme ils pouvaient, Dutreuil de Rhins lui-même était fort souffrant.

Nous avions atteint cependant le pied des immenses et magnifiques glaciers où la rivière de Kéria prend sa source. Nous réussimes à franchir par un col de 5550 mètres la chaine de l'Oustoun tâgh qui était ainsi traversée pour la première fois par des voyageurs venus du nord. L'eau ne coulait plus vers le Turkestan et l'on pouvait se considérer comme arrivés en pays tibétain; à deux jours de marche on rencontra déjà des pierres noircies par le feu sur lesquelles des chasseurs du Tibet avaient fait bouillir leur thé. Malheureusement les obstacles, loin de diminuer, s'accrurent : l'altitude toujours aussi considérable, variant de 5100 à 5600 mètres, le sol marécageux, l'insuffisance de la nourriture et le froid de la nuit causaient à nos animaux une fatigue extrême qui s'aggravait en raison du temps écoulé et de l'espace parcouru. La nécessité qui en résultait de marcher plus lentement, de faire sept à huit milles seulement par jour au lieu de treize, et par suite l'insuffisance de nos provisions calculées pour une marche plus rapide, nous obligèrent à prendre la direction du sud-ouest pour chercher dans les plus proches régions habitées les ressources indispensables et les renseignements qui nous permettraient d'aller à notre but par une route plus praticable.

Jusqu'au lac Soum-dji tso nous suivîmes, à quelques modifications près, l'itinéraire que l'Anglais Carey avait fait en sens inverse plusieurs années auparavant. Les gens de Polour nous avaient quittés, emportant notre dernier courrier pour la France, et nous continuions seuls désormais notre voyage à travers ces solitudes monotones et désolées, où l'air nous étouffait comme une cuirasse de plomb, où le froid nous gelait les pieds, nous crevassait la figure et les mains. On n'entendait rien que le sifflement sans relâche, âpre, furieux du vent d'ouest qui semblait être la voix de la montagne maudissant les perturbateurs de son repos séculaire. On ne voyait rien qu'une succession de collines ternes, parfois blanchies de neige, se traînant tristes et basses comme lasses d'être montées si haut. Rien ne poussait sur le sol aride que çà et là quelques brins durs et courts d'herbe jaunâtre. Rien ne se mouvait dans le ciel ni sur la terre; seulement de temps à autre on voyait filer au loin, bien loin, rapide comme une flèche, une forme vague d'antilope, de yak, de cheval sauvage. Quelquefois cependant un beau paysage réveillait l'attention, comme sur les bords du Yéchil koul, le premier grand lac que nous ayons rencontré (25 août). Il étendait, jusqu'au pied de hautes montagnes étincelantes de neige, ses eaux d'un azur éclatant et sans nuances, immobiles et comme endormies dans le silence absolu de la nature environnante, silence que ne troublait même pas le bruit d'un vol d'oiseau.

Depuis ce lac, qui est à deux journées de la source du Kéria daria, on suit une série de longues vallées et de cirques au sol rougeâtre, resserrés entre des chaînes de montagnes, dont les sommets et les flancs septentrionaux seuls à partir de 5 500 à 5 600 mètres conservent leur manteau de neige, et derrière lesquelles, vers le sud, se montraient les cimes des *gang-ri* ou glaciers, qui forment une troisième chaîne, à peu près parallèle à l'Oustoun tâgh et à l'Altyn tâgh.

Après avoir longé le petit lac Tâchlyk koul et fait le tour du Soum-dji tso, nous vîmes, le 4 septembre, le premier Tibétain. C'était un chasseur qui avait de longs cheveux en désordre et une figure sauvage et portait un mousquet à mèche et à fourche d'une longueur démesurée. Il nous donna une vive impression que nous étions entrés désormais dans un monde nouveau et étrange. Dans la crainte des autorités de son pays, il refusa d'abord de répondre à nos questions; mais, comme d'autre part, il ne nous craignait pas moins que lesdites autorités, et que le danger de notre côté lui semblait plus pressant, il se décida à nous indiquer le chemin conduisant aux prochaines habitations, à condition qu'on ne le dénonçât point. Le lendemain, dans l'après-midi, nous arrivâmes à un vaste cirque de montagnes aux cimes neigeuses, coupé par un profond ravin sur les bords duquel étaient disséminées sept pauvres petites tentes noires habitées par des Tibétains sujets de Lha-sa. Ce lieu s'appelle Mang-rtsé et fait partie du district de Routog, province de Tsang; il est dominé par le Ma-ouang gang-ri, énorme montagne arrondie derrière laquelle, à trois jours de marche, s'étend le lac sacré, le Ma-ouang tso, appelé Baka Namour par les Mongols. En quelques instants nous fûmes entourés de la population entière, hommes, femmes et enfants, tous la peau brûlée et tannée par le soleil, le vent, le froid et la neige, la crinière au vent, embroussaillée, le corps couvert d'une robe de peau de mouton ou de laine, sale et dépenaillée. Au reste bonnes gens, tout étonnés et heureux de voir des hommes aussi extraordinaires que nous; ils nous accueillirent bien, nous obligèrent à faire le tour de toutes leurs tentes où ils nous régalèrent de thé beurré et salé et de farine d'orge grillé (*tsam-pa*), régal médiocre à la vérité, mais assaisonné de bonne humeur. L'un d'eux, qui avait les cheveux plus hérissés, la mine plus farouche, la langue plus agile, des vêtements plus malpropres, une pipe de fer plus lourde et plus longue que tous les autres, s'offrit à nous guider partout où nous voudrions aller, moyennant un honnête salaire, jurant de nous être fidèle contre vents et marées. Un guide ne nous suffisait pas, il nous fallait aussi des provisions et ces pauvres nomades qui vivent de l'élevage de quelques yaks et de quelques brebis et font venir du La-dag le peu d'orge qu'ils consomment, étaient incapables de nous rien fournir. Cependant le bruit de notre arrivée s'était répandu et, le 7 septembre, le *go-ba*, ou chef de canton, fit son apparition, accompagné de trois hommes armés de fusils préhistoriques et de sabres de fer. Immédiatement, notre fidèle volontaire s'éclipsa comme une étoile devant le soleil levant et il nous fut impossible de le retrouver. Le *go-ba* nous parla d'un ton fort honnête, nous fit savoir qu'il était prêt à nous servir et que, si nous avions besoin de guides, il en mettrait à notre disposition, excepté pour la route de Rou-tog, où les étrangers n'étaient pas admis. Nous n'avions nullement l'intention d'aller à Rou-tog, parce que nous savions d'abord qu'on ne nous laisserait pas passer de bonne volonté, ensuite que nous ne trouverions pas dans cette misérable bourgade les ressources nécessaires. Nous demandâmes seulement un guide pour nous conduire dans la direction du sud-est; car nous espérions pouvoir atteindre assez tôt de ce côté des pays habités, moins élevés et mieux pourvus que celui où nous étions. Le *go-ba*, charmé de se débarrasser de notre présence importune, désigna pour nous accompagner deux hommes qu'il nous recommanda comme très sûrs et connaissant le pays à merveille.

Ces guides nous conduisirent vers l'est par un terrain passable, assez ferme, mais tout à fait aride et constamment au-dessus de 5500 mètres. Nous longions le pied septentrional d'une grande chaine de montagnes parallèle à l'Oustoun tâgh et dont les cimes neigeuses et les glaciers nous étaient souvent dérobés par les masses brunâtres des premiers plans. Le 10 septembre, nous campâmes dans une très large vallée presque plate, couverte de gravier et de sable, dépourvue d'eau et d'herbe, semblable à un fond de lac desséché. Tout auprès, cachée par un éperon de montagne, se prolongeait la pointe d'un vaste lac, le Rga-yé Hor-ba tso, que j'allai reconnaitre. Au delà du lac, au sud-est, se dressait une majestueuse barrière de glace à travers laquelle une coupée se dessinait vaguement. Quoique Dutreuil de Rhins se crût égaré, c'était bien là véritablement, comme je l'ai démontré plus tard[1], l'ancienne route de Khotan à Lha-sa, qui passait par le Kyzyl davàn, la source du Kéria daria, le Rga-yé Hor-ba tso, le Ma-ouang tso et Tog-dao-rag pa.

Malheureusement, nous étions dans une situation critique. Depuis que nous avions quitté Polour, notre mission comptait vingt-six jours de marche effective. Quoique le personnel se fût mieux habitué que les débuts ne le faisaient prévoir aux altitudes excessives, et que la fatigue eût diminué avec un terrain plus ferme et sous un moindre

1. *Mission scientifique dans la Haute Asie*, tome III, p. 228-237.

chargement, plusieurs hommes, et des meilleurs, étaient comme anéantis par des maux de tête et des maux de ventre. Sans doute, la température n'avait varié que de — 8° à + 32°, et, dans la même journée, ses écarts n'avaient pas dépassé 31 degrés à l'ombre; mais, par 5300-5400 mètres, avec du vent, une mauvaise alimentation et les efforts physiques qu'on est obligé de faire, on devient très sensible à de tels écarts. Pendant les trois derniers jours de marche, nous avions perdu six chevaux; au bord du Rga-yé Hor-ba tso, malgré l'herbe et le repos, nous en perdîmes encore six. De trente-six, il ne nous en restait plus que vingt-quatre très fatigués. Les ânes, harassés, étaient incapables de fournir d'assez longues étapes pour atteindre les régions habitées avant le manque de vivres, c'est-à-dire avant quatorze jours.

Les pertes ne pouvaient que s'accroître rapidement dans ce désert, dont l'altitude ne diminuait pas, où l'herbe est si rare et si mauvaise, et que barraient au sud des glaciers que les animaux survivants, épuisés, n'auraient pas eu la force de franchir. Enfin, Dutreuil de Rhins, parti de Polour dans un mauvais état de santé, était malade au point de m'inspirer de sérieuses inquiétudes, malgré le soin qu'il mettait à ne rien laisser paraître.

Nous rebroussâmes donc chemin. Repassant près du Soum-dji tso, nous longeâmes de très larges vallées par la pente profondément ravinée des contreforts septentrionaux de la grande chaîne dont j'ai déjà parlé. Puis, au lieu de prendre la route de Carey par le col de La-nag la, nous pénétrâmes dans l'épaisseur de la chaîne par le défilé de Tsa-kar Ské-dog-po, entre des collines nues et rougeâtres. Le 17 septembre, franchissant une ligne de partage d'eaux et traversant un dédale de monts arides, nous arrivâmes par le vent et la grêle dans un cirque de montagnes de neige et de glaciers qui descendaient à 20 mètres de nous; les pentes inférieures étaient encombrées de moraines de pierres jusqu'aux bords d'un grand lac, le Ko-né tso, dominé sur l'autre rive par d'énormes pics escarpés. Il était semblable à une goutte d'eau perdue au fond d'un puits, et sur sa surface blême et mélancolique couraient de gros nuages gris. Malgré l'aspect sombre et inhospitalier de ce lieu, comme il est situé au point de jonction des deux routes du La-dag et de Rou-tog, nous y trouvâmes quelques Tibétains qui y viennent en été faire paitre à leurs troupeaux les maigres touffes d'herbe qui croissent entre les pierres. Nous leur fimes grand'peur, car ils nous prirent pour des brigands. Les gardiens des moutons se sauvèrent et ne rentrèrent pas de la nuit, les moutons se promenèrent librement par la montagne et il fallut trois jours pour les chercher, les ramener et en opérer le triage.

Deux *aptouk*, c'est-à-dire deux gendarmes, commis à la surveillance de la frontière, arrivèrent, coiffés d'un turban rouge, armés de pied en cap, portant en épaulette une botte de cuivre contenant une image sainte, infaillible talisman contre les balles et les coups de sabre. Ils nourrissaient le dessein, comme nous le sûmes plus tard, de mettre la main sur nos chevaux pendant le nuit; mais, s'étant aperçus que nous avions la mine d'honnêtes gens, ils changèrent d'avis et crurent plus expédient d'employer la persuasion. Ils furent punis cependant de leur péché d'intention; car, tandis qu'ils s'occupaient de nos affaires, la femme du plus jeune fut enlevée par des maraudeurs entreprenants, et le pauvre mari, instruit de cette aventure au moment du déjeuner, quitta précipitamment son collègue pour courir après les ravisseurs.

Le vieux gendarme, tout en buvant avec nous quelques tasses de thé beurré sous la tente d'un indigène, essaya de nous détourner de notre chemin. Il nous dit que la route du Ko-né tso au La-dag est très mauvaise, voire impraticable, que nous devrions aller rejoindre celle du La-nag si notre intention était d'aller au La-dag, que la route de Rou-tog était fermée et celle du Ko-né ding défendue aux Européens, que s'il nous la laissait prendre il jouait sa vie. Mais, comme le disait gaiement Dutreuil de Rhins, il n'était plus temps de nous jouer, nous. Nous avions appris que, par le défilé de Ko-né ding, nous pouvions nous diriger directement sur la partie nord-ouest du lac Pang-kong, qui dépend du La-dag, et le peu de vivres que nous avions ne nous permettait pas de faire des détours. — « Soit ! repartit le gendarme, j'envoie immédiatement un courrier à Rou-tog. Attendez la réponse des autorités, qui ne saurait tarder. — Faites mieux, lui dit Dutreuil de Rhins, accompagnez-nous jusqu'au Ko-né ding, car je ne veux pas attendre un jour de plus ; vous constaterez que je n'essaye pas d'aller à Rou-tog, et tout le monde sera content. — Eh bien ! j'accepte, dit le gendarme qui était un brave homme, à condition que vous passerez chez moi prendre une tasse de thé. »

Le lendemain (19 septembre) nous fîmes route ensemble en traversant les grandes moraines de glaciers qui dévalent jusqu'à la rive occidentale du lac Ko-né tso. Le bonhomme nous informa qu'autrefois il y avait beaucoup de bandits dans la contrée, mais que depuis qu'il avait été chargé de veiller à la sécurité publique, ils avaient disparu. Comme nous lui objections l'aventure de son collègue, il répondit que les maraudeurs n'y étaient probablement pour rien, que les femmes ont des caprices, et que lorsque l'on a une jeune femme dans sa tente, il est sage de ne point courir les grands chemins. Au reste, ce sage et redoutable gendarme avait beaucoup voyagé, il

avait vu Lha-sa, Si-ning, le Sikkim, Do-rdjé-ling, il avait
connu des Chinois, des Hindous, des Anglais, et, au cours
de ses pérégrinations, il avait appris la civilité puérile et
honnête; aussi nous reçut-il chez lui avec une bonne grâce
qui égayait la misère de sa tente enfumée, et cette bonne
grâce était relevée d'une petite pointe d'ironie qui ne
manquait pas de piquant.

La demeure de notre hôte était située sur la rive occidentale du Ko-né tso, non loin du confluent de deux
vallées, dont l'une, s'ouvrant au sud, large et parsemée
d'assez nombreuses tentes, mène à Rou-tog en trois jours;
l'autre, plus étroite et déserte, monte au col de Ko-né ding
à l'ouest. Nous nous engageâmes dans celle-ci, en compagnie du gendarme qui, fidèle à sa promesse, nous guida
jusqu'à la frontière du Kachmir avec d'autant plus d'empressement qu'il nous montrait la porte de sortie et non
pas la porte d'entrée. Le 20 septembre, franchissant le col
à l'altitude de 5485 mètres, nous entrâmes sur le territoire du Maharadjah. Pendant toute la journée, nous ne
fîmes que monter et descendre par des gorges stériles où
s'engouffrait un vent impétueux, chargé du froid des glaciers. Après avoir passé le Pag-rim la (5500 m.), nous
descendîmes par un interminable couloir pierreux et aride,
large de 500 à 1000 mètres, entre des montagnes, hautes
de 600 à 800 mètres, aux flancs abrupts, dénudés, rougeâtres, avec d'énormes rochers noirs. Arrivés au bout de ce
défilé, le 21 septembre, à 5 heures de l'après-midi, nous
vîmes, au bord d'un ruisseau clair, un taillis d'humbles
arbustes appelés *om-bou*, dans les branches desquels les
petits oiseaux chantaient. C'était le commencement de la
fin. Nous n'étions plus qu'à l'altitude du Mont-Blanc. Une
multitude innombrable de lièvres vivaient dans ce taillis.
De tous côtés on en voyait qui se chauffaient en somnolant

au soleil, tranquilles et ignorants du danger; car les Tibétains, à qui la chair de ces animaux répugne, ne les chassent pas. Nous eûmes la cruauté de troubler cette sécurité
pour varier notre ordinaire, mais cette chasse était vraiment
trop facile pour être bien divertissante et la paix fut con-
clue presque aussitôt que rompue. Nous prîmes un jour de
repos en ce lieu, qu'on nomme Niag-dzou et qui nous parut
être le seuil du paradis. Il n'est pas habité à cette époque
de l'année, mais nous y vîmes campée une caravane de
Tibétains qui transportaient à dos de brebis du sel puisé au
Soum-dji tso et aux autres lacs salés de la région pour
l'échanger à Lé contre de la farine, de l'orge, du drap
anglais, des ustensiles de cuisine, des perles fausses et de
menus bijoux. Le sel fait entièrement défaut au La-dag et
s'y vend au poids de l'orge. Comme, d'autre part, il ne
vient presque pas d'orge dans tout le district de Rou-tog,
les indigènes n'hésitent point à faire chaque année le
voyage de Lé, qui dure quatre mois aller et retour.

Bien que nos voisins Tibétains eussent déserté Niag-dzou
un jour avant nous, le 23 septembre, nous les rejoignîmes
de bonne heure dans la gorge du Gyou la, que les moutons
chargés remontaient lentement au chant monotone et
indolent des pasteurs. Le lendemain matin, à 6 heures,
vinrent de Rou-tog quatre messagers Tibétains, enturb-
bannés de rouge, portant des drapeaux éclatants et menant
grand bruit avec les grelots pendus au cou de leurs chevaux. Pourquoi venaient-ils sur un territoire qu'on dit être
anglais depuis le Ko-né ding? Je ne sais; toujours est-il
qu'ils nous suivirent quelque temps, puis nous abordèrent
et cherchèrent à nous détourner du Gyou la, pour nous
faire prendre une route plus au nord. Ils s'adressaient
mal; nous leur fîmes comprendre que leurs conseils
comme leurs personnes étaient de trop, et, lorsqu'ils

s'éloignèrent, leurs grelots sonnaient moins bruyamment. La montée de ce col Gyou la, le plus élevé que nous ayons observé au cours de nos voyages (5700 m.), est en pente assez douce et ne présente ni danger, ni difficulté. Par exception, la descente vers l'ouest, courte, mais roide, peut être périlleuse, impossible même avec de la neige ou de la glace, en tout temps elle est fort pénible. Du haut du col on jouit d'une vue magnifique sur d'énormes tranches de montagnes séparées par des gorges transversales, se surpassant les unes les autres et dominées toutes par les lointaines cimes blanches de la chaîne qui se dresse entre le lac Pang-kong et l'Indus. Nous descendîmes rapidement de 1000 mètres, remontâmes à 5060 mètres et redescendîmes de 1800 pieds sur une petite plage déserte, sablonneuse, imprégnée de sel, au bord d'une des baies profondes qui découpent en festons la côte du lac Pang-kong. Ce lac s'allonge tortueusement, enserré entre d'immenses montagnes rocheuses, comme entre les parois d'une coupe gigantesque aux formes étranges. Selon une juste remarque de Dutreuil de Rhins, il rappelait le lac des Quatre-Cantons; mais combien plus majestueux et plus sombre! En face des Alpes, l'homme se sent à l'aise et, pour ainsi dire, de plain-pied avec la nature, car il lui semble que le paysage a été créé et combiné tout exprès pour le plaisir du spectateur comme un décor de théâtre, ou pour celui du promeneur comme un jardin anglais. Au Tibet, on se sent trop faible devant la puissance de la nature brute, trop petit devant l'énormité de ce que l'on voit; on est écrasé; le décor a été brossé pour une race de cyclopes.

Le 25 septembre nous vîmes, par 4330 mètres d'altitude, les premiers champs d'orge et les premiers vassaux de S. M. britannique, qui habitent à Loug-kong de misé

rables et étroites demeures, ménagées dans les rochers de
la montagne. Nous avions quitté Polour depuis quarante-
sept jours, dont nous avions passé trente-neuf à des altitudes supérieures à 5000 mètres. Il était temps d'arriver
en des lieux habités, car la veille même il avait fallu partager avec les animaux notre provision de riz et de farine.
Enfin l'on n'était plus inquiet sur leur compte, ni sur le
sort de la caravane; on ne craignait plus de manquer de
vivres et l'on ne boirait plus de l'eau saumâtre. On oubliait
les misères anciennes. Les traces qu'en portaient les visages
semblaient disparaître, tant l'expression était changée. Les
fronts refrognés s'épanouissaient, les yeux ternes s'éclai-
raient, les membres engourdis s'assouplissaient à la chaleur de l'espérance. Les plus prompts au découragement,
les plus lâches à la peine prenaient un air de vaillance.
Tous riaient du passé, bravaient l'avenir, traitaient de
misérable monticule le Tchang la que nous avions encore
à franchir.

Une chose cependant gâtait cette joie, c'était le mauvais
état de santé de notre chef, qui ne pouvait plus faire un
pas ni se tenir à cheval. Toujours malade, n'ayant pu
manger pendant plusieurs jours que de la farine délayée
dans du thé, il en était arrivé à ce degré de faiblesse que,
malgré le courage admirable avec lequel il résistait à la
souffrance, il était devenu incapable de s'occuper de la
caravane et avait dû réduire son travail au minimum,
c'est-à-dire aux observations astronomiques et à quelques
notes sommaires. Ses douleurs physiques s'étaient aggra-
vées du cuisant regret de n'avoir point fait ce qu'il voulait
faire, et des graves soucis que lui avait causés la situation précaire de l'expédition. A cet égard, du moins, il
était maintenant rassuré; le jour du repos approchait qui,
sans doute, mettrait un terme à ses souffrances, et le

temps s'écoulait qui, parcelle par parcelle, emporterait son regret.

Comme nous nous présentions à l'improviste et sans passeport sur le territoire britannique, dont l'entrée avait été interdite peu auparavant à un voyageur russe, notre situation pouvait être assez délicate. Dutreuil de Rhins expédia un courrier au résident anglais de Lé, qui répondit avec beaucoup d'amabilité et fit donner des ordres sur la route pour que nous fussions traités honorablement.

En sortant de Loug-kong on pénètre dans le long défilé de Mouglib, rocheux, sauvage, désert. Arrivés au bout, on aperçoit, juchée sur une saillie de la montagne de droite, une grosse tour peu élevée avec un arbre rabougri et solitaire, et, suspendue aux flancs des rochers de gauche, une chapelle dont les murs de pierre se distinguent à peine. Tout au fond, au bas de la vallée, trois ou quatre cases avec quelques pieds carrés de maigres cultures se chauffent au soleil. Aux alentours, une douzaine de brebis et de chèvres de petite taille errent parmi la rocaille, cherchant l'herbe rare.

Le même jour on arrive au village de Tang-sé (3 990 m.) qui comprend douze ou quinze maisons, au croisement de trois gorges, au milieu d'un amoncellement de rocs et de pierres. Tout est gris clair sous un ciel de saphir, excepté un bouquet de jeunes saules que le gouvernement kachmirien a fait planter pour égayer le paysage, pour verser aux touristes d'été une ombre bienfaisante, et sans doute aussi, pour inspirer aux Tibétains le goût des arbres et de la civilisation. Mais ceux-ci ne se laissent pas séduire, ils voient dans les arbres une invention superflue, dans la civilisation une nouveauté dont il faut se défier, ils se contentent des vieilles coutumes de leurs pères, de quelques épis d'orge dans la vallée, de quelques touffes d'herbe sur le plateau.

Le lama du lieu est logé dans une demeure fort incommode, mais située et disposée tout spécialement pour attirer l'attention des Bædeker futurs. Lorsque du village on montre au voyageur cette demeure et à côté la chapelle, peinte en rouge, au sommet d'un rocher isolé, semblable à un gigantesque fût de colonne en ruines, le spectateur est persuadé que le saint homme ne peut vivre que de ce que lui apportent les oiseaux du ciel. En approchant, il est détrompé et voit une sorte d'escalier fort roide et informe, à moitié naturel, à moitié artificiel, qui grimpe au flanc ou à l'intérieur même du roc et donne accès à la chambre du lama, chambre nue, étroite, au sol dur; mais où l'on est comme enveloppé dans la paix du ciel limpide, et où l'on se sent plus proche des êtres divins, des *lhas* qui planent dans l'air, tandis que l'on aperçoit bien loin et bien bas les imperceptibles maisons de la race inférieure, misérablement agitée des hommes.

A Tang-sé il n'y a aucun représentant du gouvernement kachmirien, ni du gouvernement anglais. On laisse la population s'administrer à sa guise et l'on n'en exige guère que le paiement d'un impôt assez modéré et sagement établi. Cependant nous nous aperçûmes de l'influence dans le pays de gens pratiques comme les Anglais à ce fait que pour solder nos dépenses, il nous suffit de donner des billets à ordre payables à Lé, qui furent acceptés sans hésitation comme de l'argent comptant.

Le 29 septembre nous campâmes au hameau de Dourkoug et le lendemain nous partîmes à 7 heures et demie pour faire l'ascension du Tchang-la.

Dutreuil de Rhins, que ses maux de dents empêchaient de manger et que ses douleurs ne quittaient pas, céda à la souffrance et à la faiblesse. Nous dûmes le porter en litière pour gravir la pente de 1550 mètres d'altitude qui conduit au sommet du col où nous parvînmes à quatre heures de l'après-midi. Durant trois heures nous marchâmes dans la neige et dans la glace, puis nous descendîmes par un sentier étroit et rapide, à travers des blocs de rocher, le long de sombres précipices jusqu'au village de Dag-kar, où nous plantâmes la tente à 7 heures du soir.

Le village de Dag-kar est composé de quinze maisons appliquées contre une immense paroi de rocher dont elles semblent être des excroissances naturelles. Au delà on passe par les villages plus considérables et moins sauvages de Sag-ti et de Tchem-dé. De rares et minces peupliers découpent leur fin feuillage déjà jaunissant sur la grisaille des pierres, et, dans les champs, des laboureurs poussent leurs yaks indolents en cadençant une chanson monotone et traînante. Puis l'on débouche sur la vallée de l'Indus presque en face du monastère de Himis, peuplé d'un grand nombre de lamas Doug-pa, l'un des plus riches et des plus célèbres du Tibet tout entier. L'Indus est là déjà un fleuve imposant, large au moins comme le Rhône dans le Valais, et ses eaux vertes et impétueuses ne supportent point de pont. Sa vallée souriait joyeusement aux voyageurs qui descendaient du désert de montagnes; mais elle doit paraître morose et de méchante humeur à ceux qui viennent du Kachmir. Elle est assez large, encaissée entre deux hautes montagnes sombres, rocheuses, abruptes, aux couches redressées, à la crête dentelée, à peine saupoudrée de neige. Le sol est jonché de fragments de roches entre lesquels çà et là se font place péniblement quelques champs d'orge ou de blé. Au reste le spectacle est à souhait pour le plaisir des yeux. Les Tibétains sont de grands manieurs de pierre et ont le génie du pittoresque. Aux endroits les plus inattendus, sur les rocs les plus inaccessibles, s'élèvent des constructions de pierres, chapelles peintes en rouge, petits autels en forme de pyramides appelés « tcho-rten » humbles cellules de religieux solitaires, monastères ruinés ou debout encore, semblables à des forteresses.

Le 2 octobre, nous arrivâmes à une plaine de gravier, enserrée dans un cercle de montagnes arides aux sommets neigeux, au fond de laquelle verdoyait la petite oasis de Lé. Un très large mur, qui s'élève le long du chemin pendant plusieurs kilomètres, chargé de pierres plates avec des inscriptions religieuses, conduit presque jusqu'à l'entrée de la ville qui compte environ trois mille habitants et se compose à peu près uniquement de la rue du bazar, rue large, propre, bordée de maisons de pierre à un ou deux étages avec des galeries et des toits en terrasse. L'aspect en est en somme plus agréable et plus imposant que celui des villes de boue du Turkestan, comme Kâchgar ou Khotan. Au bout de la rue se dresse brusquement une montagne rocheuse et escarpée, sur la pente de laquelle est bâtie une grande maison de pierre rectangulaire, moins large que haute, ancien palais du roi Tibétain; tout au sommet de la montagne une chapelle isolée, sans accès visible, est, là-haut, comme perdue dans le ciel bleu. Le descendant des anciens rois, relégué à quelque distance de la ville, dans une captivité honorable, n'est plus aujourd'hui qu'une image aussi vaine que respectée.

L'administration du pays est confiée à un Vézir délégué du Maharadjah de Kachmir, et les Anglais en leur qualité de protecteurs du Maharadjah entretiennent à Lé un résident adjoint chargé spécialement de protéger le commerce, mais aussi de contrôler l'administration kachmirienne et d'y maintenir certains principes d'équité et de libéralisme auxquels les Anglais ont la sagesse de rester fermement attachés et qui ne contribuent pas peu à accroître leur prestige parmi les peuples de l'Asie.

A notre arrivée, le résident britannique, M. Cubbit, et le vézir Argen Nath firent le plus cordial accueil aux voyageurs que la fortune avait si fort maltraités au cours d'une expédition de cent six jours, qui avait porté un si rude coup à la santé de notre chef et avait coûté la vie à la moitié de nos animaux. M. Cubbit mit à notre disposition une petite maison blanche et commode, ombragée de peupliers magnifiques où Dutreuil de Rhins put jouir de quelques jours d'un repos bien mérité et retrouver une partie de son ancienne vigueur.

Ayant quitté Lé le 20 octobre, nous gravîmes le lendemain la montagne de Kar-dong par un sentier très étroit et fort raide qui serpente à travers un extraordinaire amoncellement de roches. De l'autre côté, une pente fort escarpée, couverte de glace, conduit au fond d'une gorge. Les piétons ont beaucoup de mal à descendre cette pente sans l'attirail des alpinistes, les chevaux glissent plutôt qu'ils ne marchent jusqu'au pied du col, seuls les yaks peuvent transporter les bagages du haut en bas sans danger pour eux ni pour leur charge. Nous passâmes la nuit au hameau de Kar-dong, assis au flanc de la montagne tout encombrée de masses de pierre, parmi lesquelles les vingt maisons de pierre du hameau se distinguent difficilement. De là on descend par la gorge très pittoresque du petit torrent de Kar-dong, égayée par de petits arbrisseaux qui croissent dans les interstices des rochers, et l'on aboutit à la vallée pierreuse de la rivière Cha-yog, aisément guéable en cette saison. En aval du mince village de Tcha-ti, le Cha-yog reçoit un affluent de droite, le Noub-ra, que nous remontâmes. Sa vallée, assez large, passe pour la plus fertile du La-dag. Elle s'étend entre deux énormes murailles hautes de plus de 1000 mètres, formées de rochers dénudés qui lancent leurs innombrables pointes grises dans l'azur du ciel. Le fond de la vallée est non moins gris et aride que les parois qui le dominent, piqué seulement çà et là de taches brunes, maigres oasis roussies par l'automne, où quelques cultures d'orge et de blé, quelques arbres fruitiers disputent leur vie à la pierre et au sable. Le nom de Pang-mig que les Tibétains donnent à l'une d'entre ces oasis les peint toutes admirablement bien. *Pang-mig* signifie : œil-de-verdure. Cette rude nature du La-dag ne rend pas l'existence facile à l'homme; incapable de la dompter, le Tibétain s'y résigne, de même qu'il se résigne au joug de ses nouveaux maîtres, avec la sauvage douceur d'une antilope prisonnière. Rude comme la nature même dans son aspect extérieur, hérissé, malpropre et déguenillé, il est au moral faible, nonchalant et, comme tous les faibles, défiant et peu sincère, mais il plait par une gaité sans prétention qui contraste heureusement avec la gravité gourmée du musulman.

Le 24 octobre, nous logeâmes au village de Pang-mig, où les caravanes ont l'habitude d'acheter les vivres nécessaires pour traverser les montagnes désertes jusqu'à Souget Kourghàn, de louer les yaks qui servent à franchir les cols de Karaoul et de Sa-ser. Nous fûmes très bien aidés dans nos préparatifs par le *dé-ba* de la vallée de Noub-ra, qui, chose rare, connaissait bien la langue persane. Le 26, tout était prêt, nous allâmes jusqu'à l'insignifiant hameau de Ldjang-long, où nous prîmes congé des derniers Tibétains. De là, on escalade, à l'aide des yaks, la muraille de la rive gauche du Noub-ra par le col de Karaoul, on remonte la gorge du Touloumbati, jonchée de débris de montagnes, dominée par des pics neigeux et des glaciers, on franchit le glacier du Sa-ser la ; puis, abandonnant les yaks, on remonte la gorge d'une des sources du Cha-yog, on passe au pied même des glaciers Kitchik et Tchong Koumdân, en pataugeant dans l'eau. Notre guide prétendait qu'il y a cinquante ans il n'y avait pas là de passage, le glacier rejoignant les montagnes vis-à-vis, montagnes très escarpées au sommet desquelles se détache un amas de rochers, semblable aux ruines d'un château fort gigantesque, que les Turcs ont baptisé le *Palais d'Afrassiáb*. Plus loin, la vallée s'élargit et forme un grand cirque de montagnes de neige, où la rivière Cha-yog s'étale en un lac allongé.

C'est le lieu dit Yapchân où nous campâmes le 29 octobre. A partir de là, l'aspect général du pays se modifie. Depuis Lé, le pays avait présenté une suite de larges et profondes vallées, séparées par des cols élevés, roides, pénibles ; mais le terrain était ferme et la marche sans danger quand il n'y avait pas trop de neige ou de glace. Au delà de Yapchân, les montagnes ont le même caractère que nous avons déjà observé dans l'Oustoun tâgh : sommets arrondis, pentes peu raides, vallées hautes, larges, stériles, terrain mou quand il n'est point gelé, différences de niveau peu considérables. Ce caractère continue jusqu'au col de Souget, à partir duquel on retrouve les montagnes escarpées, les sommets pointus, les gorges étroites et herbeuses de l'Altyn tâgh.

Le 31 octobre, nous traversâmes le col de Karakoram, la ligne de faîte de l'Oustoun tâgh. C'est le col le plus élevé de la route (5 500 mètres), mais non pas le plus difficile, car il n'y a point de glace et la partie abrupte de la montée est très courte. Une inscription, placée au sommet, indique la limite entre les États du Maharadjah de Kachmir et ceux de l'empereur de Chine. Un peu plus bas, sur la pente septentrionale, couverte de pierres noirâtres, et çà et là plaquée de neige, un modeste monument a été élevé par les soins de notre compatriote, M. Dauvergne, à la mémoire du voyageur anglais Dalgleish, qui fut assassiné à cet endroit par un marchand afghan.

La partie de la route entre le col de Karaoul et celui de Souget est la plus pénible à cause de l'altitude extrême, de la stérilité, du défaut d'habitations et de la basse température. Nous eûmes jusqu'à 29 degrés de froid et nous constatâmes dans la même journée (30 octobre) une variation de 35 degrés (de + 6 à — 29). Mais nous aurions eu mauvaise grâce à nous plaindre, car la même route était parcourue en sens inverse par des vieillards, des femmes et des enfants se rendant à la Mecque pour le pèlerinage. Beaucoup d'entre eux allaient à pied et la plupart n'avaient point de tente ; le soir venu, réconfortés par une poignée de maïs cuit dans l'eau et une tasse de mauvais thé, ils s'accroupissaient, serrés les uns contre les autres, tout grelottant autour d'un pauvre feu qui s'éteignait vite, car le combustible est rare dans cette région sans arbres. Aussi pauvres d'esprit que de bourse, ces pèlerins, jeunes et vieux, n'ont du voyage que la peine, sans jouir aucunement des charmes qu'il aurait pour nous. Ils vont comme leurs bêtes de somme, sans rien remarquer, sans s'intéresser à rien, sans que leur intelligence soit tirée de sa torpeur par le spectacle varié se développant devant leurs yeux qui regardent et ne voient point. Il leur suffit d'atteindre la cité d'or, d'y accomplir les rites du pèlerinage et d'en rapporter une bonne police d'assurance contre l'enfer.

Depuis le pied du Karakoram, nous passâmes par une suite de cirques de montagnes qui semblent peu élevées, nous traversâmes la principale source de la rivière de Yarkend et nous atteignîmes (2 novembre) le col de Souget, dont la montée pourrait, à la rigueur, se faire en voiture. Après

en être descendus par un sentier très sinueux, escarpé, sur
une couche de neige peu épaisse, nous dévalâmes rapidement par une gorge à l'aspect triste et sauvage encadrée
dans de grands massifs neigeux, chargés de brume. Nous
marchions seuls en avant, en hâte de sortir du désert;
nous fûmes bientôt envahis par les ombres de la nuit qui
agrandissaient la taille des montagnes et grossissaient le
fracas des eaux. La clarté voilée et incertaine de la lune
nous permit de nous guider à travers un dédale de roches,
une longue série de ravins abrupts et de torrents bruyants,
et d'arriver, après douze heures de marche, au pied du
fortin de Souget Kourghân, construit récemment par les
Chinois près du confluent du torrent de Souget et de la
rivière de Karakâch, afin d'affirmer leur droit de possession sur la région environnante. Ce fortin est composé
simplement d'une cour carrée entourée de quatre murs à
créneaux. Notre arrivée soudaine à cette heure indue
répandit la terreur parmi la garnison, qui comprenait
alors une femme kyrghyz, trois bambins et un chien boi-
teux. La femme d'abord ne souffla mot, pensant que, n'entendant rien ni personne, les importuns passeraient leur
chemin. Mais son chien l'avait trahie et nous secouâmes
énergiquement la porte, si bien que la malheureuse garnison dut livrer passage aux assiégeants. Notre mine honnête rassura les frayeurs, le chien se tut, les enfants rirent,
la femme nous ouvrit une chambre vide, y étendit des
feutres et alluma un grand feu de brindilles, car le froid
était vif. Nos bagages ne nous rejoignirent que le lendemain soir.

Le 5 novembre, après avoir passé dans la gorge de la
rivière de Karakâch, au pied des murs du petit fort de
Chahidoullah, bâti autrefois par les Kachmiriens et depuis
longtemps déjà abandonné par eux, nous tombâmes à

Toghrou-sou, au milieu du joyeux vacarme d'une noce kyrghyz. De nombreux cavaliers, venus des quatre points de l'horizon, s'étaient réunis en ce lieu et y avaient planté leurs tentes de feutre rondes. On festoyait largement et l'on chantait à tue-tête. Nous fûmes régalés d'un madrigal et honorés d'un gâteau nuptial et d'une moitié de mouton rôti.

Le 7, nous quittâmes le Karakâch daria dont la vallée est impraticable en aval, et nous commençâmes à remonter la gorge d'un de ses affluents qui descend du col de Sandjou. Imaginez la gorge la plus étroite, la plus capricieusement tortueuse, la plus profondément encaissée entre de hauts rochers à pic, dénudés, bizarrement taillés et déchiquetés, la plus encombrée d'éboulis de roches. Arrivés au bout de cette gorge nous nous trouvâmes comme au fond d'un puits. A l'aide de bœufs kyrghyz, nous escaladâmes une des parois du puits et atteignîmes ainsi le sommet du col de Sandjou qui mesure 5 186 mètres d'altitude. De là, selon qu'on se tourne au nord ou au sud, le spectacle offre un contraste saisissant. Dans le sud un chaos monstrueux de gigantesques montagnes de neige et de glaciers resplendissants, que les rayons du soleil faisaient parfois ressembler à de grands lacs bleus dormant dans des blancheurs polaires ; dans le nord, quelques brunes collines au « là desquelles s'étend quelque chose de pareil à un vaste océan enseveli dans un linceul de brume grisâtre ; c'est la plaine kachgarienne et son atmosphère chargée de poussière. La montée du col n'avait pas été facile, mais la descente fut pire. La pente est si raide qu'en une lieue de projection horizontale on descend de 1 880 mètres, et, sur 800 mètres, la pente de 45 degrés est couverte d'une couche épaisse de glace. Les yaks sont vraiment des animaux merveilleux qui descendent une pareille montagne sans broncher et portant cent kilogrammes sur le dos. Nos chevaux, quoique sans charge, firent les trois quarts de la route autrement que sur leurs jambes; l'un d'eux glissa si malheureusement qu'il fut précipité en bas de la vallée et se brisa la colonne vertébrale.

Au sommet du col nous avions rejoint une pauvre petite caravane composée d'un vieillard, d'une femme et de deux enfants. Leurs bagages et toute leur fortune étaient portés par un âne efflanqué et pelé. Le vieillard, qui avait les pieds gelés et rongés par la gangrène, était incapable de rien. La femme veillait à tout, guidait l'âne, assujettissait le bât qui tournait, rattachait la charge qui tombait, soutenait le vieillard, portait les enfants dans les endroits difficiles. Son air souffreteux, ses traits tirés, ses yeux sanguinolents et ternes, racontaient une vie dure et de longues peines. Les malheureux, qui rentraient à Sandjou, s'étaient exposés aux dangers de ce voyage et à ses fatigues presque inimaginables dans les conditions où ils le faisaient, pour aller voir sous une tente lointaine des parents presque aussi malheureux qu'eux-mêmes dont ils espéraient vaguement je ne sais quoi. C'est une chose extraordinaire que la résistance toute machinale que les Asiatiques opposent à la souffrance, et la résignation morne avec laquelle ils l'acceptent comme une qualité inhérente à ce monde, comme une nécessité inéluctable de la destinée.

Du pied du col on suit une vallée profonde et herbeuse où l'on rencontre çà et là des tentes rondes de pâtres kyrghyz. Peu à peu les montagnes s'abaissent, la vallée s'élargit, l'herbe disparaît, le sable se montre et l'on aperçoit, entre deux collines poussiéreuses, les arbres de l'oasis de Sandjou. Il y a là un millier de maisons, disséminées de part et d'autre, des cultures assez considérables et l'on peut se procurer tout ce que l'on désire pourvu que l'on ait des désirs modestes.

Le 21 novembre, nous rentrâmes dans notre bonne ville de Khotan que l'hiver attristait. La plaine plate était toute tapissée de neige et les squelettes noirs des arbres se profilaient mélancoliquement dans la brume; mais le gracieux accueil de nos anciens amis égaya cette désolation. Quelques semaines de repos absolu, la sympathie générale dont il était entouré, rétablirent la santé de Dutreuil de Rhins, le consolèrent de ses déboires et il fut de nouveau prêt à tenter la fortune.

Cet hiver 1892-1893 fut rempli comme le précédent par des études ethnographiques, archéologiques et linguistiques qui rentraient dans le programme de notre mission. À ce propos, qu'il me soit permis de rappeler ici que nous avons véritablement fondé l'archéologie du Turkestan chinois et contribué à en renouveler l'histoire. Depuis nous, plusieurs voyageurs, tels que MM. Klementz, Sven Hedin et Stein, ont fait de remarquables découvertes dans cet ordre de recherches, et sur plus d'un point ont confirmé mes propres conclusions.

CHAPITRE II

MARCHE SUR LHA-SA. — LE DÉSERT DE MONTAGNES.
LE NAM-TSO. — NÉGOCIATIONS
AVEC LES FONCTIONNAIRES TIBÉTAINS.

Le problème de la traversée du désert de montagnes qui nous séparait du Tibet habité nous paraissant à peu près insoluble avec une caravane de chevaux qui mangent trop (1 800 grammes par jour) et portent trop peu (90 kilogs), nous décidâmes pour notre expédition de 1893 de nous procurer des chameaux et de chercher une route plus praticable que celle de Polour pour ces derniers animaux.

Nous pensâmes pouvoir en trouver une dans le sud de Tchertchen où nous nous rendîmes et où nous restâmes trois mois par suite de diverses difficultés et d'une maladie de Dutreuil de Rhins. Long séjour, qui le parut davantage dans cette petite oasis sans ville, sans marché, sans industrie, peuplée uniquement de paysans vivant dans des fermes disséminées, éloignée de soixante-dix lieues du village le plus proche, de cent lieues de la ville la plus voisine, aussi isolée au milieu du continent qu'un îlot infréquenté des navires au milieu des mers. De toutes parts à l'entour s'étend l'océan des dunes, excepté au nord où s'allonge sur le bord de la rivière une bande de forêt à demi envahie des sables, repaire de cerfs, de sangliers, de tigres même. Le voyageur passe rarement par là ; les caravanes ne viennent pas animer le pays du tintement des clochettes, des cris des chameliers, de l'ébrouement des chevaux, des branle-bas des arrivées et des départs ; les bruits du monde qui s'agite au loin ne pénétrent pas jusque-là, ou lorsque parfois un petit marchand les apporte avec ses ballots de cotonnades et d'épices, ils arrivent défigurés, vagues et confus, laissant chacun indifférent.

Plusieurs reconnaissances que nous fîmes laissèrent en suspens la question de savoir si l'on pouvait franchir la chaîne de l'Arka tâgh qui s'élève au sud de l'Altyn tâgh et forme le prolongement de l'Oustoun tâgh. Cependant nous décidâmes le départ. Nous avions 7200 kilogrammes de bagages, vivres et matériel, non compris les bâts et harnachements. Pour manier ce poids énorme mais irréductible et s'occuper de nos 50 chameaux, 21 chevaux et 10 ânes nous n'avions que 13 hommes.

Nous avions dû renouveler une partie de notre personnel et pas toujours heureusement, le Turkestan chinois étant peu propice au recrutement d'un bon personnel d'exploration. Nous gardions notre chef d'escorte, Razoumof, soldat russe libéré, homme de bonne volonté, mais léger, cabotin, sujet à d'étranges lubies, et le vieux Parpai, caravanier expert, type amusant d'aventurier patriarcal, qui avait la manie de fonder des familles partout où il passait, espérant mettre enfin la main sur une épouse à héritage dont le sac bien garni lui permettrait de mettre un terme à ses pérégrinations et de reposer sa tête fatiguée. Nous prîmes comme secrétaire chinois une manière de géant, originaire du Hounan, petit mandarin que la vie avait misérablement ballotté de province en province et jeté au fond du Turkestan presque sans ressources ; au reste il était sérieux, bien élevé, bon écrivain, et avait de la fermeté dans le caractère. Nous engageâmes en qualité d'interprète pour le chinois un certain Younous, jeune homme de très bonne famille, qui était grand et fort et dont le visage fleuri portait tous les signes de la santé. Mais les signes étaient trompeurs. Le malheureux était atteint d'une maladie de cœur qui lui fut fatale. Un musulman du La-dag, Mohammed Iça, devint notre interprète pour la langue tibétaine. Haut de six pieds, robustement charpenté, c'était un bon domestique, bien stylé, utile, actif, plein d'entrain tant qu'il n'y avait pas à lutter contre des difficultés par trop exceptionnelles ; malheureusement il était peu intelligent, présomptueux, grand donneur de bourdes et poltron ridicule. Il était doublé d'un métis de Turc et de Tibétaine, Abdourrahmân, petit et mince, diligent, très doux, qui était entièrement dans la main de son grand compatriote Mohammed Iça.

Le 3 septembre, l'expédition se mit en marche gaiment sous le soleil. Les chevaux, frais et bien repus, allaient d'un pas alerte, la longue file des chameaux se développait avec majesté dans la plaine, et leurs sonnailles semblaient chanter la fin des ennuis du repos, la joie de l'action, la liberté des grands horizons, l'espoir des belles découvertes. Hélas! cette musique devait s'alentir bientôt et s'attrister dans la lassitude de l'interminable route, les bruits nombreux se taire l'un après l'autre jusqu'au silence final, lorsque le dernier de ces patients serviteurs se serait couché, épuisé, sur un mont désert. Mais qui, prévoyant cet avenir, y songeait alors? Qui prévoyait que ces pertes mêmes seraient imperceptibles auprès de celles qui nous étaient réservées, qu'un jour viendrait où la mission entière serait dispersée, saccagée, près d'être anéantie sans laisser de traces, que des hommes, maintenant pleins de force, l'un des plus jeunes périrait après une longue agonie sur l'âpre terre des infidèles, qu'un autre surtout, le premier, le meilleur, frappé d'une mort tragique, s'en irait, déplorable épave, rouler dans les flots d'un fleuve? Au sortir de Tchertchen, notre imagination nous racontait un avenir différent et ne lisait dans le ciel que des présages heureux.

Le 6 et le 7, nous fîmes halte à Tokouz-davàn, le dernier lieu habité, et le 8 nous reprîmes la traversée de l'Altyn tàgh qui, de ce côté, s'épanouit en éventail et présente un autre aspect que celui qu'il offre dans la région de Polour. Là, des vallées inhospitalières et sauvages qui se ferment jalousement aux rayons du soleil et se plaisent dans l'ombre et le froid, ici des vallées accueillantes et de belle humeur qui s'ouvrent, larges et joyeuses, à la lumière et à la chaleur du jour. On ne saurait concevoir de route naturelle plus commode, qui mène en pente plus douce à une altitude égale à celle du Mont-Blanc. En chemin nous rencontrâmes les premiers chercheurs d'or, revenant de Bokalyk. Les pauvres gens avaient récolté plus de misères que d'or, et ceux mêmes que j'avais vus quelques mois auparavant sur la route de Nia à Tchertchen pleins d'entrain et de gaieté sous la pluie et la grêle, je les revoyais l'oreille basse et tirant le pied, serrant frileusement les restes pitoyables de leurs vêtements sur leur corps amaigri, et le soleil brillait en vain pour les réchauffer, car ils n'avaient plus rien dans leur bissac, pas même l'espérance. L'un d'eux, qui était de Kâchgar, n'ayant pas de quoi rentrer chez lui, nous pria de le prendre à notre service. Peu lui importait que la route fût longue et rude, qu'il fallût passer par le Tibet, la Mongolie, la Chine, pourvu que, le tour fait, il pût regagner ses pénates.

A une petite journée de Tokouz-davàn, nous quittâmes, la rivière de Tchertchen et, laissant dans l'est la route de la mission Pievtsof, nous franchîmes la principale chaîne de l'Altyn tâgh par le col des laveurs d'or (Zarchou davàn, 4 780 mètres), ainsi nommé parce qu'à quelques lieues au sud se trouve une mine d'or, aujourd'hui abandonnée. La partie raide de cette passe étant très courte, la traversée en est aisée. De là, nous descendîmes sur un premier plateau arrosé par le Toghrou sou, rivière lente et vaseuse, où les ânes s'embourbèrent au point qu'il les fallut décharger et remorquer péniblement. Ce cours d'eau est un affluent de l'Olough sou qui, avec le Mouzlouk sou, le plus gros et le plus oriental des trois, forme le Tchertchen daria. En face de nous se dressait au-dessus du plateau une énorme chaîne de montagnes, semblable à une muraille à pic crénelée de pics neigeux. Nous ne tardâmes pas à nous rendre compte que cet obstacle menaçant n'était que vanité, car l'Oulough sou le coupe et la vallée de cette rivière offre une route facile, large et presque plate.

Le 14 septembre, nous campâmes sur la rive gauche, non loin de l'Arka tâgh dont les cimes étaient dissimulées par les montagnes du premier plan. Il était inutile de conduire la caravane plus loin avant de savoir si elle pourrait franchir les montagnes et par où.

Dans la matinée du 15 septembre, Dutreuil de Rhins, me laissant à la garde du camp, partit en reconnaissance pour chercher un passage dans l'Arka tâgh.

A son retour, il trouva le meilleur et le plus ancien de nos hommes, Mouça, couché, atteint pour la troisième fois d'une fluxion de poitrine. Il n'était décidément pas fait pour voyager sur ces hauts plateaux glacés, balayés par l'ouragan. Le sixième jour, comme il allait mieux, il demanda son congé que nous ne pûmes lui refuser. Il nous quitta le 25. Il nous coûtait de nous séparer d'un homme pour lequel nous avions toujours eu beaucoup d'estime et nous éprouvions un serrement de cœur à le voir partir en si mauvais état, incertains que nous étions qu'il pût supporter le voyage. Bien des mois après, à Si-ning, j'eus le plaisir d'apprendre par une lettre du préfet de Khotan, qu'il était arrivé heureusement en cette ville et qu'il y vivait tranquillement. Il y avait, pour tout dire, une femme et un enfant, qui, peut-être, furent pour quelque chose dans sa maladie et sa détermination.

Ces premiers jours passés à 4400 mètres d'altitude minima, nous avaient donné déjà un avant-goût peu agréable du voyage que nous avions entrepris. Les coups de vent et les grains de neige étaient entrés en scène et, le 23 septembre, la neige recouvrait le sol, s'évaporant lentement ou s'absorbant plus lentement dans la terre, sans grossir les cours d'eau d'une façon sensible. Le froid était vif pour la saison et, sous la tente, il fallait constamment tenir son encre au chaud pour écrire. Bien que le beau temps, le ciel clair et le soleil fussent revenus, nous n'avions pas plus de 4° de chaleur sous la tente à une heure de l'après-midi ; la nuit, le thermomètre baissait à — 15°. En reconnaissance, Dutreuil de Rhins avait eu 40° de variation diurne ; c'était pire que la route du La-dag à pareille époque.

Le 24 septembre, tandis que les indigènes, venus avec nous pour porter les vivres supplémentaires, partaient avec notre dernier courrier pour la plaine chaude et populeuse, nous nous enfoncions dans les montagnes froides et désertes, seuls désormais dans l'inconnu, sans autre soutien que notre patience éprouvée déjà par un long exercice, sans autre guide que notre étoile dont rien encore ne ternissait l'éclat.

Je dois dire maintenant le voyage que nous accomplîmes à travers une région où l'homme n'avait jamais pénétré. Je ne m'appesantirai pas sur ce récit qui, s'il était trop développé, ne manquerait point de rebuter par sa monotonie.

Les choses que nous avons vues au cours de cette longue marche sont des choses grandioses, sans doute, mais toujours les mêmes, en sorte que pour nous les jours se distinguaient à peine autrement que par la date que nous inscrivions sur notre carnet de route, des choses arides et tristes,

Deserts idle,
Rough quarries, rocks, and hills whose heads touch heaven,

d'immenses pays où rien ne passe que le vent, où rien ne se passe que des phénomènes géologiques. Si le vaillant Maure n'avait eu de plus intéressants sujets d'entretien, il aurait eu peu de chance de gagner le cœur le mieux disposé. Je ne saurais comme lui égayer et animer ces âpres paysages d'aventures merveilleuses, ni de personnages étranges qui ont la tête sous les épaules, ou le pied si vaste qu'ils peuvent s'en servir comme d'un parasol en le relevant sur leur tête. Durant soixante jours, l'homme ne se rappela à notre attention que par son absence, privant ainsi mes descriptions de tout autre élément de variété que nos propres peines et nos propres misères, sur lesquelles un explorateur aurait particulièrement mauvaise grâce à s'étendre et à s'attendrir, puisqu'il les affronte et les brave de son libre choix. Je serai donc bref.

Le 25 septembre, notre caravane avait atteint le bassin du Kara mouren dans les premiers massifs de l'Arka tâgh, déjà visités par Dutreuil de Rhins, et le lendemain nous gravîmes, par une pente roide, chargée de plusieurs pieds de neige, la chaîne que notre chef avait cru improprement être la principale du système. De l'autre côté, nous campâmes parmi une confusion de blocs et de noires lamelles schisteuses, sur le rebord d'une sorte d'entonnoir sombre, dominé par un chaos de montagnes aux figures bizarres qui semblaient comme étonnées de nous voir. La nuit, nous éprouvâmes un froid de 30 degrés et perdîmes deux chevaux. C'était un beau début, un exorde *ex abrupto* d'une rude éloquence; mais notre parti était pris, notre résolution fixée d'avance et nos oreilles fermées à tout argument contraire. Le 27, nous arrivâmes au bord et non loin de la source de la branche la plus importante et la plus méridionale du Kara mouren. Les origines de cette rivière étaient dès lors complètement reconnues. Sa vallée, haute de 5200 mètres, large de trois kilomètres, au fond uni comme un plancher, est, ainsi que les autres vallées de l'Arka tâgh, de nature schisteuse, absolument aride et déserte; pas une touffe d'herbe, pas une trace d'animal, pas un vol d'oiseau, rien qu'un peu d'eau qui court, agile et claire, sur les galets plats. Près de nous, à notre gauche, se dressait une masse colossale de neige et de glace, puissamment établie sur sa vaste base, élançant à 7560 mètres son pic le plus élevé. C'est le point culminant non seulement de la chaîne, mais probablement aussi de toute la région entre le Turkestan et l'Himalaya. Longtemps il nous apparut, décroissant lentement à l'horizon derrière nous : à 160 kilomètres au sud nous apercevions distinctement encore sa pyramide de cristal, qui semblait trôner dans sa majesté immuable sur le peuple nombreux des monts.

Le prochain jour de marche nous conduisit au sommet d'un col de 5550 mètres sur la ligne de faîte de l'Arka tâgh. Ce ne fut point sans quelque battement de cœur que nous plongeâmes les regards de l'autre côté; car si notre bonne fortune nous avait permis de nous frayer un passage à travers la première des chaînes qui nous séparaient du Tibet, rien ne nous garantissait, puisqu'il n'y avait jamais eu de route par là, que nous ne verrions pas se dresser au delà une barrière définitivement infranchissable. Nous fûmes rassurés en découvrant au-dessous de nous un plateau large de 25 milles, fermé au midi par une ligne de montagnes aux sommets presque régulièrement découpés en pointes, frangeant le ciel d'une dentelle blanche, mais au milieu desquelles, droit en face de nous, se dessinait nettement une passe qui semblait nous attendre. Ce soir-là nous campâmes donc de bonne humeur au pied méridional de l'Arka tâgh. Rien n'est plus caractéristique de ces pays de la Haute Asie que ce que nous apercevions de notre tente, cet immense plateau désert étendu entre deux murailles neigeuses. Le sol, qui, vu d'un point élevé, paraît presque plat, est en réalité bossué de monticules et de collines, coupé de ravins généralement sans eau, creusé d'une foule de dépressions où se cachent autant de mares vaseuses, humbles satellites du grand lac d'azur infiniment tranquille, qui réflète le soleil ou les nuages et nulle autre chose. La terre est gercée par la gelée, de couleur bise, à peine relevée de loin en loin par une plaque neigeuse ou par une petite tache jaunâtre d'herbe rude et courte, et, là-bas, dominant tout, les énormes montagnes de neige, aux formes lourdes et ramassées, comme accablées sous le poids de leur solennité morne, achèvent l'impression d'ennui désolé que donne ce paysage hostile à la vie.

A ce campement du 29 septembre, un de nos chameaux périt et dans le ciel vide se montrèrent des points noirs, qu'à leur approche on reconnut pour des corbeaux d'une taille extraordinaire, qui se hâtaient au festin. C'étaient les avant-coureurs du Tibet, patrie des grands corbeaux. Ces vilains maraudeurs, volant de cadavre en cadavre, pénètrent partout, là même où ni passereau, ni aigle, ni milan ne se hasarde; cependant, ils respectent l'Arka tâgh où rien ne meurt puisque rien n'y vit, et qui est trop large pour laisser parvenir de l'une à l'autre de ses extrémités une odeur de viande morte au flair le plus subtil; aussi ne voit-on au nord de cette chaîne que de petits corbeaux du Turkestan, semblables aux nôtres. L'Arka tâgh est la plus absolue des frontières, frontière pour le ciel comme pour la terre, pour les oiseaux comme pour les hommes. Ce chameau mort nous permit encore de faire une observation intéressante sur la valeur morale respective des chiens d'Europe et des chiens d'Asie. Mouça avait avec lui une très jolie chienne russe qui, au moment de notre dernier départ de Khotan, avait eu plusieurs petits. Nous avions conservé l'un d'eux et l'avions transporté jusqu'à Tchertchen en panier à dos de cheval. Il avait gardé une vive reconnaissance pour l'animal qui lui avait rendu ce service et c'était une chose curieuse que de voir la familiarité et la bonne intelligence qui régnaient entre les deux bêtes. Par une généralisation singulière, le chien avait étendu son affection non seulement à tous les chevaux, même n'appartenant pas à notre caravane, mais aussi à tous les quadrupèdes, y compris les chameaux. Il ne pouvait voir un de ces animaux sans aller lui lécher amicalement le museau, ce qui lui valut d'assez dures rebuffades de la part des grincheux. Il avait un compagnon en la personne d'un chien asiatique, propriété de l'un de nos hommes. Ce dernier animal n'avait rien de l'affectueuse gaîté de son confrère; quoique bien traité de nous, il était sauvage et triste, lourd et indifférent à tout ce qui n'était pas sa pâtée. Lorsqu'il vit le chameau gisant sur le sol, il réfléchit, en véritable asiatique qu'il était, qu'il y avait là pour longtemps une riche curée pour lui, qu'il n'était plus nécessaire de suivre ces fous qui allaient sans cesse par monts et par vaux; il s'installa donc auprès du cadavre et il fut impossible de l'en faire démarrer. Son compagnon, au contraire, nous suivit, sans que nous eussions pour cela besoin de l'appeler. Tels hommes, tels chiens.

Le 3 octobre, nous campâmes sur le même plateau dans le creux d'un petit vallon, qui était comme un sourire de cette âpre nature. Il était complétement tapissé d'une herbe très courte, mais presque verte ; un filet d'eau claire coulait dans le fond, le sommet des pentes blondissait sous les rayons du soleil déjà déclinant ; le ciel, légèrement pâli, était imprégné d'une lumière très pure et très douce. Troublées par notre arrivée, deux antilopes, fauves et souples, se levèrent devant nous, traversèrent vivement la combe et disparurent en quelques bonds. Ce n'était pas le paradis terrestre, cependant il suffit de ce relâchement momentané dans l'austérité du monde extérieur pour donner à nos hommes plus de cœur à l'ouvrage. L'un deux essaya une chanson ; un lièvre voisin, effrayé de ce vacarme nouveau, se précipita hors de son trou et en un clin d'œil escalada la colline.

Le lendemain, nous gravîmes par un assez rude ravin la chaîne qui limite le plateau au sud. Sur la crête tourmentée de ces montagnes, la neige était épaisse et le vent la soulevait en tourbillons. En descendant par une ravine étroite dont le fond était occupé par un ruisseau gelé, nous faillîmes être arrêtés par une cascade de glace haute d'un mètre, tombant à pic sur une pente glacée. Des chevaux d'Europe se fussent cassé le cou, je crois ; les nôtres sautèrent sans accident. Quand ce fut le tour des chameaux, il nous parut un instant qu'il faudrait chercher un autre chemin pour eux, d'autant plus que les rochers étaient extrêmement resserrés. Toutefois, vérification faite, l'espace se trouva être assez large, et, après une demi-heure d'efforts, nous réussîmes à faire franchir le pas au premier d'entre ces animaux. Les autres suivirent, aussi heureux, sauf un seul qui se brisa la jambe. Quant aux ânes, nous dûmes les porter.

Le soir, nous plantions notre tente sur la rive d'un lac étroit, mais allongeant fort loin dans l'est sa nappe d'un bleu foncé éclatant entre des montagnes d'un rouge vif. L'aspect était étrange et saisissant. Au delà s'étend une série de larges plissements montagneux qui, s'élevant graduellement les uns au-dessus des autres, forment une chaîne s'abaissant brusquement au sud sur une autre vallée lacustre où nous arrivâmes le 7 octobre. Puis des collines et des lacs, avec çà et là une ou deux montagnes en forme de cônes, d'anciens volcans peut-être.

Le 10 octobre, nous franchîmes une grande chaîne sur la pente méridionale de laquelle nous vîmes pour la première fois trois pierres noircies par le feu, restes d'un campement de chasseurs tibétains, sans nul doute. Plus bas, au bord d'un torrent, dans un vallon étroit, qui formait comme un golfe de la grande vallée, vallon gazonné, accidenté de gros rochers sculptés avec une jolie fantaisie par la nature et disposés à souhait pour le plaisir et l'émerveillement des yeux, s'élevait une borne avec l'inscription inévitable: « Om mani padmé houm! » et auprès, sur la pente, selon la coutume tibétaine, un petit enclos de pierres sèches, un foyer, des crottes de brebis. Ces vestiges d'un campement de pasteurs nous donnèrent à réfléchir; car si nous rencontrions sitôt des hommes, nous serions nécessairement arrêtés bien avant d'atteindre le Nam tso, situé à près de quatre degrés plus au sud. Cependant un examen plus approfondi nous convainquit que ce campement avait été abandonné depuis plusieurs années, que ceux qui l'avaient établi en ces parages éloignés ne devaient pas avoir eu d'imitateurs, qu'en un mot il s'agissait d'une tentative isolée et tout exceptionnelle, et, en effet, nous marchâmes encore de longues journées avant de revoir de pareilles traces. Cette opinion était corroborée par l'allure peu craintive des animaux sauvages, assez nombreux dans les environs. Seules, les antilopes ne se laissaient guère approcher, se tenant dans le lointain, souvent à peine visibles, reconnaissables pourtant à leurs grandes cornes brillantes, droites, courbes ou torses. Les hémiones, semblables à de souples et fringants mulets, attirés par nos chevaux, venaient par deux, par trois, gambader près de la caravane, puis les gracieuses bêtes, inquiètes des choses insolites qu'elles voyaient, s'arrêtaient, et, au moindre mouvement, au moindre cri, détalaient, légères et rapides. Des familles d'énormes yaks aux longs poils noirs nous regardaient passer d'un air vaguement étonné et, seulement en entendant un coup de fusil, s'éloignaient d'un trot pesant, le plus âgé de la troupe restant derrière. Ce patriarche recevait les balles avec une équanimité remarquable, se contentant d'agiter sa queue comme pour chasser les mouches. Un jour, nous dépensâmes contre l'un d'eux dix-sept balles de carabine de guerre et nous en retrouvâmes une douzaine bien comptée dans son corps. La chair de cet opiniâtre animal était si coriace que nous n'en pûmes jamais manger même après plusieurs jours de cuisson. D'ailleurs, nous nous livrâmes rarement à la chasse qui nous eût troublés dans nos travaux et eût épuisé rapidement la petite provision de cartouches qui nous restait.

Le 14 octobre, nous commençâmes la traversée d'une autre puissante chaîne de montagnes presque égale à l'Arka tàgh. Sur ses pentes septentrionales, quelques oignons sauvages croissaient jusqu'à près de 5 300 mètres d'altitude; au delà la stérilité était absolue. Le vent d'ouest, qui ne nous avait pas fait grâce d'une heure depuis que nous avions franchi le Zarchou davàn, fut plus terrible encore pendant les deux jours que dura le passage de cette chaîne. L'infernale tempête jamais lassée

La bufera infernal, che mai non resta

se ruait par l'espace, furieuse, acharnée, pleine de hurlements farouches, avec, par moments, des redoublements enragés, comme si elle eût voulu ployer les cimes impassibles des monts. Le soleil brillait dans le ciel, versant largement sa lumière inobscurcie ; mais pas un de ses rayons de chaleur ne venait jusqu'à nous : l'ouragan les emportait tous et nous enfonçait dans la chair à travers nos fourrures des aiguillons de glace. Les chevaux, qui prêtaient le flanc à ce torrent d'air auquel ils résistaient difficilement, étaient étranges à voir avec leur corps penché à droite contre le vent, leur tête tournée à gauche pour pouvoir respirer, leur queue et leur crinière rejetées horizontalement du même côté. C'était une dure besogne que de relever une route et faire des tours d'horizon par un pareil vent et Dutreuil de Rhins n'oublia jamais le supplice que lui faisaient subir les tentatives d'observations astronomiques dans ces conditions. Le 14, nous franchîmes un premier col, puis un second plus élevé qui nous conduisit au cœur même des montagnes de neige. Le 15, nous reprîmes notre marche pour traverser la crête méridionale, la plus haute, comme toujours (5 650)[1]. Nos hommes, qu'effrayait ce désert infini de montagnes, étaient pris d'un désir ardent d'en sortir, de voir autre chose. À mesure qu'ils allaient, on les sentait plus impatients de savoir ce qui apparaîtrait derrière cette crête suprême, qui semblait fuir sans cesse devant eux, car, chaque sommet gravi, un autre se dressait

1. J'ai donné à ce passage le nom de Passe Dutreuil de Rhins.

en avant. Pourtant, à force d'avancer, voilà bien enfin la
dernière montée; quelques pas encore et l'on découvrirait
de là-haut un horizon nouveau, un pays plus clément, plus
humain, peut-être un fleuve sonore coulant dans de verts
pâturages, avec, dans un coin, une spirale de fumée. Ils
arrivent, ils regardent avidement, et la déception se peint
naïvement sur leurs figures. Au loin, jusqu'à bien des
journées de marche, la vue de toutes parts s'étendait sur
un désert morne de vallées et de collines arides, borné de
glaciers et de monts gigantesques, dont la sérénité imper-
turbable ressemblait à de l'insolence. Nous-mêmes nous
faillîmes avoir une déception : la montagne était à pic, un
véritable abîme s'ouvrait sous nos pieds, rendant la vallée
inaccessible. Ayant erré quelque temps sur la crête, nous
trouvâmes une pente praticable quoique encore très abrupte
et hérissée de cailloux pointus et tranchants. Ce ne fut
qu'avec de grandes peines que nous réussîmes à mener nos
chameaux jusqu'en bas.

Le lendemain, le vent ayant tourné au nord, la température baissa, le ciel se couvrit et la neige se mit à tomber en
flocons serrés et à s'amonceler sur le sol. L'atmosphère
n'était plus qu'une mer de nuées grises, impénétrable aux
yeux. Pendant cinq jours ce temps continua, nous retenant
au camp. Ce furent cinq jours d'ennui mortel, où il nous
fallut rester sous la tente étroite et obscure, frileusement
enveloppés en des paquets de fourrures et de couvertures,
les pieds endoloris de froid, les moustaches et la barbe
chargées de glaçons, sans pouvoir faire du feu, ni remuer,
ni tenir un crayon ou une plume. Les chevaux, gelés par la
neige dont ils étaient couverts, grattant vainement la terre
pour trouver de l'herbe, rôdaient frissonnants et tristes.
Les chameaux, de caractère tout différent, immobiles,
couchés en file, étaient patients à la halte comme à la mar-

che, paraissaient insensibles au vent qui rebroussait leurs poils, à la neige qui se tassait sur eux, à l'herbe qui manquait, à la faim qui les amaigrissait, faisaient le même visage aux maux et aux biens, à la misère et à l'abondance. La situation, en se prolongeant, n'était pas seulement grosse d'ennuis, elle était grosse de périls. Il était à craindre que les cols ne devinssent impraticables; en tout cas, les animaux dépérissaient sans rendre de services, les hommes étaient las de plus en plus et de la longueur du voyage et de ce linceul funèbre qui se repliait sur eux et de ces frimas qui les pénétraient jusque dans la moelle des os. Parpai demanda son congé. « Donnez-moi, nous dit-il, les deux ânes que vous avez condamnés et je me charge de rentrer à Tchertchen, si long et si rude que soit le chemin. Lorsque M. Bonvalot m'eut renvoyé de Sog (Tibet oriental), j'ai eu quatre-vingt-quatre jours de marche à faire dans des montagnes désertes pour revenir au Turkestan et je m'en suis très bien tiré. Sans doute j'aurais préféré ne point vous quitter, mais je suis malade, je ne me sens pas la force d'aller plus loin.... Oui, j'ai fait un grand voyage dans ce même pays avec M. Bonvalot, mais avec lui nous suivions une route fréquentée par les Mongols, où çà et là il y avait des traces de caravanes, les montagnes étaient moins hautes, le vent moins violent, la marche moins pénible... et puis, j'étais moins vieux alors. » Le bon apôtre avait de rentrer à Tchertchen un autre et meilleur motif qu'il ne disait pas. Il y avait connu une jeune femme divorcée qui avait des moutons dans la montagne, des blés dans la campagne (koy tâghda, boghday bâghda). C'était une occasion que Parpai avait longtemps rêvé de rencontrer en ses voyages; il ne la laissa pas échapper. Depuis longtemps ce vétéran de l'exploration ne méritait plus son nom qui rappelait le divin Achille aux pieds rapides (Parpai signifie : pied ailé); il avait pris de la lourdeur avec l'âge; mais il avait conservé une barbe belle et noble, avait acquis de l'expérience et le vieux renard savait comment on prend les poules. Après une intrigue vivement menée, il gagna le cœur et la main de la dame, ses moutons et ses blés. L'ancien mari, qui se repentait de sa détermination, mais qui, selon la loi musulmane, ne pouvait reprendre sa femme sans qu'elle eût passé par un autre mariage et un autre divorce, avait aidé Parpai dans son entreprise, espérant qu'avant son départ il rendrait la liberté à la jeune personne. Or, ni celle-ci, ni à plus forte raison Parpai, ne l'entendaient de cette oreille; ce que voyant, la famille de la dame essaya de faire casser le mariage. Elle avait de l'influence, l'ancien mari se joignit à elle; mais il n'y avait pas à revenir sur les faits accomplis : la triple et irrévocable répudiation avait été prononcée; depuis, jusqu'à la nouvelle union, le terme légal de cent jours s'était écoulé : Parpai était bel et bien propriétaire. Seulement, il redoutait que les plaideurs malheureux ne profitassent de son absence pour retourner à la charge, travailler les juges, changer le cœur de la jeune femme, provoquer la rupture du mariage; et voilà pourquoi notre homme était inquiet, malade et voulait s'en aller. Nous lui fîmes savoir que la discipline ne permet pas que l'on quitte ses chefs en campagne et nous le renvoyâmes à son ouvrage.

Enfin, le 21 octobre, le soleil reparut et nous reprîmes notre marche au milieu de ces solitudes désolées et infinies, dont la tristesse ne saurait s'exprimer. Maintenant comme auparavant, chaque jour, on traversait de hautes vallées arides, on longeait des lacs bleus, on franchissait des cols couverts de neige, et, chaque soir, on voyait devant soi de blanches montagnes dresser leurs masses majestueuses et glacées, des vallées s'étendre, mornes et

stériles, des lacs déployer leur azur immobile et s'évaporer
mélancoliquement au soleil. Maintenant comme auparavant, toute la nature visible était ensevelie dans le silence,
et sans le sifflement perpétuel du vent, on se serait cru
transporté sur quelque vieux globe mort depuis des siècles,
semblable au monde du poète :

> Monde muet, marqué d'un signe de colère.

Le pays cependant avait dès le premier jour un peu
changé d'aspect. Au lieu des vastes vallées largement
découvertes à l'est et à l'ouest, nous apercevions à droite
et à gauche des chaînons de montagnes souvent fort élevés dirigés du nord au sud entre lesquels nous passions
comme par un long corridor parsemé de lacs et interrompu fréquemment par des montagnes transversales.

Cette région, que nous avons franchie du 21 octobre au
5 novembre, est remarquable par la complication de son
orographie, dont ce n'est pas ici le lieu de parler, par la
couleur brique, jaune ou rouge, du terrain, par une altitude générale beaucoup moindre que celle de la région qui
s'étend entre le versant septentrional de l'Arka tâgh et le
versant méridional de la chaîne passée par nous le 14 et le
15 octobre. Désormais les cols ne sont pas plus élevés que
les vallées ne l'étaient auparavant. Le plus haut, qui est
situé précisément à l'extrémité sud de la région, ne dépasse
pas 5100 mètres. Dès le 22, nous campâmes au-dessous
de 4800, et, chose curieuse, les grands pics, qui dominent
tout le pays de leurs 6200 mètres, nous livrèrent passage
(27 octobre) par un seuil large et commode, n'atteignant
pas l'altitude du Mont-Blanc. Il ne faudrait pas conclure
de cet abaissement du sol que notre voyage en fut moins
pénible; au contraire, nous n'eûmes jamais d'aussi dures

journées qu'en cette fin d'octobre. La neige qui était tombée couvrait encore toute la terre et son évaporation rapide se traduisait par une brume épaisse et lourde qui faisait le froid plus pénétrant et la respiration plus difficile. Cette brume ne se dissipait qu'après midi sous le souffle plus aigu du vent, et la désolation du monde apparaissait de nouveau dans son linceul de neige. Une fois seulement, le 25 octobre, le voile déchiré découvrit une merveille. Dans la blancheur perlée et sans tache d'une vallée, dominée par des pics éblouissants, un lac limpide dormait, dont le bleu profond était adouci et pâli délicieusement par les blancheurs environnantes, de même que l'azur du ciel devenait plus tendre à mesure qu'il s'abaissait sur l'horizon et prenait une teinte opaline au voisinage de la neige des monts. Le rapprochement dans la pure lumière de ces deux couleurs uniques, le bleu et le blanc, qui se fondaient graduellement l'une dans l'autre, formait une harmonie dont la splendeur délicate est impossible à décrire et que rendait plus parfaite encore le calme suprême qui régnait; car le moindre bruit, le moindre mouvement eût semblé une discordance dans ce tableau. Nos grossiers chameliers eux-mêmes ne furent pas insensibles à cette beauté des choses; mais la neige faisait chèrement payer ses effets pittoresques par les effets désastreux qu'elle avait sur les yeux des hommes, qui furent complètement aveuglés pour quelques jours et souffrirent d'intolérables douleurs. Dutreuil de Rhins ne fut pas épargné et je fus un jour le seul voyant de l'expédition. Aux difficultés accoutumées, à la rareté du combustible, puisqu'on en était toujours réduit à celui produit par les animaux sauvages, au manque fréquent d'eau douce, mal compensé par la neige ou la glace, se joignait l'humidité des campements dans la neige avec une température non encore éprouvée de 36° au-dessous de zéro. Toutefois, instruits par l'expérience, nous réussissions mieux qu'auparavant à nous tenir au chaud la nuit et à éviter qu'une sensation de pieds gelés n'interrompît ce sommeil pesant, profond, comme on n'en connaît que dans ces hautes altitudes, sommeil qui nous procurait l'oubli absolu de la désagréable réalité. Mais le réveil était dur. Il fallait, pour préparer le départ, se lever dans la nuit noire à l'heure la plus froide. On sortait de la tente, les membres lourds, les hommes allaient et venaient lentement avec des mouvements endormis, tâtonnant dans l'obscurité, les animaux secouaient paresseusement leurs corps las et gourds, chargés de glaçons, les voix s'assourdissaient dans l'espèce de ouate mouillée qui nous enveloppait, on essayait de faire du feu avec du combustible mal séché qui refusait de s'enflammer et répandait une âcre odeur. Puis un léger tressaillement de lueur blafarde se propageait dans l'espace; c'était l'aurore, une pauvre aurore qui ne servait qu'à rendre visible l'opacité du brouillard; et les hommes chargeaient avec leur nonchalance habituelle, musant, s'attardant près du foyer à prendre un air de fumée chaude; on devait sans cesse être autour d'eux pour stimuler leur torpeur, sans perdre de vue pourtant leurs vraies misères, leurs mains brûlées au contact des ferrailles glacées ou écorchées au maniement des cordes raidies, la suffocation causée par l'effort physique dans l'air rare. Enfin on partait, se dirigeant comme on pouvait, à la boussole, à travers la brume intense qui faisait mieux sentir le poids du silence et rendait la solitude comme tangible. Au milieu de ces vapeurs flottantes glissaient confusément, pareils à une procession de muets fantômes, les chameaux au balancement monotone et les chevaux à la tête basse avec sur leur dos d'immobiles apparences d'hommes bizarrement emmitouflés.

Cependant plusieurs signes annonçaient le voisinage des lieux habités. L'herbe devenait peu à peu plus abondante, le gibier nombreux était plus sauvage, çà et là des chasseurs avaient laissé des traces de leurs campements. Le 27 octobre, après avoir passé le seuil dont j'ai parlé plus haut, nous vîmes un enclos à moutons qui avait dû être occupé cet été même. Nous plantâmes notre tente non loin de là sur la berge d'une rivière dont l'eau, gelée seulement sur les bords, était rapide et profonde de deux pieds. Dans la vallée, d'ailleurs étroite et austère de ce cours d'eau, des passereaux et des perdrix tenaient compagnie aux corbeaux et parmi les menues broussailles, appelées en tibétain *oua ching* (bois de renard), s'ébattaient des lièvres innombrables. Les lièvres du Tibet, n'étant pas considérés comme un gibier traquable et mangeable à merci, ne sont pas aussi peureux que les nôtres, ni si difficiles à attraper. A peine Mohammed Iça était-il sorti pour chercher du bois qu'il rapporta un de ces animaux, sain de corps et les yeux clairs, qu'il avait saisi par les oreilles. C'est l'exploit cynégétique le plus digne de remarque que notre expédition ait accompli, et je le signale ici afin que, si son auteur s'en vante jamais, on ne le tienne point pour plus gascon qu'il n'est. Jusqu'à la source de cette rivière des Lièvres notre route avait peu dévié de la direction nord-sud; depuis, nous inclinâmes vers l'ouest, direction dans laquelle le pays est plus découvert, avec l'intention de reconnaître ce qu'il y avait de vrai ou de vraisemblable dans la fameuse hypothèse de la route directe de Khotan à Lha-sa, mais nous n'en vîmes absolument aucun vestige. Le 1er novembre, nous campâmes près d'un lac aux eaux salées, d'odeur et de saveur fétides, comme l'ammoniaque. Dans les hautes montagnes qui s'élèvent sur la rive occidentale de ce lac se distinguait une coupée semblant offrir un passage relativement facile : c'est probablement par là qu'avait passé le capitaine Bower dans l'important voyage qu'il venait de faire du La-dag au Seu-tchouen, voyage dont nous n'avions pas alors connaissance.

Le lendemain et le surlendemain nous traversâmes deux cols qui nous menèrent dans une vaste vallée herbeuse, se dirigeant indéfiniment vers le sud-est et s'étendant entre le versant méridional des montagnes dont nous sortions et une magnifique chaîne neigeuse dont les pics se dressaient à perte de vue, resplendissants et rangés au cordeau comme une ligne de cuirassiers au port d'armes. Cela rappelait d'une manière frappante l'aspect du Transalay vu de Sary-tâch, mais avec quelque chose de plus imposant. La neige et le brouillard avaient enfin disparu et l'on voyait des restes de campements récemment abandonnés. Ce fut un grand soupir de soulagemen' et cependant tout n'était pas fini. L'altitude était toujours considérable, entre 4400 et 4800 mètres, le froid ne s'apaisait point, l'herbe abondante était peu goûtée des chevaux, qui la trouvaient trop dure, inutile aux chameaux, qui ne peuvent manger que de l'herbe longue. Nous avions déjà perdu seize animaux et les survivants faisaient peine à voir. La proximité même des hommes était une source d'inquiétudes, non pas que nous eussions la moindre crainte pour notre sécurité, mais nous savions qu'on tenterait de nous barrer le passage.

En suivant la vallée, très giboyeuse et fréquentée encore par des troupes de chevaux sauvages, nous arrivâmes, le 7 novembre, au bord d'un torrent où nous découvrimes un foyer avec des cendres chaudes. Le lendemain enfin, deux mois jour pour jour après avoir quitté les derniers lieux habités du Turkestan, nous rencontrâmes le premier Tibétain, rencontre tout ensemble crainte et désirée. C'était un pâtre assis d'un air désespéré près de sa chèvre malade. Son visage anguleux et sauvage, noir de hâle et de crasse, perdu dans la broussaille inculte de sa chevelure, nous fit plaisir à voir. Je ne saurais dire que le pauvre hère éprouvât le même sentiment; il était, pour employer une expression chinoise, hagard comme un veau qui vient de naître. Il nous prenait pour des diables sortis de l'enfer, tout au moins pour des brigands. Il était trop absorbé par la maladie de sa chèvre et trop interloqué par notre subite apparition pour que nous en pussions tirer le moindre renseignement.

A quelque distance dans les pâturages, on voyait des bergers qui, nous ayant aperçus, rassemblaient et emmenaient précipitamment leurs troupeaux de yaks et de brebis. Toutefois, l'un deux s'approcha et nous essayâmes d'entamer la conversation. Il fit le bonhomme, mais il eut garde de rien dire de ce qui avait l'air de nous intéresser. Ses réponses étaient vagues ou fausses, ou lorsqu'il était mis au pied du mur, il faisait tout à coup l'imbécile et l'ignorant et prenait une figure de quelqu'un qui tombe des nues. C'eût été amusant si ce n'avait été agaçant. Nous voulions nous renseigner sur le Nag-tchang, dont parle la géographie chinoise et que Dutreuil de Rhins supposait être une ville non éloignée. Nous eûmes les plus grandes peines à faire comprendre ce dont il s'agissait à notre interlocuteur qui ouvrit d'abord de grands yeux, puis une grande bouche, enfin s'arrêta net, les bras ballants, les regards perdus dans le vague. Nous étions prêts à abandonner la partie lorsque soudain un trait de lumière parut traverser la physionomie du rustre.

« Ah! oui! dit-il, un endroit où il y a des hommes grands comme les étoiles? »

Nous dîmes que oui, pensant que c'était là une expression poétique pour désigner les fonctionnaires publics ; nous tenions donc notre information.

« Ôôh ! yò ma ré (il n'y a pas) », exclama le Tibétain d'un ton chantant, comme un Provençal, mais péremptoire.

Nous apprîmes plus tard que ce mot de Nag-tchang était le nom du pays même où nous étions, dont le chef-lieu est Sen-dja dzong, au sud des montagnes.

Nous campâmes en un lieu dit Gad-mar, la Falaise rouge, près d'un assez grand lac, qu'on appelait le Tso Ring-mo, le Long lac. Plusieurs tentes noires en poil de yak dressaient dans les environs leurs silhouettes d'araignées, selon la très juste comparaison du P. Huc. Trois hommes et une femme vinrent nous voir ; les types et les vêtements étaient fort semblables à ceux des Tibétains que nous avions rencontrés l'année précédente à Mang-rtsé, sauf que la coiffure de la femme était différente, divisée en une multitude de tresses serrées grosses comme la moitié du petit doigt. Au reste, ils avaient la mine très pacifique, mais ils étaient d'autant plus défiants qu'ils avaient deviné notre qualité d'Européens, ce qui nous étonna, car nous ignorions que M. Bower eût passé récemment par là. Pendant que les hommes examinaient curieusement ce que nous voulions bien leur laisser voir, la femme s'était mise à parler franchement, sans songer à mal, de ce qui nous intéressait, des routes, du Nam tso, le lac du Ciel, de Sen-dja, la résidence du grand chef, de Nag-tchou-ka où l'on va faire le commerce. Mais son mari se rapprocha bientôt et lui dit brusquement : « Tais-toi, tu ne sais rien. » Puis, bourrant sa longue pipe de fer, et croisant les jambes, il s'assit sur le sol en ramenant avec soin sous lui son vêtement de peau de mouton. — « Je ne sais, reprit-il, si les femmes sont comme cela chez vous ; mais par ici elles sont toujours à

bavarder à tort et à travers : chansons que tout ce qu'elle
vient de vous raconter! Interrogez-moi et vous serez renseignés. » Il fut désormais impossible de rien apprendre.
Évidemment, depuis que M. Bower était venu, ces braves
gens avaient reçu des ordres sévères et terribles. Le lendemain, un homme se présenta, de tout point pareil aux
autres, sinon qu'il avait un sabre passé en travers de la
ceinture. Il était grave et cérémonieux; en nous abordant,
il tira son vaste chapeau de fourrure, qu'il avait mis tout
exprès pour la circonstance afin de pouvoir l'ôter, se pinça
l'oreille gauche, montra une langue grande comme la
main, et par ces mots il commença : « Révérends seigneurs! s'il ne dépendait que de moi, je ne viendrais pas
vous importuner; mais les ordres formels que m'a donnés
notre vénérable maitre, le seigneur lama de Sen-dja dzong,
me forcent de vous adresser une prière.... C'est que, voyez-
vous! ajouta-t-il, après une hésitation et cessant tout à
coup d'être solennel, si vous allez plus loin on me coupera
la tête et, si cela ne vous faisait rien, j'aimerais mieux la
garder. » — « Mon brave! répliqua familièrement Dutreuil
de Rhins, ces ordres ne me regardent pas. J'ai une lettre
de l'Empereur que je vais présenter à Son Excellence le
Légat Impérial à Lha-sa. » — Et, élevant la voix et fron-
çant le sourcil : « Il n'y a pas d'opposition, j'espère! » —
« Monseigneur... à vos ordres! (La-la-so, kou-chog, la-
la-so! » Et le bonhomme s'éloigna à reculons et la langue
au vent.

Le 11 novembre, les observations astronomiques achevées, nous continuâmes notre route et nous aperçûmes
quelques cavaliers armés qui nous suivaient et nous sur-
veillaient de loin. Trois d'entre eux vinrent nous avertir
que le dé-ba, ou chef de canton, allait arriver incessam-
ment et ils nous supplièrent de l'attendre. Dutreuil de

Rhins, qui souffrait d'une recrudescence de rhumatismes, les reçut fort brusquement et leur enjoignit de ne plus se montrer dans un rayon de deux cents mètres. Au fond, les malheureux pâtres étaient bien éloignés de vouloir employer la violence : ils faisaient le métier de gendarmes à leur corps défendant et ils éprouvaient la sensation désagréable de quelqu'un qui est placé entre l'enclume et le marteau. Le 13, nous campâmes au bord d'un grand lac d'eau douce, le Tchar-gad tso, qui s'étalait dans le fond d'un cirque de montagnes neigeuses dont les pieds baignaient dans les eaux au bleu vif, continuellement grondantes. La vue en était fort belle et Dutreuil de Rhins la comparait à celle que l'on a entre le Bosphore et les Dardanelles par un beau temps d'hiver après une tombée de neige. Le lendemain et le surlendemain, nous suivîmes par un étroit sentier la côte du plus joli lac qu'on puisse imaginer, resserré, sinueux comme un serpent de saphir, chatoyant au soleil et tressaillant à la brise, exactement enchâssé entre des parois marmoréennes, se glissant dans des criques aux découpures capricieuses, contournant des promontoires curieusement et nettement taillés, se prolongeant encore par derrière les rochers qui semblaient le borner. C'eût été une promenade délicieuse si le froid n'avait été si âpre. Le 16, nous nous retrouvâmes dans un de ces paysages désolés d'autrefois, dans une vaste vallée, couverte d'efflorescences salines, avec, au pied des grands monts blafards, un lac salé et pris par les glaces, qui s'étendait au loin, indéfiniment morne et triste. C'était le premier lac gelé que nous rencontrions, comme aussi le plus grand que nous eussions encore vu. On l'appelle Gya-ring tso, nom qu'il mérite par sa longueur exceptionnelle de 70 kilomètres. C'est sur sa rive méridionale que M. Bower fut arrêté et obligé à rebrousser chemin.

Au nord s'élèvent de hautes collines, derrière lesquelles est située une vallée plus habitable. Nous nous dirigeâmes de ce côté par un terrain aride, crevassé, raviné, semé d'étangs gelés, couvert d'efflorescences salines ou de pierres schisteuses, formant parfois des sortes de remblais ou de murailles en démolition. Il soufflait une de ces bises atroces, violentes, glaciales, aiguës comme une pointe d'épée, qui nous faisait répéter le cri arraché au cœur du P. Huc : « En vérité, le Tibet est un pays bien abominable ! » Cependant, après avoir observé la contrée du sommet d'une colline escarpée, nous nous rendîmes compte que nous perdions trop de temps à vouloir prendre l'autre vallée et nous obliquâmes au sud-est, vers le lac. Le 20, après avoir traversé sur la glace une rivière considérable descendant au lac, nous fîmes halte au pied de rochers à pic, dénudés, d'une architecture singulière, creusés de grottes naturelles, dont l'une ressemblait au portail d'une mosquée gigantesque. Continuant notre marche, nous arrivâmes au bord même du Gya-ring tso. Il neigeait et nous étions enveloppés d'une brume épaisse à travers laquelle nous nous dirigions à la boussole.

Nous nous engageâmes ainsi sur la glace du lac, mais des craquements accompagnés d'un tremblement de la surface nous firent revenir précipitamment sur nos pas, et, après de longs tâtonnements causés par l'impossibilité de distinguer nettement, dans l'obscurité blanche qui nous entourait, l'eau gelée de la terre ferme, nous réussîmes à contourner le lac par l'est, nous franchîmes la glace d'un étang, traversâmes des collines et parvînmes au pied de la grande chaîne, dans un vallon vert, où se détachaient en noir plusieurs tentes et la muraille vivante d'un gros troupeau de yaks domestiques. Ce lieu s'appelait Tag-sta pou (24 novembre).

Cependant, les cavaliers qui avaient commencé de nous suivre dès Gad-mar ne nous avaient point perdus de vue. Leur dé-ba les avait rejoints et leur troupe s'était grossie considérablement ; mais ils se tenaient toujours à une distance respectueuse. A plusieurs reprises, ils avaient essayé d'entrer en pourparlers, de gagner du temps ou plutôt de nous en faire perdre. Le 24 novembre, ils nous engagèrent encore avec une insistance redoublée à nous arrêter, nous avisant que le lama-préfet de Sen-dja devait arriver le lendemain, et qu'il désirait avoir un entretien avec nous, nous assurant que, si nous voulions bien déférer à ce désir, nous ne manquerions pas d'être contents de l'entrevue, nous promettant de nous fournir en attendant tous les vivres dont nous pourrions avoir besoin. Dutreuil de Rhins était convaincu que s'il s'arrêtait, il y aurait bientôt autour de nous deux ou trois cents cavaliers, qui nous barreraient la route du Nam-tso qu'il voulait atteindre à tout prix, et finalement nous obligeraient à aller rejoindre la route de Si-ning en passant par des pays inhabités, car le défaut de vivres nous mettrait à leur merci. Nos provisions étaient, en effet, près d'être épuisées. Dès le 20, nous nous étions mis à la ration et la viande des moutons qui nous restait était devenue presque immangeable en même temps qu'elle s'était réduite au point que deux moutons en donnaient moins qu'un seul au début du voyage. A Gad-mar, les femmes, séduites par de menus colifichets, avaient persuadé leurs maris de nous vendre un peu de beurre et un mouton. C'était tout à fait insignifiant. A Tag-sta pou, nous voulûmes tenter d'obtenir mieux et nous imaginâmes d'y faire halte le 25, sachant qu'en n'importe quelle langue asiatique demain veut dire : dans un nombre de jours indéterminé, et que par conséquent le préfet ne paraîtrait pas ce jour-là. Nous prîmes d'ailleurs nos dispositions pour lever le camp immédiatement, au cas où cet honorable fonctionnaire nous ferait la surprise d'être exact et nous envoyâmes notre interprète aux tentes pour y acheter ce qu'il pourrait. Les indigènes refusèrent de rien vendre, car on le leur avait rigoureusement interdit. « Mais, puisque nous restons, dit notre homme, on doit nous fournir des vivres. » Les autres en référèrent au dé-ba, lequel, voyant qu'en effet nous ne partions pas, leva la défense. De cette façon, nous nous procurâmes quatre excellents moutons, du tsam-pa pour quatre jours; mais nous ne trouvâmes rien pour les animaux.

Le 25, le préfet ne s'était pas montré, et, le lendemain, nous décampâmes au petit jour pour aller passer la chaîne un peu plus loin dans l'est. Vers midi, comme nous entrions dans une gorge profonde, nous aperçûmes derrière nous environ soixante cavaliers avec, au milieu d'eux, sur un cheval caparaçonné, une veste chinoise de soie jaune. Le lama était venu. Nous hâtâmes notre marche, inclinant le plus possible au sud pour passer la chaîne au plus tôt. Au moment où nous pénétrions dans un ravin fort étroit et incommode, les Tibétains nous crièrent : « Vous vous trompez, la route est à gauche. » Dutreuil de Rhins fut convaincu que si les Tibétains lui disaient qu'il avait tort, c'est qu'il avait raison, et il continua. Ce raisonnement n'était pas juste. Le ravin nous conduisit à une haute montagne abrupte, chargée de neige dont l'épaisseur atteignait plusieurs mètres au sommet. L'ascension nous en coûta trois chameaux et un cheval. A six heures du soir, nous arrivâmes, comme l'obscurité était déjà complète, au fond d'un précipice, où il fallut faire descendre les animaux un par un, en les tenant par la tête et la queue. Le préfet se garda de nous suivre de ce côté; il passa par le bon chemin et, le lendemain matin, nous le trouvâmes installé devant nous dans la vallée. S'il avait été en force ou de force, nous étions pris comme dans une souricière. Nous nous mîmes en marche comme si de rien n'était. Arrivés par le travers du campement tibétain, nous aperçûmes le préfet qui s'avançait avec deux ou trois hommes seulement, signe visible de ses intentions pacifiques. C'était un homme assez jeune, imberbe, la physionomie placide et l'air hésitant. Il nous supplia avec des larmes dans la voix de nous arrêter : on lui couperait la tête si nous allions plus outre; si au contraire nous daignions accéder à sa prière, il nous fournirait tout ce qui nous serait nécessaire, userait de son influence pour obtenir du gouvernement de Lha-sa qu'il nous laissât aller partout où nous voudrions. Dutreuil de Rhins répliqua brièvement qu'il ne pouvait s'arrêter au milieu des champs de neige, que ses instructions l'obligeaient de se rendre au moins au Nam tso, qu'il entendait négocier directement avec le pouvoir central, qu'au surplus il avait un passeport de Pékin, et il passa. Le lama, descendant de cheval, saisit le mien par la bride et recommença sa litanie désolée, s'agenouillant presque. Je poussai ma monture pour me dégager; mais la pauvre bête, exténuée, ayant déjà une goutte de sang perlant à ses naseaux, s'embarrassa dans les innombrables trous dont le sol était creusé et tomba. Cet incident ridicule, dont le préfet parut fort penaud, me délivra aussitôt de ses instances. Je partis et je le vis un moment agitant d'un air éploré ses vastes manches jaunes comme un oiseau ses ailes. Au fond, il était perplexe, ne sachant au juste les termes de notre passeport, et, homme bien élevé autant que fonctionnaire timoré, il craignait plus de dépasser la mesure que de ne point l'atteindre. Mais il pouvait se repentir de sa faiblesse, réunir une escorte plus nombreuse qui lui permît d'agir plus énergiquement; pour parer à cette éventualité, nous marchâmes rapidement toute la journée jusqu'à la nuit close (7 heures). Puis nous fîmes du feu et du thé en attendant le lever de la lune. Nous étions dans une large vallée assez peuplée, dont l'herbe courte était poudrée à blanc, à notre droite s'élevaient des montagnes neigeuses dans lesquelles une coupée semblait se dessiner près de notre bivouac. A 9 heures, la lune, qui était pleine, ayant émergé au-dessus des monts, nous profitâmes de sa clarté pour nous remettre en route, mais la pâleur de cette clarté, créatrice d'illusions et d'incertitudes, nous fit renoncer à franchir la passe que nous avions aperçue et nous continuâmes à suivre le pied des hauteurs. Nous n'avions presque pas mangé de la journée et la fatigue se fit bientôt sentir. Dans le froid, le silence et le bercement monotone des sonnailles, la torpeur nous envahissait ; les animaux laissaient leur tête plonger en avant par petits coups et la relevaient de temps à autre dans un brusque soubresaut lorsque leur pied heurtait une pierre ou s'enfonçait dans un creux ; les hommes, peu capables de réaction, dormaient en marchant et menaient leurs bêtes dans les bas-fonds. Enfin, à trois heures du matin, nous jugeâmes que nous avions fait assez de chemin pour dérouter le lama et ses gens et nous campâmes dans la vallée de Pi-sang, près de tentes indigènes.

Les Européens étaient inconnus en ces lieux. On nous prit pour des Mongols allant faire leurs dévotions au Lac Divin et à la Cité Sainte, et, à notre départ, après un court sommeil, nous fûmes salués par de braves gens dont les préjugés et les craintes n'assombrissaient point la bonne humeur et le gai sourire ; car le Tibétain a en lui-même toute la gaieté qui manque à la nature qui l'entoure. A quelque distance de là, Dutreuil de Rhins entra sous une tente pour se chauffer les mains et boire une tasse de lait; lorsqu'il sortit, une vieille femme s'empressa de l'aider à mettre son manteau et lui tint l'étrier pour monter à cheval, en répétant : Ta-chi chig, ta-chi chig! — c'est-à-dire : Soyez heureux! bon voyage!

Pour franchir la chaîne qui nous séparait encore du Nam tso, nous gravîmes d'abord une montagne assez raide, qui, à notre gauche, était coupée à pic et baignait ses pieds dans le lac Pam tso, à trois cents mètres au-dessous de nous. Ensuite, nous traversâmes une série de collines escarpées et de vallées étroites dont le terrain était creusé d'une foule de trous pleins de neige et bossué d'autant de protubérances couvertes de brins d'herbe durs comme des piquets, qui écorchaient les pieds mous des chameaux. C'est le type des pâturages du Tibet septentrional. Les habitants assez nombreux, que nous rencontrions, voyant toujours en nous de pieux pèlerins, nous firent bon accueil.

Enfin, le 30 novembre, du haut de la dernière côte, nous découvrîmes le lac du Ciel, le lac saint et vénéré, dont l'azur sombre et tranquille contrastait violemment avec la blancheur éclatante des montagnes aux mille pointes, comparables aux vagues d'une mer démontée, qui s'élevaient sur sa rive méridionale; et ces vagues, se dressant les unes sur les autres, paraissaient monter à l'assaut d'une masse prodigieuse qui surgissait au-dessus d'elles, toute noire, car les flancs en étaient tellement abrupts que la neige n'avait pas où se prendre, et la raideur, l'aspect sombre, l'énormité de cette masse avaient quelque chose de formidable[1]. Dans l'est se prolongeait bien au delà du lac la chaîne des pics neigeux, que dominait tous la lointaine

____

1. Le mont Tcha-ri mé-rou.

et splendide pyramide du Sam-tan gang-tsa, le Glacier de la Contemplation. Cette montagne, qui, retirée au milieu de cette région presque morte, semblait ne point daigner voir ce bas monde du haut de sa sérénité impassible et froide et vouloir de sa cime aiguë pénétrer et s'absorber dans le vide des cieux, était bien le visible symbole de l'âme bouddhique, qui cherche à s'isoler et à se recueillir dans la contemplation des choses éternelles et de la perfection absolue, à se dépouiller de tout ce qui, bon ou mauvais, l'attache à cette existence périssable et troublée, des désirs et des craintes, des peines et des plaisirs, des affections et des haines, aspire à supprimer en elle tout besoin, toute sensation, tout mouvement, à se confondre dans l'infini du vide et du silence, dans la vie du néant, la seule absolue et parfaite, qui ne se sent, ni ne se souffre, ne se change ni ne s'achève.

Nous avions touché le but; mais nos hommes, devant les mélancolies de ce spectacle nouveau et toujours le même, éprouvaient un dégoût mêlé de stupéfaction à cette sorte d'acharnement des montagnes de glace à les poursuivre depuis trois mois, et pour nous, mieux informés, l'impression était saisissante de voir, à la latitude d'Alexandrie d'Égypte et si près de la capitale du Tibet, une telle contrée où les manifestations de la nature inanimée étaient aussi puissantes et grandioses que celles de la nature animée étaient faibles et rares. Le 1er décembre, nous suivîmes la rive septentrionale du lac, rive montueuse, découpée de vallons s'enfonçant dans les hautes terres et de promontoires s'avançant loin dans les eaux que bordait une étroite frange de glace. Il n'y avait toujours pas d'arbres, mais seulement, croissant dans les fentes des rochers, des petits genévriers (choug-pa), dont la fumée est considérée par les Tibétains, par les Mongols et même par les Turcs musulmans comme agréable à la divinité. En fait de gibier, on n'apercevait guère que des lièvres et des perdrix, et la civilisation humaine était représentée uniquement par quelques troupeaux errants, paissant l'herbe courte et dure, et par quelques tentes misérables blotties dans les coins les mieux protégés du vent et servant d'abri aux non moins misérables serfs du grand lama de Ta-chi-lhoun-po, seigneur de ces lieux.

Nous campâmes au lieu dit Zam-na, à cinq milles de l'extrémité orientale du Nam tso. Une manière de brigadier de gendarmerie, coiffé d'un turban rouge, étant venu de Lha-sa à notre rencontre, nous pria de nous arrêter là jusqu'à l'arrivée prochaine des fonctionnaires envoyés auprès de nous par le gouvernement central. Il nous promettait d'ailleurs, selon la formule stéréotypée, de nous procurer ce dont nous aurions besoin. Or, nous n'avions pu renouveler nos provisions dans un pays dont la population est trop clairsemée, trop pauvre, trop défiante ; nous étions à la ration depuis onze jours, nous n'avions plus une once de farine, nous avions secoué notre dernier sac de riz, égorgé notre dernier mouton. Sur nos soixante et un animaux, trente-six avaient péri et les tristes survivants, auxquels nous n'avions plus un grain d'orge à donner, épuisés de fatigue, de faim et de froid, chancelaient sur leurs jambes, roulaient comme des barques en marchant ; leurs flancs, où les côtes se dessinaient en un vigoureux relief, étaient, malgré la basse température, mouillés d'une sueur fétide, des gouttes de sang rougissaient leurs naseaux, des plaies s'étaient formées sur leur échine. Dutreuil de Rhins accepta donc les propositions qui lui étaient faites et écrivit au Légat Impérial en résidence à Lha-sa pour lui demander l'autorisation d'aller dans la ville sainte se reposer et reconstituer sa caravane. La lettre écrite, il appela le brigadier : « Voilà, lui dit-il, un message pour l'amban[1] chinois de Lha-sa. » — « Quel Chinois? il n'y a pas de Chinois à Lha-sa; pas un! — « Comment tu oses dire qu'il n'y a pas à Lha-sa un représentant de l'Empereur, un grand amban! » — « Oh! j'oubliais!... c'est un tout petit amban! » et il affectait un ton fort dédaigneux. — « Eh bien! petit ou grand, envoie-lui ce paquet, et qu'il lui parvienne dans les quatre jours; autrement je porterai plainte. » Le ton de l'autre changea aussitôt; il fit seller un cheval sur-le-champ et expédia la lettre qui fut, en effet, à Lha-sa quatre jours après.

Une autre raison que le mauvais état de la caravane avait déterminé Dutreuil de Rhins à écouter la prière du gouvernement tibétain. Il avait tenu essentiellement à atteindre le Nam tso, parce que c'était la limite des régions connues. Au delà, on entre dans ce que l'on appelle le Tibet des villes, pays dont les grandes lignes géographiques sont assez bien fixées, où par conséquent il n'est intéressant de voyager qu'à condition d'y avoir le loisir et la tranquillité nécessaires à des études sérieuses, d'y pouvoir faire avec précision des observations astronomiques ou autres, visiter les villes, les monastères, causer librement avec les habitants, les fonctionnaires, les lamas, recueillir des livres, des curiosités de tout genre. Pour cela, l'assentiment du gouvernement était nécessaire, et il parut à Dutreuil de Rhins que la meilleure manière d'obtenir cet assentiment, si toutefois il y avait moyen de l'obtenir entier ou partiel, était de faire montre de la plus grande déférence envers les autorités, de prouver ses bonnes intentions par la correction de sa conduite, de se prévaloir auprès des agents

1. Mot mongol dont les Tibétains et les Turcs aussi bien que les Mongols se servent pour désigner les fonctionnaires chinois.

chinois, dont la puissance lui était connue, des termes particulièrement flatteurs de son passeport officiel et des amicales relations qu'il n'avait cessé d'entretenir jusque-là avec tous les fonctionnaires chinois. Sans doute, il n'y avait pas d'illusion à se faire sur le résultat d'une négociation purement officieuse; mais il importait qu'elle fût menée correctement du commencement jusqu'à la fin, afin de se rendre un compte exact du degré de résistance, de la nature des raisons réelles ou apparentes que pouvaient opposer le gouvernement tibétain et les représentants de l'Empereur de Chine, il importait que l'expérience ne fût viciée en rien, qu'aucune surprise, aucun acte de mauvaise foi ou de violence de notre part ne fournît contre nous des arguments de circonstance, trop commodes à nos adversaires. Un point nous gênait, c'était l'affaire du préfet de Sen-dja aux sommations duquel nous avions refusé de nous rendre. Nous prévînmes les objections qu'on pouvait nous faire à cet égard en écrivant au Légat Impérial qu'un individu se prétendant fonctionnaire du gouvernement avait voulu nous arrêter en plein désert, que comme nous n'avions aucune preuve de sa qualité véritable et qu'en tout cas il n'était pas muni de pleins pouvoirs du gouvernement central, nous n'avions pu ni dû entrer en pourparlers avec lui, qu'enfin il avait osé prendre mon cheval par la bride et l'avait fait tomber, injure grave pour laquelle nous exigions des excuses, si cet homme était réellement un personnage officiel. Or, le préfet n'avait rien imaginé de mieux pour se faire pardonner de nous avoir laissé passer que de nous accuser de l'avoir blessé au bras d'un coup de pistolet. Mandé à Lha-sa, on vit bien qu'il avait menti et sa mauvaise ruse tourna en notre faveur. Le gouvernement nous fit officiellement des excuses, et un incident, qui avait paru capable d'affaiblir notre argumentation, la fortifia au contraire.

Peu à peu, quelques hommes armés vinrent s'installer près de nous; mais ce ne fut que onze jours après notre arrivée, lorsque se montrèrent les premiers délégués du gouvernement, que fut réunie une troupe assez considérable pour nous opposer un obstacle sérieux. Si donc nous avions jugé nécessaire ou utile de continuer notre marche, rien n'eût été plus facile que de pénétrer jusqu'au village de Dam, de l'autre côté de la chaîne méridionale, et là même nous n'eussions été arrêtés que par le manque de vivres et la fatigue des animaux. En supposant que notre plan eût été de nous avancer coûte que coûte le plus près possible de Lha-sa, nous aurions pris nos mesures en conséquence : à la fin d'octobre, au lieu d'incliner notre route à l'ouest, nous l'aurions inclinée à l'est, de façon à gagner les quelques jours indispensables. D'ailleurs, j'estime, après expérience faite, et je dis ceci pour l'instruction de voyageurs futurs, qu'avec une meilleure méthode de marche que celle adoptée par nous on peut tout ensemble ménager davantage les animaux et faire plus de chemin. En effet, les haltes prolongées ne sont d'aucun profit pour les animaux dans ces pays à haute altitude où il n'y a pour ainsi dire point d'herbe, au moins dans la saison où nous avons voyagé; on ne doit donc s'arrêter que les jours réclamés par les observations astronomiques et lorsque le temps n'est absolument pas maniable. En revanche, il ne faut en aucun cas marcher plus de sept heures par journée ni forcer les chevaux ni surtout les chameaux d'allonger leur pas le moins du monde : pour le mince plaisir de camper une demi-heure plus tôt, on impose aux animaux dont on presse la marche un supplément de fatigue considérable qui a les plus fâcheuses conséquences. En appliquant rigoureusement et patiemment la méthode que j'indique, on peut parcourir en moyenne, haltes comprises, près de vingt kilomètres par jour. De cette façon, et sans modifier notre itinéraire, nous aurions mis pour aller de Tokouz-davan au Nam tso environ 70 jours au lieu de 85 et notre caravane n'eût certainement pas été en plus mauvais état qu'elle ne l'était en effet deux mois après notre départ de Tchertchen. Eh bien ! imaginez un voyageur ayant assez de ressources pour réunir une caravane comportant largement cent jours de vivres pour environ vingt-cinq hommes, dont une douzaine seraient des soldats exercés, triés sur le volet, il aurait sans difficulté dépassé Dam, atteint l'ou-mdo dzong, et probablement il n'aurait trouvé là en face de lui qu'une troupe insuffisante à qui la bonne mine de ses hommes en aurait imposé et que la crainte des conséquences et des responsabilités, plus encore que la lâcheté, auraient empêchée d'en venir aux extrémités d'un conflit armé, car le mot d'ordre donné par le gouvernement aux gens chargés d'arrêter les Européens est : dans les paroles de la fermeté, mais dans l'action de la prudence, de la prudence et encore de la prudence. De la sorte je crois qu'il ne serait nettement arrêté qu'aux portes mêmes de Lha-sa et les vingt et quelques jours de vivres qu'il aurait encore lui permettraient de jouir à son aise des transes mortelles où sa présence jetterait la momerie du pays.

Nos intentions étaient autres comme aussi les conditions de notre caravane, aussi fut-ce sans trop d'impatience que nous attendîmes l'arrivée des négociateurs de Lha-sa. Il en vint deux d'abord : un religieux qu'on honorait du titre de rdjé-tsoun, lama de l'entourage du Gya-bang rin-po-tché ou Talé lama, et un laïque, mi-dpon[1] ou préfet de la ville

1. Se prononce *mi dpœun*, ou quelquefois *mi rpœun*. Dans le Tibet central *on* se prononce *œun* bref et clair comme en anglais : *pun, fun*.

de Lha-sa. Celui-ci, qui était d'un âge mûr, qui avait les lèvres minces, les yeux vifs, les mouvements rapides pour un Oriental, de beaux pendants d'oreilles et de belles bagues aux doigts, était l'orateur de l'ambassade. Rien qu'à voir, lorsqu'il s'apprêtait à parler, sa façon d'avancer la tête, son air suffisant et content, son geste victorieux, on le sentait convaincu que son éloquence allait immédiatement renverser tous les obstacles. Pendant que se déroulait le flot abondant de son discours, son collègue, le lama, jeune homme à la physionomie avenante et placide, écoutait, se taisait, souriait doucement de temps à autre, égrenait son rosaire sans fin ni trêve, priant sans doute pour le succès de la négociation. Le mi-dpon, en nous présentant les ka-tag traditionnels[1], nous dit qu'à la nouvelle de notre arrivée le gouvernement les avait envoyés tous deux afin de nous présenter ses respects, de nous rendre les honneurs qui nous étaient dus, de s'enquérir de nos besoins et de les satisfaire, de nous indiquer les routes les plus sûres et les plus commodes, de nous mettre à même enfin de continuer notre voyage dans les meilleures conditions possibles. Nous répondîmes que nous étions fort reconnaissants au gouvernement des attentions qu'il avait et des soins qu'il prenait, et que nous pensions de notre devoir de l'aller remercier à la capitale même. « Assurément, reprit le mi-dpon, nous serions profondément honorés et charmés d'accueillir à Lha-sa des hôtes aussi distingués que vous, mais la loi du pays, fondée sur une tradition séculaire, s'oppose à votre admission sur le territoire tibétain ; nous ne pouvons, à notre grand regret, que vous aider à sortir d'une contrée où vous n'auriez pas dû entrer. — La loi dont vous parlez a été faite contre

1. Écharpes que l'on présente en signe d'honneur.

vos ennemis; il n'est pas à propos de l'invoquer contre vos amis. Vous ne sauriez douter que nous ne soyons de ces derniers : la correction de notre attitude, la déférence que nous avons marquée à l'égard de votre gouvernement le prouvent assez. Nous nous sommes arrêtés dès que ses émissaires nous en ont priés, et quoique vous-mêmes ne vous soyez pas présentés au terme fixé, nous n'avons point pris prétexte de cette inexactitude pour nous avancer plus loin; et cependant cela nous eût été facile puisqu'aucun obstacle ne s'élevait devant nous. Nous avions la confiance, que vous ne voudrez pas démentir, que les recommandations de la cour de Pékin, la pureté manifeste de nos intentions, votre bon sens et votre équité nous serviraient mieux que la ruse ou la force. Aucune crainte ne peut vous conseiller de nous expulser, votre intérêt même doit vous en détourner. Le voyage que nous avons entrepris est une œuvre toute de science et de paix, qui ne cache aucun but politique ou religieux, aucun dessein de négoce et de lucre. Nous appartenons, d'ailleurs, à une nation dont la puissance et l'ambition ne sauraient vous porter ombrage, car elle est fort éloignée de vos frontières et son unique désir est que vous viviez tranquillement chez vous; n'ayant pas à vous défier d'elle, votre intérêt bien entendu serait de vous concilier son bon vouloir pour le cas où votre sécurité serait menacée d'un autre côté. Au lieu de vous inspirer de ces sages idées, vous avez eu la maladresse, il y a peu de temps, d'indisposer l'opinion publique en France en ne faisant pas meilleur accueil à deux de nos compatriotes les plus considérables et les plus considérés; vous achèveriez de vous l'aliéner en tenant aujourd'hui la même conduite à l'égard de voyageurs officiels, qui ne vous demandent que de pouvoir aller se reposer de leurs fatigues en un lieu moins froid, moins malsain, moins dénué de tout que celui où nous sommes, demande qu'il ne vous coûterait rien, qu'il vous serait utile, au contraire, d'accorder, demande que l'humanité et la charité commandée par votre noble religion ne vous permettent point de refuser. Sans doute vous êtes libres d'agir comme il vous plait dans votre pays, le charbonnier, disons-nous, est maître en sa maison ; mais s'il vit en sauvage, s'il rabroue tout le monde et ferme sa porte à tout venant, ami comme ennemi, nul ne s'intéresse à lui, et si le malheur le menace jamais, loin de le secourir, chacun applaudira à sa ruine. Eh bien! en frappant aujourd'hui à votre porte, nous vous offrons une occasion de revenir sur vos erreurs passées. C'est probablement la dernière; profitez-en. — Nous ne contestons point, repartit le mi-dpon, la justesse de ces observations dont nous comprenons toute l'importance, et il nous parait qu'il y aurait lieu d'en tenir le plus grand compte si nous étions libres de le faire; mais chaque peuple a ses usages. Comme vous le dites fort bien, le charbonnier est maitre chez soi et le charbonnier vous dit : la maison est à moi, sortez! Les instructions dont nous sommes munies sont formelles, nous n'y pouvons rien changer, quelque désir que nous ayons de vous être agréables. »

Cette fois la conversation en resta là. Trois jours après le mi-dpon revint à la charge : « Quand partez-vous? nous dit-il, nous sommes prêts à faire ce qu'il faut pour vous aider dans vos préparatifs, il est l'heure de vous décider. — Je ne suis pas pressé, répliqua Dutreuil de Rhins, j'ai écrit au Légat Impérial, j'attends sa réponse. — Le Légat Impérial n'a rien à voir en cette affaire; il a été envoyé à Lha-sa pour honorer de sa présence la Cité sainte, pour rendre au nom de l'Empereur les hommages dus à Sa Précieuse Majesté le Talé lama. Il n'intervient en rien dans le gouvernement et nos pouvoirs à tous deux sont absolus

dans la limite de nos instructions. Nous ne pouvons attendre plus longtemps votre bon plaisir, car un terme nous
est fixé, que nous ne sommes autorisés à dépasser sous
aucun prétexte. — Je le regrette; mais je ne céderai qu'à
la force, employez-la si vous l'osez. Je suis malade, je
ne puis quitter ce lieu que pour aller plus au sud dans
un meilleur climat. Si vous vous obstinez, vous mettez ma
vie en danger, et s'il m'arrive quelque chose, vous en serez
responsables. » Les deux négociateurs s'entre-regardèrent
d'un air perplexe, se retirèrent un moment pour conférer
ensemble à voix basse, puis le mi-dpon nous dit : « Nous
sommes désolés que vous ayez pris nos instances en mauvaise part; nous n'avions nullement l'intention de vous être
désagréables. Pour vous le prouver nous allons expédier
sur-le-champ un courrier à Lha-sa afin d'informer le gouvernement de vos propositions et lui demander de nouvelles
instructions. »

Le lendemain, 17, le Vice-Légat Impérial arriva, accompagné d'une suite nombreuse. C'était un Mantchou, jeune
encore, qui avait été secrétaire d'ambassade à Saint-Péters-
bourg, où il avouait avoir appris vaguement quelques mots
de russe dont il émaillait çà et là son discours pour nous
faire plaisir. Quant au chinois il le parlait avec une éloquence facile, fluide, abondante et avec cette netteté de
prononciation propre aux Pékinois. Il avait la tournure
agréable, la démarche aisée sous son ample costume chinois, de visibles prétentions à l'élégance : il montrait à tout
propos et hors de propos un mouchoir de fine batiste, d'une
blancheur irréprochable, mais il avait le tort de renifler
bruyamment et de cracher par terre avec grand fracas. Son
sourire gracieux, ses manières courtoises lui servaient admirablement à couvrir la hauteur foncière de son caractère,
de même que son étalage de cordiale franchise dissimulait

tant bien que mal ses habiletés diplomatiques. Il avait
l'esprit souple, fertile en ressources, affectait un grand
dégagement de tous les préjugés et avait le raffinement de
nous associer à la supériorité qu'il s'attribuait sur les
autres. Avec lui étaient venus deux secrétaires de la Léga-
tion et trois officiers de la garnison chinoise de Lha-sa. En
outre le Roi ou plutôt le Vice-Roi du Tibet, le Bod Gya-tsab,
avait envoyé un lama qualifié de djo-pa, qui était l'un des
deux juges suprêmes, chag-pon. Gros et court, la face
ronde et rasée, la mine bénigne et béate, les yeux ternes
regardant souvent en dessous, la voix lente et posée, sans
timbre et sans accent, il était presque immuable en sa
sérénité qu'animait à peine à de rares intervalles un sourire fugitif et pâle; il semblait étranger à ce que les autres
lui disaient comme à ce qu'il disait lui-même; quelquefois
seulement un geste brusque, un éclat de voix de son interlocuteur le tirait de sa contemplation intérieure et lui
faisait ouvrir de grands yeux étonnés de ce qu'un homme
pût prendre un intérêt si passionné aux choses du monde.
A le considérer comme un hypocrite, on se fût trompé
aussi bien qu'à le croire insensible et désintéressé. Il savait
dissimuler et ne répugnait pas aux stratagèmes, mais il le
faisait en toute conscience, en vue d'une cause supérieure.
Au fond c'était un brave homme, non exempt de quelque
naïveté, un peu faible et timide et qui promettait volontiers
par bonté ce que la faiblesse l'empêchait de tenir. Il était
accompagné de trois lamas assez rustres et lourdauds, qui
paraissaient n'être venus que pour écouter et faire tapisserie
de leurs vestes jaunes; en réalité ils avaient voix délibéra-
tive dans l'ambassade, car ils représentaient les trois grands
monastères des environs de Lha-sa : Sé-ra, Dré-poung et
Ga-ldan, qui ont une influence prépondérante dans le gouvernement. Enfin les deux dzong-pon (préfets) de Sen-dja

et de Nag-tchou étaient arrivés, en sorte que dès le 17 décembre 1893, il y avait au bord du Nam tso quatorze fonctionnaires dont six Chinois et huit Tibétains. Autour d'eux étaient rassemblés quatre cents mousquetaires chevelus, hier encore pâtres ou paysans, semblables par le costume, divers par le type, quelques-uns se distinguant à peine de certains Indo-Européens par un léger bridement de l'œil, d'autres ressemblant aux Mongols avec leur face large, ronde, aplatie, d'autres rappelant les Peaux-Rouges par leur grande taille, leur visage osseux, allongé, rectangulaire, leur long nez busqué en bec d'aigle, leur large bouche aux lèvres minces, leurs fortes dents, leur musculature sèche, en différant toutefois par l'étroitesse et la hauteur du front et une expression plus douce de la physionomie.

Les fonctionnaires vinrent immédiatement nous rendre visite en grande pompe. Ils étaient revêtus de costumes splendides, de soie fine, de fourrures moelleuses et délicates et cet éclat de parure contrastait assez plaisamment avec la sauvagerie du paysage et notre mise forcément négligée. Le discours que nous adressa le vice-légat, dégagé de toutes ses formes de politesse et de ses superfluités de rhétorique, pouvait se résumer dans cette phrase dont certaines mauvaises langues prétendent que les Genevois ont coutume d'accueillir leurs hôtes : « Ah ! mon cher monsieur ! que je suis heureux de vous voir ! quand partez-vous ? » Il nous présenta la carte de visite du chef de la mission chinoise qui, en nous souhaitant la bienvenue, nous priait de l'excuser de ne point nous avoir répondu plus tôt, empêché qu'il en avait été par des affaires urgentes à régler sur la frontière de l'Inde. Il regrettait de ne pouvoir faire une réponse favorable à la lettre dont nous l'avions honoré, malgré le vif désir qu'il avait d'être utile et agréable à des voyageurs qu'il considérait comme des amis de l'Empire et même comme des amis personnels. Nous devions nous tenir pour assurés qu'il se ferait un plaisir d'accéder à toutes nos demandes hormis à celle d'être reçus à Lha-sa. Nous connaissions certainement la rigueur de l'usage d'antiquité immémoriale qui interdisait aux Européens l'entrée du territoire tibétain; il n'y avait pas d'exemple qu'un homme venu d'Europe eût jamais été admis à visiter la capitale du pays et il ne doutait pas que nous ne fussions les premiers à comprendre qu'il était impossible de faire une exception en notre faveur. Nous objectâmes qu'au xviie siècle des missionnaires franciscains avaient résidé de longues années à Lha-sa, qu'au xviiie siècle Orazio della Penna avait écrit une relation de son voyage au Tibet et de son séjour dans la ville sainte, que vers 1810 l'Anglais Thomas Manning était resté une année entière à Lha-sa, qu'enfin moins de cinquante ans s'étaient écoulés depuis que nos compatriotes Huc et Gabet y avaient passé plusieurs mois. Nous ne réclamions donc que l'application du droit commun, fondé sur un usage ancien que la prescription n'avait jamais interrompu. Le vice-légat se récria; il n'avait jamais entendu parler de tout cela et il interrogea les Tibétains présents. Ceux-ci manifestèrent une unanimité touchante dans leur ignorance; et, certes, si les faits que nous alléguions s'étaient réellement passés, nul n'aurait pu le savoir mieux qu'eux, ce qui démontrait que notre bonne foi avait été surprise par des imposteurs. Essayer de les tirer de leur ignorance volontaire eût été peine perdue; mais dans le cours de nos conversations ultérieures nous ne résistâmes pas au plaisir de mentionner fréquemment les relations de nos prédécesseurs et d'insérer des phrases dans le goût de celle-ci : Un de nos compatriotes qui a demeuré à Lha-sa il y a cinquante ans raconte..., sur quoi nos auditeurs de se composer le visage et d'affecter une

attitude impassible et sévère Ils étaient d'autant plus
gênés qu'ils ne pouvaient contester l'exactitude des faits
cités, notre illustre devancier et compatriote ayant généralement un souci de la vérité que ses détracteurs n'ont pas
toujours eu. Une fois cependant le P. Huc fut désapprouvé,
à propos de l'histoire du microscope. Lorsque nous con-
tâmes la curiosité suscitée par cet instrument chez les
hauts dignitaires de Lha-sa, comme quoi, le P. Huc ayant
demandé pour faire sa démonstration quelque objet extrêmement petit, un insecte par exemple, un des principaux
lamas présents, passant sa main sous ses vêtements, avait
offert aussitôt à l'expérimentateur un pou de taille congrue,
le vice-légat ne put s'empêcher de rire et les lamas montrèrent par leur attitude qu'ils trouvaient la chose toute
naturelle ; mais lorsque nous ajoutâmes que, le pou ayant
péri dans l'empressement qu'on mettait à l'admirer sous le
verre grossissant, la noble assistance avait été scandalisée
et consternée qu'on eût ainsi tué un être vivant, nos auditeurs protestèrent qu'on n'était pas tenu à tant de respect
envers un animal qui contient une parcelle aussi insignifiante, si encore il en contient quelqu'une, de l'âme universelle : on doit seulement le croquer entre les dents et
non point l'écacher entre les ongles.

Nous répétâmes au vice-légat, en nous plaçant au point
de vue chinois, les arguments que nous avions avancés
dans notre entretien avec les premiers envoyés de Lha-sa.
Nous insistâmes particulièrement sur notre qualité de voyageurs désintéressés ; nous n'étions ni des agents politiques,
ni des missionnaires religieux, ni des chercheurs d'aventures ou d'entreprises lucratives contre lesquels le gouvernement chinois pouvait avoir des raisons plus ou moins
bien fondées de se mettre en garde ; mais quel motif alléguer pour barrer la route à des explorateurs scientifiques,

tenus avant toute chose de rester étrangers à toute intrigue, de respecter scrupuleusement les lois, les usages, les autorités des pays qu'ils traversent? Étaient-ce les travaux géographiques dont nous étions chargés et les cartes que nous dressions qui éveillaient les inquiétudes, comme pouvant servir de base d'opération à une expédition militaire? Mais des puissances européennes avaient fait des guerres couronnées de succès en des régions dont la géographie n'était pas mieux connue, ou même l'était moins bien, que celle du Tibet ne l'est aujourd'hui. (En disant cela, Dutreuil de Rhins pensait au Tonkin.) D'ailleurs nous étions prêts à dissiper toutes les défiances à cet endroit en nous engageant à n'exécuter de travaux géographiques que dans les limites où l'on nous y autoriserait. En somme, notre désir était uniquement d'aller à la seule ville voisine où il y eût des ressources, où le climat fût supportable, afin de nous reposer de nos fatigues, de rétablir notre santé ébranlée, de reconstituer notre caravane pour repartir au plus tôt. En même temps Dutreuil de Rhins donna au vice-légat sa carte du Tibet. Le mandarin parut très satisfait, il examina la carte, qu'il savait lire, et spécialement les routes qu'il connaissait de Lha-sa à Tcha-mdo et Do-rdjé-ling; il déclara que c'était la plus exacte des cartes du Tibet qu'il eût encore vues et remercia Dutreuil de Rhins avec effusion. « Ne croyez pas, reprit-il, que nous concevions la moindre inquiétude de vos études géographiques; nous estimons au contraire qu'elles nous rendent service », et, se tournant vers les Tibétains d'un air impérieux : « Vous aurez soin de ne gêner en quoi que ce soit ces messieurs dans leurs observations astronomiques ni dans leurs levés topographiques; vous devez les aider autant qu'il est en vous et s'ils vous demandent les noms des endroits où ils passeront ou des lieux environnants, renseignez-les avec

sincérité et précision. » Les Tibétains s'inclinèrent profondément et le vice-légat continua : « Nous sommes entièrement à votre disposition pour vous permettre de refaire
votre caravane ; vous le pouvez ici aussi bien qu'à Lha-sa
où les termes de votre passeport ne vous donnent point
l'autorisation de vous rendre. Vous n'avez du reste pas
beaucoup à le regretter. Lha-sa est un pays affreux où le
ciel est inclément, les hommes barbares, les maisons incommodes et le sol infertile. Il n'y pousse que de l'orge
et des pois et encore un grain semé n'en donne-t-il que
quatre à la récolte. Depuis que les Chinois s'y sont établis,
ils ont tenté d'améliorer le pays, d'introduire des cultures
nouvelles, le blé, le riz, les légumes, les arbres fruitiers ;
mais leurs efforts ont échoué contre la grossièreté des
habitants et la rudesse de la nature. Nous avons réussi à
grand'peine à planter quelques arbres maigres et rabou-
gris, à semer deux ou trois champs de blé qui ne produisent à peu près rien. Vous perdriez votre temps à aller
voir un pareil pays. Vous supposez que la crainte d'intrigues politiques est pour quelque chose dans le refus
que nous opposons à votre demande. Détrompez-vous, nous
n'avons rien à craindre, et si votre hypothèse était juste,
nous ne pourrions que nous rendre à l'excellence des arguments que vous avez développés. Nous étions persuadés
d'avance que votre visite, si elle avait été possible, loin
d'offrir le moindre inconvénient, n'aurait eu que de bons
résultats. A dire vrai, ce sont les Tibétains qui sont responsables de ce refus ; nous ne sommes point leurs maîtres,
mais simplement leurs conseillers. Ils se décident comme
bon leur semble et non seulement ils sont fort obstinés et
jaloux de leur indépendance, mais encore vous pouvez
observer vous-mêmes, d'après les fonctionnaires que vous
a envoyés leur gouvernement, à quel point ce peuple est

sauvage et combien incapable de rien comprendre. Vous et moi, au contraire, nous connaissons le Li, le code de la courtoisie internationale, et si vous aviez un passeport de Pékin, je me ferais un plaisir de vous conduire à Lha-sa à travers tous les obstacles : nous mettrions sur pied, s'il était nécessaire, toute la garnison de cette ville afin de faire respecter les ordres de l'Empereur. »

Si alors nous nous tournions du côté des Tibétains, ceux-ci, se faisant très humbles, affirmaient qu'ils n'agissaient que conformément aux ordres des autorités chinoises. « L'amban est le maître », disaient ceux-là même qui auparavant prétendaient qu'il n'avait rien à voir en cette affaire, et, en effet, ils étaient de fort petits personnages devant lui et baisaient la poussière à ses pieds. Nous leur fîmes confidence de ce que le vice-légat nous avait dit que si nous avions un passeport pour Lha-sa il nous mènerait sur-le-champ au pied du Po-ta-la. « Nous allons donc, ajoutâmes-nous, faire demander à Pékin ce passeport que, vu les liens d'étroite intimité qui existent entre la Chine et la France, vu l'impossibilité de faire aucune objection sé-rieuse, on ne nous refusera certainement pas ; et, de cette manière, nous ferons prochainement visite au Talé lama. » On fut grandement scandalisé et l'on nous répondit que, même si nous avions un ordre de Pékin, l'on ne nous lais-serait pas passer. Il ne servait de rien de leur faire tou-cher du doigt l'inconséquence de leur langage et l'incom-patibilité qu'il y avait entre leurs paroles et celles du vice-légat ; en vain leur disions-nous : « Au moins, mettez-vous d'accord! » Ils n'éprouvaient pas le besoin de se mettre d'accord et leurs contradictions ne les embarrassaient pas du tout. « Nous sommes convaincus, disaient-ils, que vous ne nous voulez point de mal et nous avons de vous la meil-leure opinion; mais notre religion est telle que votre présence souillerait le sol sacré. » — « Mais enfin vous admettez chez vous des Musulmans, des Pon-bo, des Brahmanistes, et, s'il suffit d'être bouddhiste pour avoir droit d'entrer, il y a en France des bouddhistes très sincères. Les accueilleriez-vous s'ils se présentaient? » — Sans doute, tout bon Bouddhiste a le droit de venir à Lha-sa, mais nous aurions toujours lieu de suspecter la bonne foi d'un Européen qui ferait profession de bouddhisme. Quant aux musulmans et autres, nous les tolérons parce qu'ils sont insignifiants; les Pi-ling (Européens) sont les seuls qui soient à considérer. » Ils montraient ainsi le fond de leur sac et que la peur était le principe de leur conduite, peur qui s'est accrue en même temps et dans la même proportion que la puissance anglaise dans l'Inde. Ils songeaient que si nous, voyageurs scientifiques et Français, n'étions pas dangereux, des Anglais, semeurs d'intrigues, de discorde et de conquête, entreraient par la porte que nous ouvririons, sans compter que derrière nous ils voyaient ces missionnaires catholiques, dont le zèle inquiète fort les lamas du côté du Seu-tchouen.

Cependant les jours s'écoulaient et notre situation n'était pas enviable. Il neigeait peu, mais il soufflait un vent aigu, le lac était gelé depuis le milieu du mois, la température variait de 0° à — 35° selon l'heure et nous étions toujours sous la tente sans feu. L'altitude d'environ 4 600 mètres était pénible à supporter, même pour les gens de Lha-sa, qui s'en plaignaient vivement; quant aux Chinois, deux d'entre eux en furent si malades qu'on dut les renvoyer à la ville; c'étaient, il est vrai, deux fumeurs d'opium. Les Tchang-pa (hommes du nord), au contraire, semblaient être parfaitement adaptés et l'on en voyait souvent qui, chargés de leurs armes, gravissaient des collines en courant et poussant des cris sans en être essoufflés ni incommodés. Pour nous qui vivions depuis tantôt quatre mois à une altitude pareille ou supérieure, nos organes s'y étaient résignés, mais non pas ajustés. La maladie de cœur de notre interprète pour la langue chinoise s'était considérablement aggravée et le malheureux avait le visage horriblement bouffi. Dutreuil de Rhins était assez mal en point; il souffrait de rhumatismes, d'accès de toux douloureux (« toux atroce qui me brise », écrit-il), il était sujet aux étourdissements subits : un jour qu'il était allé à quelques centaines de mètres du campement pour mesurer au théodolite les principaux pics des environs, il s'évanouit et on dut le rapporter à la tente. Les animaux fourbus, ne trouvant point d'herbe mangeable, étaient incapables de se remettre. Les chevaux, flageolant, flottant comme des loques au vent, erraient d'un air désolé; les plus familiers venaient flairer nos poches ou soulever la portière de notre tente pour demander la nourriture que nous ne pouvions leur donner; ils n'avaient plus la force de mâcher leur orge et, chaque jour, l'un d'eux, devenant tout à coup immobile et regardant fixement quelque chose devant lui de ses yeux vitreux et chargés d'eau, se mettait brusquement à tourner sur lui-même et s'abattait pour ne plus se relever. Les chameaux restaient agenouillés, impassibles et solennels, tandis que de gros corbeaux, se posant sur eux, plongeaient la corne dure de leur bec dans les plaies purulentes, avec l'air de satisfaction tranquille d'un bon bourgeois à table, et c'est à peine si de temps à autre le supplicié tournait lentement, en grognant, son grand cou. On avait beau chasser les monstres noirs, ils revenaient sans cesse. Enfin, tous nos animaux périrent, sauf deux chameaux. Les alentours du campement furent changés en un charnier infesté de corbeaux et de vautours plus horribles encore, énormes, parmi lesquels il fallait se faire un passage à coup de pierres; alors, ils s'écartaient en voletant lourdement, se plaçaient à trois pas de nous et les infâmes croque-morts, qui semblaient bossus avec leur long cou pelé enfoncé dans leurs épaules, nous regardaient de leur œil stupide et morne. .

Nos hommes, qui du voyage et de ses misères, avaient de cent piques par-dessus les épaules, excités par les récits de Parpaï qui leur expliquait comme quoi l'on pouvait regagner en deux mois la Kachgarie, demandèrent leur congé; et, je le dis à regret, le Russe était à leur tête. Il le fit sans doute par entraînement et par sottise de blanc-bec plus que par mauvais vouloir. Notre secrétaire chinois lui-même, qui avait été vertement tancé par le vice-légat de nous avoir prêté son concours et d'avoir écrit pour des Européens une lettre trop bien tournée, qui était revenu de cette algarade plein d'irritation contre les Ta-tzeu[1], profita néanmoins de la première occasion pour faire son paquet et s'en aller. Trois hommes seulement restèrent fidèles : Younous, qui était trop malade pour songer à partir, Mohammed Iça, qui n'était pas sujet chinois, était moins fou que les autres et vit en demeurant à son poste un excellent moyen de se distinguer et de faire augmenter ses appointements, enfin l'ombre de Mohammed Iça, Abdourrahmân. Le secrétaire chinois fut le premier à rentrer au bercail sur l'intervention du vice-légat, qui fut enchanté de pouvoir nous prouver à si bon compte ses bons sentiments. Quelque temps après, les autres demandèrent leur grâce; mais Dutreuil de Rhins était trop courroucé de leur lâcheté, il refusa. De leur côté, les Tibétains et les Chinois s'opposaient énergiquement à leur départ.

1. C'est ainsi que les Chinois appellent par mépris les Barbares Mongols et Mantchous, les *Tatars*.

Après de vaines et agaçantes discussions, Dutreuil de Rhins céda de mauvaise grâce et reprit ses hommes, sauf les trois plus mauvais qu'il renvoya par la route des pèlerins mongols.

Ces incidents ne lui faisaient pas perdre de vue la suite des négociations. Les délégués de Lha-sa, qui s'ennuyaient, essayaient de divers artifices pour nous persuader de lever l'ancre. Le vice-légat nous assurait qu'il y avait des monstres redoutables dans le Nam-tso, qu'une vieille femme venait d'être mangée par un ours, qu'on entendait les loups hurler la nuit et que lui-même n'osait plus dormir sans avoir un sabre à son côté. Les mousquetaires chevelus faisaient parfois des exercices militaires avec ostentation et poussaient des clameurs épouvantables. Un jour, on s'avisa d'une comédie solennelle : comme nous étions chez le vice-légat, tous les lamas en corps vinrent supplier à genoux Son Excellence de vouloir bien débarrasser le pays des étrangers; la prière était pressante et quelque peu insolente. Son Excellence, se tournant vers nous, nous dit : « Voyez! la situation est difficile, il ne faudrait pas la tendre davantage. » — « Je comprends parfaitement, répliqua Dutreuil de Rhins, que vous soyez fatigués de rester dans cet affreux désert : je ne le suis pas moins que vous. Que n'allons-nous tous au village de Dam, au delà des monts? nous y causerons beaucoup plus à l'aise. » — « Il est aussi impossible d'aller à Dam qu'à Lha-sa. » — « Eh bien! attendons la réponse du gouvernement. » A la fin du mois, la réponse vint. Non seulement le gouvernement interdisait aux étrangers de se rendre à Lha-sa ou même à Dam, mais il leur ordonnait de reprendre sans délai la route par où ils étaient venus, ajoutant que si ces ordres n'étaient pas rigoureusement exécutés les négociateurs seraient jetés, pieds et poings liés, dans la rivière. En nous annonçant cette nouvelle, les délégués chinois et tibétains parurent péniblement affectés. « Nous avons fait ce que nous avons pu pour vous, dirent-ils d'un air de commisération; tout est inutile. » Il n'est peut-être pas nécessaire d'ajouter que nous ne vîmes pas le moindre papier du Roi ni des ministres, mais il était clair qu'il était hors de propos d'insister davantage. Dutreuil de Rhins déclara que si la réponse des autorités de Lha-sa n'était pas sage peut-être, ni conforme à leurs intérêts bien entendus, c'était leur affaire, que lui, en sa qualité de voyageur pacifique, se considérait comme tenu de déférer à leurs ordres, qu'en conséquence il renonçait à son projet de pénétrer plus au sud; mais qu'il ne croyait pas contraire à l'esprit de ces instructions de demander à s'en aller par la route de Si-ning, selon les termes de son passeport impérial, et à séjourner, sur cette route, au village de Nag-tchou le temps nécessaire au rétablissement de sa santé et à la reconstitution de sa caravane, car il estimait qu'un gouvernement qui se respectait ne pouvait sous aucun prétexte laisser se morfondre en plein désert des voyageurs officiels. « C'est mon dernier mot », dit-il, et il rompit l'entretien.

Le lendemain, nous allâmes voir le vice-légat, qui avait quelque chose de grave et de mystérieux dans le visage. Lorsque le page eut servi le thé et présenté la pipe de l'hospitalité, le mandarin lui fit signe de sortir, s'assura que personne n'écoutait à l'entour et après un silence destiné à ménager l'effet de son discours, il nous dit d'une voix basse et pénétrée que les Tibétains étaient intraitables, qu'il avait eu beau les prêcher, qu'ils étaient déterminés à nous reconduire incontinent et de vive force par la route par laquelle nous étions venus, qu'il était impuissant à les empêcher ouvertement d'exécuter leur dessein, mais que la grande et sincère affection qu'il avait pour nous lui avait suggéré un expédient propre à déjouer leur plan; il mettrait à notre disposition deux de ses officiers chinois avec quelques serviteurs sûrs connaissant le pays, qui, partant avec nous cette nuit même, dès que les Tibétains seraient endormis, nous mèneraient dans la direction de la route de Si-ning, en sorte que le lendemain nous fussions assez éloignés pour qu'on renonçât à nous poursuivre; cette combinaison n'était pas sans offrir quelque danger pour lui-même, mais il s'y exposait avec joie pour nous servir. Réprimant un éclat de rire qui lui chatouillait la gorge, Dutreuil de Rhins se déborda en reconnaissance, se déclara touché jusqu'aux larmes d'une si précieuse marque de dévouement. « Je n'attendais pas moins d'un ami tel que vous, dit-il; mais avouez que cette fuite à la faveur des ténèbres serait peu conforme à notre dignité; nous ne devons agir et nous n'agirons qu'à la face du soleil. Convenez aussi que nos dernières propositions n'ont rien d'inacceptable, ni de contraire aux instructions de Lha-sa. Il ne peut être question de nous obliger à retourner exactement par le chemin par lequel nous sommes venus, puisque nul au monde ne connaît ce chemin, hormis nous. En ordonnant de nous faire revenir sur nos pas, il est évident que le gouvernement entendait d'une manière générale nous faire remonter au nord, au lieu de nous laisser descendre plus au sud. Nous sommes d'accord sur ce point et pour me conformer à cette volonté, je choisis la route de Si-ning, parce qu'elle m'est ouverte par mon passeport, que c'est celle que mes instructions me prescrivent de suivre, celle enfin qui me conduira le plus rapidement hors du territoire de Lha-sa. Le village de Nag-tchou est situé sur cette route et puisqu'il faut bien m'arrêter quelque part pour faire mes préparatifs, autant vaut m'autoriser à m'arrêter là-bas qu'ici. Vous aurez ainsi la satisfaction de me voir plus éloigné de Lha-sa et j'aurai l'avantage de trouver une maison qui me permettra mieux de rétablir ma santé que ma tente usée qui a un besoin urgent de réparations. Vous ne pouvez me refuser quelque chose d'aussi insignifiant pour vous, d'aussi nécessaire pour moi, ni me forcer à voyager sans être prêt, au mois de février, époque où les chemins sont à peu près impraticables. Vous n'avez cessé, du reste, de me promettre, d'accord avec les délégués tibétains, que vous feriez tout pour m'aider à continuer mon voyage dans de bonnes conditions, c'est sur cette promesse que je compte aujourd'hui. Quant à ce que vous me dites de l'obstination et du mauvais vouloir des lamas, j'ose croire que vous êtes trop modeste, que vous ne faites pas assez de cas de vos moyens de persuasion, que vous estimez trop peu la puissance de l'Empereur. » Le vice-légat eut l'air de penser que Dutreuil de Rhins était un terrible homme qu'il n'était point commode de faire changer d'avis. Nous savions fort bien ce qu'il fallait prendre ou laisser des discours du raffiné diplomate. Ces lamas, d'où, si on l'écoutait, venait tout le mal, étaient, quand on les voyait en particulier, les gens les plus aimables et les plus complaisants, les plus respectueux en même temps de l'autorité chinoise. On leur faisait jouer le rôle de croquemitaines malgré eux. « Enfin, dit le vice-légat, je vais faire appeler les Tibétains, vous verrez bien ce qu'ils disent. » Eux venus, il n'y eut qu'une voix contre nos propositions : nous aurions d'autant plus tort d'insister qu'il n'y avait pas de maisons à Nag-tchou. — « Pas de maisons à Nag-tchou! » — « Demandez plutôt au préfet lui-même. » On alla quérir cet honorable fonctionnaire qui, se présentant, témoigna hautement qu'il n'avait jamais vu la moindre maison dans tout le district de Nag-tchou, où cependant il résidait depuis plusieurs années: — « Alors, dîmes-nous, vous vivez sous la tente? » « — Parfaitement. » C'était comme si le préfet de Seine-et-Oise eût déclaré qu'il n'y

avait point de palais à Versailles. Le mensonge était trop
grossier pour ne pas aller directement contre son but. Nous
persistâmes dans nos exigences. « Au fait, finirent par dire
les délégués de Lha-sa, ce n'est point là notre affaire. Le
préfet de Nag-tchou est maître dans son département et
responsable de ce qui s'y passe. Qu'il dise s'il veut ou non
vous accepter. » Le fonctionnaire interpellé se leva, et, du
ton d'un écolier qui récite une leçon, prononça un petit
discours, qu'il termina par ces mots : « Je conclus qu'il n'y
a pas lieu d'admettre la demande des étrangers ». La partie
de paume se jouait maintenant à trois raquettes. Le vice-
légat, reprenant la parole, déclara qu'une idée lui était
venue, capable, à son avis, de mettre tout le monde d'accord : on ne pouvait certainement obliger des voyageurs,
que les recommandations impériales rendaient hautement
respectables, de séjourner dans un lieu aussi malsain que
celui où nous nous trouvions; il avait appris qu'il y avait
non loin de là un endroit nommé Tchang-tcha-lam[1], qu'on
lui avait dépeint comme fort agréable, à l'abri du vent et
du froid, pourvu d'eau courante et de beaux pâturages; on
nous y installerait une bonne tente, on nous y enverrait les
animaux, les vivres, le matériel, les ouvriers même qui
nous seraient nécessaires; cet endroit n'était point sur le
chemin de Nag-tchou, ce qui donnerait satisfaction aux autorités tibétaines; d'autre part, il était situé sur une route
aisée, qui nous mènerait droit à Si-ning et qui, étant restée
inconnue jusqu'à ce jour, flatterait nos goûts d'explorateurs.
Dutreuil de Rhins répondit que, par considération pour le
représentant du gouvernement chinois et pour démontrer
qu'il ne se laissait point guider dans sa conduite par un

____

1. Ce qui veut dire simplement : la grande route du nord (Byang
rgya-lam).

vain entêtement, mais seulement par des raisons sérieuses, il m'enverrait examiner l'endroit en question, que si je le jugeais satisfaisant il s'y transporterait, que sinon il irait à Nag-tchou et nulle part ailleurs.

Le 8 janvier 1894, je partis, escorté d'un officier chinois et de trente cavaliers tibétains. La fameuse route était fort aisée, en effet, dans la partie, du moins, que j'en relevai ; mais elle n'était pas inconnue et ne menait pas à Si-ning, c'était celle du Lob nor, que suivent les pèlerins mongols et par où étaient venus M. Bonvalot et le prince d'Orléans. Le vice-légat avait été un peu naïf de s'imaginer qu'on ne la reconnaîtrait pas, d'autant plus que j'avais pris avec moi un homme ayant été au service des susdits voyageurs. Quant au lieu qu'on appelait Tchang-tcha-lam, situé à 57 kilomètres au nord-ouest de Zam-na, il n'offrait rien qui pût le faire préférer à notre campement du Nam-tso. A mon retour, le 10 janvier, Dutreuil de Rhins dit au vice-légat : « Je suis désolé de ne pouvoir accepter votre proposition ; décidez-vous pour Nag-tchou ». Le lendemain, deux de nos hommes, qui étaient allés chercher du combustible, furent maltraités par des Tibétains armés. Ce fut la dernière tentative pour nous intimider, la plus hardie et la plus maladroite. Nous déclarâmes courtoisement, mais fermement, que nous exigions comme satisfaction de cet acte injustifiable : 1° la punition des coupables ; 2° un prompt règlement de la question de Nag-tchou, conformément à nos désirs. Quelques malheureux, qui n'en pouvaient mais peut-être, eurent les jambes cassées, et nos diplomates, qui se morfondaient depuis un mois dans un des lieux les plus inhospitaliers de la terre, en plein hiver, à l'altitude du Mont-Blanc, et voyaient avec inquiétude s'approcher les fêtes de la nouvelle année, qui réclamaient leur présence à Lha-sa dès le commencement de février, perdirent patience et nous accordèrent en quelques instants tout ce qu'ils nous contestaient depuis si longtemps. Après quelques conversations destinées à préciser les points de détail, une convention, rédigée en trois langues et en triple exemplaire, fut signée et scellée le 18 janvier par le vice-légat, le chag-pon et Dutreuil de Rhins. Elle portait : 1° que nous nous rendrions à Nag-tchou par la route la plus courte; 2° qu'une bonne maison y serait mise à notre disposition pour un mois à partir de notre arrivée; 3° que nos bagages ainsi que les provisions et objets commandés par nous à Lha-sa seraient transportés jusqu'à Nag-tchou aux mêmes condi-tions que les bagages des fonctionnaires chinois voyageant dans le Tibet, c'est-à-dire gratuitement ou à prix très réduits; 4° que les contestations qui pourraient s'élever entre nos hommes et les habitants seraient réglées de concert par nous et les autorités locales, conformément à l'équité; 5° que les autorités de Nag-tchou s'engageaient à nous procu-rer les vivres et animaux nécessaires, au prix usuel, à nous donner d'une façon générale toutes les facilités pour nous permettre de continuer notre voyage à Si-ning par la route la plus directe dans de bonnes conditions et en particulier à nous fournir les renseignements indispensables ainsi que des guides jusqu'à la frontière; 6° qu'aucun obstacle ne serait apporté à nos travaux scientifiques et géographiques; 7° que nous respecterions les us et coutumes du pays.

La veille de la signature de la convention, le grand lama, malgré son air détaché du monde, avait manifesté timi-dement un très vif désir de savoir ce qu'il y avait de curieux dans nos caisses et quel cadeau on lui ferait bien; mais nous eûmes soin de remettre la distribution des pré-sents après la conclusion du traité. Le lama parut fort content de son lot et surtout d'une assez belle boîte à musique dont il serait heureux, nous dit-il, de faire hommage au Talé lama en personne, qui nous en remercierait. Certes, quoique la majesté ombrageuse de celui-ci nous eût tenus si rigoureusement à distance, nous eûmes plaisir à penser que ce joujou d'infidèles pourrait distraire un moment les ennuis de ce jeune Dieu exilé sur la terre, que la profane folie d'un air d'opéra-comique chanterait quelque chose des joies de la vie à un enfant de dix-huit ans, dès les langes condamné à la sainteté forcée et à la méditation perpétuelle, emprisonné à jamais dans son austère dignité comme dans une cellule étroite, séquestré des plaisirs de son âge, solitaire au milieu des mornes respects de la foule, comprimé par la parade et les cérémonies sans fin, idole rigide et surhumaine en même temps que fragile jouet des ambitions humaines, qui vont le prendre au berceau pour l'élever au pinacle, le mènent à la lisière, lui suggèrent toutes ses pensées, lui dictent toutes ses paroles, lui règlent tous ses mouvements, veillent jalousement à ce que sa personnalité ne sorte point de son sommeil immortel, et, enfin, lorsqu'elles sont lasses de lui ou qu'elles le sentent fatigué de l'existence qu'elles lui ont faite, le délivrent de son esclavage révéré en l'aidant, par pitié sans doute autant que par prudence, à renaître sous une forme plus souple et plus docile.

Le 19 janvier, tous les fonctionnaires et les lamas nous firent solennellement leur visite d'adieux. Ils furent aimables, souriants, flatteurs, caressants, et jamais fiancée en une soirée de contrat ne fut plus complimentée et félicitée que nous le fûmes en ce jour. Pour remercier ces messieurs de leur gracieuseté, nous exhibâmes une collection de lithographies qui obtinrent un grand succès. Elles firent l'une après l'autre le tour de l'assemblée et pas une ne nous revint. Le grand lama lui-même, tout en égrenant pieusement son rosaire, retint au passage deux dames blondes et fraîches, délicates et sentimentales, comme les Anglais les aiment ; il en fut ravi, ébloui et demanda à les garder comme souvenir.

Le lendemain, nous quittâmes Zam-na, cinquante jours après notre arrivée. Le vice-légat nous offrit le coup de l'étrier sous la forme d'une tasse de thé beurré, et montrant tout à coup plus de connaissance du russe qu'il ne l'avait fait jusqu'alors, il trouva de fort bons termes en cette langue pour nous exprimer son amitié et nous souhaiter bon voyage. S'il avait su l'italien, il aurait pu répéter, en songeant à la petite comédie qu'il avait jouée de concert avec les Tibétains, ce que Pie IX disait un jour à notre ambassadeur, M. de Grammont : Buffoni ! Buffoni di quà, buffoni di là ! noi siamo tutti buffoni ! Ce n'est pas un reproche que je lui fais. Que le diplomate qui n'a jamais rien déguisé et a le cœur pur de tout artifice lui jette la première pierre ! Ses malices avaient été en somme assez innocentes et il les avait rachetées par beaucoup de politesse, par la bonne humeur dont il avait assaisonné les dîners, nécessairement un peu maigres, que nous avions mangés ensemble, égayé nos longues causeries qui n'avaient pas roulé toujours sur d'épineuses questions d'affaires. Dans les concessions qu'il nous avait faites, il avait été jusqu'au bout de son pouvoir, comme jusqu'au bout de notre espoir et peut-être ne nous avait-il fait tant attendre la solution désirée que pour nous la faire mieux apprécier.

CHAPITRE III

EXPLORATION DE 1894. — DU NAM TSO A GYÉ-RGOUN-DO

Tandis que Dutreuil de Rhins se dirigeait sur Nag-tchou
par le chemin direct, je me mis en devoir d'accompagner
le grand lama jusqu'au pied du Dam La-rkang la. C'était là
une légère faveur qui n'avait pas été obtenue sans peine
ni sans risquer de remettre tout en question; mais nous y
avions tenu afin de pouvoir relier par un point très précis
notre itinéraire à celui de M. Bonvalot. Je campai le soir
au point extrême atteint par ce dernier voyageur. Nous
eûmes toute la journée un temps affreux, de lourds nuages
sur les monts et le lac, des grains de grêle et de neige,
un vent âpre et un froid pénétrant. « Voyez! me dit le
lama, ce sont les génies du Lac qui pleurent parce que
vous êtes venus troubler sa sérénité. » — « Non, répliquai-
je, ils pleurent notre départ. » Il daigna sourire de cette
méchante plaisanterie. Ce grand lama, du reste, était bon
enfant, doux et familier. Nous causâmes longuement
jusque assez avant dans la nuit. Il me dit qu'il était heureux de nous avoir connus parce qu'en se connaissant on
apprenait mieux à s'estimer, que les préjugés que les
peuples ont les uns contre les autres tombaient avec leurs

ignorances, que désormais il aurait une plus juste idée de ce que valent les Européens, qu'il gardait un bon souvenir de nous et particulièrement de Dutreuil de Rhins, qui était un peu brusque à la vérité, mais dont on sentait que la nature était foncièrement excellente; puis il se livra à un rêve de voyage en Europe et en France, il me demanda des renseignements, comment il lui faudrait s'y prendre, combien de jours le voyage durerait, s'il serait bien reçu en France quoique le Tibet nous eût fermé ses portes. « Ce n'est pas de notre faute, l'usage est plus fort que nous. C'est dommage; je vous aurais menés avec moi à Lha-sa pour y assister aux fêtes du nouvel an et vous auriez vu comme Lha-sa est un beau pays. » Je lui fis observer que le vice-légat nous en avait au contraire fait une peinture peu séduisante. « C'est qu'il est étranger; on ne sent bien que la beauté de son propre pays. Il est pourtant vrai qu'à Lha-sa il y a une multitude de maisons blanches, des collines couronnées de temples aux toits d'or, une claire rivière coulant dans la plaine ombragée de grands arbres, toute verdoyante de jardins et de cultures, que le sol produit tout ce qui est nécessaire à la vie : du riz, du blé, de l'orge, des fruits et des légumes de tout genre. Tandis que le peuple travaille, nous autres lamas nous faisons par nos prières tomber la pluie lorsque la terre a besoin d'eau, nous ramenons le soleil lorsqu'elle réclame de la chaleur et voilà pourquoi ce pays béni des dieux est fertile et prospère. » Je lui rappelai deux promesses qu'il nous avait faites, d'abord de nous envoyer à Nag-tchou deux ouvrages, aussi rares qu'intéressants, sur l'ancienne histoire du Tibet, ensuite de proposer au conseil du gouvernement de ne plus obliger à l'avenir les voyageurs qui se présenteraient à la frontière après une marche pénible dans le désert à rester de longs jours dans des lieux inhabités, mais de leur offrir l'hospitalité pour un temps déterminé dans le plus proche village. Le lama avait vu là une simple question d'humanité ne pouvant avoir aucun inconvénient religieux ni politique et il nous avait assuré qu'il appuierait ce projet à Lha-sa. Il me renouvela ses promesses, mais hélas! autant en emporta le vent. Ce vent du Tibet est si terrible!

Le 21 janvier, je me remis en route pour rejoindre Dutreuil de Rhins accompagné d'une escorte respectable commandée par le « tong-yig » de Nag-tchou. Ce tong-yig (droung-yig = secrétaire) cumulait les fonctions de secrétaire de préfecture, de greffier de tribunal, de collecteur d'impôts et de chef de police. C'était un joyeux vivant qui tâchait de se donner un air sérieux, chose difficile avec son crâne en pointe, passablement dégarni, ses vastes oreilles écartées et rougeaudes, ses petits yeux à fleur de tête émerillonnés ou hébétés selon les moments, son grand nez osseux fleuri d'eau-de-vie. Dans sa famille, ainsi qu'il nous l'expliqua, on était tong-yig de père en fils conformément à la coutume du Tibet et il était aussi fier de l'écritoire qui lui pendait à la ceinture qu'un gentilhomme de son épée. Il était conjointement avec ses deux frères mari partiel d'une dame de Gyang-tsé, sa ville natale; en revanche il était à Nag-tchou unique propriétaire de deux épouses. Comme, pour le faire parler, nous lui disions que, d'après nos idées, on ne considérait pas comme correct d'avoir ainsi une femme à plusieurs en même temps que plusieurs femmes à soi tout seul, il se fâcha et nous répondit que nos idées étaient des idées de barbares, qui n'entendaient rien à la morale : « Entre frères on n'a rien à se refuser. » — « En sorte que si vos frères venaient à Nag-tchou... » — « Distinguo! c'est une autre affaire. Ma femme de Gyang-tsé vit sur notre propriété paternelle, commune et indivise; elle participe donc elle-même à ces qualités de la propriété. Au contraire mes femmes de Nag-tchou vivent de mes biens personnels et privés et c'est pourquoi elles sont ma propriété personnelle et privée, où mes frères n'ont rien à voir. C'est logique. »

Sous ses ordres il y avait quelques jeunes gens fashionables avec des bordures en peau de panthère à leur tunique, de belles boucles d'argent à leurs oreilles, des turquoises et des coraux à la tresse de leurs cheveux. Tantôt ils lançaient joyeusement en avant leurs chevaux, tantôt ils les faisaient piaffer sur les flancs de la caravane en jetant au vent les notes d'une chanson profane, tandis que des vieillards de soixante à soixante-dix ans, aux longs cheveux gris flottant sur leurs épaules, s'en allaient de leur petit train paisible en disant leurs prières d'un ton de voix nasillard, qui parfois s'élevait haut et grave, puis retombait tout à coup dans un murmure confus. Il est curieux que des peuples fort éloignés et fort différents les uns des autres se soient accordés pour considérer le nasillement comme le ton de voix le plus agréable à la divinité. Les catholiques romains chantent le latin du nez; parmi les perfectionnements apportés à la religion par les Puritains l'intensité du nasillement fut un de ceux qui firent le plus de bruit dans le monde; les musulmans croiraient faire injure à la parole sacrée s'ils ne la prononçaient du nez; je viens de parler des Tibétains, et les acteurs chinois, lorsqu'ils veulent se hausser jusqu'au sublime, ont soin de faire passer les sons par l'organe olfactif. C'est sans doute que l'on ne doit tenir à Dieu que des discours sublimes et que l'on ne saurait rien dire de sublime avec la voix dont on dit : Nicole, apportez-moi mes pantoufles! Pour en revenir à mes vieillards, ils avaient une bonne figure, simple, souriante; ils étaient prévenants, empressés à m'être utiles. A l'étape ils arrangeaient la tente, prenaient garde que le feu flambât, que le thé chauffât, que rien ne manquât, allaient et venaient, alertes encore dans leur vieillesse un peu voûtée, marchant d'un pas rapide et court sur le sol inégal, et se tortillant des hanches à la façon tibétaine. Non, vraiment, les gens de ce pays n'ont rien de la rudesse farouche que notre imagination leur prête volontiers; mais ne les pressez pas de questions, car ils sont persuadés que la parole leur a été donnée par leurs maîtres pour déguiser la vérité aux étrangers.

Nous traversâmes sur la glace un tributaire du Nam tso, le Tcha-kar tsang, large de 80 mètres. Nos chevaux n'étaient pas ferrés, mais ne bronchèrent pas un moment dans cette traversée. Les chevaux asiatiques sont en général solides sur la glace : ce n'était pas la première expérience que j'en faisais et, pour n'en citer qu'une, j'avais franchi plusieurs fois sur un cheval non ferré à glace la rivière gelée de Yârkend, large environ de huit cents mètres[1], sans éprouver la moindre mésaventure. Après avoir passé le petit col de Sé-ta-lag-lag qui n'était pénible que par la neige qui le couvrait alors, je rejoignis la mission, le 22, dans une grande vallée herbeuse auprès d'un lac qui s'allongeait à perte de vue au nord-ouest. C'était le Boum-tso, qui correspond au lac porté sur la carte de Dutreuil de Rhins sous le nom mongol de Bouka nor. A mon arrivée, je vis que le lama-préfet de Nag-tchou et Dutreuil de Rhins étaient en excellents termes et causaient familièrement sans se comprendre. Tout en riant, le lama, avec son air de brave curé de campagne, essayait de faire entrer dans la tête de son interlocuteur diverses prières bouddhiques.

1. Au point où on la passe en hiver et en comptant les détours que l'on est obligé de faire.

« Voyez-vous, lui disait-il, la religion est nécessaire à l'homme. Allons! répétez : Om mani pètmé houm!... Non, non! pas padmé! comme ceci : pètmé... du nez... Ah! bien! vous y êtes.... Répétez-le seulement dix mille fois par jour, vous vous en trouverez bien. »

Jusqu'à Nag-tchou le pays est accidenté de petites montagnes, aux contours généralement arrondis, vêtues d'herbe, séparées par des vallées qui s'étendent en liberté, offrant la route la plus facile que l'on puisse souhaiter au Tibet. Le 24 janvier, nous passâmes par le travers du lac Boul-tso, ainsi nommé du borax qui abonde sur ses bords; le 26, nous franchîmes la Rivière Noire ou Nag-tchou qui n'est autre que le Haut Salouen et vient de l'Amdo-tso-nag. Son lit s'étend sur une largeur de deux cents mètres, mais alors quarante mètres seulement étaient occupés par l'eau gelée de la rivière. Le 27, nous atteignîmes la plaine de Nag-tchou, entourée de collines basses aux lignes allongées, couverte par l'herbe d'hiver comme par un tapis râpé et jauni. Au milieu étaient ramassées environ soixante maisons de pierres, carrées, blanchies à la chaux, composées d'un seul rez-de-chaussée, que le couvent de Kyab-ten dominait timidement de son unique étage et de son toit plat orné de banderoles multicolores. La grandeur de la plaine rapetissait encore et aplatissait ce pauvre groupe de maisons. En entrant dans le village, la saleté et la misère des demeures, le silence et la solitude des allées fréquentées par des chiens efflanqués, maussades et abjects dévoreurs de morts, l'absence de toute plante, de toute fleur, de toute loque pittoresque, de toute couleur claire, de tout ce qui eût pu attacher et réjouir le regard donnaient une impression de tristesse mesquine; et cette impression s'accroissait de la monotonie du paysage environnant, monotonie à peine relevée par l'aspect d'un modeste monastère de femmes[1] au penchant de la colline occidentale et par l'apparition dans le sud, par-dessus les buttes pelées, des plus hautes cimes des montagnes de neige que le lointain et l'interposition des premiers plans destituaient de leur grandeur. Les habitants n'ont d'autres ressources que leurs troupeaux et leurs pâturages. Nulle culture, nulle industrie; il faut aller chercher le bois nécessaire à la construction des maisons à douze journées de marche sur les bords du Sog tchou, un peu au nord de son confluent avec le Nag tchou. Cependant les caravanes qui vont à Ta-tsien-lou et à Si-ning ou en viennent passent par cette localité et lui donnent quelque mouvement et quelque importance. Peu avant notre départ, nous y vîmes une caravane envoyée à Ta-tsien-lou par le Pang-tchen rin-po-tché de Ta-chi-lhoun-po; elle était conduite par trois nobles lamas et se composait de cent hommes armés et de sept cents bêtes de somme; nous la rejoignîmes en route et la retrouvâmes encore à Gyé-rgoun-do. Dans la bonne saison, le mouvement est plus considérable et les pâtres des environs s'y rendent de plusieurs jours et même d'un mois de distance pour y vendre leur laine et leurs peaux, s'y procurer le thé et la farine dont ils ont besoin.

Tel est le chef-lieu du département de Nag-tchou, département vaste, mais ne comptant pas plus de dix mille habitants. Deux préfets y règnent, l'un religieux et l'autre laïque, selon la coutume du Tibet qui veut que, dans la plupart des fonctions administratives, l'élément religieux et l'élément laïque soient côte à côte et se surveillent mutuellement. Les deux préfets sont censés prendre toutes les décisions de concert, et, en réalité, le laïque n'a

---

1. A-né gon-pa. A-né signifie « tante » et par extension « femme » en général.

aucune peine à s'accorder avec le religieux, car il veut tout ce que fait son collègue. A l'occasion du séjour en ce lieu de deux personnes aussi dangereuses que nous l'étions, le gouvernement de Lha-sa prit un surcroît de précautions : il envoya un nouveau préfet qui devait remplacer celui en exercice dès notre départ, et, en attendant, le surveiller. On l'avait choisi parmi les moines de Sé-ra qui sont les plus impérieux, les plus durs au peuple, les plus intolérants, les plus hostiles aux Européens de tous les moines du Tibet. Il s'enferma dans le couvent, n'eut aucune relation avec nous et chaque jour interpellait le préfet à notre sujet : « Qu'est-ce qu'ils font? qu'est-ce qu'ils disent? qu'est-ce qu'ils demandent? quand s'en vont-ils? surtout soyez discret et pas de faiblesse. » Le gouvernement de Lha-sa comprenait très bien et même s'exagérait un peu l'importance de la concession que nous lui avions arrachée. Nous avions créé un précédent embarrassant pour lui en portant atteinte au principe sacrosaint de l'inviolabilité du territoire tibétain ; car ce n'est pas seulement la capitale qui est fermée aux Européens, c'est toute l'étendue du Tibet et principalement les villes et les villages, c'est-à-dire tous les endroits où les Européens sont supposés par ces maniaques de la méfiance et de la peur pouvoir plus aisément entretenir des relations avec la population, nouer des intrigues, semer l'esprit de discorde et de révolte. Depuis que ce principe était devenu un dogme absolu de la politique sino-tibétaine, tous les voyageurs qui avaient réussi, par surprise comme nous, à pénétrer plus ou moins loin dans le pays, avaient été rigoureusement éconduits ; on ne leur avait jamais reconnu que le droit de s'en aller au plus vite, par la route la plus déserte possible, et l'on avait évité avec soin de les faire passer par aucune ville ou par aucun village. Si parfois ils étaient restés quelques jours ou quelques semaines sur un point du territoire tibétain, ce n'avait été qu'un état de fait, que le gouvernement avait toujours déclaré illégitime et qu'il s'était toujours employé sans délai à faire cesser : le principe n'avait donc pas été entamé. Les premiers, nous avions obtenu le droit, par un traité en bonne et due forme, de séjourner sur le territoire défendu, dans un village qui était un chef-lieu de préfecture, dans une maison qui n'était pas une hôtellerie, à l'ombre d'un monastère sacré. Le gouvernement était obligé d'exécuter la convention signée par ses plénipotentiaires, mais il entendait nous renfermer strictement dans les limites qu'elle fixait, nous empêcher d'en abuser pour établir avec la population des rapports autres que ceux nécessaires à notre ravitaillement et à la préparation de notre voyage, mettre obstacle autant qu'il se pouvait à l'accomplissement de nos prétendus projets d'espionnage. Il comptait du reste que le peu d'agrément que nous trouverions en cette misérable et lointaine localité n'encouragerait personne à nous imiter ; il ne songeait pas que des explorateurs trouvent leur agrément partout où il y a quelque chose à voir, qu'un petit village est souvent aussi fertile en enseignements qu'une grande ville, que nos ennuis seraient effacés par la satisfaction d'avoir ouvert dans la muraille des préjugés tibétains une lucarne dont nos successeurs feraient une fenêtre.

Par une insigne faveur, le préfet nous avait donné la plus belle maison de Nag-tchou. Elle comprenait en tout trois chambres à rez-de-chaussée, s'ouvrant par autant de portes sur une cour carrée de vingt mètres de côté, entourée de murs hauts de quatre pieds ; un rempart de bouse et de crottin desséchés, qui flanquait l'édifice sur la droite, en rehaussait l'architecture ; à l'intérieur, un grand tas des mêmes matériaux faisait le plus remarquable ornement de nos nouveaux appartements, lesquels étaient, d'ailleurs, sans planchers, sales, pleins de vermine, enfumés et obscurs. Au dehors, le vent faisait rage, la neige tourbillonnait, le thermomètre indiquait 30 degrés au-dessous de zéro. Notre demeure étant dépourvue de cheminée, il était impossible d'y allumer du feu, et il nous vint à l'esprit que malgré le mauvais temps il eût été plus agréable de partir sur-le-champ; mais il fallait bien rester le mois entier afin de faire valoir nos droits. Nous nous avisâmes de construire des poêles en maçonnerie : nous nous mîmes à l'œuvre, en deux jours tout fut prêt et le feu flamba joyeusement dans ces appareils impromptus. Nous avions compté sans le vent, qui nous enfuma d'une manière insupportable et nous ne découvrîmes aucun moyen de parer à cet inconvénient. Heureusement, nos deux cheminées, ayant une exposition différente, ne fumaient pas en même temps, car le vent changeait selon l'heure : le matin, chassé de chez moi par d'âcres nuages, j'allais voir Dutreuil de Rhins, qui jouissait d'un air pur, et, l'après-midi, il me rendait ma visite. Quoique notre entreprise de fumisterie n'eût pas réussi au gré de nos désirs, elle n'en attira pas moins un grand concours de peuple. Les préfets et leur suite admirèrent l'ingéniosité des Européens ; notre propriétaire, digne vieillard de 78 ans, qui tâchait de réparer le temps perdu en faisant tourner avec ardeur son moulin à prières et en entremêlant ses moindres discours d'oraisons et de litanies, loua l'effort de l'architecture et nous réclama une indemnité. Notre interprète, assez mauvais plaisant, lui répliqua qu'il n'était plus de son âge de s'occuper de pareilles vétilles, qu'il lui fallait prendre garde de ne pas émigrer dans la peau d'un chien ou d'un rat et qu'en bonne justice il devait contribuer de ses deniers à l'amélioration que nous avions apportée à sa propriété. Il consentit enfin à ne rien nous faire payer, pourvu qu'il ne payât rien lui-même; il est vrai qu'il toucha de nous pour le loyer d'un mois ce qu'un Tibétain ne lui eût jamais donné pour un an.

Deux choses nous consolèrent de ces désagréments à savoir que les préfets étaient plus mal logés que nous et qu'ils se montrèrent très aimables et serviables. Nous n'avons pas présenté le préfet laïque à nos lecteurs, mais cet estimable magistrat, court, maigre et sec, avec son embryon de barbiche grisonnante et son diamant étincelant au doigt, était un homme fort discret qui aimait à rester tranquillement dans son coin sans faire de bruit, aussi nous a-t-il paru convenable de respecter sa modestie. Lui et son collègue ne manquèrent pas au premier jour de l'an tibétain de nous faire visite et de nous présenter avec leurs compliments des écharpes d'honneur, des cruches de tchang[1] pétillant et divers cadeaux. Eux et les gens de leur suite avaient pour la circonstance revêtu leurs plus beaux habits et lavé leur visage, particularité dont on s'apercevait à ce que leur cou restait noir comme les autres jours de l'année, tandis que leurs joues brillaient exceptionnellement d'un éclat clair et vermeil. Le lama nous dit qu'il regrettait que ces fêtes fussent peu magnifiques à Nagtchou, que ce pauvre village ne pouvait nous offrir ainsi que Lha-sa des spectacles dignes de nous, et il nous conta les fêtes qui se célébraient dans la capitale au cours du

---

1. On appelle ainsi une espèce de bière que l'on fabrique ainsi : on fait bouillir des grains d'orge; lorsqu'ils sont refroidis on y mêle un levain composé de farine, de gingembre et de « bong-nga » (aconite?), on laisse fermenter deux ou trois jours, puis l'on ajoute l'eau nécessaire. Bien préparée, cette boisson est agréable, assez mousseuse, mais ne se conserve pas.

premier mois : la bénédiction solennelle du peuple par le Talé lama, le banquet qu'il offrait aux fonctionnaires chinois et tibétains, la danse des haches exécutée par une troupe de jeunes gens, la fête des lanternes et l'exposition des bas-reliefs de beurre, la revue des troupes qui font trois fois le tour du temple Djo-kang et qui, pour chasser les démons, font de nombreuses décharges de mousqueterie et tirent le gros canon, datant de mille années, redoutable à la fois par son antiquité et par l'inscription qu'il porte : « C'est moi qui suis le destructeur de la rébellion, » la course des chevaux, les courses à pied et enfin, le dernier jour du mois, la discussion théologique entre le diable et l'avocat du Talé lama, discussion où l'Esprit des Ténèbres, à court d'arguments, propose une partie de dés pour décider la question, mais comme il amène infailliblement zéro, il prend peur et se sauve, poursuivi, à coups de fusil, moqué, hué, battu par la foule des lamas et des laïcs. A Nag-tchou, nous ne vîmes rien de ces choses divertissantes : nous n'en eûmes que le récit, semblables à don César lisant les billets doux d'autrui à l'odeur des mets qui n'étaient point pour lui.

Le froid rigoureux et les tourmentes de neige qui ne cessèrent de sévir durant le mois de février nous furent très pénibles ; l'altitude, quoique modérée puisqu'elle ne dépassait pas 4 450 mètres, nous parut à cause de l'humidité aussi difficile à supporter que celles supérieures à 5000. Le repos relatif dont nous jouissions, succédant à une période de fatigues extrêmes et continues, loin d'être favorable à notre santé, lui était nuisible en relâchant en quelque sorte les ressorts de l'organisme. La maladie est une personne qui aime ses aises, le calme et l'oisiveté, elle hait les tracas et fuit les personnes qui marchent, agissent et peinent sans trêve. La bronchite de Dutreuil de Rhins se perpétuait en s'aggravant; quant à moi, je fus pris d'une extinction de voix, mal bien incommode pour un interprète sans cesse en exercice; mais en tout cela il n'y avait rien de dangereux. Il en était autrement de notre interprète Younous, dont l'état empirait chaque jour. Un médecin lama daigna descendre du couvent pour lui donner ses soins; il lui tâta le pouls gauche pendant cinq minutes, le pouls droit pendant aussi longtemps, puis il expliqua longuement comme quoi il y a dans le corps humain trois humeurs cardinales, subdivisées chacune en cinq espèces, à savoir le flegme, la bile et le vent que l'on nomme en tibétain loung-pa, que des dérangements survenant dans la circulation de ces trois humeurs proviennent les quatre cent quatre maladies reconnues par l'École, que l'examen qu'il venait de faire du pouls du malade lui permettait de diagnostiquer un trouble de l'humeur loung-pa, en conséquence de quoi il administrerait un remède approprié, que si le malade devait guérir, il ne manquerait pas de se mieux porter, mais que dans le cas contraire il péricliterait. Ce médecin était un vieillard de quatre-vingts ans, dont le visage florissant de santé, l'air de douce gravité et de simplicité convaincue, fortifiaient l'impression de confiance qu'inspiraient la sagesse et la science authentique de ses discours. Le pauvre Younous en fut réconforté et à peine eut-il pris les premiers remèdes prescrits par la Faculté qu'il se sentit soulagé; toutefois, il ne négligeait point son âme et, quand il ne dormait pas, il lisait pieusement un petit livre qui contenait des prières extraites du Coran. Il avait voulu rester dans la chambre commune avec ses camarades, et, un jour, le 19 février, juste trois ans après notre départ de Paris, passant devant la porte fermée, j'entendis à l'intérieur un éternuement suivi d'un grand et joyeux éclat de rire. J'entrai et j'aperçus au milieu des rieurs Younous agenouillé et le front sur le sol; je m'approchai de lui, et lui relevant la tête, je vis qu'il avait cessé de vivre. Dutreuil de Rhins voulut envoyer chercher le médecin pour faire constater le décès; il fut difficile de lui persuader que, d'après les idées tibétaines, c'eût été faire au digne homme une mortelle injure. Nous procédâmes aux funérailles selon le rite musulman. Le préfet voulut bien permettre, malgré la coutume contraire du Tibet, que le corps fût enterré à quelque distance du village et, le 21 février au matin, dans la neige et le vent, nous accompagnâmes notre malheureux compagnon de route à sa dernière étape, au penchant de la colline. Cette terre dure refusa de s'entr'ouvrir pour recevoir la triste dépouille et il fallut se contenter de la déposer dans une crevasse naturelle. Un de nos hommes quelque peu clerc ayant dit les prières des morts et prononcé les mots sacramentels : « Nous sommes à Dieu et nous retournerons à lui », nous recouvrîmes le corps de lourdes pierres pour le mettre à l'abri des chiens faméliques, à l'œil luisant, qui nous avaient suivis et rôdaient à l'entour en glapissant de convoitise.

Cependant nous nous occupions de faire nos préparatifs et de recueillir des renseignements sur la route de Si-ning auprès des gens qui l'avaient parcourue. Le 5 février on nous apporta un homme qui avait fait cinq fois à pied ce voyage d'environ 2600 kilomètres aller et retour. Dans son dernier voyage, achevé un mois auparavant, il avait eu les pieds gelés et gangrenés; des plaies abominables s'étaient formées et les extrémités antérieures, presque complètement séparées, pendaient comme des loques horribles. Ce misérable nous énuméra les noms des quatre-vingt-huit étapes où campent d'habitude les caravanes de yaks. Il s'agissait de la route commerciale actuelle qu'a suivie le P. Huc, qui franchit le Yang-tzeu (Tchou-mar) aux Sept gués (Rab-doun = Dolân olon en mongol) et passe par le village de Dzoung, faisant ainsi un détour assez grand vers le nord. Or, d'après les documents chinois, il devait y avoir une autre route plus directe, dont en effet je constatai plus tard l'existence, mais à laquelle les marchands et les voyageurs pacifiques ont renoncé parce qu'elle est trop exposée aux incursions des brigands Ngo-log. Elle se confond avec la précédente dans sa première partie, mais s'en sépare avant d'atteindre le Yang-tzeu qu'elle traverse en aval de Tchou-mar Rab-doun pour aller passer entre les lacs Kya-ring et Ngo-ring tso. C'est cette route que Dutreuil de Rhins désirait prendre; il interrogea tous ceux qui savaient quelque chose sur le pays entre Nag-tchou et Si-ning, et beaucoup qui ne savaient rien, il les retourna dans tous les sens et finalement il lui fallut admettre que cette route avait été abandonnée depuis fort longtemps puisque le souvenir même en semblait aboli. Il était fort difficile d'obtenir des renseignements, nul ne consentant à parler sans une autorisation formelle des autorités, ce qui donnait lieu à des incidents assez amusants. Le préfet nous avait envoyé, pour nous renseigner sur la route de Si-ning et au besoin nous accompagner, un jeune homme assez dégourdi qui répondait au nom de Dong-doub Tsé-ring tout comme le fameux guerrier qui, parti de Khotan avec une armée mongole, envahit le Tibet par la route que devait suivre plus tard M. Bonvalot, et s'empara de Lha-sa en 1717. En fait de chemins, il n'en connaissait point d'autre que l'ordinaire, mais nous réussîmes un jour à lui faire dire des choses intéressantes sur l'état social du pays. Le lendemain, Dutreuil de Rhins, voulant élucider un point obscur de l'itinéraire et voyant Dong-doub près de la porte, l'appela; mais l'autre, au lieu d'approcher, s'éloigna, et plus fort on l'appelait, plus vite il se sauvait, en criant : « Je vais demander la permission au tong-yig. » On l'avait interrogé sur l'entretien qu'il avait eu avec nous, il avait confessé ses indiscrétions, on lui avait lavé la tête et défendu de rien dire qu'on ne l'y eût autorisé. Il revint près de nous avec le tong-yig; celui-ci essuya une vive algarade, il protesta que Dong-doub était un imbécile, qu'on ne l'avait jamais empêché de parler et, se tournant vers lui, il l'apostropha avec colère, et lui commanda de dire à l'avenir tout ce qu'il savait, tout ! Dutreuil de Rhins mit le tong-yig à la porte, chambra Dong-doub qui fut fort embarrassé de sa personne et de sa langue : il se tira d'affaire par un accès d'amnésie partielle.

Nous et nos hommes ayant besoin de tailleurs, le préfet en mit deux à notre disposition, qui travaillèrent plusieurs jours dans notre cour. C'étaient d'excellents ouvriers, originaires de Lha-sa, d'où ils avaient été exilés pour indiscipline et délit d'opinion. Tant qu'ils étaient tous deux ensemble, ils étaient secrets comme des tombes, mais dès que l'un d'eux s'éloignait, son camarade parlait à cœur ouvert et manifestait des idées passablement révolutionnaires. A l'entendre, les lamas étaient des tyrans que tout le monde détestait et dont on n'avait jamais ouï dire qu'ils eussent fait le moindre bien : « Si l'on pouvait nous débarrasser d'eux, ce serait un grand soulagement pour tout le Tibet : ils dévorent le peuple par les dîmes, les quêtes, les ventes d'indulgences et d'amulettes, par l'usure et les accaparements. Le gouvernement est leur complice, vend la justice, fait travailler les gens à son profit sans les payer, les force à lui vendre pour dix sous ce qui en vaut vingt, à lui acheter pour vingt sous ce qui n'en vaut que dix et dont ils n'ont que faire. Les lamas de Sé-ra sont les pires de tous, comme les plus puissants. Il y a vingt ans[1], le monastère de Ga-ldan avait ourdi un complot contre le Talé lama. Plus d'un personnage fut empoisonné malgré le prix dont il avait payé son écuelle[2]; le peuple prit les armes, mais les moines de Sé-ra revêtirent le pantalon de la guerre[3], et descendant dans la plaine, rétablirent l'ordre. Depuis ils sont les maîtres.... Que diable! avez-vous fait de mon fil? cria-t-il soudain à son compagnon qui rentrait. Voilà une demi-heure que je le cherche sans le trouver; si vous sortez aussi souvent et aussi longtemps, la besogne n'avancera pas et l'on nous presse! »

Le travail à faire étant considérable pour les huit serviteurs qui nous restaient, nous obtînmes l'autorisation d'engager pour deux mois deux Tibétains, dont l'un portait le bienheureux nom de Ta-chi Nor-bou, le joyau de félicité. Ce joyau de félicité était un fort pauvre hère qui n'avait pour tout bien, comme on dit au Tibet, que la fumée de son feu (dou-ba-pa). Enfant, il était entré en religion, avait achevé son noviciat et voyait déjà en perspective une vie douce et assurée, avec beaucoup de thé et beaucoup de beurre; mais il se laissa séduire par une paire de beaux yeux, fut surpris, fustigé d'importance et jeté dehors. « Et voilà, disait le malheureux défroqué par force, comment les petits payent pour les grands. Vous croyez que les gros bonnets se privent? Que non pas! on peut se permettre

---

1. Exactement en 1872.

2. On sait que tout Tibétain porte sur lui une écuelle de bois qui lui sert pour boire et manger et qu'il ne confie à personne. Quelques-unes de ces écuelles valent jusqu'à 80 roupies parce qu'elles ont la vertu supposée de rendre le poison inoffensif.

3. Les lamas sont vêtus d'une robe sans manches et d'un plaid, appelé zan-gos, qui leur sert à couvrir leurs bras nus. Lorsque des circonstances exceptionnelles les obligent à prendre une part active à une lutte armée, ils transforment leur zan-gos en culottes.

bien des douceurs moyennant finance, et pour les lamas qui ont l'escarcelle pleine, leurs confrères ont des yeux qui ne voient pas et des oreilles qui n'entendent pas. On ne pince que le menu fretin dont le couvent n'attend ni profit ni honneur. »

Notre matériel et notre tente réparés, nous imaginâmes d'introduire une amélioration dans notre installation de campagne en construisant un petit poêle portatif. Le succès relatif de nos cheminées en maçonnerie nous avait mis en goût et avait stimulé nos facultés créatrices en cet ordre de travaux. Nous avisâmes un vieux seau de fer, adaptâmes une grille à l'ouverture, le plantâmes sur trois pieds, perçâmes le fond d'un trou circulaire auquel nous adaptâmes un tuyau que nous avions. Cet instrument improvisé, simple, commode et léger, ne cessa de remplir ses fonctions avec la plus scrupuleuse exactitude et nous rendit pour le moins autant de services que le plus perfectionné, le plus reluisant, le plus recommandé des poêles de voyage anglais. Nous ne regrettâmes qu'une chose, ce fut de ne l'avoir point inventé plutôt.

Quant aux provisions de route, dont il fallait une quantité considérable, la farine de froment et le riz nous vinrent de Lha-sa; Nag-tchou nous fournit les moutons, l'orge et le tsam-pa. On appréciera l'ennui que nous éprouvions à compter et vérifier les quantités quand on saura que, dans le pays,. il n'y a pas d'autre mesure en usage que le *dé*, sorte de boîte carrée sans couvercle qui contient à ras de bord une livre au plus de tsam-pa. Celui qui mesure est muni d'une règle de bois dont il nivelle le contenu, et il compte tout haut les mesures qui se succèdent, répétant le dernier nombre plusieurs fois sur une note différente pour ne point l'oublier, et relevant brusquement la voix à chaque dizaine.

Restait enfin la question des bêtes de somme. Des animaux que nous possédions en partant de Tchertchen, il ne nous restait plus que deux chameaux. Et encore les pauvres animaux n'avaient-ils pu trouver, dans ce triste pays, d'herbe qui leur convînt; maigres et épuisés, ils se traînaient misérablement en tremblant sur leurs jambes. Nous ne gardions plus ces vieux serviteurs que par pitié, espérant les conduire jusqu'à une contrée plus clémente où ils pourraient se refaire de leurs fatigues. Il nous fallait donc reconstituer notre caravane. Nous avions besoin d'un nombre d'animaux assez considérable pour faire le voyage de Si-ning, car le long de la route que nous avions l'intention de prendre, on ne trouve aucune ressource et il faut tout emporter avec soi. D'autre part, Dutreuil de Rhins ne possédait plus assez d'argent pour s'écarter de la plus stricte économie. Il dut se résigner à entreprendre sa nouvelle campagne avec des yaks, qui sont beaucoup plus économiques que les chevaux. En effet, tout en portant la même charge que le cheval, je parle du cheval tibétain, car le cheval du Turkestan porte davantage, le yak ne réclame ni grain ni son, mais se nourrit uniquement de l'herbe qu'il trouve en chemin; en outre, il est d'un prix d'achat beaucoup moins élevé. Tandis qu'un cheval médiocre nous coûtait environ 160 francs (80 roupies), un bon yak nous revenait à 40 francs. Malheureusement, la lenteur désespérante de ces animaux devait être la première cause du désastre qui frappa la mission, en l'empêchant d'aller directement à Si-ning sans s'approvisionner en route.

Le mauvais temps nous avait obligés à prolonger notre séjour à Nag-tchou un peu au delà du terme fixé. Les deux préfets commençaient à s'impatienter et à s'inquiéter, tremblant pour leur place, car le gouvernement de Lha-sa n'est pas tendre. Aussi, quand le 6 mars, le temps s'étant un peu amélioré, nous leur apprîmes notre départ pour le lendemain, ils se sentirent soulagés d'un grand poids. Les relations, qui menaçaient de se tendre, s'assouplirent, les fronts assombris s'éclaircirent, les regards s'égayèrent, les paroles devinrent plus douces et plus aimables. Le lendemain, nos deux amis se firent un plaisir de nous accompagner, jusqu'à la première étape, avec une escorte de trente cavaliers environ. En nous quittant, le préfet religieux, que son collègue laïque approuvait du bonnet, nous fit un discours d'adieux tout plein d'onction ecclésiastique. Il sut nous dire élégamment combien notre compagnie leur avait été agréable durant les trop courtes semaines que nous avions passées ensemble, combien ils regrettaient de nous voir partir si vite pour un long et difficile voyage et combien, cependant, ils se louaient de la sagesse que nous avions eue de ne point prolonger un séjour qui aurait pu leur causer tant d'embarras. Il espérait que nous ne leur en voudrions pas d'avoir manifesté quelque impatience, et il termina en appelant sur nous les faveurs des dieux, que nous méritions, dit-il, par notre loyauté et notre courage. Nous répondîmes à ces compliments le plus gracieusement qu'il nous fut possible, et, après un échange de menus cadeaux, les deux fonctionnaires tibétains nous quittèrent, charmés de s'être acquittés sans accroc de la tâche épineuse que leur avait confiée leur gouvernement. Celui-ci s'empressa de les déplacer. J'ignore ce que devint le laïque, mais le lama fut nommé à une fonction importante dans le gouvernement central; c'était un moyen de le récompenser de ses services et à la fois de lui éviter un nouveau contact avec d'autres voyageurs européens envers qui il n'aurait peutêtre plus toute l'impartialité désirable.

Pour nous, il nous semblait voir en même temps qu'eux s'éloigner le Tibet avec ses montagnes désertes, ses neiges, ses vents glacés, ses privations et ses misères. Sans doute, le chemin qui s'étendait devant nous était hérissé de rudes montagnes encore, désolé par de vastes solitudes où régnaient le vent et le froid; mais c'était le chemin du retour. Tout au bout, notre imagination apercevait comme un mirage, sous un beau et chaud soleil, de riches campagnes, des cités populeuses, des maisons confortables et des arbres verts. L'avant-goût de cet avenir qui s'approchait adoucissait pour nous les amertumes présentes. Aussi, malgré notre santé ébranlée (Dutreuil de Rhins avait la poitrine déchirée d'une toux obstinée et avait maigri visiblement, moi-même je ne valais guère mieux), nous rendossâmes gaiment notre harnais d'explorateur.

Les préfets avaient laissé pour nous accompagner une vingtaine de cavaliers sous la conduite du « tong-yig ». Il était curieux de les voir avec leurs grands cheveux, leurs grands bonnets et leurs grands fusils dodeliner nonchalamment de la tête sur leurs petits chevaux trottinant, et faire tourner sans cesse leurs moulins à prières en marmottant d'interminables litanies pour tromper ou au moins pour sanctifier l'ennui de la route. Arrivés à l'étape, et l'on était obligé de faire halte de très bonne heure pour laisser aux yaks le temps de manger, ils charmaient leurs loisirs en absorbant un nombre incalculable de tasses de thé beurré et en jouant aux dés ou à quelque autre jeu de hasard. Joueurs ardents, ils poussaient de petits cris vibrants et passionnés pour marquer leur joie ou leur colère aux différentes péripéties de la lutte. Jamais cependant nous ne les vîmes en venir aux mains ni se quereller violemment. Le soir venu, le tong-yig allumait sa lampe et quelques bâtons odoriférants, les plaçait sur un petit banc entre deux vases de fleurs symboliques et psalmodiait avec des inflexions de voix bizarres une prière qui n'en finissait pas. Souvent nous causions, et ces conversations, semées de mots et d'idées imprévues, contribuèrent à nous faire connaître et comprendre ce peuple original, sympathique malgré ses défauts et sa rudimentaire civilisation.

De Nag-tchou au col Ta-tsang la, l'aspect du pays est monotone et peu pittoresque : d'assez vastes plaines s'étendent entre des montagnes basses aux lignes allongées et plates; le sol est revêtu d'une herbe courte, qui donne à tout une teinte jaunâtre, dont l'uniformité est rompue seulement par quelques taches de neige, par une tente noire ou par la glace bleue d'un lac. La surface du terrain qui, de loin, parait unie, est en réalité toute bosselée de protubérances grosses comme des taupinières, séparées entre elles par des creux profonds d'un pied, souvent pleins d'eau ou de neige. Ce genre de terrain est très fréquent dans le Tibet septentrional et la marche y est très pénible. Le 11 mars, nous campâmes au pied sud du Ta-tsang la, dans la petite et sombre vallée de Doug-long, qui est déjà hors du territoire soumis au gouvernement de Lha-sa. A partir de là, le pays est placé sous l'autorité du Hor-tsi gya-pé-ko, prince tibétain résidant à Pa-tchen, dans la vallée du Sog tchou. Il relève lui-même du Légat Impérial chinois de Lha-sa, mais est absolument indépendant du dé-ba-djong. La majorité de ses sujets appartient à la secte religieuse des Pon-bo, qui se présente aujourd'hui comme un schisme du bouddhisme, mais qui est au fond une religion toute différente et plus ancienne.

Le 13 mars, nous passâmes les monts Boum-tsa, les premières grandes montagnes depuis Nag-tchou, par le col de Ta-tsang, haut de 5050 mètres, dont la neige et les fondrières rendent la traversée assez dure. Au delà, au bout d'une très large vallée semblable à celles que j'ai décrites précédemment, se trouve le lieu dit Tchou-nag-kang. De ce point, les géographes chinois indiquent deux routes différentes conduisant toutes deux à Si-ning. Nos Tibétains juraient n'en connaître qu'une, la plus occidentale, qui franchit le Kam-rong la, au pied duquel nous étions, et le Tang la. C'est la route du P. Huc. Il est vrai que celui-ci n'en ayant pas fait le levé topographique, il était utile et intéressant de la refaire, mais la route orientale, outre qu'elle n'avait jamais été suivie par un Européen, nous offrait cet avantage de passer plus près des sources probables du Mékong, que nous voulions explorer. Cependant le tong-yig, les hommes qui l'accompagnaient, les gens du pays, tout le monde ignorait l'existence de cette route. Quand nous les interrogions, ils écoutaient gravement nos explications, regardaient la carte avec attention, réfléchissaient longuement et invariablement finissaient par répondre : « Chés gu ma ré », « nous ne savons pas. » Dutreuil de Rhins s'était presque résigné à prendre le chemin du Tang la, lorsqu'il vit une caravane s'engager dans une gorge qui lui avait d'abord paru trop étroite pour qu'une route y passât. C'était la caravane d'un jeune lama « houtouktou » (incarnation du Bouddha), qui de Lha-sa se rendait à un couvent du Dé-rgyé. Nous marchâmes sur ses traces, malgré les protestations du tong-yig, qui nous affirmait que cette voie conduisait non pas à Si-ning, mais à Ta-tsien-lou. Dutreuil de Rhins ne le voulut pas croire, car il lui semblait invraisemblable que que les gens de Lha-sa fissent un si grand détour vers le nord pour aller à Ta-tsien-lou; mais il dut bientôt modifier son opinion et céder à l'évidence à force de rencontrer des caravanes venant de cette ville ou s'y rendant. Ce détour s'explique naturellement parce que la route directe, qui passe par Gya-mdo, Lha-ri, Cho-ban-do et Lha-sa, suivie autrefois par le P. Huc, dans son voyage de retour, très mauvaise en tout temps, est à peu près impraticable à cette époque de l'année. Au reste, selon toute probabilité, la route que Dutreuil de Rhins s'était décidé à suivre devait se confondre pendant un certain temps avec celle qu'il cherchait. Si toutefois cette hypothèse ne se vérifiait pas, si nous manquions la bifurcation et si la route nous menait trop à l'est, nous pourrions toujours tourner au nord. Nous avions fait des choses plus difficiles; mais les circonstances devaient nous faire changer de plan.

La gorge où nous étions entrés était celle du Char-rong tchou, affluent du Chag tchou, une des trois principales sources de le Salouen avec le Nag tchou et le Sog tchou. Elle est très étroite, profonde, entre des montagnes à pic. On passe où l'on peut, sur la rive gauche ou sur la rive droite, sur le flanc des montagnes ou sur la glace même de la rivière. Le 17 mars, nous quittâmes cette gorge pour atteindre sur les montagnes de gauche le plateau de Tsa-gni où était plantée la tente d'un chef de tribu indigène, l'A-tag mé-ma. C'était un « pon-bo » qui nous parut être un fort brave homme accueillant et serviable. Il nous montra un papier que lui avait donné à son passage M. Bower, qui se louait des services qu'il en avait reçus. Nous crûmes utile de nous arrêter trois jours en ce lieu, tant pour recueillir des renseignements sur le pays que pour permettre à nos yaks de manger et de se reposer. Ils en avaient besoin, car ils avaient fait une marche fatigante dans la gorge du Char-rong tchou et n'y avaient trouvé qu'une maigre pitance. Ce fut au campement suivant, près du lac Tso Ngong-kar, que nous quittèrent le tong-yig et les hommes de Nag-tchou (22 mars). Nous les récompensâmes largement de la peine qu'ils avaient prise de venir jusque là et de tout de ce qu'ils avaient fait ou auraient pu faire pour nous être utiles et agréables. Leur présence avec nous n'avait plus de raison d'être. D'une part, ils ne connaissaient plus assez la région pour nous donner les noms des lieux ou des renseignements sur les environs ; d'autre part, autant un homme comme le tong-yig de Nag-tchou eût été pour nous une excellente recommandation en pays orthodoxe, autant il était dépourvu de crédit en pays hérétique. Nous ne devions compter que sur la sympathie des Pon-bo, au milieu desquels nous nous trouvions. Elle ne nous fit pas défaut. Le 25 mars, j'allai, en compagnie d'un seul interprète, rendre visite à un campement de Tibétains, situé à quelques kilomètres de notre tente. A quatre ou cinq cents pas, selon la coutume, une avalanche de chiens fondit sur nous, aboyant furieusement, montrant des crocs féroces et roulant des yeux sanglants. Mon interprète, qui me racontait comment il avait, lui seul et armé d'une simple lance, tué plusieurs loups dans les neiges du Karakoram, se mit à trembler comme la feuille et chercha à se dissimuler derrière moi, mais en vain, car il était beaucoup plus grand et plus gros. Il suffit d'ailleurs de faire mine de ramasser des pierres pour tenir les aboyeurs à distance et transformer leur attaque en démonstration platonique, quoique bruyante. Enfin les Tibétains sortant de chez eux, tout bruit cessa. Ils nous saluèrent avec une respectueuse cordialité et nous conduisirent à la principale des trois tentes dressées en ce lieu. Plusieurs personnes y étaient réunies. D'abord deux femmes les joues couvertes de *teu-dja,* cet affreux enduit noir dont les Tibétaines se servent pour se garantir des morsures du vent : elles nous accueillirent d'un gai sourire qui éclaira un moment cette noirceur. L'une battait le beurre, l'autre, debout devant le fourneau de maçonnerie, faisait bouillir le thé dans une grande marmite ;

à sa robe de peau de mouton s'accrochait d'une main une toute petite fille qui coulait un regard incertain et craintif vers les mystérieux étrangers. D'autres enfants un peu plus grands, les yeux ronds d'étonnement, la main devant leur bouche entr'ouverte, nous regardaient, immobiles. Quelques bagatelles que je leur distribuai changèrent en joie leur surprise et ils se mirent à rire silencieusement de toutes leurs dents et de tous leurs yeux à travers leurs cheveux en désordre. Assis à terre dans un coin, un lama pon-bo, aux longs cheveux gris, lisait à demi-voix des oraisons et faisait tourner son moulin à prières. A notre entrée, son attention ne se détourna pas et il ne répondit même pas aux courtes paroles que je lui adressai ; car la majesté de celui avec qui il causait ne permettait aucun partage de conversation. Enfin, me priant de m'asseoir, l'on étendit au haut bout de la tente une petite pièce de feutre, la plus belle sans doute que l'on eût trouvée ; elle était, hélas ! fort usée et mangée de vermine, mais elle amortissait encore la rudesse du sol. Les cinq hommes présents s'assirent à leur tour, bourrèrent leurs pipes ; les femmes servirent le thé et la conversation s'engagea. Elle fut pleine de cordialité et de bonne humeur. On parla de ces étranges peuples d'Occident dont les inventions merveilleuses touchent de si près à la sorcellerie, et dont la renommée toute jeune et vague encore, mais sans cesse grandissante, frappe vivement les imaginations naïves de ces nomades perdus dans leurs montagnes solitaires ; on parla des récents voyageurs, de M. Bonvalot, du Prince français, du « captain » (M. Bower), de M. Rockhill, on admira leur audace, leur endurance à la peine, leur générosité, leur esprit de courtoisie et d'équité. « Mais, ajoutèrent-ils, puisque chez vous il y a tant de gens assez hardis pour entreprendre de si longs voyages, pourquoi ne venez-vous pas plus souvent ? nous vous recevrions à bras ouverts. Sans doute, le gouvernement de Lha-sa ne vous voit pas d'un bon œil, mais aussi nous-mêmes ne sommes pas amis avec les gens de Lha-sa. Ce sont eux qui ont abattu notre religion jadis puissante, qui la maintiennent dans une infériorité dont nous ne pouvons la relever, car nous sommes faibles et seuls. Ce qui leur déplaît est donc fait pour nous plaire. » Puis ils poussèrent une charge à fond de train contre le Talé lama et le dé-ba-djong, raillèrent la couardise et la niaiserie de la population qui se laissait gruger par un tas de lamas imposteurs, cupides et hypocrites, qui montraient une mine austère et faisaient la fête en cachette. — « Et les Chinois ? » leur dis-je. Un court silence se fit, car la question les embarrassait. « Les Chinois, dit enfin l'un deux en secouant la tête et nettoyant le fourneau de sa pipe, sont trop bons pour les gens de Lha-sa; mais l'amban de Lha-sa est un grand seigneur; il est notre chef et ne nous fait point de mal. »

Revenant sur ce qu'ils avaient dit précédemment, je leur déclarai qu'en voyageant dans ces régions nous n'avions nullement l'intention de créer des difficultés au gouvernement de Lha-sa, que nous étions en route sous la protection de l'Empereur de Chine et que nous devions les mêmes égards à tous ses sujets ; que cependant nous ne pouvions point ne pas éprouver une très vive et particulière sympathie pour ceux qui nous faisaient un si bon et amical accueil. J'insistai sur la gratitude que je leur en avais et je terminai en leur demandant un guide. Deux d'entre eux s'offrirent immédiatement à nous accompagner. Le lendemain matin, comme nous venions de lever le camp, les hommes et les enfants vinrent nous souhaiter un heureux voyage : « Souvenez-vous surtout, dirent-ils, que nous vous verrons toujours avec plaisir vous et vos compatriotes. »

Après avoir traversé les vallées du Pé tchou et du Pom tchou nous remontâmes la gorge resserrée d'un petit torrent, le Gé-ma tchou, dominée par de hauts pics neigeux. On suivait la pente de la montagne pour atteindre le sommet du col Sog Gé-ma la (5,135 mètres). Le sol, très accidenté, coupé de ravins remplis de neige, rendait la marche très pénible. Les chameaux surtout n'avançaient qu'avec de grandes difficultés. Le chamelier, apercevant un champ de neige presque plat, imagina d'y faire passer le chameau qu'il tenait en laisse. Après une centaine de pas, la neige molle et profonde céda sous le poids de l'énorme bête qui s'enfonçait de plus en plus à mesure qu'elle faisait des efforts pour se dégager. On ne vit bientôt plus que sa tête et l'extrémité de ses bosses. Il fut impossible de la délivrer et l'homme dut s'estimer heureux de pouvoir revenir sur ses pas. La descente du côté nord ne fut pas plus aisée et cette journée du 25 mars compte parmi les plus dures de ce voyage. Nous campâmes à côté de gens du Dza-tchou-ka revenant de Lha-sa. Notré cuisinier, qui avait de la peine à allumer du feu, alla leur en demander. Ils lui répondirent qu'ils ne voulaient avoir aucune relation avec des Européens. Cela nous donna une vive idée de la politesse des gens du Dza-tchou-ka ; mais alors nous ne pensions pas avoir à faire plus ample connaissance avec eux.

Le lendemain, ayant descendu de 600 mètres en moins de quatre lieues, nous atteignîmes les bords du Sog tchou, la plus importante rivière que nous eussions encore rencontrée au Tibet. Elle a 41 mètres de largeur. Comme elle n'était gelée qu'à la surface, assez profondément du reste pour supporter le poids d'une caravane, nous pûmes pratiquer des trous dans la glace pour mesurer la profondeur qui est de 0^m,90 à cette époque de l'année. La vallée est très étroite et n'offre à peu près aucune surface plane; elle est encaissée entre de hautes montagnes couronnées de neige, qui, surtout sur la rive gauche, sont fort abruptes, entaillées de sombres gorges, hérissées de cimes pointues, s'élevant de douze cents mètres au-dessus de la rivière. Elle est habitée par la tribu des Sog-dé-ma, qui appartient à la religion *pon-bo* et dépend du Hor-tsi-gya-pé-ko, dont la tente est dressée à deux journées de marche en aval de notre campement du 26 mars.

Comme nous demandions à quelques Tibétains qui nous étaient venus voir le nom du lieu où nous étions, on nous répondit par un nom très compliqué; mais un vieux à la barbe rude et à la mine revêche, nous dit brusquement : « Vous n'avez pas besoin de savoir le nom de cet endroit qui n'a rien de remarquable. Mettez plutôt sur votre carte le nom de ce confluent, là tout près, où vous voyez ce tchorten peint en rouge. Tous ceux qui repasseront par ici pourront le reconnaître. C'est Oua-bé soum-do. » Surpris d'une pareille observation de la part d'un indigène, nous eûmes d'abord l'idée que nous étions peut-être en présence d'un agent du gouvernement de l'Inde ; mais outre que nous ne pûmes rien découvrir de suspect ni dans sa personne ni dans sa manière de parler, tout le monde le connaissait pour un homme du pays. Comme nous voulions le faire causer, il nous dit qu'il lui fallait rentrer chez lui et qu'il n'avait pas de temps à perdre en beaux discours. Nous lui demandâmes s'il voulait nous vendre des yaks pour remplacer deux des nôtres qui étaient fourbus. Il nous répondit que oui si nous voulions aller les chercher et lui en donner beaucoup d'argent. Et le vieil original, nous tournant le dos, s'éloigna en faisant tourner son moulin à prières.

Peu après vint une femme assez âgée, accompagnée d'un très joli garçon d'environ 15 ans, au teint mordoré comme les vierges de Raphaël, et coiffé d'un bizarre casque de carton doré. Il exécuta quelques gambades et nous demanda à manger. Il nous apprit qu'il était fils d'un lama *pon-bo*, qui était mort, le laissant seul avec sa mère et sans ressources. Lui-même était lama comme son père, mais il était trop jeune encore et le métier ne payait pas. Nous lui proposâmes de nous servir de guide moyennant un honnête salaire. Sa mère y consentit, à condition qu'il ne restât pas trop longtemps absent. Il partit donc avec nous. Le froid était encore mordant et le vent était vif. Le pauvre garçon qui, à l'exemple de beaucoup de Tibétains, ne portait point de culottes faute d'argent pour en acheter, grelottait et était obligé de serrer sa robe à la hauteur des genoux au moyen d'une ficelle pour que l'air ne pénétrât pas trop. Au reste il fut plein de zèle à nous renseigner. Il inventait des noms aux moindres montagnes, et, voulant nous en donner pour notre argent, il les inventait très longs : il croyait que nous en mesurions le prix à l'aune.

A moins de cinq kilomètres de notre campement du Sog tchou nous constatâmes la bifurcation de deux routes. Celle de gauche, qu'on appelait la route des Ngo-log, était évidemment celle de Si-ning; l'autre était celle de Ta-tsien-lou, mais, sachant qu'elle passait par les sources du Mékong, nous la préférâmes à la première. La traversée de la vaste chaîne de montagnes qui sépare le bassin du Sog tchou de celui du Dam tchou est fort malaisée. Le 28 mars, nous passâmes le col escarpé du Gy-ring la (5,020 m.); le lendemain, après avoir franchi un champ de glace au pied du Dam-tao la, nous campâmes à mi-hauteur au milieu de la neige profonde d'un mètre. Le 30, passant le col, notre caravane redescendit la pente nord, très raide et couverte d'une épaisse couche de neige où les yaks disparaissaient jusqu'au cou. Le jour suivant, nous atteignîmes la ligne de partage des eaux au col de Nya-ka mar-bo (4 950 m.). A partir de là, les montagnes n'ont plus l'aspect abrupt et tourmenté qu'elles offrent du côté du Sog tchou. Elles s'abaissent en pente très douce sur le Dam tchou formant une sorte de plateau à peine accidenté que des collines aplaties bornent au loin. Le Tao tchou, qui est la branche la plus méridionale des sources du Yang-tzeu kiang, y étalait ses eaux gelées sur une largeur dépassant parfois sept cents mètres. Aussi la vallée du Dam tchou, dont il est l'affluent, quoique plus éloignée de la ligne de partage des eaux que la vallée du Sog tchou, est-elle beaucoup plus élevée que cette dernière (4750 m. au lieu de 4500). En arrière on a une belle vue sur une longue suite de pics de la chaîne du Dam-tao la, pics qui du côté nord apparaissent comme vêtus de pied en cap d'un manteau de neige tandis que du côté sud ils n'ont qu'un capuchon blanc rabattu sur leur tête. En avant le pays est plat et morne. Le 1er avril, comme une brume chargée de neige, que les rafales du vent étaient impuissantes à chasser, faisait peser sa tristesse sur ce paysage monotone, sans formes et sans couleurs, nous arrivâmes aux premières tentes des Tibétains Doung-pa. Cette tribu dépend du Nan-tchen gya-po (rgyal-po), roi très vénérable et très fainéant qui campe dans le bassin du Mékong entre Gyé-rgoun-do et Tcha-mdo. Nous étions désormais dans la circonscription du légat impérial de Si-ning.

Nous fîmes halte deux jours à cause du mauvais temps. Le soir du premier jour nous vîmes arriver deux ou trois hommes armés de fusils ou de lances. Ils restèrent dans les tentes des indigènes sans nous rien dire. A notre départ ils étaient encore là et ils se mirent à nous suivre à petite distance. Nous tournâmes bride pour les interroger. Ils nous répondirent qu'ils étaient venus chercher des yaks perdus, volés probablement; malheureusement ils n'avaient rien trouvé et ils rentraient chez eux. En réalité ils voulaient savoir qui nous étions et quels étaient nos desseins. Nous leur expliquâmes que nous voyagions avec l'autorisation de l'Empereur et la recommandation de l'amban de Si-ning. Ils se montrèrent aussitôt empressés à nous servir. Campés près de leurs tentes, à Kam-roug, nous entrâmes en pourparlers avec eux pour acheter des yaks ; car quelques-uns des nôtres étaient déjà hors d'usage et il était clair que beaucoup d'entre eux n'iraient pas jusqu'à Si-ning. Mais nous n'avions que de l'or et les Tibétains voulaient de l'argent, car l'or n'a pas cours comme monnaie : c'est une marchandise qui ne peut être vendue que dans les villages importants. Sur tout autre point ces braves gens de Kam-roug furent très obligeants et leur chef s'offrit lui-même à nous guider jusqu'au territoire des Gé dji, tribu nombreuse et et puissante, nous dit-il. Les Doung-pa leur sont très inférieurs. Ils ne possèdent pas de monastères, et c'est vraisemblablement la raison pour laquelle nous ne fûmes pas mal accueillis chez eux, bien qu'ils soient bouddhistes orthodoxes. Ils entretiennent également d'assez bonnes relations avec leur voisins Pon-bo, les Sog-dé-ma et les Kongkié-ma, malgré quelques vols réciproques de chevaux ou de yaks. Les Gé-dji qui ont la main leste et prenante sont plus éloignés, partant moins à craindre. Par conséquent les Doung-pa, dans leurs larges vallées bien fournies d'herbe, pourraient paître en paix leurs troupeaux et prospérer ; malheureusement à cinq lieues à l'ouest leur pays plat et découvert est coupé par la fameuse route des Ngo-log. Ces cavaliers à tête rase, brigands redoutés, viennent quelquefois en troupes nombreuses opérer des razzias dans la région, et tous ceux qui n'ont pas été avertis ou n'ont pas pris leurs mesures à temps voient leurs tentes renversées et pillées, leurs enfants, leurs jeunes femmes, leurs troupeaux enlevés sans pitié, heureux quand ils ne sont pas tués eux-mêmes pour avoir tenté une résistance impossible.

Le 6 avril, nous traversâmes le Dam tchou, c'est-à-dire le fleuve boueux. Nous ne pûmes nous rendre compte si son nom était mérité, car les eaux étaient gelées, mais la vallée large et plate n'offrant qu'une pente très faible, la rivière se divise en sept bras dont le plus considérable mesure quatre-vingts mètres. A la fonte des neiges il doit se former là comme un grand lac bourbeux d'une largeur de plusieurs kilomètres. C'est sur le bord de cette rivière à trois journées de marche en amont que réside le grand chef des Doung-pa, à Dam-sar-tsa-ho. Il vit sous la tente, car il n'y a pas de maisons dans le pays.

Le 8 avril, vers 9 heures du matin, nous eûmes la satisfaction, en franchissant le col Dza-nag Loung-moug la de toucher à l'un des buts que nous nous étions proposés. De ce col en effet, haut de 5110 mètres, descend le Loung-moug tchou, la plus occidentale des origines du Mékong. La joie de la découverte, qui suffit à faire oublier à tout bon explorateur les misères d'un voyage, se doublait pour nous parce que cet humble filet d'eau, maintenant immobile sous la glace, mais qui allait bientôt rompre ses liens pour courir à travers monts et plaines jusqu'à la terre française, établissait une communication, imaginaire et cependant réelle, entre nous et la patrie dont nous n'avions rien entendu depuis de si longs mois. En tenant un bout de ce fleuve dont la France tient l'autre bout, nous nous sentions plus près de chez nous, et nous ne remarquions plus combien le spectacle qui nous entourait était âpre et désolé, combien mornes ces failles béantes et silencieuses, combien mélancoliques ces montagnes rougeâtres et arides, çà et là plaquées d'une neige mince et sans éclat.

Le Loung-moug tchou prend le nom de Dza-nag tchou après son confluent avec le Nor-pa tchou. Sa vallée, généralement resserrée entre des montagnes escarpées et habitée par quelques rares Tibétains Gédji, nous conduisit jusqu'au confluent du Dza-gar tchou, à partir duquel la rivière prend le nom de Dza tchou qu'elle conserve sur tout le territoire tibétain. Maintenant que les sources du Mékong étaient bien déterminées, il n'entrait pas dans le plan de Dutreuil de Rhins de descendre le fleuve plus bas. Il lui aurait convenu de remonter au nord par la vallée du Dza-gar tchou, de chercher un passage à travers les montagnes qui se dressent à la source de cette rivière pour rejoindre au delà la route de Si-ning. Mais les yaks avaient marché plus lentement que nous ne l'avions prévu et n'avaient pas montré autant de résistance à la fatigue qu'on nous l'avait fait espérer. Depuis Nag-tchou, on n'avait parcouru en moyenne que dix kilomètres par jour en tenant compte des haltes nécessaires tant au repos des animaux qu'aux observations astronomiques. A ce taux il nous fallait encore près de cent jours pour gagner Si-ning par une route déserte presque jusqu'au bout, or nous avions à peine pour cinquante jours de vivres. D'autre part, malgré le soin que nous avions eu de prendre des yaks de rechange à raison d'un pour trois, le nombre des invalides nous prouvait que nous n'aurions plus un animal vaillant bien avant d'arriver à destination. Il fallait donc nous procurer quelque part des vivres et des animaux, sans cependant aller jusqu'à Gyé-rgoun-do, ce qui nous aurait beaucoup trop détournés. Nos guides Doung-pa nous avaient quittés peu après le passage du Loung-moug la et parmi les habitants du pays aucun n'avait consenti à les remplacer. Le hasard nous fit rencontrer de nouveau cinq jeunes lamas errants que nous avions déjà vus quelques jours auparavant marchant bravement par le vent et la neige, le bâton à la main et le sac au dos. Originaires du pays d'Amdo et du Kan-sou, ils étaient allés à Lha-sa se présenter au Talé lama et, maintenant, retournaient chez eux par Gyé-rgoun-do et le pays des Hor Kang-sé. Portant tous leurs biens sur leurs épaules, vêtus de chétives robes de laine, ils allaient, bravant les rigueurs de l'air, les aspérités et les longueurs du chemin, couchant sous le ciel, dans les bras les uns des autres pour se réchauffer, vivant de ce qu'on leur donnait par charité ou en échange de quelques prières pour conjurer les démons et la mauvaise fortune. Ils n'avaient pas à se féliciter de la générosité des Gé-dji, mécréants, disaient-ils, peu soucieux de religion et durs aux pauvres gens. Depuis trois jours on ne leur avait donné qu'un chevreau crevé dont ils avaient déjà mangé la moitié à eux cinq; heureusement, grâce à la fraîcheur de la température, l'autre moitié avait encore une odeur très supportable et permettrait de marcher encore deux jours et demi jusqu'à Ta-chi gon-pa, où sans doute les lamas, leurs frères, regarniraient leur sac. Ils nous apprirent que Ta-chi gon-pa, c'est-à-dire le monastère de la félicité, était situé sur les bords du Dza tchou, qu'il comptait près de trois cents moines et que dans deux ou trois jours devait s'y tenir une grande foire. Dutreuil de Rhins résolut de s'y rendre, espérant pouvoir y acheter ce dont il avait besoin.

Immédiatement après le confluent des deux torrents Dza-nag et Dza-gar, la rivière, qui s'encaisse brusquement, forme un rapide; ses eaux, libres pour la première fois, et pour un moment seulement, dans la partie la plus profonde de leur lit, courent en bouillonnant entre deux bancs de glace. Le sentier, qui suit le pied d'une montagne très escarpée sur la rive droite, est interrompu par un gros rocher qui surplombe la rivière. On est obligé de passer sur le banc de glace, qui alors, attaqué par le dégel commençant, était fort étroit. Nos hommes durent décharger les animaux et, avec les plus grandes précautions, transporter les colis à la main de l'autre côté du rocher. On voulut faire passer les yaks un par un. Mais ils étaient peu dociles : ils se jetaient les uns sur les autres, se pressaient, se bousculaient, et dès que l'un d'eux s'était dégagé, il se précipitait par l'étroit passage, glissant sur la glace et se heurtant au rocher. J'admirai une fois de plus combien ces animaux, malgré leur apparence lourde et gauche, sont en réalité agiles et sûrs de pied; car en dépit de ce désordre aucun d'eux ne tomba à l'eau. C'est ainsi que nous mîmes une heure à franchir une distance de cent mètres. Au campement de ce jour nous perdîmes deux moutons, empoisonnés par les mauvaises herbes qu'ils avaient mangées. On nous dit que cet accident n'était pas extraordinaire. Il est cependant curieux qu'en ce voyage rien de semblable n'arriva ni à nos yaks ni à nos chevaux.

Le surlendemain, 15 avril, nous fûmes témoins de phénomènes naturels qui furent bien près de nous paraître miraculeux. La rivière était dégelée, et ses eaux, qui roulaient des blocs de glace, emplissaient la vallée d'un bruit sourd, mais vivant, redoublé par les échos des rochers. Aux pentes des collines croissaient quelques touffes de saules nains, chétifs arbrisseaux hauts de deux pieds à peine; mais leurs faibles branches, comme la musique des eaux, éveillaient en nous à la fois le souvenir lointain déjà et l'espérance prochaine de plus doux climats. Cependant la nature tenait à ménager les transitions et des grains de neige et de grêle nous forcèrent encore à relever nos collets, à rabaisser nos bonnets sur nos oreilles, à serrer nos ceintures. L'unique chameau qui nous restait, épuisé de fatigue et de faim, triste de la mort de son dernier compagnon et comme désespéré de ce pays toujours inexorable qu'il parcourait depuis si longtemps sans y trouver la longue herbe qu'il aimait, s'agenouilla sur le sol et ne voulut plus se relever. C'était alors le plus ancien de nos animaux : il avait un an et cinq jours de campagne, avait franchi environ trois mille kilomètres, et depuis sept mois et six jours n'avait pour ainsi dire point eu d'herbe à manger.

Nous rencontrions assez fréquemment des pèlerins venant de Lha-sa ou s'y rendant, Mongols ou Tibétains du Kouke nor, pauvres gens qui à la route directe, mais déserte, préféraient cette route longue, mais habitée, qui passe par Gyé-rgoun-do, le pays des Hor Kang-sé et celui des Ngolog. Les Tibétains, en général, avaient dans l'œil et sur le front quelque reflet d'une âme pensante et inquiète; au contraire sur le visage rude et plat, presque informe des Mongols, Khalkas pour la plupart, se peignait une naïveté qui touchait à la stupidité de la brute. De l'immense voyage qu'ils avaient fait à pied d'Ourga à Lha-sa, 700 lieues à vol d'oiseau, ils n'avaient rien retenu que les noms de Si-ning et du Kouke nor. Ils nous parlèrent des Russes, dont les marchands viennent souvent dans leur pays; eux-mêmes avaient été dans les stations russes de la frontière. Dans ce contact avec la civilisation slave, ils avaient appris à estimer les maîtres récents du septentrion pour leurs belles bottes et leur bonne eau-de-vie. C'est tout ce qui avait frappé leur imagination dans la culture européenne, tout ce qu'ils en connaissaient, et ils n'éprouvaient aucun désir d'en connaître davantage. L'exiguïté de leurs besoins intellectuels, en leur ôtant toute idée de s'élever au-dessus de leur condition présente, leur permettait d'en être parfaitement contents. Ils avaient usé la plante de leurs pieds sur les landes sèches du Gobi et sur les rocs du Tibet, ils souffraient de la faim et du froid, ils se nourrissaient le plus souvent de viande morte et d'eau claire, ils étaient, chez eux, battus du grand fouet de leurs chefs, en voyage, méprisés des Chinois et des lamas, insultés par les pâtres tibétains dont ils mendiaient leur pitance quotidienne; mais ils avaient comme des loups errants la liberté dans le steppe et la montagne, l'insouciance et la sérénité d'animaux bien portants, et la vie leur était douce.

L'étroitesse de la vallée du Dza tchou oblige à passer plusieurs fois d'une rive sur l'autre et la rivière était déjà difficile à traverser; à 9 heures du matin, c'est-à-dire presque à morte eau, elle mesurait 29 mètres de largeur, 0 m. 95 de profondeur moyenne et filait 1 m. 25 à la seconde. Il fallut enlever aux yaks, trop bas sur jambes, les colis qui craignaient l'eau et les attacher un par un sur la selle des chevaux, ce qui nous fit perdre une heure à chacune des deux dernières traversées.

Le 16 avril, comme nous approchions de Ta-chi gon-pa, deux cavaliers armés vinrent à notre rencontre et nous signifièrent que les nobles lamas désiraient nous voir prendre un autre chemin. Pour toute réponse Dutreuil de Rhins sortit son passeport chinois; interdits, les deux cavaliers tournèrent bride. Bientôt nous campions par 4100 mètres d'altitude au bord du Dza tchou sur une plateforme longue de deux kilomètres et large de plus de trois cents mètres. Quoique tout près du monastère, nous ne le voyions pas, car il était caché par une saillie de la montagne. Les deux cavaliers revinrent, à pied cette fois, nous dire que puisque nous avions l'autorisation de Pékin, nous pouvions passer où il nous plairait, mais que les seigneurs lamas entendaient n'avoir aucune relation avec les seigneurs étrangers.

Pour tâcher de ramener les lamas à de meilleurs sentiments, de leur expliquer les nécessités de notre situation et de les assurer de nos intentions amicales, nous leur envoyâmes notre interprète avec quelques présents destinés à l'ornement de leur chapelle. Arrivé à la porte du couvent, l'interprète ne trouva personne à qui parler; il dut s'acquitter de son message à la mode d'un héraut de l'ancien temps en proclamant à haute et intelligible voix l'objet de sa mission. Les lamas occupés à chanter l'office chantèrent plus fort pour ne rien entendre, et l'interprète revint bredouille.

Dutreuil de Rhins et moi nous allâmes voir la demeure de ces religieux épineux. L'aspect en était pittoresque à souhait. Entre deux saillies rapprochées qui étranglent le lit de la rivière, la montagne s'en écarte un peu, sans toutefois laisser de surface plane : abrupte au sommet, elle descend par une pente irrégulière et rompue par intervalles jusqu'au bord de l'eau. Sur l'autre rive se dresse une haute paroi de rochers. Dans ce nid le couvent de Ta-chi, dont les maisons blanches, disséminées sur le flanc de la montagne au hasard de la disposition du sol, ressortent en vigueur sur la couleur brique des roches, se cache aux regards du monde. La route banale respecte sa solitude; seulement deux sentiers très rudes le mettent en communication avec le troupeau des hommes vulgaires, peu dignes d'attention et d'estime, mais qui fournissent le beurre, la farine, la viande, l'argent et les moines eux-mêmes. Chaque année c'est un but de pèlerinage pour les gens des environs qui s'y rassemblent de plusieurs douzaines de lieues à la ronde pour présenter aux lamas leurs hommages et leurs aumônes, pour vaquer à leurs affaires spirituelles et temporelles, à leurs plaisirs et à leur sanctification. C'est une foire en même temps qu'un pèlerinage. Nous étions venus juste au moment de cette assemblée. Tout autour du couvent, les flancs de la montagne étaient semés de tentes blanches ou bleues pour les riches et les élégants et de communes tentes noires en poil de yak pour les pauvres. Les montagnards avaient apporté des peaux de yak, de mouton, de cheval sauvage, d'ours, de loup, de renard, de lynx, puis de la rhubarbe, de la laine, des cornes d'antilope; les gens des villes et des vallées offraient des étoffes de laine de Lha-sa et de Gyé-rgoun-do, du musc, du tsamba, du sel, quelques armes et vases de cuivre du Dé-rgyé. Un Hindou, qui participait du vagabond autant que du marchand, vendait du safran et quelques bibelots sans importance, comme des grains de corail et des perles fausses. Dans la cour même du monastère, à côté de la chapelle, s'étaient installés deux ou trois marchands chinois. Devant leur porte deux pourceaux pataugeaient, grognant et criant quand les clients les heurtaient au passage. A l'intérieur on voyait des piles de cotonnades et de briques de thé, des sacs de farine, quelques rouleaux de soie, des bottes, des tasses de porcelaine, du tabac et un fouillis de quincaille rongée de rouille, canons de fusil, haches, marmites. La contenance des Chinois, si grave et composée qu'elle fût, trahissait une certaine gêne, un mélange de mépris pour cette foule de race inférieure qui les entourait, et d'inquiétude de se sentir seuls et sans défense au milieu de ces barbares dont un soudain caprice pouvait changer la bienveillance du moment en une violente hostilité. Cependant la foule qui se pressait assez nombreuse dans l'étroite vallée était gaie d'aspect et joyeuse d'humeur. Tout le monde était en habits de fêtes : robes de laine bleues ou rouges, quelquefois, pour les femmes, rayées de couleurs diverses, ou garnies de bordures aux teintes éclatantes. Les jeunes hommes, qui s'étaient lavé la figure et peigné les cheveux pour la circonstance, fiers et portant beau, un anneau d'argent à l'oreille gauche, un sabre orné de gros grains de corail passé au travers de la ceinture, plaisantaient et coquetaient avec les jeunes femmes, dont la chevelure aux innombrables petites tresses était chargée de monnaies d'argent, de perles et de turquoises, et dont le visage vermeil, débarrassé de l'ordinaire enduit noir, ne dénotait point une âme farouche. Ici, au milieu d'un groupe, deux hommes traitaient une affaire, marchandant et discutant avec entêtement; ils se prenaient mutuellement la main droite cachée sous leur longue manche pour indiquer par la pression des doigts le prix qu'ils offraient; ils échangeaient des remarques avec les assistants qui essayaient de les mettre d'accord. Là des joueurs étaient assis, absorbés dans leur jeu, tantôt calmes et silencieux, tantôt criant et trépignant. Plus loin quelques badauds entouraient deux pauvres petits mendiants, qui, la figure couverte d'un masque hideux et grotesque, chantaient et dansaient avec frénésie comme des possédés. Et partout l'on absorbait des pots de « tchang » et des tasses de thé sans nombre.

De temps en temps une grosse tête ronde de lama passait, l'œil inquisiteur et sévère. Nous-mêmes nous circulions au milieu de cette foule en toute liberté. On s'écartait devant nous par défiance plus que par respect. Cependant les regards ne marquaient pas de malveillance, mais seulement de la curiosité et chez beaucoup un étonnement naïf, profond, qui ne parvenait pas à se dissiper. Pourtant les Tibétains que nous avions jusqu'à présent rencontrés en chemin ou vus dans leurs tentes, s'étaient très vite familiarisés avec notre étrangeté. J'ai souvent noté que les individus isolés sont beaucoup moins surpris de la vue d'un étranger, moins frappés de sa singularité que réunis en foule. En effet, que parmi deux ou trois hommes il y en ait un qui diffère des autres on admettra plus facilement la légitimité de cette différence, on se sentira moins de force à lui contester son droit à n'être pas semblable aux autres; mais que le même homme se montre au milieu de plusieurs centaines de personnes toutes pareilles entre elles et différentes de lui seul, son originalité paraîtra en toute évidence contraire au sens commun, absurde, inadmissible.

Malheureusement il ne nous suffisait pas de voir tranquillement ce qui se passait; il fallait nous procurer des vivres, et, quoiqu'il y eût sur la place tout le nécessaire, il nous fut impossible de rien obtenir. Les gens évitaient de nous parler, et quand ils ne pouvaient faire autrement, il nous déclaraient que les lamas avaient interdit de vendre quoi que ce fût aux étrangers. Nous essayâmes de parlementer, de négocier; mais en vain. Les marchands chinois eux-mêmes, plus particulièrement obligés par notre passeport impérial à nous venir en aide, se dérobaient à nos instances, poliment et froidement. Contrevenir aux ordres des lamas eût compromis leur commerce; toutefois voulant sauver la chèvre et le chou, ils nous envoyèrent à notre campement avec des compliments et de belles paroles un petit sac de riz, un morceau de beurre et une brique de thé. Le beurre était rance et le thé moisi, mais l'intention valait mieux et nous leur en sûmes gré.

Le plan primitif de Dutreuil de Rhins étant désormais inexécutable, il fut décidé qu'on gagnerait Gyé-rgoun-do, centre commercial assez considérable et résidence de deux interprètes (t'oung-cheu) du Légat Impérial de Si-ning qui font fonction d'agents consulaires. Nous étions assurés de pouvoir nous y procurer ce dont nous avions besoin. Or Gyé-rgoun-do n'est qu'à quinze jours de marche de Ta-chi gon-pa et nous avions encore pour un mois de vivres. Nous avions donc la faculté, au lieu de nous borner à suivre la route, de faire d'importantes reconnaissances à droite et à gauche dans le bassin du Haut Mékong, en sorte que la mauvaise volonté des lamas, loin de diminuer l'intérêt scientifique de notre exploration, l'augmentait, et ne semblait offrir d'autre inconvénient que d'allonger notre voyage. Nous ne nous doutions pas que cela devait nous conduire au désastre de Tong-bou-mdo.

Dutreuil de Rhins songea d'abord à descendre le Dza tchou. Mais la rivière, profonde et encaissée entre des rochers à pic, ne laisse aucun passage praticable sur ses bords; il est également impossible de la suivre par la crête des montagnes qui sont trop tourmentées et coupées de ravins trop abrupts. Il n'y a moyen de descendre le Dza tchou en aval de Ta-chi gon-pa que l'hiver sur la glace. Dutreuil de Rhins résolut donc de prendre la route de Gyé-rgoun-do qui s'éloigne de la vallée du fleuve pour traverser son grand affluent le Pour-dong tchou et aboutir à la source du Dzé tchou, un des principaux tributaires du Dza tchou. En remontant jusqu'à son origine la première de ces deux rivières, on aurait achevé de résoudre le problème des sources du Mékong et déterminé la limite septentrionale de son bassin.

Le 23 et le 24 avril, on marcha par un pays de profonds ravins et de collines herbeuses, dont le sol récemment dégelé formait une flaque d'eau à chaque pas qu'on faisait. Un grand lama des Dza-tchou-ka-pa, venant de Lha-sa, nous rejoignit et fit quelques lieues avec nous. Il fut plus aimable que ses compatriotes que nous avions vus au pied du Sog Gé-ma la. Il avait cet air de grande aisance et cette courtoisie un peu hautaine qui caractérisent les grands seigneurs au Tibet comme ailleurs. Il blâma la conduite de ses confrères de Ta-chi et nous pria de lui faire le plaisir de faire route en sa compagnie jusqu'au Dza-tchou-ka. Notre devoir d'explorateurs nous obligea à décliner cette offre gracieuse, dont l'acceptation aurait sans doute conjuré une grande infortune, mais nous aurait détournés de notre tâche scientifique.

Après avoir gravi le Pour-dong Chal-ma la à l'altitude de 5100 mètres, on dévale brusquement sur le bord de la rivière à 600 mètres plus bas, par une pente roide, couverte de pierres, de boue et de neige fondante. Le Pour-dong tchou est un torrent encaissé, peu large, mais profond, aux eaux troubles et tumultueuses. On ne peut le passer à gué que le matin : il mesure alors 16 mètres de largeur, 75 centimètres de profondeur et file 1 m. 50 à la seconde; le soir à 6 heures, la profondeur moyenne augmente de 45 centimètres, la largeur de 2 mètres et la vitesse de 1 mètre; c'est-à-dire qu'il roule 54 mètres cubes à la seconde au lieu de 18. Laissant le gros de la caravane, équipés à la légère, nous explorâmes le haut bassin de la rivière pendant cinq jours, du 26 au 30 avril. Les vallées sont étroitement resserrées entre de hautes montagnes abruptes, parfois à pic, dont les cimes rocheuses et dénudées semblent, tant leurs formes sont étranges et compliquées, avoir été sculptées par le caprice d'un artiste fantastique. Elles sont peuplées de grands ours que le printemps commençant faisait sortir de leurs tanières. Nous pénétrâmes jusqu'aux sources mêmes, dans la solitude des neiges éternelles, au pied d'une barrière infranchissable.

Reprenant la route le 2 mai, nous nous engageâmes le lendemain dans une gorge sombre et désolée par où nous atteignîmes en pataugeant pitoyablement le sommet du Dzé la, un des cols les plus élevés du Tibet oriental (5217 m.). C'est la source du Dzé tchou. On descend dans la vallée par une côte presque à pic, haute de 50 mètres où s'était amoncelée une masse énorme de neige. Les yaks étonnés hésitèrent un moment; puis, par une résolution soudaine, ils se précipitèrent en bas comme une avalanche, disparaissant dans l'épaisseur de la neige, grognant et soufflant bruyamment. On planta la tente un peu plus bas sur un sol spongieux qui, après quelque minutes de piétinement, fut transformé en marécage. On se leva le lendemain tout tremblants de froid et les jambes ankylosées. On s'empressa de descendre la vallée qui devint bientôt moins sauvage et moins froide, mais toujours d'un pittoresque saisissant avec la couleur rouge du terrain avivée par la verdure de l'herbe sur les pentes les moins escarpées, avec ses grandes masses de rochers nus et verticaux, semblables à de puissants châteaux-forts hauts de 500 mètres et davantage. La nécessité de prendre des observations, puis le mauvais temps, la brume et la neige, qui se mit à tomber, nous retinrent quelques jours au campement du 5 mai. Nous consolâmes notre inaction en chassant les oies sauvages qui abondent en ces lieux.

Le 10 mai, on fit halte au point où la route abandonne la vallée du Dzé tchou pour aller gagner le bassin du Yang-tzeu kiang et Gyé-rgoun-do. Depuis le Dzé la, nous étions sur le territoire des Tibétains Ra-ki qui s'étaient montrés aussi peu prévenants que les Gé-dji et avaient également refusé de nous fournir un guide. Nous avions seulement avec nous un de ces jeunes « clerici vagantes » dont j'ai déjà parlé et qui nous suivait pour avoir les entrailles de mouton dont nos serviteurs musulmans ne voulaient pas. Il connaissait très mal le pays et son utilité était à la hauteur de son salaire. Quelques Tibétains dont les tentes étaient voisines de la nôtre vinrent nous voir. Dutreuil de Rhins se montra bon prince, se prêta à toutes leurs curiosités d'enfants, leur fit cadeau de quelques bibelots qui parurent leur plaire, les flatta de bonnes paroles, les dérida par de joyeuses plaisanteries pour les encourager à la confiance. Ce fut en vain. A nos demandes de renseignements ils répondaient d'une manière aussi circonspecte qu'évasive, biaisant, se rétractant, se contredisant, et, si on les pressait trop, ils se réfugiaient dans une apparente stupidité, devenant soudain incapables de nous comprendre et ignorants des choses les plus élémentaires.

« Le chef des Ra-ki est un grand chef, leur disons-nous.

— Oh! un grand chef! il a beaucoup de yaks et de moutons, beaucoup, beaucoup! » et leurs traits, comme leur accent, expriment une admiration extatique.

« Et il demeure loin d'ici?

— De ce côté là-bas, » et un vague geste de la tête semble désigner l'est.

« Combien y a-t-il de jours de marche avec des yaks?

— Oh! c'est loin, bien loin. Il y a cinq ou six jours.

— Si nous pouvions le voir, nous lui offririons de beaux présents et vous en auriez votre part si vous vouliez nous conduire.

— Nous ne connaissons pas le chemin, et puis nous avons à faire ici, même que nous sommes obligés d'aller à Gyé-rgoun-do.

— Comment s'appelle l'endroit où demeure votre chef? »
Ils hésitent, se consultent de l'œil et finissent par dire :
« Pam dzong.

— Mais vous venez de nous dire que votre chef est à cinq jours de marche, et d'après ce que vous-mêmes et d'autres personnes nous ont expliqué auparavant il y aurait douze jours d'ici à Pam dzong.

— Justement. Douze jours en allant tout doucement et cinq jours en allant vite, avec un bon cheval.

— Tout à l'heure vous avez montré l'est comme le côté où demeure votre chef tandis que Pam dzong est au sud. En outre Pam dzong est la résidence non pas de votre chef particulier, mais du Nan-tchen gya-po qui est le roi des Doung-pa et des Gé-dji aussi bien que des Ra-ki.

— Le seigneur étranger sait tout. Le Nan-tchen gya-po est le chef des Ra-ki. »

Il est impossible désormais de rien tirer d'eux ni de les convaincre de leurs contradictions. Ils ouvrent de grands yeux hébétés à toutes les paroles de notre interprète, et déclarent qu'il parle le dialecte de Lha-sa qu'eux, pauvres montagnards, ne comprennent pas. Dutreuil de Rhins rompit les chiens et se fit apporter du thé. Il leur demanda s'ils aimaient le sucre et sur leur réponse affirmative leur en donna quelques morceaux. Mais ils n'avaient jamais vu de sucre blanc et cette blancheur ne leur disait rien qui vaille. Il en mangea un morceau lui-même pour les rassurer; ils s'opiniâtrèrent à s'abstenir. Ils avaient trop de défiance de tout ce qui vient d'Europe, trop de préventions contre les puissants maléfices et les poisons subtils de ces étrangers, ennemis de Bouddha et suppôts du Mauvais, défiance et préventions naturelles en une certaine mesure chez des pasteurs à demi sauvages isolés dans leurs retraites lointaines, mais aussi entretenues soigneusement et accrues par les lamas, jaloux de régner sans partage sur les esprits d'un peuple qui les nourrit. En effet les lamas enseignent que nous sommes les soldats de l'Esprit du mal, qui doivent envahir la terre entière en glorifiant le mensonge et le péché jusqu'au jour où Bouddha lui-même, vivant en la personne du Talé Lama, se lèvera, ceindra l'épée et chaussera l'étrier pour l'extermination de ses ennemis et le triomphe de sa religion. Quoique un certain nombre de lamas de plus large esprit ne donnent pas dans ces billevesées, il suffit que l'ignorance inquiète et intolérante des autres répande de semblables légendes pour amener les conséquences les plus fâcheuses. Livrés à eux-mêmes, ces montagnards barbares eussent été plus traitables; car ils ne sont pas foncièrement mauvais, mais la crainte d'autorités despotiques et tracassières se joignant à leur méfiance naturelle, ils deviennent impossibles à manier. A ce propos Dutreuil de Rhins me disait qu'il était beaucoup plus facile de s'entendre avec les sauvages d'Afrique, enclins à de brusques et capricieuses violences, mais moins obstinés dans leurs soupçons, moins inébranlables dans leur mauvais vouloir.

Nous nous passâmes du concours de nos voisins pour aller reconnaître le cours du Dzé tchou en aval. Après cinq heures de marche nous fûmes arrêtés par d'énormes rochers à pic à travers lesquels la rivière se taille un passage étroit où elle coule, rapide, profonde et encombrée de gros blocs de pierre. Il n'y avait absolument pas moyen d'escalader la montagne. Dutreuil de Rhins, pour voir si l'on pouvait suivre le lit même de la rivière, poussa bravement sa monture dans l'eau mugissante. Le cheval, qui plongea soudain jusqu'au cou et se heurta les naseaux contre une roche, faillit y rester avec son cavalier. Nous en fûmes heureusement quittes pour la peur et nous dûmes faire un long chemin dans les montagnes pour essayer de tourner l'obstacle. On alla camper au sommet d'un col tout juste aussi haut que le Mont-Blanc, sur la route de Tcha-mdo, où le vent bouleversa notre campement. Le jour suivant nous réussîmes, par la gorge profonde d'un torrent, à gagner de nouveau le Dzé tchou. Un spectacle extraordinaire nous attendait. En amont et en aval, la rivière, large de quelques pieds, court, pressée entre deux parois de rochers hautes de plusieurs centaines de mètres et qui semblent rigoureusement verticales. On dirait que la montagne a été tranchée à la scie. On est obligé de renverser complètement la tête en arrière pour apercevoir un petit ruban de ciel sur lequel les crêtes des rochers dessinent leur dentelle grise. Cela se continue pendant je ne sais combien de lieues avec des sinuosités capricieuses. Sur la paroi il n'y a pas le moindre ressaut où poser le pied. Il fallut revenir sur ses pas. Sur le bord du torrent et tout près du confluent, nous vîmes, pour la première fois depuis Tchertchen, de véritables arbrisseaux, des saules ayant deux mètres de taille. C'était le point le plus bas que nous eussions observé depuis longtemps (4165 m.). Le 14 mai nous partîmes pour rejoindre le gros de notre caravane. Il faisait froid et il tombait une neige abondante. Dutreuil de Rhins, désirant boire une tasse de thé, s'approcha d'une tente dressée au bord du chemin pour demander du feu. Au moment où le Russe Razoumof allait soulever la portière, un Tibétain accourut sur nous en nous lançant des pierres et nous criant de ne pas entrer. Comme d'autres hommes s'approchaient, menaçant et poussant des cris que nous ne comprenions pas, Dutreuil de Rhins, par mesure d'intimidation, ordonna à Razoumof de tirer en l'air un coup de fusil chargé à blanc. Les Tibétains se tinrent à l'écart et Razoumof, ayant pénétré dans la tente, en ressortit aussitôt avec quelques braises allumées qu'il avait prises au foyer. Il nous dit qu'il n'y avait dans la tente d'autres habitants qu'un petit agneau bêlant et un malade étendu à terre, gémissant et exhalant une odeur fétide. Nous sûmes alors pourquoi les Tibétains avaient voulu nous éloigner; car c'est une de leurs coutumes de ne jamais entrer dans la tente où repose un malade dont l'état est sans espoir. Toute infraction à cette règle ne manquerait pas d'entraîner de grands malheurs et l'on a toujours soin d'enfermer avec le malade un jeune agneau à qui l'on attribue la vertu de conjurer le mauvais sort. Quoi qu'il en fût, nous nous retirâmes à environ deux cents pas de là et nous préparâmes tranquillement notre thé en séchant nos pieds au feu tandis que les Tibétains nous regardaient de loin.

Ayant rejoint notre caravane, nous reprîmes la route de Gyé-rgoun-do. Traversant de vastes vallées peu accidentées et des cols de faible élévation, nous passâmes par le Po-roka la dans le bassin du Yang-tzeu kiang que les Tibétains nomment Do tchou et les Chinois T'oung-ting hô. Les habitants relativement très nombreux de ces vallées sont riches en troupeaux. Ils en profitent pour faire un commerce lucratif avec les caravanes de passage en échangeant des yaks frais contre des yaks fatigués et impropres à la marche à raison d'un contre deux ou trois selon les cas. Quand les animaux fatigués ont brouté paisiblement durant quelques semaines et repris assez bonne mine on les repasse au même taux à d'autres caravanes. Sur notre demande on nous amena cinq bêtes, dont trois, qui sans nul doute avaient été acquises tout récemment, étaient en fort mauvais état. Leurs propriétaires n'en faisaient pas moins le plus chaleureux éloge, demandant pour chacune d'elles trois des nôtres à leur choix, et ils nous expliquaient comme quoi ils faisaient un très mauvais marché, car pour sûr nos animaux mourraient dans les vingt-quatre heures. A notre refus, ils partirent; puis ils revinrent, firent du feu, exhibèrent une marmite, du thé, du tsamba, et, tout en lunchant pour se mettre en garde contre les impatiences de l'estomac, rouvrirent les négociations. Des heures s'écoulèrent durant lesquelles ils déployèrent toutes les ressources de leur esprit retors et rusé afin de nous faire prendre des vessies pour des lanternes. Ils cédaient à regret, puis se rétractaient, affectaient de se méprendre sur nos propositions et de confondre les yaks les uns avec les autres. Enfin, ayant épuisé leur provision de thé, de tsamba, de ruse et de patience, ils se contentèrent d'un petit gain faute d'un gros. Nous leur abandonnâmes nos quatre bêtes les plus mauvaises contre leurs deux meilleures. Les fripons, feignant de se bousculer dans la précipitation du départ, essayèrent d'emmener les bons yaks en nous laissant les mauvais; mais ils comptaient sans leur hôte et ils en furent pour leur courte honte.

Le 21 mai, nous fîmes l'ascension du Ser-kiem la, derrière lequel est Gyé-rgoun-do. C'est une montagne à terrasses élevées les unes au-dessus des autres. Quand on a gravi une côte très roide, haletant et suant, et qu'on se réjouit d'arriver au bout de sa peine du jour, on s'aperçoit qu'on a encore une côte semblable au-dessus de sa tête. On met une sourdine à sa joie, on remonte son courage et l'on reprend l'ascension. Nous campâmes au cinquième étage. A peine installés, nous vîmes passer deux Chinois à pied avec quelques hardes sur le dos. C'étaient deux marchands dont les Tibétains avaient volé les animaux pendant la nuit et qui s'en retournaient à Gyé-rgoun-do en ce piètre équipage pour porter plainte à l'agent du Légat Impérial. Ils ne se faisaient pas d'illusions sur le caractère platonique de cette démarche, mais il leur fallait cependant rentrer pour se procurer d'autres bêtes.

Le lendemain, après avoir franchi le sixième et dernier étage, nous descendions par un sentier tortueux semblable à un balcon ménagé dans le flanc à pic de la montagne et suspendu au-dessus d'un profond précipice, lorsque tout à coup, à un tournant du chemin, nous aperçumes devant nous, plantées au sommet d'un rocher, les constructions carrées d'un monastère avec son temple aux bandes jaunes, bleues et rouges, et, plus bas, s'égrenant au penchant de la montagne, les maisons blanches d'un petit village des Tibétains Tao-rong-pa. C'était Gyé-rgoun-do (Tchékoundo).

Le fond de la vallée est par 3800 mètres d'altitude seulement : en quelques heures nous avions descendu de 1 100 mètres.

Cependant nous avions envoyé en avant notre interprète pour présenter notre passeport à l'agent chinois et le prier de faire mettre une maison à notre disposition pendant le temps qui nous serait nécessaire pour refaire notre caravane. La pluie tombait, phénomène que nous n'avions pas constaté depuis une année, et le feutre usé de notre tente n'était plus imperméable. Le chemin nous avait conduits jusqu'au bord de la modeste rivière qui coule au pied et en avant du village et sur laquelle était construit, luxe inouï, un ponceau de bois en dos d'âne, avec des garde-fous, une manière de portique et un escalier y donnant accès. L'aspect en était assez pittoresque; mais les chevaux refusèrent énergiquement de passer sur cette machine inconnue et se jetèrent à l'eau, ce qui, du reste, n'offrait aucun inconvénient. De l'autre côté notre interprète nous attendait, sa mission accomplie. Les résultats n'en étaient pas brillants. A son arrivée on lui avait lancé des pierres, on avait répondu à ses questions par un mutisme opiniâtre ou par des rires dénigrants, et ça n'avait été qu'après bien des tours et des détours qu'il avait enfin trouvé la demeure du « t'oung-cheu » Pou lao-yé. Celui-ci l'avait reçu poliment, avait accepté de nous procurer une maison; mais le supérieur du monastère était intervenu, il avait fait défense à la population sous peine d'amende et de bastonnade de nous louer une habitation, de nous vendre quoi que ce fût, de nous parler même, et il exigeait que nous vidassions les lieux dans les vingt-quatre heures. Ayant installé notre campement à deux cents pas du village, nous allâmes sur-le-champ demander des explications au « t'oung-cheu ». Celui-ci nous attendait sur le pas de sa porte où l'on arrive

par trois marches de pierre inégales et non taillées. Au
delà s'étend une allée étroite où joue un petit singe des
forêts du Nya-rong; à droite s'élève le mur de la maison
voisine et à gauche un petit hangar, servant d'écurie, où
deux chevaux tiennent à peine. Au bout de l'allée un escalier de bois grossier et raboteux conduit au premier étage
dans une sorte d'antichambre où s'ouvrent les portes d'une
ou deux chambres et celle plus large de la chapelle privée.
On monte à droite par un escalier de quelques marches
aboutissant à un réduit très étroit et très obscur; on
retourne à droite en tâtant le mur pour se guider, et, en
descendant deux marches, le dos courbé pour ne se
point heurter le front au chambranle de la porte, on pénètre dans une chambre humide, mal éclairée par une
petite fenêtre garnie de papier qui donne sur l'allée. Une
fade odeur de moisi, de renfermé et de beurre rance s'en
dégage. Le sol est de terre battue, sans tapis. Le mobilier
consiste en deux ou trois coffres et tabourets. Au fond,
selon la coutume chinoise, s'élève une large estrade en
maçonnerie recouverte d'un feutre avec, au milieu, une
table basse pour servir le thé. Telle est la salle de réception du représentant de Sa Haute Excellence le Légat Impérial. Notre hôte était fort simplement mais assez proprement vêtu à la mode chinoise; seulement son « ma-koa-
tzeu » était en laine rouge du Tibet. Il tenait à la main un
chapelet bouddhique, qui était destiné, de même qu'une
statuette sainte placée bien en évidence sur une console, à
donner au peuple une haute idée de sa piété et à se faire
bien venir de lui. Plus tard il nous parut que la religion
ne lui tenait pas fort au cœur et n'était pour lui qu'un
masque politique. Sa haute taille et son grand nez le distinguaient du banal type chinois. Sa démarche était lente
comme sa parole, ses gestes et ses mouvements, toujours

mesurés, son regard, un peu terne et vague; ses lèvres minces s'entr'ouvraient à peine lorsqu'il parlait. Sa personne et sa physionomie donnaient l'impression d'un homme réfléchi, prudent, faible, rusé plutôt par nécessité que par caractère, qui se sentait mal à l'aise dans un rôle qui lui imposait plus de responsabilités qu'il n'avait d'autorité pour y faire face, d'un homme qui devait souffrir que sa situation honorifique et pécuniaire ne fût pas en rapport avec la difficulté et la délicatesse de la tâche qui lui incombait. Il nous dit combien il était heureux de recevoir des hôtes si hautement et si fortement recommandés par le gouvernement impérial. Notre vue seule aurait suffi à lui inspirer pour nous la plus vive sympathie, et ce sentiment s'accroissait encore de ce qu'il connaissait les liens d'étroite amitié qui unissaient nos deux nobles pays la France et Chine. En réalité il n'en savait rien et disait cela à tout hasard, pour nous faire sa cour. De plus il avait déjà appris à apprécier les Européens en la personne de M. Rockhill dont il se vantait d'être l'intime ami, car il avait eu le plaisir de voyager pendant quelques jours avec lui. Il se mettait tout à notre disposition et nous assurait que nous pouvions compter sur son entier dévouement. S'il ne dépendait que de lui, tous nos désirs seraient immédiatement satisfaits; mais, à son grand regret, il était seul au milieu de barbares ignorants et entêtés qui se défient des Européens parce qu'ils ne les connaissent pas. Le lama, leur chef, était un personnage très vénéré et tout-puissant sur lequel il n'avait aucune autorité. Il n'appartenait point, hélas! à un modeste « t'oung-cheu » de faire lever les ordres rigoureux qu'un grand lama avait donnés. Dutreuil de Rhins riposta brusquement qu'il resterait quinze jours, qu'il entendait avoir des vivres et des animaux et que si le grand lama n'était pas content il irait lui tirer les oreilles. La frayeur anima soudain le visage ordinairement impassible du Chinois :

« Pas d'histoires ! je vous en prie, pas d'histoires ! Vous ne voudriez pas me mettre, moi votre ami, dans un si cruel embarras. Songez que je ne pourrais pas répondre de ce qui arriverait. Réellement, je ne suis point le maître ici, je ne puis pas donner un seul ordre. Le grand lama fait ce que bon lui semble. Il ne me reçoit même pas et ne daigne pas venir me voir[1]. Comment donc interviendrais-je auprès de lui? Quand M. Rockhill est venu, on a voulu lui faire un mauvais parti et il a été obligé de s'en aller secrètement à la faveur de la nuit. Cependant si vous êtes raisonnable, il y aura moyen de nous arranger. Il y a ici des marchands chinois soumis à mon autorité. Ils vous vendront de la farine, du riz, du thé, de l'étoffe pour une tente. Un certain nombre d'indigènes me doivent l'impôt et la corvée; je les requerrai de me fournir des animaux et de l'orge que je vous repasserai. Comme vous êtes ici par un commandement de l'Empereur sur terre d'Empire, nul ne peut s'opposer à votre séjour, pourvu que vous ne demeuriez pas dans une maison. Sur ce dernier point nous n'obtiendrons aucune concession. Je vous céderais de grand cœur ma propre demeure si c'était possible; mais je ne suis que locataire, et, si je vous logeais chez moi, il arriverait malheur au propriétaire. »

Pou lao-yé se croyait un fin politique en s'abaissant pour abaisser nos prétentions, en s'attribuant le mérite du bon vouloir, des bons offices, du dévouement à notre égard tandis qu'il rejetait la responsabilité de toutes les difficultés sur les chefs indigènes. C'était le même artifice

---

1. Ceci était un mensonge. Le grand lama ou plutôt le « tchag-dzôd » de Gyé-rgoun-do vient voir le « t'oung-cheu » toutes les fois qu'il y a des affaires à traiter.

qu'au Nam tso, et, ici comme là, le fil dont la ruse était cousue était un peu voyant. On causa de la situation générale du pays. Pou lao-yé crut l'occasion bonne de se relever à nos yeux. Il nous expliqua que les Tibétains de cette contrée étaient fort turbulents, divisés en un grand nombre de petits cantons dont les chefs étaient indépendants les uns des autres et n'obéissaient guère au Nam-tchen gya-po, leur prince nominal. Les vols de bestiaux, les razzias, les attaques à main armée se renouvelaient fréquemment. Il était sans cesse obligé d'intervenir pour apaiser les querelles, terminer les différends, prévenir les conflits. Quoique la tâche fût ardue, d'autant plus qu'il n'avait point de soldats à sa disposition, il s'en tirait assez bien grâce à l'autorité que lui donnait sa qualité de représentant du Légat Impérial dont le nom était partout craint et respecté, grâce aussi à l'influence personnelle que lui-même avait su acquérir auprès des chefs indigènes, très puissants personnages aux yeux des Tibétains, mais fort insignifiants pour des Chinois. Ils lui savaient gré des efforts souvent couronnés de succès qu'il faisait pour maintenir la paix, et reconnaissaient si bien l'utilité de son rôle qu'ils avaient envoyé une pétition au Légat Impérial, le priant de ne point rappeler Pou lao-yé et promettant d'augmenter son traitement. Le brave homme parlait avec conviction et avec une lenteur complaisante, oubliant qu'il se contredisait. Sa vanité compromettait sa diplomatie. En fait, il se vantait autant qu'il s'était calomnié. Nous en eûmes bientôt une première preuve. On nous vola un yak pendant la nuit et l'enquête ouverte à notre requête par le t'oung-cheu fut sans résultat.

Pou lao-yé avait un collègue de rang inférieur et de caractère tout différent, Li lao-yé. Il était petit, il avait une petite figure affreusement grêlée, un petit nez écrasé, de petits yeux bridés et très vifs. Ses mouvements étaient brusques, son allure décidée, sa mine joyeuse, sa voix rauque et forte. Pou était le diplomate, Li était le militaire. Il avait souvent le sabre à la ceinture et le cheval entre les jambes. Chaque fois qu'il y avait une mauvaise affaire quelque part, à Pam dzong, au Dza-tchou-ka, au Nyam-tso, chez les Gé-dji ou ailleurs, il partait pour accorder les intérêts, calmer les passions émues, donner de la raison aux fous et du cœur aux sages, négociant, promettant, menaçant, toujours prêt à mettre le sabre au clair s'il le fallait. Prudent toutefois, il savait que de bonnes paroles valent mieux qu'une mauvaise lame. Il vint à nous, les mains tendues, serra les nôtres vigoureusement et cordialement, nous fit asseoir sur un simple banc, dans une salle absolument nue, nous offrit du thé beurré et des pipes médiocrement ragoûtantes : « J'ai peu de chose à vous offrir, mais je vous l'offre de bon cœur. Ici, voyez-vous, nous ne sommes pas en Chine; le Tibet est un pays sauvage où l'on ne peut guère faire de cérémonies. Mais depuis que vous voyagez, vous avez dû en voir de bien plus dures; ce n'est pas toujours gai, hein ! — et il riait bruyamment de son rire rauque en montrant ses dents jaunes et se frappant la cuisse. — J'en sais quelque chose moi qui suis toujours par monts et par vaux. On a de rudes moments à passer dans ces affreuses montagnes et parmi cette race de coquins, têtus comme des mules. Je vous admire d'oser venir de si loin et de résister à tant de peines. Tenez ! Vous êtes de braves gens et si je pars bientôt pour Si-ning, je voudrais partir avec vous; je me sentirais plus rassuré ». Cette parole ressemble aujourd'hui à une triste ironie.

Cependant grâce aux deux t'oung-cheu nous poussons activement nos préparatifs. Nous changeons notre or à raison d'un poids d'or pour quinze d'argent, taux très faible en soi, mais excellent pour le pays ; nous choisissons des yaks frais, nos hommes réparent les bâts, des tailleurs cousent la tente nouvelle, on grille les grains d'orge dans de vastes marmites, le moulin moud les grains grillés pour en faire le tsamba, on réunit de la farine blanche, du riz, du beurre, du thé. Quant aux moutons on n'en trouva pas suffisamment et ils coûtaient très cher, quatre roupies en moyenne. Pou lao-yé nous conseilla de nous les procurer à La-boug gon-pa dont le supérieur était son ami. Il y a de bons pâturages dans les environs et les moutons n'y coûtent que 2 1/2 ou 5 roupies. Il ne manquait plus que peu de chose, quelques outils, de l'eau-de-vie pour cas de maladie. J'allai voir les marchands chinois qui demeuraient au centre même de Gyé-rgoun-do et j'en profitai pour visiter les lieux. Entre notre tente et le gros du village s'élevaient quelques maisons écartées, habitées par de pauvres êtres misérablement dépenaillés, exerçant quelque métier méprisé comme celui de forgeron. Leurs enfants nous apportaient de la bouse et du crottin desséché pour le chauffage, moyennant une légère rétribution. Deux d'entre eux nous proposèrent un jour d'acheter leurs petites et crasseuses personnes à raison de quelques roupies : « Vous feriez bien plaisir à maman, disaient-ils. » De la rivière monte un petit sentier parcouru par des femmes qui marchent péniblement le dos courbé sous un lourd baril plein d'eau : le fond du baril repose sur le bas des reins et le sommet en est retenu par des cordes ou courroies que la femme prend en main. Au bord de la rivière des hommes avaient installé un champ de tir, à notre intention peut-être. Ils étaient assez bons tireurs à condition d'avoir un point d'appui et du loisir pour viser et je constatai que leurs fusils ne portaient pas effectivement au delà de 120 ou 150 mètres. L'entrée du village est décoré d'un tcho-rten et d'un ma-ni fort modestes. Puis s'allonge une ruelle longue d'un peu plus de 200 mètres et formant deux coudes très prononcés. Si étroite que deux chevaux ne peuvent pas toujours passer de front, elle est bordée de maussades murailles grises percées çà et là de petites embrasures qui semblent se défier du passant. Il peut y avoir dans tout Gyé-rgoun-do quatre-vingts maisons abritant cinq cents individus, y compris quinze Mongols et de vingt à trente Chinois. Dans le reste du canton on compte à peu près autant d'habitants logeant sous une centaine de tentes, soit au total un millier de laïques. Le monastère, dont on ne nous permit pas d'approcher, est réputé pour sa richesse et contient au moins trois cents lamas en résidence fixe. Le supérieur est un très grand personnage religieux, car il a sous son autorité plusieurs autres couvents avec environ trois mille moines.

Vers le milieu du village la ruelle s'élargit pour former une place minuscule où quelques vieillards moroses, en compagnie de chiens hargneux, maigres et galeux, chauffaient leurs douleurs au soleil en faisant la chasse à leurs poux. La demeure des marchands chinois donnait sur cette place. J'en trouvai cinq ou six, réunis dans une grande salle enfumée, assis sur des coffres et des tabourets et faisant gargouiller leur pipe à eau. C'étaient des gens du Chen-si, représentant des maisons de Ta-tsien-lou. Ils échangent des cotonnades, de la farine, du thé, du vinaigre, de l'eau-de-vie, du tabac, de la porcelaine, du cuir rouge et de la quincaillerie contre des pelleteries, des peaux de yak et de mouton, du musc, de la poudre d'or, des cornes de cerf, de la rhubarbe, de la laine. Ils étaient assez satisfaits de leur petit commerce : « Nous vendons tout cela bon marché et cela vaut moins encore, disaient-ils en me montrant leurs marchandises, collection de tout ce que l'Empire du milieu peut offrir de plus mauvais, mais c'est bien bon pour ces barbares qui n'ont point d'argent. Ils n'ont jamais vu autre chose et ils s'en contentent. Il n'y a pas ici de « Yang jen[1] » pour les en dégoûter. Comme nous sommes seuls, sans concurrents, nous vendons et nous achetons à peu près au prix que nous voulons. Certes, les Tibétains sont avares et marchandent effrontément; mais au fond ils n'entendent rien au commerce. Nous en profitons et quoique nous soyons quelquefois battus, pillés et rançonnés par ces coquins, nous y gagnons encore. » Leur langage n'était pas tout à fait aussi explicite, mais tel en était le sens, et il était beau de voir avec quel superbe dédain ils parlaient de ces grossiers Tibétains, de cette gent exploitable et grugeable à merci,

Tout en achevant nos préparatifs, nous nous occupions de rassembler des renseignements sur les nombreuses routes, qui de la Mongolie, de Si-ning, de Lha-brang gonpa, de Song-pan-ting, de Ta-tsien-lou, de Tcha-mdo et Ba-tang, de Lha-sa viennent converger à Gyé-rgoun-do et donnent une réelle importance stratégique et commerciale à cette place peu considérable par sa population. Nous constatâmes l'existence de quatre routes menant à Si-ning entre lesquelles il nous fallait choisir. L'une passe par Dzoung, dans la Mongolie du Tsadam, une autre entre les grands lacs Kya-ring tso et Ngo-ring tso, la troisième en droite ligne au nord-est, à l'orient de ces lacs, enfin la quatrième traverse trois fois le Fleuve Jaune par Artchoung, résidence du roi des Ngo-log[2], Ri-rtcha gon-pa et

1. Européens.
2. Ngo-log signifie : tête de travers, mauvaise tête. Cf. Bachi-bouzouk.

Koui-ti. La première est à la fois la plus longue et la plus commode ; c'est la seule qui soit suivie par les fonctionnaires chinois et par les marchands, la seule qui offre quelque sécurité ; mais elle avait été reconnue déjà par plusieurs explorateurs, entre autres par Prjévaslky et M. Rockhill. Quoique plus de deux cents lieues parcourues depuis Nag-tchou en un pays inexploré, à travers de rudes montagnes et de rudes populations, s'ajoutant à de si longues et si pénibles marches, patiemment poursuivies pendant trois années, nous eussent peut-être donné le droit de ne point rechercher de nouveaux travaux, de nouvelles fatigues et de nouveaux dangers, Dutreuil de Rhins, néanmoins, que son ardeur de savoir rendait oublieux de toute peine et de tout péril, écarta résolument de son programme le chemin trop connu du Tsadam. Il renonça à la quatrième route pour des raisons opposées ; elle n'a jamais été étudiée et n'est indiquée qu'en partie sur les cartes, mais Dutreuil de Rhins était incertain que le Ma tchou fût partout guéable en cette saison et sûr que les Ngo-log ne nous laisseraient pas passer sans nous piller, s'ils ne nous massacraient pas.

Restaient la deuxième et la troisième route. L'une, se confondant en la plus grande partie de son tracé avec la route directe de Lha-sa à Si-ning, nous rapprochait autant que possible de notre plan primitif, et nous permettait de vérifier l'hypothèse qui fait traverser les lacs Kya-ring et Ngo-ring par le cours du Ma tchou. L'autre avait le double avantage de la brièveté et de la nouveauté, car elle n'était marquée sur aucune carte et n'était que mentionnée d'une façon très vague par la géographie chinoise. De plus, rien ne nous empêcherait, si nous le jugions à propos, de pousser une pointe jusqu'aux lacs en passant. Sans doute cette route serrait de bien près le pays des Ngo-log et leurs bandes la traversaient souvent; mais l'autre route était presque aussi dangereuse. Puis est-ce qu'un explorateur qui n'a pas foi en son étoile et n'ose pas défier la fortune ne ferait pas mieux de rester chez soi, enveloppé dans sa robe de chambre et les pieds sur les chenêts? Bref, Dutreuil de Rhins se décida pour la route la plus courte, suivie quelquefois par les courriers extraordinaires de l'administration chinoise, qui, avec deux chevaux, font en 18 jours le trajet de Gyé-rgoun-do à Si-ning, plus de 800 kilomètres.

CHAPITRE IV

DE GYÉ-RGOUN-DO A SI-NING. — MORT DE DUTREUIL
DE RHINS

Le 1ᵉʳ juin 1894, nous partîmes aux premières blancheurs de l'aube, heureux de quitter des lieux peu hospi-
taliers, de savoir que la caravane que nous conduisions
devait être la dernière, de sentir, comme à la portée de la
main, le but depuis longtemps rêvé et désiré. Pou lao-yé
nous accompagna quelques instants et prit congé de nous
en s'excusant de ne pouvoir aller plus loin, retenu qu'il
était par une affaire urgente. Aucun de ses domestiques
n'était libre et le petit moine qui nous avait suivis jusqu'à
Gyé-rgoun-do avait déserté à la vue de l'accueil que son
grand frère nous avait fait. Nous n'avions donc point de
guide et Dutreuil de Rhins ne s'en souciait guère. Pour
cette fois il avait tort. Les traces de la route se perdant en
des fondrières herbeuses, il se méprit et remonta une
vallée au lieu de la traverser. Obligé ainsi à un détour considérable il ne put aller camper ce jour même à Tong-bou-
mdo et dut faire halte à mi-chemin. Un Ancien aurait pu
croire qu'un dieu ennemi concertait toute chose exactement pour le mener au lieu et à l'heure où son mauvais
destin l'attendait. Le lendemain, notre nouvelle caravane
fut fort éprouvée par la difficulté du chemin, montant ou

descendant des pentes escarpées, passant par des rocailles ou des fondrières. Plusieurs yaks restèrent en route. Après sept heures de marche, nous approchions de Tong-bou-mdo lorsque la pluie se mit à tomber, légère d'abord, puis d'une violence extrême. Tous nos vêtements furent bientôt transpercés, Dutreuil de Rhins, qui se plaignait d'une vive douleur aux épaules, pressa le pas pour aller se mettre à l'abri au village. A notre arrivée, nous ne trouvâmes aucune porte ouverte et personne dehors. Au bruit que nous fîmes, deux hommes se montrèrent et nous dirent qu'il n'y avait point de place dans les maisons. Comme la vallée était fort étroite et que les rares endroits où la pente ne fût pas trop forte paraissaient couverts de cultures, nous leur demandâmes de nous indiquer un lieu où planter notre tente. Ils nous répondirent avec une nonchalance insolente : « Descendez la vallée, vous trouverez bien. » Nous aperçûmes une enceinte de murs entourant un assez grand espace de terrain vide avec un hangar inoccupé. C'était un enclos à bestiaux, qui, les troupeaux envoyés aux pâturages d'été, ne servait plus à rien. — « Laissez-nous camper dans cette cour qui vous est inutile, dit Dutreuil de Rhins, nous vous paierons.

— Le propriétaire de l'enclos est absent, répliqua le propriétaire lui-même, et il a emporté la clef.

— Des contes! repartit brusquement Dutreuil de Rhins impatienté. Je ne puis pas rester ainsi sous la pluie. Ouvrez-moi cette porte tout de suite. »

Le bonhomme s'éloigna en grommelant et appela sa fille qui vint avec la clef et retira le cadenas. Il n'y avait à l'intérieur qu'un peu de combustible : « Laissez cela, dis-je au propriétaire, nous en avons besoin. Tenez! voici deux roupies, et avant de partir nous vous paierons pour la location de l'enclos.

— Ah! voilà des gens qui savent parler! Si vous manquez de quelque chose, vous n'avez qu'à dire; nous vous le fournirons. »

En effet un véritable zèle à nous servir succéda à la mauvaise volonté du début. On nous apporta de l'eau, de la paille, une motte de beurre. Un garçon d'environ seize ans s'institua notre marmiton et se mit avec ardeur à son emploi de rencontre. La pluie cessant, quelques individus vinrent nous voir. Dutreuil de Rhins en profita pour produire la lettre tibétaine que Pou lao-yé lui avait donnée et demanda si quelqu'un savait lire. Le jeune marmiton s'offrit et lut le document à l'assistance. C'était une traduction résumée de notre passeport chinois, avec une spéciale et pressante recommandation au nom de S. E. le Légat Impérial de ne nous voler ni nos chevaux, ni nos yaks, ni rien qui fût à nous.

« Di té-bo ré » (C'est très bon, excellent comme le pouce par rapport aux autres doigts), dirent les Tibétains en levant leur pouce en l'air pour marquer la vivacité de leur approbation.

Tout cela sentait un peu l'hypocrisie et il eût été prudent de ne point s'attarder. Ce jour même un « dorgha » vint de Gyé-rgoun-do de la part de Pou lao-yé. On appelle dorgha au Tibet, comme au Turkestan et en Mongolie, un homme qui fait les fonctions de gendarme et de courrier et qui, d'une manière générale, est le commissionnaire et le factotum d'un fonctionnaire quelconque. Celui-ci, qui se nommait Ti-so, avait les cheveux rasés, car il était Ngo-log d'origine. Cet ancien brigand, fils de brigand, s'était rangé, avait pris femme chez les Tao-rong-pa, et, changeant de métier en même temps que de pays, était devenu gendarme au service des Chinois; mais il avait eu soin de conserver sa tête rase, signe de cousinage avec les bandits du Ma tchou, qui pouvait être précieux à l'occasion. Il louchait de burlesque façon, grimaçait et riait sans cesse, avait toujours l'air pressé et agité, parlait vite, abondamment, bruyamment, aimait à donner des conseils quand on ne lui en demandait pas et se vantait volontiers. Il nous dit qu'il avait été chargé par Pou lao-yé de nous aider dans nos achats à La-boug gon-pa, qu'il avait beaucoup d'influence dans le pays, qu'il était l'ami particulier du grand lama, qu'il avait une vive sympathie pour nous, qu'il nous servirait avec ardeur et espérait que nous l'en récompenserions avec notre générosité coutumière, que si nous partions le lendemain il aurait le plaisir de faire route avec nous, qu'au demeurant il était très pressé et demandait la permission de nous quitter jusqu'au lendemain. Et il partit.

Le jour suivant, m'étant levé avant l'aube, je faisais commencer les préparatifs du départ, lorsque Dutreuil de Rhins, sortant et voyant le ciel voilé de nuages noirs et bas, donna l'ordre de rester. Il recommanda à Razoumof, pour occuper sa journée, d'exercer les hommes à se servir de leurs fusils, exercice qui avait été négligé au cours du voyage. Moi-même, je fis une excursion en amont du torrent sur la rive droite duquel est situé Tong-bou-mdo. C'est le Deng tchou, petit affluent du grand fleuve le Do tchou dont on entrevoyait la vallée de notre campement. Je traversai un village dont les habitants se tinrent farouches à l'écart. Les quelques personnes que je pus aborder répondirent à mes questions d'une manière sèche, brève et évasive. En rentrant j'avais une vague et confuse impression que les choses pourraient mal tourner. Justement je vis Razoumof, qui, profitant de ce que Dutreuil de Rhins ne le voyait pas, se livrait à l'une de ses ordinaires excentricités. Il paradait devant quelques Tibétains, en commandant avec ostentation l'exercice à nos hommes, dont il contrefaisait grotesquement les gestes maladroits. Je mis bon ordre à cette scène qui avait le double inconvénient de faire croire aux Tibétains que nous n'avions peut-être pas des intentions rigoureusement pacifiques et de leur faire savoir que nos hommes ne savaient pas manier leurs armes.

Le ciel semblant s'éclaircir un peu, Dutreuil de Rhins eut une velléité de lever le camp après midi. Mais il se ravisa : « Bah! dit-il, risquer de tout mouiller et de tout gâter pour faire quatre ou cinq kilomètres! le jeu n'en vaut pas la chandelle. » Du reste la pluie se remit bientôt à tomber et nous inonda sous notre tente. Toutefois, Dutreuil de Rhins fixa le départ au lendemain à trois heures du matin, quelque temps qu'il fît.

Nous étions à peine endormis que l'on vint nous annoncer la disparition de deux chevaux. Peu après la nuit tombée, une forte averse avait forcé notre factionnaire à se réfugier sous le hangar pendant quelques minutes et quand il était sorti pour faire sa ronde, les deux animaux manquaient. A la lueur d'une lanterne je pus suivre des traces de fers de chevaux accompagnées de traces de bottes tibétaines jusqu'à ce qu'elles se perdissent dans les pierres du sol. Les premières traces étaient celles de nos chevaux, car les chevaux tibétains ne sont jamais ferrés, les autres traces étaient celles d'un indigène, car aucun de nos hommes ne portait de bottes semblables. En outre, les traces étant toutes également fraîches et celles du Tibétain étant toujours et régulièrement à côté de celles de nos animaux, il était évident que ceux-ci avaient été emmenés par celui-là. Le vol était ainsi dûment constaté et il avait été commis sans doute par un homme au courant de nos habitudes et qui avait pris ses mesures en conséquence, peut-être par le trop zélé marmiton. Néanmoins dès la pointe du jour, nous envoyâmes deux cavaliers armés, dont l'un savait la langue du pays, à la recherche des chevaux disparus, sûrs qu'ils seraient retrouvés, si, contre toute vraisemblance, ils s'étaient échappés d'eux-mêmes, malgré le soin qu'on avait mis le soir à les attacher. Mais après de longues heures, les deux hommes revinrent sans avoir rien vu.

Les indigènes, cependant, au lieu de se rendre à notre campement comme la veille, se tenaient à l'écart, s'esquivaient avec une hâte sournoise aussitôt qu'ils nous voyaient venir à eux. Ceux qui se laissaient surprendre étaient indifférents à l'éclat des roupies ainsi qu'à la douceur des paroles, et d'un air qui semblait nous reprocher leur vol, nous déclaraient qu'ils n'avaient point de chef ou qu'ils ignoraient sa demeure. Ce mauvais vouloir et cette mauvaise foi confirmèrent Dutreuil de Rhins dans sa conviction que les gens du village étaient les coupables et dans sa résolution de ne point céder. Il avait pour cela de bonnes raisons. En quittant Gyé-rgoun-do, il n'avait que le nombre de chevaux absolument indispensable et il ne possédait plus d'argent pour en racheter. D'autre part, il craignait, s'il ne se faisait rendre justice, d'encourager les Tibétains à de nouveaux larcins et de s'exposer à perdre tous ses animaux. Il me consulta, consulta l'interprète Mohammed Iça et nous fûmes tous du même avis. Il fallait trouver un expédient qui décidât la population à sortir de son silence et les autorités invisibles à se montrer et à intervenir. Dutreuil de Rhins crut que le mieux était de faire saisir deux des chevaux des Tibétains, non point par manière de restitution, ainsi que le suggérait Mohammed Iça, mais comme gage, en déclarant qu'on les rendrait dès qu'on se serait entendu avec les autorités, soit que celles-ci s'obligeassent à rechercher et à retrouver nos animaux, soit qu'elles prissent des mesures pour prévenir tout acte semblable à l'avenir. En somme, quelque irrité qu'il pût être, ses intentions étaient fort modérées, et il était si loin de prévoir un combat sérieux qu'il ne fit même pas tirer des caisses les quelques cartouches qui y étaient enfermées.

Les ordres donnés en conséquence furent exécutés le lendemain au point du jour, tandis que nous faisions nos préparatifs de départ. Les Tibétains comprirent-ils bien le sens de notre déclaration? je ne saurais l'affirmer; toujours est-il que la promptitude avec laquelle ils se saisirent de cette occasion pour nous attaquer me parut indiquer qu'ils l'attendaient, qu'ils ne cherchaient pour cela qu'un prétexte bon ou mauvais. Une rumeur s'éleva qui, sans cesse grandissant, emplit bientôt tout le village. Un cri formidable de *ki hô hô* retentit par la vallée et nous vîmes quelques hommes courir dans la direction du monastère, qu'une saillie de la montagne cachait à nos regards. Le Tchag-dzöd, c'est-à-dire le lama chargé de l'administration temporelle du couvent, est en même temps, je le sus plus tard, chef de tout le canton de Tong-bou-mdo, qui compte sept villages. A peine ces hommes étaient-ils revenus, comme nous commencions à sortir de l'enclos, j'entendis un coup de fusil et le sifflement strident d'une balle. Il était quatre heures quinze minutes du matin. Cependant nous nous mettons en marche selon notre ordre accoutumé, Dutreuil de Rhins en tête avec son winchester, moi en queue, armé de ma seule boussole. Le village est situé sur une éminence dans l'angle formé par le confluent du Deng tchou avec le torrent que nous avions descendu en venant de Gyé-rgoun-do. Le chemin s'en éloigne un peu en décrivant une petite courbe pour traverser ce dernier torrent et passer sur le flanc de la montagne sur la rive droite du Deng tchou. Les maisons sont semblables à toutes celles du

Tibet avec des murs épais, des embrasures étroites, des toits plats munis de parapets; à quatre pas de l'enclos que nous venions de quitter s'élève un véritable donjon carré, très haut, percé de meurtrières, par où sortaient des canons de fusils. Les coups de feu, rares d'abord, se fai-

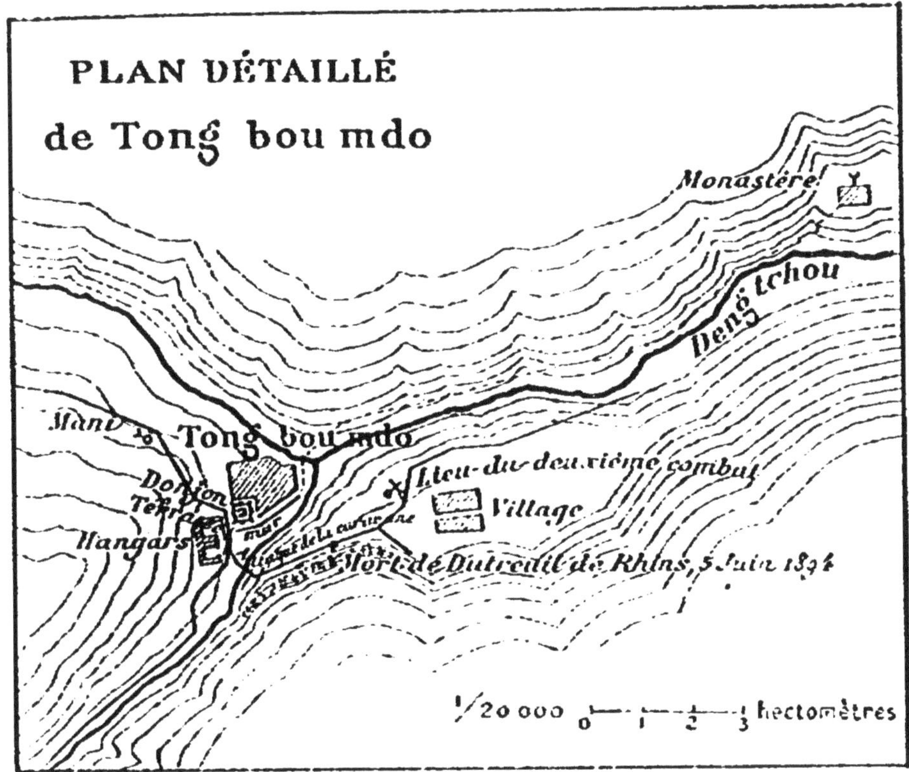

saient de plus en plus nombreux. Nous nous abstenions de riposter croyant à une simple démonstration comminatoire. Dutreuil de Rhins, qui s'était placé en observation derrière un de ces petits murs de pierres sèches, appelés *pag-ra*, qui hérissent les vallées tibétaines dans tous les sens, me dit au moment où je le rejoignais : « Les gaillards ne tirent pas mal, une balle vient d'effleurer ma pelisse. Le diable, c'est qu'on ne voit pas le bout du nez d'un seul de ces gredins. — La situation est mauvaise, répliquai-je; nous nous ferons tous tuer si nous ne nous hâtons de gagner un endroit plus favorable. »

Il ne répondit pas; mais il se leva et nous passâmes ensemble le torrent. La fusillade des Tibétains étant devenue très vive, régulièrement soutenue, et plusieurs de nos animaux ayant été atteints, nous commençâmes à tirer, mais avec ménagement, car nous n'avions en tout que soixante et douze cartouches. Nous suivions alors la côte de la montagne sur la rive droite, précisément en face des maisons et à portée des fusils tibétains, sans pouvoir nous écarter à droite parce que la montagne est taillée à pic. Le passage était d'autant plus dangereux que l'étroitesse du chemin nous forçait d'aller à la file. Je quittai Dutreuil de Rhins pour gagner la tête de la caravane, la diriger le mieux possible et prendre moi-même un fusil à l'un des hommes qui en ignoraient le maniement. J'atteignis notre secrétaire chinois qui trainait son cheval par la bride et, tandis que je détachais son fusil pendu à l'arçon de la selle, deux balles frappèrent coup sur coup le pauvre animal qui tomba. Tout en tirant dans la direction des Tibétains qu'on continuait à ne pas voir, je pressai la marche de la caravane qui était fort ralentie par les bêtes blessées. Quelques pas encore et le mauvais passage serait franchi; la montagne cessait d'être à pic, on pouvait en gravir la pente, se mettre hors de la portée des fusils ennemis, tourner de notre côté l'avantage de la position. Soudain, j'entendis des cris de détresse; je compris que Dutreuil de Rhins avait été blessé. Me retournant, je le vis à quelque trente pas de moi debout encore, s'appuyant sur sa carabine. Je me précipitai et il tomba, défaillant, dans mes bras. Il avait eu la funeste idée, au lieu de poursuivre sa marche, de s'arrêter quelques instants pour tirer, ce qui était doublement dangereux; car, ayant mis ce jour-là sa pelisse le poil en dehors, il était très reconnaissable, et autant les Tibétains sont inhabiles à toucher un but en mouvement autant ils tirent juste sur les objets immobiles. Je couchai l'infortuné sur une pièce de feutre à un endroit où la route s'élargit un peu et derrière un petit mur d'un pied de haut de sorte qu'il fût à l'abri des balles. J'envoyai Mohammed Iça auprès de l'agent chinois de Gyé-rgoun-do avec ordre de l'amener sur-le-champ, et je fis mettre en liberté les chevaux précédemment saisis, espérant que les Tibétains nous accorderaient au moins un moment de répit dont je profiterais pour préparer une litière et emporter le blessé au plus vite. La vue de la plaie ne me laissa point d'espoir : la balle avait pénétré profondément dans le bas-ventre un peu au-dessus de l'aine gauche : « Ne me touchez pas, murmura-t-il, je souffre trop. Arrangez-vous avec les Tibétains et ramenez la caravane à l'endroit d'où nous venons. » Et il demanda un verre d'eau.

Conformément à ses ordres, j'envoyai le cuisinier, qui connaissait la langue tibétaine, parlementer avec les indigènes. J'avais peu de confiance dans le succès de cette négociation, quoique la fusillade eût cessé momentanément ; mais, outre que les instructions de Dutreuil de Rhins étaient formelles, il n'y avait pas dans l'état où il se trouvait de meilleur parti à prendre. Cependant je fis préparer un brancard avec un lit de camp, et je commençai un pansement sommaire selon les instructions médicales que j'avais. Le blessé prononça encore quelques paroles indistinctes, comme s'il rêvait : « Bandits!... Travail perdu... Beau temps pour partir ». En effet l'air était clair et le ciel était bleu. Alors le malheureux, qui était prêt pour le suprême départ, vomit du sang et s'évanouit. Sa tête et ses mains étaient plus froides que les pierres du chemin.

On avait enfin apporté le lit de camp, mais il manquait les bâtons pour le soutenir. On alla à leur recherche, tandis que les autres hommes à environ cent cinquante pas de moi, tout près d'un petit hameau dont les habitants n'avaient heureusement pas pris part à la lutte, s'efforçaient de rassembler les yaks dispersés et de recharger les bagages tombés. L'encombrement, le manque de sang-froid de nos hommes, l'absence de leurs chefs retardèrent cette besogne plus qu'il n'aurait convenu. J'étais toujours seul auprès de Dutreuil de Rhins qui ne reprenait pas connaissance et se refroidissait de plus en plus, lorsque je vis dans le bas de la vallée trois Tibétains filer en baissant le dos, se tapir derrière un mur à cent mètres en face de moi et me tirer dessus. Des balles vinrent s'aplatir sur les ferrures de la caisse de pharmacie où j'étais appuyé et je n'avais pas sur moi une cartouche pour riposter. En même temps mon parlementaire revenait en courant : « Ils ne veulent pas que nous restions, criait-il, il faut partir tout de suite ». Et il faisait un détour pour m'éviter, craignant sans doute que je ne l'arrêtasse; mais je n'eus même pas l'idée de l'essayer tant il avait peur et tant il courait vite. Le pauvre garçon venait de voir la mort de près et cette vue lui avait mis le cœur dans les jambes. Je lui donnai des ordres pour la caravane, qu'on m'apportât sur-le-champ les bâtons de la litière, qu'on mit rapidement le convoi en marche et que les hommes armés me rejoignissent. Il fallait deux minutes pour exécuter cette commission. Malheureusement il ne se hâta point de transmettre mes ordres. Je l'aperçus, causant avec un Tibétain du hameau voisin, qui agitait son chapeau et faisait de grands gestes comme pour interposer sa médiation auprès des agresseurs, et, cependant, nul ne venait à mon aide et la fusillade éclatait sur plusieurs points à la fois. Les ennemis s'approchaient, se multipliaient. J'appelai ; aucune réponse. Je courus chercher moi-même l'homme et les objets dont j'avais besoin pour transporter le blessé. « Partez vite, me dit le Tibétain au chapeau, et l'on cessera le feu. » Estimant dangereux de descendre avec la route au fond de la vallée, je commandai de marcher à mi-côte au-dessus du hameau qui avait gardé la neutralité ; mais les habitants s'y opposèrent catégoriquement et je ne crus pas utile d'augmenter le nombre de nos ennemis. Tandis que Razoumof tirait des caisses les quarante cartouches[1] qui y étaient enfermées, je voulus rejoindre Dutreuil de Rhins. Il était trop tard ; les Tibétains, toujours plus nombreux, car il en venait sans cesse des autres villages, s'étaient avancés et postés de manière à m'empêcher de revenir sur mes pas. Comme il arrive constamment en pareil cas, je regrettai amèrement de n'avoir point suivi la première idée que j'avais eue de filer tout de suite, malgré la volonté même de mon chef, oubliant les raisons qui m'avaient fait rejeter cette idée, et qui, si c'eût été à recommencer m'eussent encore obligé à agir de même. En ce moment un dilemme douloureux se posait à moi : ou bien abandonner notre chef à son sort désormais inévitable, mais sauver ce à quoi il tenait plus qu'à tout, je veux dire les résultats scientifiques de sa mission, cause et fruit de longs travaux et de longues peines, ou bien sacrifier tout à une tentative, honorable, mais inutile, d'arracher aux mains de l'ennemi un homme que la vie avait peut-être quitté déjà. Je n'hésitai pourtant pas. Je retins cinq hommes armés auprès de moi et quoique leur maladresse jointe à la quantité insignifiante des cartouches que nous possédions nous inter-

---

1. Il y avait en outre quelques cartouches, cinquante peut-être, pour le Winchester de Dutreuil de Rhins ; mais nous ne pûmes les trouver.

dit toute espérance d'un résultat quelconque, nous ouvrîmes le feu sur les Tibétains. Ceux-ci habilement dissimulés derrière des murs qui leur servaient à la fois de rempart et de point d'appui pour leurs fusils, tiraient de trois côtés à la fois. Nos animaux tombaient les uns après les autres, les balles pleuvaient autour de nous, nous lançant des fragments de pierre au visage, ou déchirant nos vêtements. Par une singulière fortune deux hommes seulement furent touchés, l'un à l'épaule, l'autre à la main. Puis, notre provision de cartouches épuisée, une troupe d'ennemis vint nous fusiller par derrière presque à bout portant. « Ne tirez plus, criaient-ils, nous vous laisserons tranquilles. » Razoumof, dont la carabine était encore chargée, coucha en joue le plus exposé d'entre eux. Mais malgré la rage que j'avais et le grand plaisir que j'aurais éprouvé à voir un de ces brigands mordre la terre, j'arrêtai Razoumof en lui disant : « Si vous le tuez, c'est Dutreuil de Rhins qui paiera ». Il y avait alors trois heures environ que le premier coup de feu avait retenti. Et les Tibétains se précipitèrent sur nous le sabre en l'air et la lance en avant, en poussant des clameurs sauvages. Mes hommes éperdus s'enfuirent, sauf l'interprète que je retins par le pan de son habit. J'essayai de faire entendre raison aux barbares, en leur rappelant leur parole; mais ils nous poussèrent violemment en nous frappant du plat de leurs sabres et du bois de leurs lances et criant : « Song, song! Partez, Partez! » Un lama à cheval, en grand costume, apparemment étranger au canton, vint à passer sur la route. Il avait l'air solennel et débonnaire. Je le priai d'intervenir et il me répondit avec une gravité mal assurée : « Il ne sera fait de mal à personne ». En effet il fit de timides efforts pour apaiser les colères émues. Ce fut en vain. Mon interprète, que j'avais eu la plus grande peine à retenir jusque-là, prit la fuite et je dus céder à la force. Je me retirai lentement la lance dans les reins, sous les huées furieuses des Tibétains que ma lenteur exaspérait. Quand ils ne me poussaient point du bois de leur lance, ils tiraillaient contre moi à dix pas, m'étourdissant les oreilles du bruit des détonations et du sifflement des balles. J'étais convaincu alors que ma dernière heure était arrivée et que l'on ne m'épargnait un moment que pour me faire mieux sentir la saveur de la mort. Cependant je marchais avec un calme qui, tout artificiel d'abord et étudié, devenait peu à peu comme naturel et sans effort. Tout à coup j'entendis le cri de « Ching! ching! Arrêtez, arrêtez! » Je me retournai et je vis dix mousquets braqués sur moi et déchargés au même instant. Je tins ferme et l'on se jeta sur moi, on me fouilla, on me dépouilla de ma montre, le seul objet de quelque valeur que j'eusse alors, et le jeu de tout à l'heure recommença. Peu après, toujours poussé par la foule hurlante des Tibétains, j'atteignis un de nos hommes, qui s'était assis derrière un ressaut de rocher. Il avait été blessé à la main et la vue de son sang qui coulait lui avait ôté même le courage de fuir. En voyant les Tibétains, il se mit à trembler et à pleurer et se défit précipitamment d'un couteau de cuisine qu'il portait à sa ceinture. Le saisissant par le bras, je le secouai violemment : « Ce n'est pas le moment de pleurer », lui dis-je et je l'obligeai à reprendre son couteau. Les Tibétains parurent singulièrement étonnés de cette scène; leurs cris et leurs menaces cessèrent. Je crus pouvoir en profiter et, mettant familièrement la main sur l'épaule du plus hardi : « Allons par là », lui dis-je en lui montrant le haut de la vallée. Un moment effaré, il reprit vite son assurance et, faisant le moulinet avec son sabre, il m'en déchargea sur la tête un grand coup, que je pus heureusement parer de mon bras gauche. En même temps

les autres recommencèrent à vociférer, à me frapper, à
me pousser, à tirer des coups de fusil et me forcèrent à
descendre de nouveau le long du torrent. Comme je pas-
sais au pied d'un assez gros village, suspendu au flanc de la
montagne, les habitants me lancèrent du haut des toits
d'énormes moellons qui pensèrent m'écraser. Puis la
trompette du couvent sonna, la fusillade se tut, mon escorte
s'arrêta et les enfants vinrent me jeter des pierres avec
leurs frondes. J'étais parvenu à la limite du canton de
Tong-bou-mdo sur les bords du Dotchou. Un grand silence
s'était fait. Les ressorts de ma volonté, violemment tendus
jusqu'alors pour ne pas montrer de faiblesse aux yeux de
l'ennemi, se détendirent un moment. Le murmure du
fleuve qui roulait ses eaux profondes semblait m'appeler et
réclamer cette triste vie qui m'était restée fidèle malgré
moi. Qu'en faire de cette vie? N'avais-je pas perdu tout ce
qui en faisait le prix? n'étais-je pas seul, dénué de toute
ressource, entouré d'ennemis inexorables, sans personne à
qui me confier? Et, si la haine des hommes m'épargnait,
n'avais-je pas de vastes déserts à passer, où le froid, la
faim et les loups m'attendaient? Et cependant avais-je tant
supporté pour tout abandonner au désespoir d'un moment?
N'y avait-il plus rien à tenter et devais-je rejeter ma charge
parce qu'elle me semblait trop lourde? Qu'avait-ce été que
tout ce dur voyage sinon une longue école de patience?
N'y avais-je pas appris qu'il n'est de nuages si épais que le
soleil ne dissipe, de nuit si sombre que l'aube ne vienne
éclairer? Allons! reprenons notre fardeau : un jour viendra où nos épaules seront soulagées. Au reste si les Tibétains ne m'avaient pas tué quand cela leur était si facile,
n'était-ce pas un indice qu'ils n'étaient pas implacables, qu'il
y aurait moyen de sauver ce qui n'était pas déjà perdu irrépa-
rablement. Comme pour me forcer à espérer et prouver mon

dédain de la fortune ennemie, je tirai ma boussole de ma poche et me mis à relever ma route en remontant l'étroite vallée, profondément encaissée entre de hautes montagnes aux sommets arrondis. J'étais résolu à rechercher le dorgha que nous avions vu l'avant-veille et qui, peut-être, pourrait m'aider. Ayant fait quelques pas, je rencontrai un cavalier armé qui me salua d'un air bienveillant. Ce simple salut me fit un plaisir que je ne saurais dire. C'était comme ce vague frémissement de l'air, précurseur de l'aurore attendue.

Après avoir franchi 2800 mètres, je trouvai quatre de mes hommes qui, n'entendant plus le bruit de la poudre, s'étaient assis au bord du chemin, espérant que je viendrais de ce côté si je vivais encore. Il était exactement neuf heures et demie et il y avait plus de deux heures que j'avais quitté le champ de bataille à environ six kilomètres de ce point. Je passai rapidement devant plusieurs villages et j'atteignis à deux lieues au delà la cabane du passeur, car le Do Ichou, qui a de sept à huit mètres en profondeur et de cent-vingt à cent cinquante en largeur, n'est pas guéable. On le traverse au moyen de petites barques, faites chacune de deux peaux de yak crues, cousues ensemble. Le passeur nous apprit que Ti-so dorgha était de l'autre côté du fleuve, et, lorsque nous lui demandâmes de nous y transporter, il commença par nous dire que pour cela il fallait beaucoup d'argent, exprimant ainsi son opinion, très bien fondée d'ailleurs, que des gens aussi mal recommandés que nous par leur apparence, ne devaient pas être assez riches pour le payer de sa peine. « Vous avez reçu des ordres à notre égard, lui dis-je. Notre caravane est restée en arrière parce que les animaux sont fatigués. Je suis parti moi-même en avant pour aller à La-boug gon-pa faire préparer la farine dont nous avons besoin. Lorsque la caravane viendra vous serez payé. » Le digne homme m'examina des pieds à la tête d'un œil soupçonneux. « Alors, dit-il, d'un ton qui trahissait son étonnement et ses doutes, c'est vous au sujet de qui Pou lao-yé m'a envoyé des instructions? — Justement! mais faites vite », et j'ajoutai quelques détails imaginaires pour achever de le rassurer. Peu de choses m'ont jamais été aussi pénibles que cette petite comédie, malheureusement indispensable. Enfin le passeur, se décidant, alla prendre deux de ses barques qui séchaient sous un hangar et nous transporta sur l'autre rive.

A peine avions-nous mis pied à terre que je rencontrai l'homme que je cherchais. Je lui contai la terrible aventure. Il montra assez de compassion, beaucoup d'effroi et plus encore d'embarras. — « Enfin, dit-il, tout n'est pas perdu. Le tchag-dzöd de La-boug gon-pa qui est près d'ici, est un grand ami de Pou lao-yé et vous pouvez compter sur lui. J'irai le voir tout à l'heure et nous aviserons aux mesures à prendre. En attendant venez chez moi, vous y trouverez le vivre et le couvert et je m'en vais immédiatement envoyer à Tong-bou-mdo un messager qui y arrivera dès ce soir. Peut-être obtiendra-t-il quelque chose de ces gens. » Je passai donc la nuit dans la maison de Ti-so, qui fait partie d'un village situé à deux lieues du Do tchou sur le territoire de La-boug gon-pa.

Le lendemain matin (6 juin), je reçus la visite d'un grand vieillard maigre, aux longs cheveux gris, aux traits réguliers selon le type tibétain. C'était le chargé d'affaires du tchag-dzöd de La-boug, qui, lui-même, ne quitte guère son couvent, et qui, surtout, ne peut se compromettre en voyant des étrangers non bouddhistes. Il était accompagné d'un lama et de domestiques portant de la viande, du tsamba, du thé et du beurre. Le vieux Nestor, dont la physionomie grave et douce, les manières simples et aisées prévenaient en sa faveur, me fit une véritable harangue, abondante, élégante, empreinte de dignité et de cordialité. Il me dit que son chef l'avait envoyé pour me souhaiter la bienvenue, m'assurer de sa sympathie et de la part qu'il prenait au grand malheur qui venait d'arriver. Le tchag-dzöd avait été à Pékin et avait entendu parler de la France comme d'un grand et noble pays; il veillerait à ce que les représentants en fussent bien traités sur son territoire et ferait ce qu'il pourrait pour obtenir des gens de Tong-bou-mdo qu'ils restituassent les bagages et les animaux de notre mission, qu'ils respectassent la vie de Dutreuil de Rhins, ou, s'il était déjà mort, que du moins ils me livrassent sa dépouille mortelle. En attendant il aurait soin de pourvoir à mes besoins et me priait de rester tranquillement dans la maison où j'étais, de peur de compliquer une affaire déjà très difficile. Son discours achevé, le vieillard partit immédiatement avec le dorgha pour Tong-bou-mdo.

Dans l'après-midi, ils revinrent en compagnie du l'oung-cheu Li lao-yé qui, sur les instances de Mohammed Iça, s'était rendu à Tong-bou-mdo dès le soir du 5 juin. Il avait été fort mal reçu par la population, qui l'avait menacé de mort et s'était obstinée à ne point entendre raison. Il avait vu notre secrétaire chinois, qu'il avait laissé au village avec Mohammed Iça; mais il n'avait rien appris de Dutreuil de Rhins, ni de moi-même. Seulement le bruit courait que j'avais été gravement blessé, et, comme il ne retrouvait pas mes traces en remontant le Do tchou, il me croyait déjà perdu lorsqu'il avait rencontré les envoyés de Laboug gon-pa qui l'avaient rassuré sur mon sort et il s'était empressé de me venir voir. Il m'affirma que lui et l'ou lao-yé feraient tous leurs efforts pour obtenir satisfaction, qu'ils réuniraient l'assemblée générale des vingt-cinq chefs des Tao-rong-pa, leur persuaderaient d'intervenir auprès des gens de Tong-bou-mdo pour faire céder leur obstination; il m'exhorta à la patience, m'engagea vivement à ne point sortir, à ne faire aucune démarche personnelle qui serait dangereuse pour moi, nuisible aux intérêts que je voulais défendre ou tout au moins inutile.

Le 7, on m'apporta des provisions du gon-pa, mais sans rien m'apprendre de nouveau. Vers midi, comme, dans la tristesse et l'impatience de mon inaction forcée, je faisais les cent pas sur la terrasse de la maison qui regardait la vallée, interrogeant l'horizon trop restreint, j'aperçus tout à coup quelque chose de rouge qui remuait sur le bord de la rivière. Ce quelque chose ne pouvait être qu'un vêtement d'homme, et la couleur en était trop vive pour qu'il appartînt à un indigène. J'envoyai voir et l'on me ramena Parpai et Tokhta Akhoun. Ces deux hommes avaient montré une certaine fermeté dans le combat de Tong-bou-mdo. Parpai avait mis bravement la bayonnette au bout du fusil et s'était tenu solidement à son poste tant que les cartouches avaient duré et que le nombre des agresseurs ne nous avait pas débordés; Tokhta Akhoun s'était même distingué en allant chercher sous le nez des Tibétains un fusil abandonné par son possesseur, mais il avait été arrêté par un groupe d'ennemis et empêché de nous rejoindre. L'un et l'autre, au lieu de descendre la route, s'étaient égarés dans les montagnes, s'étaient rencontrés et le hasard les avait conduits dans la vallée du La tchou. Leur situation était critique, ils n'avaient d'autre ressource que deux livres de tsamba; ils avaient perdu l'espoir de jamais me retrouver, ils ignoraient les routes et savaient que de longues journées de marche à travers un pays hostile ou désert les séparaient des lieux les plus proches où ils pourraient obtenir quelque secours; cependant, voyant que le soleil était parvenu au plus haut point de sa course, ils s'étaient assis au bord de l'eau claire avec un flegme tout oriental, ils avaient tiré leur sac de farine et s'étaient mis en devoir de déjeuner. Lorsque je les interrogeai, ils me déclarèrent n'avoir absolument rien remarqué : au sujet de Dutreuil de Rhins ils n'avaient rien vu ni appris et ils ne savaient ce qu'était devenu l'homme qui manquait encore à l'appel, l'ex-capitaine Ahmed. Le lendemain était le premier jour de la foire de La-boug gou-pa; la vallée était animée par de nombreux et joyeux passants endimanchés; mais aucun d'eux n'avait rien à me dire. Le 9, fatigué de ronger mon frein, je résolus de faire une tentative pour aller aux informations et, s'il se pouvait, retourner à Tong-bou-mdo. Cette démarche était peu raisonnable, mais je devais me rendre compte par moi-même si elle était impossible et tâcher de découvrir ce qu'on voulait me cacher. Le batelier du Do tchou refusa de nous passer et, de l'autre côté, la route était gardée par des cavaliers armés, si bien qu'il nous fallut regagner notre demeure, notre prison plutôt. Le 10, je persuadai, par quelques promesses que des circonstances plus heureuses me permirent de tenir, à un jeune Tibétain, qui venait nous voir de temps à autre, de se rendre à Tong-bou-mdo pour essayer de savoir ce qui se passait. Il revint à cinq heures du soir, m'apprit que Li lao-yé avait été obligé de quitter Gyé-rgoun-do pour s'occuper d'un conflit qui avait éclaté entre les gens de Sou-rmang et ceux de Lha-sa, que deux de nos hommes étaient retenus prisonniers à Tong-bou-mdo, mais il n'avait rien vu ni entendu dire au sujet de Dutreuil de Rhins. Le lendemain matin, le passeur du Do tchou vint m'avertir charitablement qu'on avait aposté des spadassins au bord du fleuve pour m'assassiner si j'y paraissais; mais, vers midi, j'eus une meilleure nouvelle : mon hôte, le dorgha, qui s'était rendu, le 7, au couvent de La-boug avec une mission de ma part pour le tchag-dzôd, revint enfin, m'annonçant que son retard, considérable puisque nous n'étions qu'à deux kilomètres du monastère, était dû à ce qu'il était allé à la rencontre d'un puissant lama de la région voisine de Dza-tchou-ka, qui venait d'arriver à La-boug gon-pa. Ce lama, du nom de Yap-sang Té-nam, était le chef du couvent de Toub-chi et, comme il était originaire des environs du Kouke nor, on l'appelait vulgairement le Chinois. Le dorgha me le représenta comme un justicier redouté, ayant un grand esprit d'entreprise et commandant à un grand nombre de valeureux hommes d'armes; il me confia qu'en outre il lui avait semblé bien disposé pour la cause de notre mission. Je le renvoyai donc auprès de ce singulier moine, capitaine de routiers et justicier, pour le prier d'intervenir et lui faire comprendre que je saurais reconnaître ses services autrement que par de banals remerciements. Je ne pouvais avoir de meilleur intermédiaire en cette négociation que le dorgha Ti-so; car non seulement il avait montré beaucoup de bonne volonté à nous servir, et avait pour garants de sa fidélité tous ceux qui s'étaient intéressés à nous avant ou après notre malheur, mais encore sa qualité de Ngo-log lui permettait mieux qu'à tout autre de se faire écouter des Dza-tchou-ka-pa, proches parents et amis des Ngo-log, ayant avec eux plusieurs caractères communs qui les séparent des autres Tibétains. Yap-sang Té-nam expédia sur-le-champ une lettre hautaine et menaçante au chef du couvent de Tong-bou-mdo, jurant que, si prompte justice n'était faite, il franchirait le fleuve à la tête de ses gens d'armes; en même temps il me fit savoir qu'il ne pouvait intervenir plus activement pour le moment parce que les auspices n'étaient pas favorables et que la lune se présentait mal. Alors j'envoyai le dorgha à Gyé-rgoun-do auprès de Pou lao-yé pour lui dire combien j'étais étonné de ne point recevoir de ses nouvelles depuis si longtemps, que je ne doutais pas qu'il ne se fût occupé d'une affaire aussi grave avec le zèle que son devoir tout ensemble et son propre intérêt lui commandaient, que, néanmoins, il était étrange qu'il tardât à faire transporter Dutreuil de Rhins auprès de moi, concession qu'il n'avait pas dû lui être difficile d'obtenir des gens de Tong-bou-mdo, puisqu'un refus de leur part à ce sujet, loin de leur être utile en rien, aggraverait leur crime et le châtiment qui les attendait; que s'il ne pouvait obtenir la restitution des bagages et des animaux de la mission, il devait au moins exiger la restitution immédiate des papiers et des instruments, ainsi que la délivrance de ceux de nos hommes retenus à Tong-bou-mdo : c'était urgent pour nous au lieu que les gens de Tong-bou-mdo ne pouvaient tirer aucun profit de garder ni les uns ni les autres.

Ti-so parti le matin, le soir arrivèrent deux dorghas de Pou lao-yé en compagnie de notre secrétaire chinois, de Mohammed Iça et d'Ahmed. Je n'avais pas beaucoup d'éloges à adresser à aucun de ces trois hommes. Mohammed Iça avait manifesté une peur ridicule au commencement du combat; il s'était, à la vérité, bien acquitté de la mission que je lui avais confiée auprès du t'oung-cheu de Gyé-rgoun-do, mais il avait eu le tort de ne point me rejoindre aussitôt. Il s'excusait sur ce qu'on l'avait retenu de force à Tong-bou-mdo; il était bien singulier en ce cas qu'on lui eût laissé son fusil, ses cartouches, son revolver, son sabre-baïonnette et son cheval, qu'on lui eût permis, de son propre aveu, de retourner dès le troisième jour à Gyé-rgoun-do, où il était resté deux fois vingt-quatre heures sans me faire rien savoir. Il est probable que, désespérant de ma fortune, il avait eu l'intention de m'abandonner, mais que le toung-cheu avait refusé d'entrer dans ses vues et l'avait obligé à me rejoindre. Le secrétaire chinois avait disparu dès que Dutreuil de Rhins avait été blessé et m'avait laissé seul, au moment même où il m'eût été particulièrement utile pour m'aider à soigner notre chef et, peut-être, à l'emporter, tandis que les autres hommes étaient occupés à rassembler la caravane dispersée. Il s'était caché, je ne sais où, et, l'affaire terminée, il s'était montré aux Tibétains, qui, naturellement, avaient respecté sa qualité de Chinois et lui avaient même donné l'hospitalité. Quant à l'ancien capitaine de Yakoub bek, il s'était prudemment dissimulé au milieu des yaks, qui lui avaient servi de rempart, et lorsque les Tibétains avaient emmené les animaux, ils avaient emmené le capitaine en même temps, sans, du reste, lui faire le moindre mal.

Mohammed Iça m'apprit que, moi expulsé, les gens de Tong-bou-mdo avaient aussitôt soudoyé deux misérables sans feu ni lieu pour enlever Dutreuil de Rhins, lui lier les pieds et les mains, et l'aller jeter dans les eaux du Do tchou; il ajouta qu'à ce moment il donnait encore quelques signes de vie; mais ce dernier détail ne me fut pas confirmé par les dorghas de Pou lao-yé, informés officiellement, et dont le témoignage concordait sur tous les autres points avec celui de Mohammed Iça. Bien que j'aie accepté d'abord la version de notre interprète, il me semble, en y réfléchissant mieux, qu'elle est sujette à caution. car outre que Mohammed Iça a toujours été très porté à l'exagération, il n'est pas probable que Dutreuil de Rhins, déjà froid lorsque j'ai dû le quitter, ait survécu pendant plusieurs heures après. Des récits qui me furent faits alors par notre secrétaire, notre interprète et les dorghas, corroborant ce que j'avais déjà entendu dire d'autre part, il résulta d'une manière évidente que les agresseurs avaient agi seulement sur les instructions de leur chef, le supérieur du couvent, qui leur avait commandé de tuer les Européens et d'épargner les autres. puis, Dutreuil de Rhins tombé, avait ordonné de s'emparer de lui, des bagages et des animaux, mais de ne tuer aucun de nous dès que nous serions hors de combat et désarmés. Cela expliquait parfaitement la conduite des Tibétains, qui m'avait d'abord paru fort étrange. Dutreuil de Rhins avait été considéré et traité comme étant seul responsable d'un acte, qui avait été une simple tentative de pression pour obtenir une justice impudemment déniée, mais qu'il avait plu à nos agresseurs de qualifier de brigandage afin de pallier le leur. Dans certains conciliabules qui avaient eu lieu depuis parmi les Tibétains, il avait été fortement question, au rapport de Mohammed Iça que les autres ni ne démentirent, ni n'appuyèrent, de m'empêcher de gagner la Chine et de supprimer en moi un témoin gênant. Il eût été plus simple pour nos ennemis de me supprimer lorsqu'ils avaient eu l'aimable attention de me reconduire pendant plus d'une heure jusqu'au fleuve ; mais ils n'avaient pas songé à tout et maintenant il leur revenait que mes réclamations étaient fort ennuyeuses et que mes dépositions à Si-ning leur seraient peu favorables, au lieu que celles de nos serviteurs, presque tous sujets chinois et gens de peu, seraient faciles à influencer de manière à faire retomber la faute sur les Européens. Pourtant je m'inquiétai peu de ce que j'entendis à cet égard ; car cela pouvait bien n'être qu'un bruit propagé pour m'intimider, et j'étais fermement résolu à ne pas céder d'une ligne à une pression de ce genre. Enfin l'on m'assura que tout ce qui avait pu être retrouvé de nos bagages avait été rassemblé sur les instances des agents chinois et mis sous scellés par les soins des autorités de Tong-bou-mdo, qui, cependant, s'obstinaient à ne rien vouloir restituer. Les négociations, du reste, étaient devenues plus difficiles parce que Pou lao-yé était seul à Gyé-rgoun-do; son collègue, Li, avait dû se rendre au Tao la pour régler le différend, auquel j'ai fait allusion plus haut, différend causé par les Tibétains, sujets de Lha-sa, qui étaient venus chercher du sel du côté de Sou-rmang et prétendaient faire revivre une ancienne coutume d'après laquelle la population, jadis soumise au gouvernement de Lha-sa, était tenue de fournir mille yaks pour le transport du sel de son territoire à celui du Dé-ba-djong. Voilà ce que j'ai appris dans cette journée du 12 juin. Je fis écrire immédiatement au t'oung-cheu par le secrétaire chinois ce que, dans la matinée, j'avais chargé le dorgha Ti-so de lui dire à propos des papiers et des bagages et je lui prescrivis encore de faire rechercher les restes de Dutreuil de Rhins afin que nous puissions leur donner une sépulture convenable. C'était, hélas! une recommandation bien inutile : il y avait longtemps que le fleuve avait emporté la triste dépouille dans ses flots profonds, enserrés entre des berges à pic, et celui qui avait été arraché aux honneurs de la vie devait être privé aussi des honneurs de la mort.

La nuit qui suivit fut soucieuse et lente à passer entre toutes. J'essayai en vain de dormir; la pluie, qui n'avait cessé de tomber à torrents pendant la journée, transperçait maintenant le plafond du réduit étroit et humide qui me servait de gîte ; enveloppé dans une couverture sale, usée et trouée, que je devais à la charité de mes hôtes, je fus bientôt tout mouillé et je grelottais sur ma paillasse pleine de vermine. Je la transportai successivement à tous les coins de ma cellule, mais sans succès, car il pleuvait partout. Je maudis alors de bon cœur le lama qui, la veille, vêtu de ses insignes sacerdotaux, était allé prier au bord de la rivière et jeter dans l'eau des boulettes de farine et de beurre, afin d'obtenir du génie de l'onde, par ce sacrifice propitiatoire, la pluie nécessaire aux champs d'orge. Je restai donc presque toute la nuit, assis avec ma couverture sur la tête, songeant à ces choses terribles, révolues sans retour, au naufrage en vue du port, à la mort à la veille des jours heureux. Une brutale certitude avait brusquement détruit le vague espoir que je m'étais obstiné à conserver contre toute vraisemblance. La perte d'un chef, dont l'âme courtoise et noble, qui ne s'était pas démentie de sa bienveillance pour moi au cours de trois années et demie de vie commune, avait transformé les liens de la discipline, qui m'unissaient à lui, en ceux plus doux et plus sûrs de l'amitié, l'impuissance douloureuse où je m'étais vu de le secourir et de le soulager en sa détresse, l'amertume de la défaite infligée par des barbares sans générosité, les fruits de longs travaux, qui n'avaient mûri qu'à force de soins et de peines, dévastés par une heure d'orage, l'absolu dénuement qui me condamnait à la charité d'étrangers, incertains entre leurs préjugés et leur humanité, entre la crainte du présent et celle de l'avenir, le sentiment de ma solitude, de mon asservissement, de l'inanité de mes efforts dépourvus de point d'appui, toutes ces tristesses, jointes ensemble et multipliées les unes par les autres, me donnaient l'impression que je m'enfonçais comme dans une profondeur muette et sombre dont l'on ne revient pas. Deux choses, cependant, me soutenaient et m'inspiraient l'énergie de résister au désespoir : d'une part la conscience que dans ces pénibles circonstances, je n'avais rien fait que je n'eusse jugé le plus utile aux intérêts de notre chef et de notre mission, rien qui ne fût conforme à notre dignité d'hommes et d'Européens, que je n'avais rien abandonné à la peur du péril voisin, mais seulement à la nécessité matérielle; d'autre part, le sentiment que de grands devoirs m'incombaient encore qui, quel que pût être le succès, réclamaient tout mon zèle et toutes mes forces.

Le lendemain et le surlendemain il ne se passa rien, et je m'appliquai de mon mieux à ne point céder aux mauvaises suggestions de l'impatience, qui est, en Asie, le plus grave et le plus dangereux des défauts. Le 15, le dorgha Ti-so revint avec la réponse du t'oung-cheu. Celui-ci regrettait de n'avoir pu encore aboutir parce que dans l'assemblée des vingt-cinq chefs des Tao-rong-pa, qu'il avait réunie, la majorité nous était défavorable et que certains d'entre eux tenaient un langage violent et menaçant; il me priait néanmoins d'avoir confiance en lui, m'assurant qu'il ferait son possible pour apaiser les esprits et satisfaire à mes demandes; il espérait venir me voir pour m'exposer le résultat de ses efforts et me procurer les moyens de gagner Si-ning; en attendant il écrivait au tchag-dzôd de La-boug de me fournir l'argent et les vivres nécessaires à ma subsistance et à celle de mes hommes.

Ce que Pou-lao-yé me disait de l'hostilité manifestée par la majorité de l'assemblée n'était pas fait pour m'étonner, car non seulement le canton de Tong-bou-mdo est l'un des plus considérables de la région; mais, surtout, son monastère appartient à la règle de Sa-skya comme celui de Gyé-rgoun, dont il relève[1], et dont le grand lama est le

---

1. Pour employer une comparaison familière au lecteur, disons que le couvent de Tong-bou-mdo est la résidence d'un abbé, celui de Gyé-rgoun d'un provincial et que le général de l'ordre réside à Sa-skya gon-pa. De même le supérieur de La-boug est un provincial de l'ordre des Gé-lougs-pa et il se pourrait bien que le lama de Toub-chi

plus influent et le plus puissant personnage du pays.
Celui-ci soutenait donc, par esprit de corps, son confrère et
subordonné de tout le poids de sa haute autorité, et entraî-
nait avec lui tous les couvents de l'ordre des Sa-skya-pa,
qui semble prédominer dans cette partie du Tibet. Au contraire, le monastère de La-boug, qui était de l'ordre
réformé des Gé-lougs-pa dont le Talé lama est le chef,
avait pris notre parti, parce qu'il ne se croyait pas tenu de
faire cause commune *per fas et nefas* avec les moines d'une
autre règle et que les Gé-lougs-pa, sans être moins fana-
tiques que les autres lamas (on se rappelle l'accueil que
nous avions rencontré à Ta-chi gon-pa), sont plus dévoués
au gouvernement chinois, qui les protège particulièrement.
Voici un fait qui éclairera le lecteur mieux que toute autre
chose sur les sentiments réels des lamas de la règle réfor-
mée. Une très nombreuse caravane, envoyée à Ta-tsien-lou
par le Pang-tchen rin-po-tché, le second en dignité des
lamas Gé-lougs-pa, était venue à Gyé-rgoun-do vers le commencement du mois ; elle était conduite par un religieux
d'un rang élevé que nous avions vu plusieurs fois en route
et qui s'était montré poli, mais réservé à notre égard. Peu
après le désastre de notre mission, il m'envoya un message
pour m'exprimer les regrets qu'il avait du malheur dont
nous avions été victimes et me déclarer que, si une pareille
affaire nous était arrivée sur le territoire de Lha-sa, nous
n'aurions dû nous en prendre qu'à nous-mêmes, mais que
dans un pays où nous avions le droit de voyager en vertu
d'un passeport de l'Empereur, il en était autrement et que,
pour sa part, il désapprouvait hautement l'acte des gens de
Tong-bou-mdo. On voit que la réserve qu'il faisait à pro-

fût un simple abbé plus puissant temporellement que son supérieur
hiérarchique le provincial de La-boug.

pos du territoire de Lha-sa était assez forte, et que sa
bienveillance pour nous dépendait uniquement des ordres
du gouvernement chinois. Le 16, le tchag-dzöd de La-boug,
en m'envoyant un peu d'argent et des provisions, me fit
savoir qu'il avait eu une conférence avec le lama de Toub-
chi sur les moyens de me venir en aide et de faire rendre
gorge aux gens de Tong-bou-mdo, et qu'on agirait énergiquement dès que les circonstances et l'almanach seraient
propices.

Le même jour, j'essayai de me distraire en allant voir
un vieux château-fort (spi-on), dont les ruines se dressaient
pittoresquement sur un haut rocher de l'autre côté de la
vallée à six cents mètres en face de nous. L'abord en était
difficile à cause de la roideur de la pente, et lorsque je fus
au sommet je m'aperçus que le piton, sur lequel avait été
bâti le château, était séparé des montagnes de la rive
gauche du La tchou par un précipice très profond et infranchissable, en sorte qu'il était isolé de toutes parts. C'était
une position très forte en l'absence des canons, et les pans
de mur, très épais, hauts de dix mètres, qui subsistaient,
quelques cellules encore intactes, qui regardaient la vallée
par d'étroites embrasures, auraient permis, le cas échéant,
de s'y retrancher solidement. Lorsque je revins de cette
excursion, on me fit entendre avec beaucoup de circonlocutions qu'il ne fallait pas sortir, qu'autrement on ne répon-
drait de rien. Confiné dans ma geôle, le meilleur moyen
de passer le temps est d'en faire le tour, puisque les négociations ne vont pas pour le moment. Figurez-vous une cour
carrée d'environ dix mètres, entourée d'un côté par un simple mur, des trois autres côtés par des galeries ou hangars;
sous deux de ces galeries il y a du fumier et le cheval blanc
de Dutreuil de Rhins, dont lui avait fait cadeau le Vice-
Légat Impérial et qu'a ramené Mohammed Iça; la troisième

galerie nous sert de salon, de salle à manger et de cuisine,
elle est meublée de deux pierres faisant office de fourneau,
d'une marmite et d'un plat de bois. Dans un coin un petit
réduit obscur avec une litière : c'est ma chambre à coucher; dans l'autre coin un escalier conduit à la rue et,
plus haut, à la terrasse qui règne au-dessus des galeries.
Le devant donne sur l'étroite ruelle, tortueuse et raboteuse,
du village adossé à la montagne; à gauche une cour semblable à la première abrite, la nuit, une chèvre et son
cabri; le derrière a vue sur la vallée, large de six cents
mètres, pierreuse, presque aride entre des montagnes assez
hautes et sombres, égayée, cependant, par quelques
maigres champs d'orge et par le joli courant clair du
La tchou; la terrasse de droite s'appuie au principal corps
de logis dont les murs sont construits en pierres plates et
non taillées. Le premier étage est constitué par une grange
pleine de paille qui s'ouvre sur la terrasse; au-dessus sont
les appartements de la famille de notre hôte. Leur vaste
fenêtre, munie de volets de bois peints en rouge, laisse
passer parfois la vieille petite tête ridée de la grand-maman,
une bien bonne personne pour une fille et sœur de brigands. Quant à sa belle-fille, qui est une des beautés du
pays, je vous la présenterais volontiers, mais elle a quitté
la maison avec ses enfants peu de jours avant notre arrivée.
L'entrée des appartements de maître est sur la rue et l'on
y monte par une échelle de bois, qui aboutit à une antichambre carrée, autour de laquelle sont distribuées les
diverses pièces. La salle de réception, fort petite, est meublée d'une estrade couverte d'un feutre et d'une table à
thé; les murs en sont ornés de peintures assez grossières,
défraîchies et écaillées, représentant des fleurs, des animaux, des figures humaines. Mais redescendons à la cour;
c'était une réduction de la cour des miracles, peuplée

qu'elle était d'une dizaine de gueux en haillons, personnel d'une mission du gouvernement français, qui employait ses loisirs forcés comme il pouvait. Razoumof bavardait intarissablement, Parpai raccommodait ses nippes, Tokhta frottait sa jambe malade, le cuisinier dont le travail n'avait jamais été compliqué avait vacances, car nous tenions de la munificence des lamas quelques solides quartiers de bœuf conservé depuis l'automne dernier et se mangeant cru par lanières, à la mode tibétaine; il en profitait pour faire la chasse à ses parasites; d'autres dormaient étendus sur le sol, la tête à l'ombre et les pieds au soleil; le secrétaire chinois, homme éminemment sérieux et qui de sa vie n'avait chanté, modulait, assis au rebord de la terrasse, une chanson à porter le diable en terre; Mohammed Içà restait accroupi tremblant de peur dans un coin, vêtu d'une infâme souquenille de laine noire, sous couleur de deuil; mais je reconnus bientôt que c'était en effet par peur de montrer ses habits européens, je lui fis quitter d'autorité son déguisement et mettre au jour son veston anglais orné de boutons de cuivre comme ceux des soldats de l'Inde; pourtant, il avait raison peut-être de ne pas oser les montrer, ces boutons, car ils ont coutume de briller sur des poitrines plus fermes.

Les jours venaient après les jours qui passaient, lents et désolés, aussi vides d'occupations que remplis de préoccupations. Mais il n'y a jamais de choses si tristes où ne se mêle quelque élément comique. L'intermède nous fut fourni par notre ami le tchag-dzôd de La-boug : il nous envoya une fois ses délégués laïque et religieux pour nous dire qu'il y avait dans le trésor du couvent une machine européenne dont on ignorait l'usage, mais qu'on supposait destinée à hacher la viande; elle était détériorée et le tchag-dzôd me faisait savoir que si je voulais bien la réparer, j'acquerrais des droits sérieux à sa reconnaissance. Je répondis que j'avais à mon service un artisan russe, ingénieux et adroit de ses mains, qui peut-être serait capable de rendre le service demandé. On nous apporta donc la mystérieuse machine : c'était une machine à coudre venue de Russie. En outre, comme il ne doutait pas que nous ne fussions en état de raccommoder également tout ce que les Européens savent fabriquer, le tchag-dzöd nous envoya plusieurs autres objets, instruments ou armes hors d'usage : un revolver et un coucou américains, un fusil russe, une longue-vue anglaise, une montre française, deux boîtes à musique de Genève. Notre cour fut transformée ainsi en atelier et en musée européen, qui attira tout le peuple du village, hommes, femmes et enfants. La machine à coudre intrigua les badauds, la boîte à musique les amusa, la longue-vue avec laquelle ils ne voyaient rien, mais au moyen de laquelle ils étaient persuadés que les yeux européens traversaient les plus grosses montagnes, les pénétra d'un respect superstitieux ; quant au coucou, dès qu'il put marcher, il remporta tous les suffrages. Il eut d'autant plus de succès que l'aiguille faisait le tour du cadran en quinze minutes, ce qui permettait au coucou de donner un plus grand nombre de représentations, à la grande joie des spectateurs. C'était une singulière impression que de revoir ces Tibétains, naguère hostiles et acharnés après nous, maintenant respectueux, gais, bons enfants, souriant amicalement à des étrangers malheureux qui venaient de se battre contre leurs frères. Je réfléchis combien peu le mauvais vouloir, que nous avions depuis longtemps rencontré chez ces peuples, était dû à leur méchanceté naturelle, mais bien plutôt à la politique de leurs seigneurs et maîtres, politique de peur et de tyrannie sectaire, qui entretient du haut en bas de l'échelle sociale un esprit de délation mutuelle et de méfiance universelle, destructeur de toute pitié et de toute justice.

Du 16 au 20 juin les affaires n'avancèrent pas sensiblement malgré quelques conversations que j'eus avec des délégués du couvent de La-houg, de Pou lao-yé et de Yap-sang Té-nam. Toutefois j'obtins que l'on me procurât l'orge que je jugeais nécessaire pour atteindre Si-ning et je la fis transformer en tsamba. J'agitai un instant si je ne me rendrais pas secrètement avec mon cheval et mon interprète au prochain poste chinois de Kang-sé à mi-chemin de Ta-tsien-lou et à peu près aussi éloigné que Milan l'est de Strasbourg. En faisant doubles étapes, j'y pouvais parvenir en huit ou neuf jours, la moitié, ou un peu plus, de ce qu'il me fallait pour aller à Si-ning. Mais ce poste ne comptait qu'une force bien insuffisante de vingt soldats, commandés par un simple lieutenant qui, dépendant du Vice-Roi du Seu-tchouen, n'avait aucune autorité dans le pays de Gyé-rgoun-do, lequel relève du Légat Impérial de Si-ning ; enfin je n'avais pas de passeport pour le Seu-tchuen. C'était là un expédient désespéré que la situation, pour incertaine qu'elle fût, ne me parut pas autoriser : il valait mieux attendre. Le 20 juin, enfin, Yap-sang Té-nam alla camper avec quelques hommes armés aux bords du Do tchou et me posa définitivement les conditions de son intervention : 1° une récompense en argent pour lui-même ; 2° la renonciation de ma part en mon nom personnel, au nom de la famille de Dutreuil de Rhins et de notre gouvernement à toute réclamation ultérieure, s'il réussissait à me faire rendre les bagages pillés et à châtier les coupables. Son but était d'éviter toute intervention des Chinois que les Tibétains aiment mieux savoir loin que voir de près. Je répondis que pour l'argent je lui donnerais volontiers la somme qu'il demandait dès mon arrivée à Si-ning (il n'y avait pas dans nos caisses assez d'argent ayant cours dans le pays), que je lui payerais la moitié de la somme au cas où tous les papiers, documents, instruments et collections nous seraient restitués, l'autre moitié s'il me faisait livrer le corps de Dutreuil de Rhins; que s'il obtenait ces deux points et me fournissait les moyens de gagner Si-ning, je me déclarais personnellement satisfait, mais que je ne pouvais répondre que notre gouvernement, même dans l'hypothèse où tous nos bagages et notre argent nous seraient restitués, renoncerait à exiger toutes autres réparations et dédommagements; qu'au sujet de la punition des coupables il convenait de la poursuivre par les voies régulières, qu'on ne devait point tirer justice d'une violence par une autre violence, que si les coupables étaient condamnés sur les lieux en jugement régulier, je n'étais pas en mesure de garantir qu'il n'en serait pas appelé à Si-ning ou à Pékin; enfin je lui recommandai d'user de prudence et de ne pas oublier qu'il s'agissait moins de guerroyer que de sauver des manuscrits qu'une étincelle suffisait à détruire, que rien ne saurait remplacer. Quoique mon langage ne fût pas tout à fait du goût de Yap-sang Té-nam, il n'abandonna pas la partie; il parlementa avec les gens de Tong-bou-mdo, puis voyant que ceux-ci étaient plus obstinés et résistaient plus énergiquement qu'il ne l'avait pensé, il envoya, le 25, chercher dans son pays des renforts, qui devaient être prêts dans les trois jours.

Cependant le t'oung-cheu ne venait point, malgré sa promesse, et le chef de La-boug gon-pa m'en exprima son étonnement, ajoutant que s'il n'arrivait bientôt, le couvent me procurerait les vivres et les animaux dont j'avais besoin pour me rendre à Si-ning. Le 25, je vis enfin Pou lao-yé, qui paraissait consterné. Il témoigna d'être douloureusement ému de l'infortune qui nous avait frappés et de la pitoyable condition où nous étions réduits, manifesta son regret que le corps de Dutreuil de Rhins n'eût pu être retrouvé et qu'il n'y eût plus d'espoir qu'il le fût jamais. Il ajouta que les négociations avec les gens de Tong-bou-mdo en étaient toujours au même point et que deux faits, par malheur, entretenaient leur opiniâtreté et celle de leurs partisans : en premier lieu, dans le combat qui avait suivi la chute de Dutreuil de Rhins, un Tibétain avait été tué d'une de nos balles qui lui avait traversé la poitrine de part en part. Je répliquai que si cela était les Tibétains ne pouvaient s'en prendre qu'à eux, que nous étions, à ce moment plus que jamais, en cas de légitime défense, que nos ennemis, après avoir blessé ou plutôt tué notre chef, après être rentrés en possession de leurs animaux, après nous avoir donné l'espérance qu'ils cesseraient les hostilités, avaient subitement renouvelé leur attaque avec une perfidie qui doublait la gravité de leur crime, que, d'ailleurs, si nous avions tué quelqu'un des leurs, les Tibétains n'auraient sans doute pas manqué d'en tirer une vengeance facile quand j'étais tombé entre leurs mains. « Alors, dit Pou lao-yé, ils ne s'en étaient pas encore aperçus; de plus, s'ils ne vous ont pas tué, ce n'est point l'intention qui leur en a fait faute, seulement ils prétendent que vous leur aviez jeté un sort, et que les esprits vous avaient protégé. Enfin, je vous l'assure, j'ai vu moi-même l'homme mort. Certainement nul ne peut vous en blâmer puisque vous étiez forcés de vous défendre, et je ne cite ce fait que pour vous expliquer le mauvais vouloir persistant des gens de Tong-bou-mdo. En outre, les Ra-ki ont accusé votre chef d'avoir, en votre absence, fait ou laissé frapper d'un coup de fusil l'un des leurs qui en est mort; voici la requête que j'ai reçue à ce sujet. »

Ce disant, il me montra, d'un air embarrassé, un petit morceau de papier, grand comme la moitié de la main, couvert de deux lignes d'écriture, sans cachet ni signature. Je répondis que cette histoire était une ruse méprisable et ridicule, une machination odieuse inventée par nos ennemis pour excuser en quelque manière leur conduite en chargeant leur victime d'un crime imaginaire, que les difficultés que nous avions eues en route avec des populations malveillantes n'avaient jamais dégénéré en rixe, grâce à l'esprit de sagesse et de modération dont notre chef n'avait cessé de faire preuve, et je racontai l'incident du 14 mai (voir page 142) qui, dénaturé quant au fond et quant aux détails avec plus d'audace que d'habileté, avait pu servir de point de départ pour forger l'accusation dont on voulait charger la mémoire de Dutreuil de Rhins. Cet incident était en réalité si dénué d'importance que pendant les deux jours que nous avions passés près de l'endroit où il avait eu lieu, nous n'en avions pas entendu parler et que pendant toute la durée de notre séjour à Gyé-rgoun-do personne ne nous en avait dit un mot. Ce n'est que plusieurs jours après l'affaire de Tong-bou-mdo que les Tibétains s'étaient avisés d'en profiter pour colorer les calomnies dont ils cherchaient à pallier leur crime. Rien ne prouvait mieux la fourberie des accusateurs que le soin qu'ils avaient pris d'éliminer mon témoignage en prétendant que l'acte qu'ils reprochaient à Dutreuil de Rhins avait été commis en mon absence, or tant que nous avions été sur le territoire des Ra-ki je n'avais jamais quitté mon chef d'un seul pas. Quelque indignation enfin que méritassent les moyens ignominieux auxquels recouraient les Tibétains pour se défendre, je n'étais pas sans en éprouver une certaine satisfaction parce qu'ils démontraient la conscience qu'avaient nos ennemis de l'iniquité de leur conduite à Tong-bou-mdo et de l'impossibilité de rejeter les torts sur nous. Pou lao-yé n'avait pas attendu que j'eusse développé toute mon argumentation pour m'assurer qu'il n'avait jamais cru à cette histoire et qu'il reconnaissait bien dans cette calomnie un des procédés habituels aux indigènes. Il me dit ensuite qu'il me faudrait rester encore une quinzaine. Je lui fis observer qu'il m'avait déjà fait attendre cinq ou six jours de plus qu'il n'avait été convenu et cela sans aucune utilité, et je lui demandai ce qu'il comptait faire dans ces quinze jours et s'il pouvait promettre d'aboutir à un résultat quelconque dans ce délai. Il répondit que son autorité était trop incertaine pour qu'il pût m'assurer de rien, que même je ne devais pas trop espérer d'obtenir le résultat auquel je tenais le plus, car on lui avait affirmé que tous les papiers avaient été brûlés; mais je savais qu'il n'était pas riche et il lui faudrait bien quinze jours pour réunir ce qui m'était nécessaire à mon voyage. En même temps il tira de son sein vingt roupies enfilées, me disant que c'était une parure de sa femme qui avait bien voulu la lui céder pour moi, que c'était tout ce qu'il avait pu trouver, car la femme de son collègue était très avare et avait refusé de livrer ses bijoux. Le pauvre homme se donnait bien du mal pour jouer la comédie du zèle et du dévouement; incontestablement il avait de la bonne volonté à me rendre service, mais il la faisait mousser et il n'affectait un si grand esprit de sacrifice que parce qu'il désirait m'en imposer un. Je lui déclarai que je ne pouvais accepter l'argent qu'il m'offrait, que je n'avais qu'un mot à dire au lama de La-boug pour que tout ce dont j'avais besoin fût prêt dès le lendemain, que je n'entendais pas demeurer plus longtemps.

Pou lao-yé avait ses raisons personnelles de vouloir prolonger mon séjour. Il appréhendait l'intervention du Légat Impérial autant que les Tibétains, bien que pour d'autres motifs : les Tibétains craignaient toute immixtion chinoise dans leurs affaires parce qu'elle porterait plus ou moins atteinte à leur indépendance, Pou lao-yé craignait qu'on ne lui fît supporter la responsabilité de l'embarras qu'il n'avait pas su épargner à son gouvernement ; c'est pourquoi il essayait d'arranger les choses tant bien que mal avant que le Légat Impérial ne fût averti, et, s'il était forcé d'en reconnaître l'impossibilité, il voulait au moins faire savoir le premier à Si-ning les événements qui s'étaient passés afin de les présenter sous le jour qui lui serait le plus favorable. Pour moi, je ne me souciais pas de trouver à Si-ning un auditeur mal prévenu ; en outre, je considérais que l'incapacité de Pou lao-yé et de ses amis à obtenir satisfaction provenait soit d'une impuissance radicale, soit d'un défaut de zèle, que, dans l'un comme dans l'autre cas, il me fallait recourir, le plus tôt possible, à la seule autorité qui pût faire cesser cette impuissance ou ranimer ce zèle. Je n'étais retenu que par l'espoir que les efforts de Yap-sang Té-nam auraient peut-être un meilleur effet que ceux de Pou lao-yé. J'avais entendu dire que celui-ci ne voyait pas d'un bon œil la tentative du lama. Je le lui reprochai et lui représentai combien il avait tort puisque lui et le lama avaient tous deux le même but, que si l'union de leur influence et de leurs forces parvenaient à faire céder les gens de Tong-bou-mda, on lui en saurait gré à Si-ning et qu'il en tirerait honneur et profit. Il protesta qu'il n'avait rien fait pour entraver l'action de Yap-sang Té-nam, que depuis longtemps il avait avec lui d'excellentes relations et il me promit de s'entendre avec lui sur les meilleures mesures à prendre pour atteindre au résultat désiré, et même, puisqu'il était en minorité chez les Tao-rong-pa, de provoquer une intervention collective de tous les chefs des Dza-tchou-ka-pa.

Je lui répondis qu'en ce cas j'attendrais patiemment.

Le t'oung cheu me quitta sur ces mots et s'en alla au couvent de La-boug. Il revint bientôt avec des chevaux et des provisions, me dit qu'il ne fallait pas compter sur l'intervention des chefs des Dza-tchou-ka-pa, que le lama de La-boug s'y opposait formellement, que je devais partir sur-le-champ. Je répliquai brusquement que je partirais lorsqu'il me plairait. Les délégués du tchag-dzôd prirent alors la parole et m'assurèrent que leur chef avait été inspiré par mon propre intérêt et celui de la cause que je défendais, autant que par celui du pays tout entier, qu'il avait été favorable à l'intervention de Yap-sang Té-nam tant qu'il avait cru que des démonstrations et des menaces suffiraient, mais qu'il désapprouvait et ferait tout pour empêcher un recours aux armes qui déchaînerait une guerre générale dont la force des gens de Tong-bou-mdo et de leurs partisans rendait l'issue douteuse, qu'au contraire mon départ pour Si-ning ferait probablement les gens de Tong-bou-mdo plus traitables parce qu'il ménagerait leur susceptibilité en leur permettant de paraître ne céder qu'au gouvernement chinois et non pas à un étranger et à un adversaire, et, aussi, parce que l'intervention du Légat Impérial, leur semblant plus imminente, les inquiéterait davantage. C'était fort bien raisonner et ces réflexions étaient d'autant plus propres à me convaincre que je les avais déjà faites et qu'elles émanaient d'un homme à qui je devais tout et sans lequel je ne pouvais rien. Sans doute il eût été très pittoresque de jeter sur Tong-bou-mdo ce condottiere de Yap-sang Té-nam avec sa bande de reîtres, d'armer pour ou contre moi vingt ou trente chefs indigènes, de causer de belles ruptures de lances, et de belles pilleries; mais ce n'était point pour cela que nous étions venus au Tibet, nous y étions venus pour travailler, et, dans l'impossibilité de faire rien pour Dutreuil de Rhins, et même de lui rendre les derniers devoirs, assez heureux d'autre part pour avoir pu réunir autour de moi tous les hommes de la mission sans exception, mon but n'était plus que de recouvrer les documents scientifiques; or, je devais craindre qu'une attaque à main armée n'excitât les Tibétains à les brûler, s'ils ne l'avaient déjà fait. En contrariant les seuls amis dont je fusse assuré je risquais de me les aliéner, de me priver de tout appui, de courir à un nouveau désastre sans même avoir le droit de mon côté. Néanmoins je désirais connaître l'avis de Yap-sang Té-nam; c'est pourquoi je différai mon départ; mais j'attendis en vain qu'il m'envoyât un messager pour conférer avec moi, et je ne pouvais lui dépêcher personne parce que Ti-so avait été chargé par le t'oung-cheu d'une autre mission. Le 27 au soir, étant toujours sans nouvelles, je me décidai à partir le lendemain matin. Voulant arriver le premier et le plus tôt possible à Si-ning, voulant par respect pour la mémoire de mon malheureux chef, exécuter jusqu'au bout le programme de notre mission, tel qu'il l'avait fixé à Gyé-rgoun-do, j'étais résolu à suivre, malgré les dangers qu'elle présentait, la route directe et inexplorée qui longe le pays des Ngo-log. Comme je ne tenais pas à ce que ces brigands fussent prévenus de mon passage, je continuai à déclarer à tout venant que je ne me mettrais pas en route avant le 50 et que je passerais par le Tsadam. Seulement je fis appeler l'ou lao-yé et les délégués du tchag-dzôd et je leur confiai mon projet. Ils m'en déconseillèrent vivement, me déclarèrent qu'ils ne répondaient de ma sécurité que sur la route du Tsadam et qu'ils ne pourraient me procurer de guide pour l'autre route. Je repartis que ma résolution était inébranlable, que je n'avais pas de temps à perdre, que je trouverais fort bien mon chemin tout seul. Enfin ils se déterminèrent à acquiescer à mon plan, qui n'était pourtant exécutable, m'affirmèrent-ils, que si le secret ne s'en ébruitait pas trop tôt et si je marchais très rapidement. Je les chargeai de poursuivre la restitution des documents de la mission par tous les moyens, même à prix d'argent, je les engageai surtout à ne pas se laisser détourner de leurs efforts parce qu'on disait qu'ils avaient été brûlés, et leur fis comprendre que, si ce bruit était vrai, l'action du gouvernement chinois serait deux fois plus énergique et le châtiment deux fois plus sévère. Je leur recommandai en outre de reprendre les recherches pour retrouver le corps de Dutreuil de Rhins et, s'ils le trouvaient, de le faire parvenir à Si-ning, m'obligeant à les payer de leurs frais et de leurs peines. Ils jurèrent de faire leur possible et la meilleure garantie de leur sincérité était leur désir de prouver par un résultat tangible la vérité de leur zèle et l'utilité de leurs services au Légat Impérial, qui allait être bientôt saisi de l'affaire et leur demanderait compte de leurs actions.

Le tchag-dzöd m'envoya une lettre pour son frère, lama en résidence à Tong-kor gon-pa, et un guide, vieillard encore ingambe, ancien marchand qui avait fait souvent le voyage de Si-ning par les diverses routes, était un beau jour tombé entre les mains des Ngo-log, avait été pillé, ruiné et réduit à se faire moine. La nuit je revis Ti-so, mon hôte; Yap-sang Té-nam l'avait prié de me dire qu'il ne voyait aucun inconvénient à mon départ, qu'au contraire les affaires en prendraient probablement meilleure tournure et qu'il continuerait à s'entremettre auprès des gens de Tong-bou-mdo conformément à mes dernières instructions.

Quoique l'intervention de ce lama n'ait pas eu tout le succès que j'en avais espéré, elle avait du moins, par l'inquiétude qu'elle leur avait causée, inspiré à mes amis le

l'oung-cheu et le tchag-dzöd plus de libéralité et plus
d'empressement à subvenir aux frais de mon voyage. Je
remis à Ti-so pour prix de ses excellents services une certaine quantité d'or que j'avais trouvée cousue dans les
vêtements d'un de mes hommes, et comme le village dormait encore et qu'un petit frissonnement de l'air accompa-
gnait les premières pâleurs de l'aube, je quittai cette triste
bien qu'hospitalière demeure, où j'avais passé vingt-trois
jours d'angoisse et de mortel ennui. Malgré la pensée des
peines et des dangers qui m'attendaient dans ce nouveau
voyage entrepris avec des ressources infimes à travers un
pays inconnu, montagneux, désert, infesté de bandes de
brigands, aussi vaste que celui qui s'étend entre Lyon et
Florence, malgré la douleur que j'avais de reconnaître mon
impuissance et d'être forcé de laisser tout derrière moi,
enseveli dans un désastre d'où rien peut-être ne sortirait
plus, j'éprouvai un réel soulagement de la nécessité qui
me chassait de ces lieux, où étaient attachés de si sombres
et cruels souvenirs.

Nous nous dirigeâmes d'abord au nord afin d'éviter les
parties les plus peuplées de la turbulente région de Dza-
tchou-ka et faire croire que nous allions gagner la route
du Tsadam. Peu après notre départ, comme nous traver-
sions les hautes collines de la rive droite du La tchou, nous
aperçûmes tout à coup à quelque distance, et venant en
sens inverse, une troupe de 50 ou 40 cavaliers armés de
fusils et de lances extraordinairement longues; en nous
voyant ils s'arrêtèrent, nous-mêmes nous fîmes halte, nous
demandant ce que signifiait cette défiance et si le chemin
allait déjà nous être barré. Cependant je fis reprendre la
marche; les Tibétains, serrant leurs rangs, nous imitèrent
et passèrent près de nous sans rien dire. C'était le chef du
canton de Tchin-to et son escorte; ayant su qui nous

étions, il envoya deux cavaliers au village pour défendre aux habitants de nous laisser entrer dans les maisons et de rien nous fournir. Lorsque nous traversâmes ce village, humblement et sournoisement blotti dans un léger élargissement d'une étroite vallée, il n'y avait pas une âme dehors. Un peu au delà on arrive au carrefour de quatre vallées, entre deux monastères qui, au lieu de s'installer commodément dans la plaine au bord de l'eau, se sont réfugiés dans l'âpreté aride des monts; à droite un gros couvent de Sa-skya-pa éparpille au flanc de la colline rougeâtre ses édifices polychromes, à gauche un couvent réformé, plus modeste, juche très haut sur un ressaut de rocher ses murailles blanches. Puis, en remontant le Tsa-ré tchou, on passe devant un village et, un peu plus loin, devant une nombreuse série de tentes alignées au fond d'un ravin, serrées les unes contre les autres et entourées d'une enceinte en pierres sèches à hauteur d'homme, percée de meurtrières. On se sent dans un pays étrangement chatouilleux, pillé ou pillard selon l'occasion, à la porte des Ngolog, ces écumeurs de montagnes et de leur avant-garde les Dza-tchou-ka-pa. Ayant campé, le soir venu, dans un coin désert, le lendemain un premier col nous conduisit sur le territoire des Dza-tchou-ka-pa aux cheveux ras, un second nous fit passer du bassin du Do tchou dans celui du Dza tchou que l'on appelle quelquefois Dza tchou-Ngo-log pour le distinguer du Dza tchou-Mékong. Aux *rong* du bassin du Do tchou, aux sombres vallées, étroites et profondes, aux torrents bruyants et rapides, aux collines arrondies, escarpées et herbeuses avaient succédé les larges, claires et tristes vallées, les rivières lentes et silencieuses, les collines plates et pelées du bassin du Dza tchou. Des deux côtés de la route se découvraient des montagnes de neige, dont celles de gauche forment les sources de la rivière. Le pays plus aride, plus élevé sans doute, se dépeuplait peu à peu, les maisons avaient été remplacées par des tentes qui elles-mêmes disparurent le 30 juin et nous eûmes du plaisir à ne plus les voir. Après avoir traversé le Dza tchou, large de cinquante mètres et profond d'un pied et demi, nous remontâmes la vallée de son affluent le Tcha tchou dont le volume est à peu près le même. Notre joie de nous retrouver seuls, sans voisins inquiétants et maîtres de l'espace, fut gâtée par un très vilain orage qui nous envoya à la figure des paquets de grêle; le vent tombant, la grêle fit place à la pluie, puis à la neige. Il fallut coucher dans la boue, et la petite tente de calicot qu'on nous avait donnée nous empêchait bien de voir les nuages, mais non d'en recevoir l'eau. Quelques hommes firent les malades, estimant que j'allais trop vite. De fait, nous avions chaque jour beaucoup à marcher, peu à manger. Pour tout potage, nous avions de la farine d'orge mêlée d'environ un dixième de sable et de gravier pour faire le juste poids, du thé en branches, du beurre rance; en outre nous avions pris avec nous deux moutons, mais, comme ils embarrassaient notre marche, nous les avions tués, en emportant seulement les meilleurs morceaux. Pour dix hommes et quinze jours, vingt peut-être, c'était maigre, raison de plus de se hâter. Je déclarai que les retardataires seraient abandonnés impitoyablement et défendis à tous de retourner la tête pour savoir si quelqu'un restait en arrière. La menace fit de l'effet : les plus paresseux retrouvèrent leurs jambes et oublièrent leurs rhumatismes.

Le 1er juillet, on parvint au pied de montagnes aux sommets neigeux, à la source du Tcha tchou, et l'on pataugea effroyablement, pour franchir le col assez peu élevé de Pa-tchong, dans une boue profonde et glissante semée d'une foule de grosses pierres. Le versant septentrional était couvert de neige, parfois haute de plusieurs pieds. Comme l'obscurité de la nuit envahissait les combes désolées et froides et les âpres montagnes qui nous entouraient, nous campâmes, encore sous la pluie et la neige, au bord d'un torrent affluent du Ma tchou. Le lendemain, nous achevâmes, toujours avec mauvais temps et vent debout, la traversée de la chaîne qui sépare le bassin du Dza tchou de celui du Ma tchou ou Hoang hô, et nous descendîmes la vallée du Ka-la tchou qui va se jeter dans le lac Ka-la Nam-tso et en ressort sous le nom de Kiang tchou. Cette vallée, large de trois kilomètres, riche en eau et en herbe, peuplée de yaks sauvages, est une vallée sacrée. Elle est dominée par la blanche cime du Kou-la Dag-sé, trône d'un génie vénéré, d'un *Si-dag*, auquel tout voyageur doit hommage, s'il ne veut qu'il lui arrive malheur. Sur la pente des collines, on aperçoit une petite muraille de bouses desséchées, à laquelle, dans l'antiquité légendaire, s'appuyait la tente d'une nymphe, *spa-mo*, souveraine de ces lieux et grande chasseresse, et, lorsqu'on passe devant ce qui reste de son palais errant, on ne manque point de saluer et de murmurer quelques paroles déprécatives.

Le 5 juillet, le beau temps étant heureusement revenu, nous traversâmes la vaste vallée du Kiang tchou, la rivière des chevaux sauvages. Cette vallée est large en cet endroit de sept milles et on la voit s'étendre sur une longueur de 50 milles depuis les montagnes qui s'élèvent au sud du Ngo-ring tso jusqu'à la vallée même du Ma tchou, noyée dans le vague de l'horizon lointain. Le sol est tantôt couvert d'herbe et marécageux, faute de pente pour l'écoulement des eaux, tantôt caillouteux et aride. Nous fîmes halte pour prendre une tasse de thé au bord de la rivière paresseuse et embourbée, non loin de la route que suivent les Ngo-log pour aller chercher le sel au Kya-ring tso.

Notre guide nous conta comment, plusieurs années auparavant, il avait été surpris par les brigands avec sa caravane qui comptait quarante-deux hommes, au moment où il descendait du col qui mène du Ngo-ring tso au Kiang tchou, comment les brigands, déchargeant leurs armes à feu et poussant des cris sauvages pour effrayer les marchands pacifiques, s'étaient précipités sur eux la lance au poing, avaient emmené les bêtes de somme, dépouillé les hommes de leurs bijoux, avaient échangé leurs vieux habits contre ceux plus neufs de leurs victimes. Mon interprète, qui depuis quelque temps interrogeait anxieusement l'horizon, s'écria tout à coup : « Voilà les Ngo-log! » en montrant au loin dans la plaine une grande masse mouvante et sombre semée de points étincelants. C'était un immense troupeau de yaks sauvages dont les cornes luisant au soleil ressemblaient, de loin, aux lances d'un escadron. On rit fort du poltron et l'étape s'acheva gaiment quoique le danger ne fût pas seulement imaginaire; mais nous avions si peu à perdre que, s'ils étaient venus, les voleurs eussent été volés.

Le 4 juillet, arrivés au bord d'un petit lac caché dans un repli des montagnes de la rive droite du Ma tchou, nous nous arrêtâmes de courts instants, séduits par le charme du paysage, si rare en ce centre de l'Asie. La pente des collines modérées était fourrée d'une herbe longue, drue et souple comme nous n'en avions jamais vu, et dans ce cadre étroit de verdure le lac souriait doucement sous le ciel pur. Il n'y avait d'autre bruit et d'autre mouvement qu'un léger bourdonnement d'insectes dans l'air, une fuite légère d'antilope au fond d'une gorge, le léger tremblement des rides scintillant à la surface de l'eau. On se serait volontiers attardé dans cette retraite paisible, chaude et lumineuse, qui était quelque chose au poids dont nous avions le cœur alourdi. Mais il fallait marcher, car la route était longue et le temps précieux. On traversa le Ma tchou qui est en cet endroit une mince rivière, large de 50 mètres, profonde de 70 centimètres au plus. Il coule dans une de ces vallées qui sont précisément caractéristiques de cette région, larges de plusieurs milles, planes, s'allongeant à perte de vue, ressemblant à des allées de parc classique démesurément agrandies, de même que les montagnes qui les bordent de chaque côté font songer, avec leurs lignes plates, monotones et interminables, à quelque édifice classique dont on aurait altéré les proportions en l'étendant indéfiniment. C'est une architecture à lignes droites et horizontales qui remplace l'architecture gothique, à lignes brisées et verticales, des bassins du Dza tchou-Mékong et du Do tchou. En tenant compte des différences causées par l'abaissement de l'altitude (4000 au lieu de 5000) et par le plus grand déploiement des montagnes, on est frappé de la ressemblance entre l'aspect de ce pays et celui de l'Oustoun tâgh, de même que le Pa-tchong la m'avait apparu comme un pendant exact de Karakoram. A plus de huit lieues à notre gauche, au bout de la vallée, s'élevait une grosse chaîne de montagnes neigeuses devant laquelle passe la fameuse route de Lha-sa à Si-ning que nous avions formé le dessein de suivre en sortant de Nag-tchou. Elle passe entre les deux lacs Kya-ring et Ngo-ring, et par conséquent est continuellement coupée par les bandes des Ngo-log, allant chercher le sel, qui abonde en ces lacs, et dont, en s'en assurant le monopole par la terreur qu'ils inspirent, ils font un commerce lucratif avec leurs voisins.

Au delà de la vallée du Ma tchou on franchit un massif de montagnes, large mais peu élevé, par une série de cols qu'on appelle Ma-la-doun, c'est-à-dire les Sept Cols du

Ma tchou, bien que je n'en aie compté que trois. Au sortir de ce massif on tombe dans la vallée de Doug djong, pareille aux précédentes, sauf qu'elle est à peu près sans eau et stérile. Elle ouvre toujours sur le pays des Ngo-log qui laisse apparaître au loin, presque à l'infini, ses hautes montagnes dont la blancheur semble s'évaporer dans le ciel. L'éclat du soleil dans la grandeur des horizons était très douloureux à la vue. Notre guide en souffrit au point qu'il fut incapable de reconnaître le chemin et que je dus rectifier ses erreurs, diriger moi-même la marche à travers les monts Doug ri d'après la boussole et les apparences du terrain. Nous arrivâmes ainsi fort exactement à la bifurcation de notre route avec celle de Lha-sa au sud du Stong-ri tso, au nord des monts Stong-ka A-la-cha, qui doivent compter parmi les plus étranges du monde, extraordinairement âpres et abrupts, déchiquetés, hérissés de cimes rocheuses et blanchâtres. L'extrémité sud du Stong-ri tso passée, on traverse une vallée, très large encore mais plus accidentée que les autres, qui découvre à gauche un chaos prochain de laides montagnes, nues, grises, tristes, qui sentent les sables du Gobi et nous séparent du pays mongol, à droite, beaucoup plus éloignée qu'elle ne semble, une masse de neige et de glace, prodigieuse et splendide, qui saisit d'admiration et d'étonnement l'homme le plus habitué aux montagnes. Depuis le grand pic de l'Arka tâgh, nous n'en avions pas vu dont l'effet fût si merveilleux. C'est l'A-mnyé Ma-tchen, le mont sacré des Ngo-log, devant lequel ils prient et battent la terre du front, dont la divinité redoutable, mal assimilée par le bouddhisme, protège leur indépendance, fait croître et prospérer leurs troupeaux, rend profitables leurs pirateries.

Nous avions enfin réussi à franchir sans encombre et sans mauvaise rencontre les régions ordinairement fréquentées par les Ngo-log. Le 7 juillet, nous trouvâmes sur le bord du Pé-ri-toun tso un campement de Tibétains Pa-nag comprenant une dizaine de tentes. Ces Tibétains, qui gardent leurs troupeaux à cheval selon la coutume mongole, ont une assez mauvaise réputation de voleurs, mais ils ne sont pas aussi batailleurs que les Ngo-log et ne vont pas comme eux par grandes bandes. Ils étaient donc peu à craindre et il suffisait de veiller à son bien pour le défendre. Nous aurions été bien aises de renouveler nos provisions qui touchaient à leur fin, mais ils ne voulurent pas de nos roupies, déclarant qu'ils n'acceptaient que l'argent chinois. Au delà du Pé-ri-toun tso le pays était de nouveau inhabité, ce qui semblait confirmer ce que nous disait notre guide que ces Pa-nag étaient venus si loin seulement pour fuir l'impôt.

L'aspect du pays avait décidément changé et rappelait l'Altyn tâgh avec les gorges étroites du Tsé-mo-rong tchou, de l'A-nga-rong tchou, la tranchée profonde du Ya-ma-tou semblable à celle des fleuves kachgariens. Cette rivière passée, nous fîmes vingt kilomètres sans trouver une goutte d'eau, d'abord par de jolis vallons verdoyants, émaillés de petites fleurs et parfumés d'herbes odoriférantes, puis par une vallée large et plate qui s'étendait entre des collines poussiéreuses et aurait été assez justement comparable à la vallée de Sandjou s'il y avait eu des arbres et des cultures. Le soir enfin nous arrivâmes au bord d'une très modeste rivière, le Tché-tché tchou, où nous bûmes notre dernière tasse de thé et mangeâmes notre dernière boulette de tsamba (9 juillet). Malgré la rapidité peu commune de notre marche, elle avait été moindre que je ne l'avais compté, puisque j'avais pensé atteindre Tong-kor gon-pa le 10, tandis que, maintenant, le plus grand effort ne pourrait m'y conduire avant le 12. Je résolus de gagner au plus vite les plus prochaines habitations et, comme il n'y en a pas sur la route directe, je me résignai à allonger mon chemin d'une demi-journée en me dirigeant droit sur le Kouke nor. Notre dernier repas pris, nous poursuivîmes notre route jusqu'à 9 heures du soir, et campâmes au milieu d'une grande steppe, ayant marché ce jour-là quinze heures durant. Le lendemain à 5 heures, nous avions déjà fait une demi-lieue à travers la même steppe qui mesure plus de 40 kilomètres de largeur et s'étend jusqu'aux collines qui bordent le Kouke nor au sud. Cette lande morne, au sol argilo-sablonneux, présente tantôt un terrain uni, couvert de gravier et de hautes herbes, tantôt se creuse de ravins aux berges à pic, ou se hérisse de mamelons terreux, blanchâtres, parfois de dunes. On se serait cru revenu en Kachgarie. Au milieu s'étend un petit lac, le Konga nor, aux rives marécageuses, infestées de moustiques, et un peu plus au nord coule une rivière vaseuse, l'O-bé tchou, réduction du Tchertchen daria. Nous perdîmes deux chevaux dans cette traversée, et les hommes, fatigués par l'effort extraordinaire de la veille, par la faim, par une bise véhémente qui soulevait des tourbillons de poussière, arrivèrent épuisés au pied des collines : on commença à les remonter lentement par un ravin pierreux, mais on ne voyait toujours pas la fumée désirée, on n'entendait pas d'aboiements de chiens ni de bêlements de troupeaux. Pour comble de misère il n'y avait d'eau nulle part ; nous avions beau scruter tous les coins de la montagne, tout était affreusement sec et aride. Enfin nous découvrîmes dans le creux d'une roche une petite réserve du précieux liquide dont chacun put tout juste remplir son écuelle. Nous couchâmes en ce lieu. Le lendemain matin, un mince filet d'eau courait entre les pierres du ravin. Nous reprîmes notre marche et à mesure que nous avancions, l'eau se faisait plus abondante, les collines plus verdoyantes; bientôt nous aperçûmes, accrochées aux flancs des monts, des tentes noires semblables à celles du Tibet central, mais beaucoup plus vastes sans être plus élevées, mesurant jusqu'à 16 mètres sur 10. Elles étaient habitées par des Tibétains Pa-nag qui nous réconfortèrent avec d'excellentes tasses de thé beurré, et voulurent bien accepter trois roupies pour un mouton; ils eurent soin cependant de casser une des roupies afin de s'assurer de la qualité du métal. Un peu plus loin je rencontrai un petit marchand chinois à qui je demandai s'il avait quelques provisions à vendre. Il me dit que oui, qu'il me fournirait tout ce qui me plairait et que je le paierais à Si-ning où il passerait dans une quinzaine de jours. Une heure après, il m'apporta tout ce que je lui avais demandé en s'excusant de ne pouvoir faire davantage. Depuis je ne le revis plus et ne pus savoir ni qui il était, ni ce qu'il était devenu.

Ces montagnes du sud du Kouke nor sont relativement très peuplées et les pâturages, de plus en plus riches à mesure qu'on approche du lac, nourrissent de grands troupeaux d'excellents chevaux de race mongole et de belles vaches rousses comme celles d'Europe. Au sortir des collines on débouche sur une plaine gazonnée, doucement inclinée sur le lac immense, que dominent au loin dans le nord des montagnes de neige. Ce lac, que les Mongols avec leur pauvreté ordinaire d'imagination ont appelé simplement le lac Bleu, n'est pas, à beaucoup près, aussi pittoresque que le Nam tso et qu'un grand nombre d'autres lacs du Tibet, car il n'est pas aussi bien encadré et décoré de montagnes; la scène est vaste et vide, en revanche elle est infiniment moins sauvage et moins âpre, plus amicale à l'homme, et, la bonne tiédeur du soleil aidant, on s'y sent plus à l'aise. Au milieu des eaux s'élève un petit rocher aride où demeurent quatre ou cinq lamas solitaires, qui ne vont jamais à terre et reçoivent leurs vivres l'hiver seulement lorsque le lac est gelé; car il n'y a point de barques sur le Kouke nor. Cet îlot est sanctifié par la légende, selon laquelle il fut apporté par un oiseau divin pour fermer l'orifice d'où l'eau, venant des lieux où est aujourd'hui Lha-sa, était sortie et avait transformé la prairie en lac.

On rencontre le long du Kouke nor de nombreuses tentes dont quelques-unes sont de feutre et rondes comme celles des Mongols; elles ne sont jamais plantées dans la plaine, mais se réfugient au pied de la montagne et se dissimulent dans les vallons, en sorte que le passant les aperçoit rarement. Le 12, nous avions rejoint la route du Tsadam, et le 15, nous retrouvâmes la vieille route de Lha-sa. Le même jour, nous arrivâmes dans la gorge de Tong-kor gon-pa, très profonde, rocheuse et escarpée. Dans le bas, au bord de l'eau, verdoyait un taillis d'arbustes et d'arbres, les premiers que nous voyions depuis tantôt onze mois, c'est-à-dire depuis Tchertchen. C'était pour nous un symbole indiscutable de civilisation. Sur la pente des rochers s'élevaient les constructions chinoises du monastère, dont l'une servait au couvent de La-boug d'hôtellerie, d'entrepôt de marchandises et de demeure pour son représentant qui était le propre frère du Tchag-dzöd. Le petit frère était peu digne du grand, court, gros, avec un visage apoplectique et des mouvements désordonnés. Ayant bu dans la matinée un bon pot d'eau-de-vie, il nous reçut avec enthousiasme, les larmes aux yeux. Le lendemain, ayant repris son sang-froid, il fut plus réservé, mais cependant me prêta des chevaux frais et de l'argent. Nous descendîmes rapidement à Tong-kor par un chemin carrossable, en ressentant, malgré les terribles souvenirs qui remontaient encore à la surface,

l'immense soulagement d'une besogne assujettissante, in-
grate, interminable, enfin terminée. De toutes parts, les
eaux de la rivière et des ruisseaux couraient en murmu-
rant ; les flancs abrupts des montagnes étaient découpés en
carrés de cultures aux couleurs diverses, les vallées étaient
semées de villages aux maisons blanches entourées d'arbres
verts, un grand nombre de Chinois allaient et venaient,
affairés, agiles et calmes, paraissant si fins et gracieux auprès de ces rudes et frustes Tibétains, et les chariots grin-
çaient, les chevaux hennissaient, les chiens aboyaient, les
coqs chantaient. La vie et l'abondance avaient succédé à la
stérilité et à la mort. Vers midi, les murailles de Tong-kor
nous apparurent, dessinant parmi les lignes tourmentées
et confuses des montagnes leur carré géométrique et leur
crénelure régulière. Le P. Huc nous fait de cette ville une
description animée et pittoresque qui laisse l'impression
de quelque chose de singulièrement sombre et farouche.
La réalité me donna au contraire une impression de clarté
et de gaieté : c'est que le P. Huc venait de la lumière au
lieu que je venais de l'ombre, et, selon la parole du poète
persan : Pour les houris du paradis, c'est un enfer que le
purgatoire ; demande aux damnés de l'enfer : le purgatoire
est un paradis. Ces Tibétains truculents, que le bon père
nous représente dans les rues et les hôtelleries de Tong-kor
avec leur sabre en travers de la ceinture, leur chevelure hir-
sute, leur saleté repoussante, leur démarche fière, leurs gestes
brusques, leurs éclats de voix, et leurs regards féroces,
sont en effet des gens paisibles, voire timides parce qu'ils
se sentent dépaysés, un peu gênés dans leurs habits des
dimanches, qui se sont lavés, peignés, parés pour se rendre
présentables en une ville policée, qui prennent tâche à paraître élégants et bien élevés, comme il sied dans le noble
voisinage d'un sous-préfet de l'auguste Empereur, et si par-

fois ils crient et font du bruit, ce n'est point qu'ils veulent mal de mort à personne, c'est qu'ils s'amusent, qu'ils sont joyeux et qu'ils veulent que tout le monde le sache. Le P. Huc les comparait aux Chinois, moi je les comparais à eux-mêmes, et je leur savais gré de leurs efforts pour se décrasser et se débourrer. D'ailleurs les Tibétains sont loin d'être en majorité à Tong-kor qui est surtout une ville de Doungan et de Chinois, et, quoique ces habitants chinois ne soient point la fleur de la Chine, ils nous reposaient des Tibétains. Je vis le sous-préfet et le colonel qui, ne sachant rien encore, furent fort étonnés et émus de l'état piteux où j'étais et de la catastrophe dont nous avions été victimes ; ils me témoignèrent une très réelle sympathie et me rendirent tous les services qu'ils pouvaient me rendre durant les quelques heures que je restai dans leur ville.

Le lendemain, 15 juillet, à cinq heures du soir, je passai la porte occidentale de la ville de Si-ning, qui me parut d'abord une cité fort imposante, remuante, bruyante, populeuse, et je fus un peu étourdi du tumulte qui régnait dans ses ruelles. Les hôtelleries étaient pleines de monde et je dus m'installer provisoirement dans une auberge abjecte, comme je n'en vis point de pire dans la suite de mon voyage. J'envoyai sur-le-champ ma carte au Légat Impérial (K'in-tch'a) Koei Choen. Mon arrivée et les tristes nouvelles que j'apportais firent une vive sensation au Yà-men ; plusieurs fonctionnaires et officiers, le préfet en tête, me rendirent visite le soir même, et, voyant mon logement, firent aussitôt évacuer la meilleure hôtellerie de la ville et la mirent à ma disposition. Le 16, j'eus une entrevue avec le Légat Impérial qui me reçut avec grand honneur. Sa contenance trahissait le trouble profond que lui causaient la nature tragique autant qu'imprévue de l'affaire en question, la responsabilité grave qu'elle lui faisait encourir, les ennuis qu'elle lui promettait. Il était comme accablé, il tenait les yeux baissés ou ne les levait qu'avec effort, il parlait d'un ton bas, très doux et mal assuré. Après m'avoir exprimé avec émotion la part douloureuse qu'il prenait à un si grand malheur et son vif regret que les événements ne lui eussent pas permis de recevoir Dutreuil de Rhins avec les honneurs qui lui étaient dus après un si long et si pénible voyage, il décida de se rendre en personne à Lan-tcheou pour avertir par le télégraphe le gouvernement de Pékin, s'entendre avec le Vice-Roi sur les mesures à prendre et obtenir de lui les ressources et les soldats nécessaires pour une expédition armée à Tong-bou-mdo. Seul, en effet, il ne pouvait rien, car il n'a presque point d'argent et ne dispose d'aucune autre troupe que de que'ques Mongols campés dans leur pays et armés d'arcs. En attendant je lui fis envoyer sur-le-champ à Gyé-rgoun-do deux de ses interprètes pour rappeler les deux interprètes en exercice Pou et Li, porter au supérieur du couvent de La-boug, avec les remerciements officiels du Légat Impérial, un bouton de mandarin en reconnaissance du concours qu'il m'avait prêté, faire transporter à Si-ning le corps de Dutreuil de Rhins, s'il pouvait être retrouvé, sommer les gens de Tong-boumdo de restituer les bagages et surtout les papiers. J'espérais que les Tibétains, sur l'ordre direct et exprès du Légat Impérial, sachant qu'il était décidé à agir et à sévir et pensant peut-être être tenus quittes au prix d'une concession facile, ne s'obstineraient pas davantage dans leur refus. Je ne me trompais pas, mais comme les interprètes prirent la grande route du Tsadam et, malgré les ordres du Légat Impérial et les encouragements pécuniaires que je leur donnai, marchèrent à petites journées, je n'appris qu'à Pékin le succès partiel de leur mission. En outre, le Légat Impérial m'ayant fait avancer, avant même que je l'aie demandé, aussi largement que rapidement, l'argent dont j'avais besoin, je renvoyai mon guide à La-boug en compagnie d'une caravane qui s'y rendait, avec des lettres pour le lama et le t'oung-cheu, l'argent destiné à les rembourser de leurs frais et divers cadeaux.

Cependant j'avais fini d'explorer tous les coins de la ville de Si-ning, qui est assez petite, malgré le nombre et l'importance des dignitaires qu'elle abrite. Ses murailles, plus élevées que celles de Khotan, imposantes dans la teinte sombre que les ans leur ont donnée, forment un quadrilatère de douze cents mètres sur six cents, enfermant une population d'environ quinze mille habitants. Dans ce chiffre je comprends la garnison, qui compte trois mille soldats sur le papier, mais dont l'effectif ne dépasse pas quinze cents hommes, la solde des quinze cents autres servant à augmenter les appointements du très aimable général de division, commandant de la place. Hors des murs s'étend un faubourg considérable, peuplé presque exclusivement de musulmans au nombre de près de dix mille. Ceux-ci se distinguent à première vue du reste de la population par leur petit bonnet qui est polygonal au lieu ·d'être rond, leur taille généralement plus haute, leurs traits très accusés, leur allure plus décidée et plus virile, leurs mouvements plus brusques, leur regard hardi et leur air de turbulence et de bravade qui trahit l'impatience du joug. Ils prennent aussi peu la peine de cacher leur mépris des mécréants chinois que leur sympathie pour les Européens. Dès le surlendemain de mon arrivée, quelques-uns de leurs notables et de leurs mollahs étaient venus me présenter leurs condoléances, et j'eus toujours fort à me louer de mes relations avec eux et avec leurs coreligionnaires des autres parties de la Chine.

Les ruelles de la ville sont en général calmes et solitaires, fréquentées de rares passants qui cherchent leur chemin à travers la boue, les ordures et les chiens, bordées de murs nus, peu élevés, presque sans fenêtres, car les logements chinois prennent jour le plus souvent sur des cours intérieures. Dans une ou deux rues seulement, le long desquelles sont rangées les boutiques, la foule est animée, foule où çà et là un Mongol trapu et hébété, à la face luisante de graisse, un Tibétain plus svelte, mais bien lourd encore, jette une note discordante et sauvage. La multitude des selliers, des reutriers, des marchands de peaux, de cuirs et de fourrures annonce le voisinage de peuples cavaliers, pasteurs et chasseurs; mais à côté, chez les menuisiers, ces grands étalages de cercueils solides, exhalant une bonne odeur de bois sec, présentant au public leur cavité engageante et commode, rappellent la vieille Chine sédentaire, endormie dans le cercueil de ses traditions.

Je ne parlerai ici ni du commerce de la ville de Sining ni de ses monuments. J'aurai lieu de revenir sur le premier point dans la seconde partie de cet ouvrage, et quant aux monuments il est inutile de s'y attarder, car tous les édifices de la Chine se répètent les uns les autres, plus remarquables et plus imposants par la vaste étendue des cours intérieures, qui se suivent en enfilade, que par l'effort de l'architecture lourde et comme écrasée sous le développement excessif des toits. L'insignifiance et la laideur des constructions humaines sont compensées en une certaine mesure par la beauté du site. La vallée au fond de laquelle s'élève la ville s'épanouit dans sa grâce heureuse et claire, comme une corbeille de verdure et de fruits, entre de hautes collines dont quelques cultures et quelques arbres épars sur leurs flancs tempèrent la naturelle âpreté. Elles sont assez écartées pour ne point faire obstacle au libre épanchement de la lumière, assez rapprochées pour que de n'importe quel point de la vallée on puisse distinguer les détails de leur structure. Ce qui leur reste de stérilité, les rochers abruptes et rougeâtres, qui de toutes parts percent la mince couche végétale, rappellent le voisinage du Tibet; mais on se sent bien loin de ce pays de misère en voyant au pied des rochers, mis en relief par eux, cette campagne florissante couverte de jardins potagers, de froment, d'orge et de millet. Si la fertilité de la terre n'est pas très grande en elle-même, on est porté cependant à l'admirer, quand on songe que l'on est à 2,250 mètres d'altitude, c'est-à-dire fort au-dessus du point extrême où atteignent les cultures les plus grossières dans nos contrées alpestres.

Çà et là, sur le penchant des collines, se dresse, pour en rehausser le pittoresque, le toit vernissé d'un temple bouddhique et l'on pourrait croire que la religion de Chakya Mouni règne sur les âmes, de même que ses temples dominent la vallée ; mais si l'on gravit le sentier qui mène au sanctuaire, on découvre qu'il est abandonné, presque sans culte et sans serviteurs. Seul, un gardien veille sur la chapelle où sont enfermés les dieux de bronze ou de bois bariolé et doré : au milieu le bouddha, grave et calme avec ses longues moustaches pendantes à la façon d'un mandarin chinois, est assis, empreint d'une sérénité morne comme s'il sentait, au délaissement où il est de la part des hommes, que la fin des temps est proche; de chaque côté, les génies destructeurs des infidèles sont debout, gigantesques et grotesques, armés de pied en cap, roulant des yeux furibonds et montrant des dents féroces, vaines grimaces que personne n'est là pour voir ni pour craindre. Autour de la chapelle sont disposés des cours nettes et bien dallées, des bâtiments bien construits, baignés dans la chaude lumière du soleil, rafraîchis par une brise vivifiante, et, des galeries extérieures, la vue embrasse le pays entier dans son cadre austère de montagnes, plonge sur la vallée, sur les rubans moirés des rivières et des ruisseaux, sur le manteau quadrillé des champs parsemé de maisons ainsi que de fleurs blanches, sur les grises murailles de la ville, qui, de si haut, semble une ville de nains. Ce séjour charmant devrait être peuplé de moines, mais l'hostilité du confuciisme administratif et l'inébranlable indifférence du peuple y ont fait le vide ; dans l'air, qui devrait bourdonner de pieuses oraisons, on n'entend que le son d'un luth profane que taquine un Chinois, unique habitant de ces lieux avec le gardien. C'est un malade atteint de phtisie, à qui les médecins ont recommandé l'air pur des collines et qui est venu passer la belle saison en ce couvent désert. Au moment de ma visite il est réfugié contre la chaleur du jour sous un joli pavillon de verdure, auprès d'une vasque d'eau claire, accompagnant de son instrument, pour hâter la fuite de l'heure, le chant aigu et frêle d'un de ses amis qui est monté prendre de ses nouvelles. Les monastères bouddhiques de la Chine sont ainsi des lieux de villégiature à l'usage des convalescents, ils servent également aux parties de plaisir des citadins, qui souvent envoient un de leurs cuisiniers préparer un fin dîner pour une troupe de joyeux convives dans une de ces gracieuses retraites propices à de libres ébats et à une bonne digestion[1].

Tout autre est le fameux monastère de Skou-boum, monastère vraiment tibétain, dépendant administrativement

---

1. Il existe une légende difficile à déraciner qui veut que la Chine soit de religion bouddhiste. En réalité il y a en Chine un assez grand nombre de moines bouddhistes ; il n'y a point de population bouddhiste. Il en est de même de la plupart des peuples que la fan-

du Légat Impérial. C'est le plus célèbre des couvents du
Kan-sou et le plus considérable après celui de Lha-brang.
Il est séparé de Si-ning par vingt-sept kilomètres d'une
route facile en remontant un petit affluent de la rivière.
On aboutit d'abord à un étroit village, turbulent, plein de
boutiques et d'auberges, de marchands et de pèlerins,
fournisseurs et clients du monastère. J'y rencontrai un
lama médecin que j'avais déjà vu à Tong-kor, vieillard à
l'air engageant et gai, causeur disert, type curieux d'aventurier. Originaire du La-dag, il avait depuis de longues
années quitté ce pays pour échapper à des créanciers qui
manifestaient la prétention exorbitante de se faire payer.
Il s'était rasé les cheveux, avait mis dans un sac les débris
menacés de sa fortune, s'était ceint les reins et, sellant un
bon amblier, il était parti le cœur léger pour Lha-sa,
pèlerin dévot autant que débiteur peu scrupuleux. Reçu
moine et muni de la bénédiction du Talé lama, il avait
étudié la médecine en même temps que la théologie, il
avait visité les principaux sanctuaires du Tibet, parcouru
le Népal, le Kachmir, une partie de l'Inde, séjourné longtemps en Turkestan et en Mongolie où il avait fait le
métier de maquignon, poussé ses pérégrinations jusqu'en
Chine et dans le Tibet oriental, puis, commençant à
sentir le poids de l'âge, il s'était fixé à Tong-kor. Je ne
veux pas dire qu'il gardait la maison, car il était encore
fort ingambe. Aujourd'hui, il était à Tong-kor, demain,
on le voyait à Si-ning et bientôt à Skou-boum ou à Lha-
brang, sur les bords du Kouke nor ou aux portes de la
grande Muraille, chez les musulmans Salars ou chez les

laisie des statisticiens compte parmi les sectateurs du Bouddha. En
fait de peuples véritablement bouddhistes, je ne connais que les
Mongols et les Tibétains, soit moins de 6 millions d'individus.
(Voir *Mission scientifique dans la Haute Asie*, tome I, p. 378-380.)

Mongols du Tsadam. Il allait par les plaines et les monts, dans les villes de pierre et les tentes de laine, rachetant ses manquements aux vœux monastiques par de fréquentes dévotions aux sanctuaires les plus vénérés, cueillant des simples, vendant des prières et des incantations, des ordonnances et des remèdes, des épices et du thé, des étoffes et des chevaux, et, en général, tout ce qui se pouvait vendre avec un bénéfice quelconque. Il savait lire et écrire dans sa langue maternelle, était assez versé dans la littérature tibétaine, parlait décemment le turc et le mongol, baragouinait l'hindoustani et écorchait le chinois. Toujours prêt à rendre service, il me guérit de crampes d'estomac fort douloureuses au moyen de certaine poudre noire de sa composition, me donna des renseignements nombreux sur les pays qu'il avait visités et essaya de me vendre un cheval borgne avec une selle fendue. La variété des peuples qu'il avait vus et des mœurs qu'il avait observées avait singulièrement élargi ses idées et sa théologie sentait un peu le fagot. Il m'exprima son opinion, appuyée sur une grande abondance d'arguments, que les trois religions bouddhiste, chrétienne et musulmane n'étaient au fond qu'une seule et même religion, prescrivant les mêmes règles de morale, que Chakya Mouni, Jésus et Mohammed étaient les prophètes inspirés d'une seule et même divinité, qui porte des noms divers : Sang-gyé, Dieu le Père ou Allah, divinité unique en son essence, infiniment variée en ses attributs, principe d'où tout émane et où tout doit retourner. « En somme, disait-il, la différence entre les trois doctrines gît en ce que les bouddhistes considèrent la divinité comme immanente dans la nature entière, laquelle n'est qu'une manifestation sensible et partant illusoire de l'Intelligence suprême, tandis que les chrétiens et les musulmans, esprits étroits et précis, estiment que

Dieu est un être distinct de tous les autres et extérieur à la nature, quoiqu'il soit infini; or, c'est là une contradiction, car si Dieu est distinct des autres êtres et extérieur à la nature, il est nécessairement limité par elle et par eux. De même, les chrétiens et les musulmans pensent que Dieu a désiré la création du monde et que cette création lui a fait plaisir, qu'il est offensé par les mauvaises actions et réjoui par les bonnes, qu'il désire la conversion des pécheurs, et, cependant, ils ajoutent qu'il est parfait. Ce sont là encore deux propositions contradictoires, car le désir est une aspiration à ce qui manque, or, si Dieu est parfait et absolu, il ne saurait manquer de rien; donc il ne peut rien désirer, ni éprouver aucune joie, ni aucune peine. » Et de sa large manche rouge le digne homme s'essuyait le front, car il parlait avec chaleur.

Depuis le village on n'aperçoit pas le monastère, qui se dissimule dans un ravin latéral. Il faut contourner une saillie de montagne pour entrevoir confusément à travers les arbres, sur la pente des collines qui se creusent comme un berceau, quelques pans de murailles s'étageant les uns au-dessus des autres et le toit d'or du grand temple. Ce site dominateur et sauvage a été choisi tout exprès, selon l'usage bouddhique, pour manifester combien à la vie mondaine, qui bouillonne dans les bas fonds, la vie religieuse est supérieure, qui s'épanouit sur les hauteurs, dans un air plus pur, vierge des multitudes, où l'homme est plus libre, plus maître de son âme et de sa destinée, affranchi qu'il est de l'esclavage des relations, des intérêts et des passions *terrestres*, et d'autant plus rapproché de la divinité qu'il est plus éloigné du vulgaire, de ses ignorances et de ses aveuglements, plus enveloppé dans le silence et le calme, avant-coureurs de la paix éternelle. Quand on a franchi la porte d'entrée on aperçoit, disséminées, un grand nombre de constructions diverses, grandes et petites, chapelles ou habitations des lamas, en sorte que ce monastère ressemble à un village. Trois mille cinq cents moines y vivent, chacun dans sa chambre ou sa maison particulière et chacun de ses propres deniers; car la communauté ne fournit à ses membres qu'une pièce de laine avec une certaine quantité d'orge par année et trois mesures par jour de thé beurré que des fourneaux immenses et des chaudières colossales servent à préparer. Parmi les visiteurs, dont quelques-uns reçoivent l'hospitalité au couvent en échange de leurs pieuses libéralités, les Chinois se font remarquer par leur rareté; en revanche, il est venu des gens de tous les coins du Tibet et de la Mongolie, même du Tibet anglais et de la Mongolie russe. Ils paraissent tous très dévots et très occupés à se prosterner et à brûler des lampes devant les images saintes ou à tourner autour des édifices sacrés. Voici cependant un lama mongol, abominablement ivre et tenant encore en main un de ces petits vases d'étain qui servent à mesurer l'eau-de-vie ; les festons qu'il décrit en marchant scandalisent les uns et font rire les autres ; il me salue au passage en russe et je suis peu fier de ce que les premiers mots que j'entende depuis longtemps en une langue européenne sortent d'une pareille bouche. Mais qu'est-ce que ce fait déméritoire auprès de tous les mérites qui s'acquièrent et s'accumulent dans cette usine à prières? De toutes parts des banderolles couvertes d'inscriptions religieuses flottent au vent, des rangées de cylindres, grands comme des barriques et pleins d'invocations mystiques et de formules sacrées, tournent sur un axe, sous l'impulsion de la main, débitant d'innombrables oraisons. Il est dommage que les machines à vapeur n'aient point pénétré jusque-là : on obtiendrait par leur moyen un rendement plus considérable et peut-être parviendrait-on à compenser la somme effrayante des démérites qui s'accroît de jour en jour et depuis quelques années entraîne visiblement la pauvre humanité dans un cercle de maux toujours pires. Dans un des principaux temples, étincelant d'une multitude de lampes allumées, embaumé par les vapeurs des encensoirs, plusieurs centaines de moines sont rassemblés, psalmodiant en double chœur l'office divin que préside un grand lama mitré et crossé. Au dernier rang de l'assistance et seul dans l'allée du milieu, un vieux moine demeure immobile, la tête courbée, à genoux sur la dalle nue, entre deux énormes piles de sapèques : sentant sa fin prochaine, il a résolu d'abandonner ses biens personnels, de les partager entre la caisse du couvent et ses confrères pauvres, afin de passer le reste de ses jours dans la méditation et les privations, et, n'ayant plus rien dans ce siècle, de thésauriser, pour le siècle futur, un trésor inépuisable. Une vaste cour voisine est remplie d'enfants, de novices qui étudient leurs leçons à voix haute sous la direction de professeurs; la classe finie, leur troupe bruyante et remuante encombre les environs, se presse autour de moi pour m'examiner et m'empêche de passer; mais un préfet de discipline arrive avec un grand fouet au bout de son bras nu et tous les moinillons de s'envoler précipitamment en riant. Enfin nous arrivons à la merveille qui a rendu Skou-boum célèbre par le monde. Dans la petite cour d'une chapelle sont plantés quelques arbrisseaux dont l'écorce et les feuilles mêmes sont parsemées de lettres tibétaines[1].

1. Les lamas prétendent que ces arbrisseaux sont des santals, arbrisseaux sacrés pour les bouddhistes.

Le plus grand a un peu plus de trois mètres de hauteur; les feuilles sont lancéolées et peu aiguës.

Il n'existe point d'arbustes semblables dans le pays.

D'après la légende accréditée en Europe par le P. Huc et assez répandue parmi les Bouddhistes d'Asie, ces lettres se formeraient spontanément sous on ne sait quelle mystérieuse influence. A la première vue je crus qu'elles avaient été gravées artificiellement au moyen d'un couteau, quoique les incisions ne fussent ni très nettes, ni très fines; mais les deux lamas qui m'accompagnaient me dirent que l'on considérerait comme un sacrilège de porter le fer sur ces arbres révérés; car ils s'élèvent au point précis où naquit le grand réformateur Tsong-ka-pa, et c'est le sang même qui s'échappa du sein maternel qui féconda le sol et donna naissance au premier de ces arbres dont tous les autres sont sortis. Aussi les femmes privées d'enfant viennent-elles prier en cet endroit et lécher la terre à la racine de l'arbre situé au centre de la cour; c'est un infaillible remède contre la stérilité. Ils ajoutèrent qu'afin de mieux affirmer l'origine et la vertu miraculeuses de ces végétaux, les moines avaient tracé avec l'ongle des caractères religieux sur leur tronc et leurs feuilles. Je leur fis part de ce que j'avais entendu raconter à propos de ces caractères qui seraient le produit d'un miracle et se montreraient sur les feuilles nouvelles avant toute intervention humaine. Ils me répondirent que c'était une fable, éclose dans l'imagination de gens grossiers portés à exagérer et à mettre partout du merveilleux à tort et à travers. « Cependant, reprirent-ils, cette légende a un fondement vrai : le premier arbuste qui poussa en ce lieu immédiatement après la naissance de Tsong-ka-pa, portait des lettres qui annonçaient la divine mission de l'enfant. Cet arbuste, beaucoup plus petit que ceux que vous voyez ici, est conservé aujourd'hui à l'intérieur du temple au toit d'or et nul ne le peut voir sauf les plus hautes incarnations de Bouddha. On rapporte que sur ses feuilles nouvelles des lettres ont apparu en diverses circonstances, mais depuis longtemps l'impiété du siècle a retiré de nous la faveur céleste et l'arbre saint est muet.» Ce temple au toit d'or, si jalousement fermé, s'élève au centre du monastère et renferme une moitié du corps du père de Tsong-ka-pa ; de là vient le nom de Skou-boum qui signifie mausolée. Ce fut la seule partie du couvent que les lamas purent, à force de supplications, sauver du pillage et de la ruine lors de la révolte musulmane en 1862. Toutes les autres constructions sont donc de date récente, et, au moment de ma visite, on continuait encore à bâtir. Parmi les maçons et les charpentiers je remarquai un grand nombre de musulmans, dont l'habileté est appréciée, et qui ne demandaient pas mieux que de gagner de l'argent au service des idolâtres, quitte à détruire ce qu'ils auraient fait dès que l'occasion s'en offrirait.

J'arrête à ce point mon récit, faisant grâce au lecteur des 2404 kilomètres que je dus encore parcourir à cheval pour atteindre Pékin, où j'arrivai le 16 décembre 1894. Je n'insisterai pas davantage sur les négociations qui, grâce à la bonne volonté du vice-roi du Kan-sou et du légat impérial de Si-ning, soutenue par l'action aussi ferme que persévérante de M. Gérard, alors ministre de France à Pékin, amenèrent finalement la restitution des documents de la mission, et plus tard, à la suite d'une expédition militaire chinoise, la punition de quatre des Tibétains les plus compromis dans le crime de Tong-bou-mdo. La tête de l'un d'eux fut exposée à la porte de Si-ning. Malheureusement il fut impossible d'atteindre le supérieur du couvent de Tong-bou-mdo que j'ai toujours considéré comme le véritable coupable.

DEUXIÈME PARTIE[1]

VUE D'ENSEMBLE SUR LE TIBET ET SES HABITANTS

I. — DESCRIPTION GÉNÉRALE DU PAYS

Le Tibet occupe la masse de montagnes la plus énorme et la plus élevée qui soit dans le monde. Délimité en gros par le pic de Dapsang à l'ouest, les villes de Skar-do et de Simla, la chaîne de l'Himalaya, Li-kiang, Ta-tsien-lou, Soung-p'an, les monastères de Lha-brang et de Skou-boum, le Kouke nor, le Kya-ring ts'o, les monts Bayen Kara, Arka tâgh et Oustoun tâgh, il affecte la forme d'un immense sabot ou, pour parler géométriquement, d'un trapèze dont les côtés seraient elliptiques. Il mesure 2 600 kilomètres dans sa plus grande longueur entre Skar-do et Soung-p'an, 450 dans sa plus petite largeur du col de Karakoram au bord du Satledj et 1 250 dans sa plus grande largeur entre le Kouke nor et le coude méridional du Ta kiang ou fleuve Bleu. La superficie totale dépasse 2 millions de kilomètres

1. Dans les transcriptions de noms et de mots étrangers le *g* est toujours dur. Dans la première partie de l'ouvrage je n'ai pas cru nécessaire de distinguer entre les consonnes aspirées et les autres.

carrés, couverts par une série de chaines de montagnes
neigeuses qui, ramassées sur le méridien du Karakoram en
un faisceau étroit, s'épanouissent vers l'est en éventail en
s'inclinant soit au nord, soit au sud, puis se resserrent de
nouveau en s'inclinant en sens inverse. Physiquement le
Tibet se divise en deux parties, la région des lacs et celle
des rivières, qui enveloppe la précédente de trois côtés en
demi-cercle. La région des lacs, qui s'étend entre le lac
Pang-kong, les sources de l'Indus, le Dam La-rkang la, les
sources du Salouen et du fleuve Bleu et enfin celles des rivières du Turkestan, affecte la forme d'un fer de hache,
ayant 500 kilomètres de largeur à l'emmanchure du côté
du lac Pang-kong, 700 à l'autre extrémité, sur 1100 de
largeur et couvrant ainsi une surface égale à celle de la
France. Cette partie du Tibet étant la plus éloignée de l'O-
céan, les précipitations atmosphériques y sont plus rares
qu'ailleurs, le climat y est d'une grande sécheresse et
les eaux n'y peuvent acquérir assez de puissance pour
triompher des obstacles et se façonner un chemin vers la
mer. Les chaines de montagne sont largement étalées, arrondies, mal articulées, séparées par des vallées presque
plates[1], semblables aux Pamirs, d'une altitude absolue considérable, médiocrement inférieure à celle des sommets.
Aucune pente générale n'y est suffisamment déterminée
pour permettre aux eaux de s'assembler en rivières; les
ruisseaux et les torrents vont s'endormir dans des lacs
innombrables, éparpillés de tous côtés comme des fragments de miroir brisé. L'écoulement des eaux est si peu
favorisé que le terrain est entièrement imprégné d'eau,
sauf sur les côtes, gelé et solide pendant huit mois de l'an-

---

1. Ce sont ces vallées qu'on appelle *tang* en tibétain par opposition
à *rong*, vallée encaissée, gorge.

née, boueux et mouvant au cœur de l'été. C'est justement le régime de la toundra sibérienne. Aucune autre contrée au monde n'a une altitude moyenne égale sur une pareille surface. Cette altitude moyenne est supérieure à 5000 mètres, les vallées ayant de 4400 à 5300 mètres, les pics de 6000 à 7500, les cols de 5000 à 5800. La partie septentrionale de cette région est la plus élevée, les vallées n'y ont jamais moins de 4800 mètres; aussi la température est-elle fort rigoureuse, montant avec peine à 15 ou 16 degrés en été à une heure de l'après-midi pour descendre à zéro ou au-dessous la nuit; en hiver il sévit des froids de 40 degrés et plus. La végétation est à peu près nulle et le peu d'herbe qui pousse n'est jamais verte. Les pâtres tibétains n'y viennent point planter leur tente. A l'ouest de 80 degrés de longitude, ils s'avancent jusqu'un peu au nord du 34e parallèle (Mang-rtsé), mais à l'est ils ne s'aventurent que peu au delà du 33e dans la saison chaude et restent au-dessous du 32e en hiver. La partie de la région lacustre, qui s'étend en segment d'ellipse entre le Pang-kong et le Nam ts'o, le long de l'itinéraire de Nain Singh, plus méridionale et un peu moins élevée (4600 mètres en moyenne), est plus habitable et contient même quelques pauvres bourgades de pierre telles que Rou-t'og, Om-bo et Sen-dja dzong. Elle est encore presque complétement impropre à la culture, la végétation arborescente y fait défaut et l'on n'y trouve que des pâturages à l'herbe courte et dure au milieu de grands espaces absolument stériles. Les eaux plus abondantes ont comme une velléité de se réunir en rivières, sans cependant y réussir. C'est une zone de transition. Plus au sud, la chaîne méridionale du Nam ts'o passée, la transformation est accomplie. Là, de même qu'à l'ouest et à l'est, la masse montagneuse pour ainsi dire amorphe qui domine, pareille à un donjon, le centre du continent asiatique, s'articule, se diversifie, se façonne. Le climat moins sec fournit plus d'humidité et favorise le travail d'érosion des eaux, qui se sont creusé de profondes vallées et ont trouvé un écoulement vers la mer. Ainsi de grands fleuves sont nés : l'Indus, le Tsang-po-Brahmapoutra, le Salouen, le Ta kiang, le Mékong, le Hoang ho. Près des sources l'aspect du pays ne change que peu ; ce sont toujours les mêmes larges vallées, très hautes et peu hospitalières à la vie. Vers les sources du fleuve Bleu le pays est inhabité et les Tibétains ne mènent pas leurs troupeaux au delà d'une ligne brisée tirée de l'extrémité nord occidentale du Kouke nor et passant par le Stong-ri ts'o, le Ngoring ts'o, la source du Mékong et le col Tang la. Entre les Tibétains et les Mongols s'étend une marche déserte qui se rétrécit à mesure qu'on s'avance vers l'est, c'est-à-dire à mesure que le terrain s'abaisse, en sorte que sur les bords septentrionaux du Kouke nor les deux populations se touchent et se mêlent. Dans le Tibet oriental les cultures commencent à se montrer, très rares et très pauvres, à partir d'une ligne menée de Dam (4400 mètres) à La-boug gon-pa (5800 mètres) ; puis, un peu plus au sud encore, les pentes des montagnes se revêtent de bois chétifs et clairsemés, genévriers, tamaris, saules, pins et sapins, cèdres, ormes. Plus on avance vers l'est, plus les chaines de montagnes se rapprochent, rétrécissant les vallées, dont le fond se déprime de plus en plus sans que les sommets s'abaissent d'une manière notable, de façon que le pays se hérisse de côtes fort hautes, abruptes, rocheuses, difficilement franchissables, qui ne laissent entre elles que des espaces très restreints pour la culture et la pâture. Cependant, à mesure que l'on descend, on voit les cultures s'améliorer, les forêts s'épaissir, les villages devenir plus nombreux et enfin, au sortir de la prison tibétaine, à la lisière des pays chinois, les vallées ne dépassent plus guère 2500 mètres, sont fertiles, produisent du blé, des légumes, des fruits, même des raisins, des grenades, du riz dans les plus méridionales, comme celle de Ba-t'ang; des villes importantes s'y élèvent Ba-t'ang, Dar-tsé-do, Soung-p'an, Tong-kor, où les deux éléments ethniques, le chinois et le tibétain se heurtent et se mêlent. A l'ouest, du côté du La-dag, on constate le même resserrement des plis montagneux, les mêmes vallées étroites, profondes, séparées par d'énormes murailles rocheuses; seulement l'altitude reste plus considérable, la végétation est plus maigre, les arbres manquent. La zone méridionale du Tibet, constituée par le bassin du Tsang-po-Brahmapoutra est la plus favorisée de la nature. Les vallées sont en général un peu plus larges, et leur proximité plus grande de l'équateur permet de récolter du riz, des abricots et des jujubes jusque par 3500 mètres d'altitude. C'est là que sont bâties les villes les plus considérables du pays : Ji-ka-tsé, Lha-sa, Gyang-tsé.

Terre dure et avare, qui ne donne qu'à regret un peu de pain aux hommes qui l'habitent. Auprès d'elle les plus sauvages cantons de la Suisse ressemblent à des parcs de plaisance. En quelque lieu que l'on soit, on est entouré de hauteurs que la neige ne quitte jamais, on est flagellé par des vents véhéments et aigus, exposé à des froids polaires. L'aspect de la nature est austère, monotone, accablant par l'énormité des proportions, rarement égayé par un soupçon de grâce fugitive. Le séjour en serait presque insupportable si le ciel et l'eau n'étaient clairs. Une telle contrée pouvait moins encore que le Turkestan être le berceau d'une civilisation brillante; elle n'était destinée qu'à servir de refuge à quelque race disgrâciée, et en effet le peuple tibétain n'a jamais atteint qu'à une culture médiocre, pâle reflet des civilisations chinoise et hindoue. Les écrivains tibétains ont eu eux-mêmes la rare modestie de reconnaître l'infériorité de leur pays en le surnommant *Kob youl*, le pays barbare.

II. — LES HABITANTS, TYPE PHYSIQUE ET MORAL

L'immense territoire que nous venons de décrire est fort peu peuplé. Il ne paraît pas qu'il y ait en tout plus de 5 millions de Tibétains, sujets de l'empereur de Chine ou de l'impératrice des Indes[1]; mais tous, malgré la distance qui les sépare, offrent une remarquable unité de mœurs et de langue. Ils se donnent tous le nom générique de Bod-pa. Les habitants du royaume de Lha-sa, et ceux du La-dag se considèrent comme la partie la plus pure de la race Bod et distinguent leurs congénères du nord et du nord-est par des noms particuliers. Les nomades qui fréquentent les pâturages des hauts plateaux entre le lac Pang-kong et le Nam ts'o sont appelés Tchang-pa (Byang-pa) c'est-à-dire les septentrionaux. Les Tibétains nomades ou sédentaires qui habitent au delà du Nam ts'o et au nord de Tcha-mdo, à partir du district de Nag-tchou dzong[2] jusqu'au Kouke nor et à Ta-tsien-lou sont désignés par le mot de Hor-pa, qui a probablement le sens général de barbare. Les Mongols sont souvent ainsi appelés dans les livres, tandis que dans l'u-

1. Je ne comprends pas dans ce chiffre la partie de la population du Népâl, du Bhoutan et de la Barmanie qui se rattache à la race tibétaine. Les conclusions de M. Rockhill sur la statistique de la population tibétaine concordent avec les miennes. Je suis certain que tous les autres chiffres sont exagérés.

2. Les gens de Nag-tchou sont déjà des Hor-pa, ceux des bords du Nam-ts'o sont encore des Tchang-pa.

sage moderne on leur donne plus souvent le nom plus précis de Sog-po. Dans le Tibet occidental, où les Mongols sont fort peu connus, le mot Hor-pa est appliqué uniquement aux Turcs musulmans de Kachgarie. Les pâtres des steppes de l'occident comme de l'orient sont appelés Dog-pa (hbrog-pa) par opposition aux agriculteurs sédentaires. Aucun de ces noms n'a de signification ethnique et tous les Bod-pa du Kouke nor au Baltistân se tiennent pour frères.

Ils ont tous un certain air de famille, mais c'est une famille hétéroclite dont les membres se reconnaissent seulement parce qu'ils ne ressemblent pas aux familles voisines et non point parce qu'ils se ressemblent entre eux. Lorsqu'on voit un Tibétain, on juge aussitôt, abstraction faite de ses manières et de son costume, que ce n'est ni un Chinois, ni un Mongol, ni un Turc, ni un Indo-Européen, mais l'on aurait tort d'en conclure que tous les Tibétains sont faits sur le même modèle; car si le voisin se présente, on s'apercevra qu'il diffère presque autant de son compatriote que de n'importe quel Chinois, Mongol ou Hindou. Si l'on prend un groupe de cinquante Tibétains, on a chance de discerner parmi eux trois ou quatre types divers, qui ne se ramènent guère l'un à l'autre. Seulement les mêmes types se retrouvent à peu près partout, parce qu'entre tous les groupes ethniques, qui ont contribué à former le peuple tibétain, il y a eu depuis des milliers d'années des relations intimes, fréquentes, ininterrompues, qui ont complètement brouillé les frontières ethniques en même temps qu'elles ont unifié la langue[1]. Il est ainsi impossible de dégager un type général du milieu de

1. Quelles que soient les différences dialectales, elles sont moindres qu'elles ne l'étaient autrefois en France sur une surface beaucoup moindre et n'empêchent point les Tibétains des districts les plus éloignés de se comprendre.

cette confusion; quant à décrire avec précision et à classifier les trois ou quatre types irréductibles auxquels tous les types individuels peuvent se ramener, c'est une entreprise qui ne pourrait être tentée que par un spécialiste ayant étudié très minutieusement la question sur place. Voici cependant quelques-uns des caractères qui se présentent le plus fréquemment. Front haut et étroit, quelquefois fuyant, oreilles grandes et écartées; nez parfois large et aplati, le plus souvent proéminent, non rarement aquilin, mais avec les narines presque toujours larges; yeux moins à fleur de tête et moins bridés que chez les Mongols, et même chez certains individus le bridement est difficilement perceptible; pommettes grosses et saillantes; face osseuse et allongée, quelquefois carrée, presque jamais ronde comme chez les Mongols; bouche largement fendue; dents fortes, très souvent irrégulières et cariées; lèvres épaisses chez quelques-uns, minces chez la plupart; mains et pieds grands et grossiers· cheveux épais et durs, ayant une tendance plus ou moins grande à s'onduler; barbe rare, sauf quelques exceptions : j'ai vu des Tibétains orientaux barbus comme des patriarches, d'ailleurs on a coutume de s'épiler le visage avec des pinces. Stature au-dessus de la moyenne, plus haute dans le Tibet nord-oriental (1^m,63) que dans l'occidental (1^m,60). Os gros, muscles peu développés, secs et fermes, embonpoint extrêmement rare, même chez les femmes. Je n'ai rencontré de gens gras que parmi les moines et encore je n'en ai observé aucun qui fût obèse. Crâne visiblement brachycéphale, moins que chez les Mongols. Couleur des yeux, brun clair ou noisette, des cheveux, toujours noire, de la peau, indéterminable à cause de la crasse qui recouvre tout le monde : j'ai eu cependant la bonne fortune de voir quelques Tibétains qui venaient de se laver; ils m'ont paru bronzés comme des Italiens, avec un fond légèrement rougeâtre. Le recueil des légendes de Padma Sambhava appelle le Tibet le pays des visages rouges, *dong-mar Bod youl*. Il n'y a pas lieu d'établir aucune distinction caractéristique entre les Tibétains de Lha-sa et de Ta-chi-lhoun-po, dont j'ai vu un assez grand nombre, et les nomades du nord et du nord-est, hors que ceux-ci ont naturellement plus de rudesse dans l'allure. Au contraire, les Pa-nag des bords du Kouke nor doivent être mis à part; ils se rapprochent beaucoup plus des Mongols que les autres Tibétains et notamment ils ont des yeux plus bridés, le nez moins proéminent, la taille plus ramassée.

Les Tibétains ont beaucoup plus de souplesse, d'agilité et de grâce dans la démarche que les habitants du Turkestan chinois; ils marchent très vite, sauf les grands seigneurs, à pas relativement petits et menus, en se tortillant des hanches. J'ai signalé ailleurs à quel point ils s'étaient accommodés à l'altitude excessive de leur pays, qui n'a pour eux aucun inconvénient. Grâce à cette accommodation ils peuvent supporter sans trop de peine de longues marches et se livrer à des courses rapides dont peu d'Européens seraient capables en de semblables montagnes. Cependant je n'ai pas éprouvé que les Tibétains fussent plus résistants que nous à la fatigue et plus endurants de la souffrance que nous ne le sommes; c'est plutôt le contraire qui est vrai, car s'ils ont le corps moins délicat, ils n'ont pas un ressort moral aussi puissant.

C'est peut-être une entreprise assez illusoire que d'essayer de tracer un portrait moral du Tibétain. Les rares caractères qui sont communs à tous les habitants du Tibet et à eux seuls ne sont nullement constitutifs de l'âme tibétaine, mais simplement surajoutés, résultant des antécédents historiques et des conditions sociales et politiques.

En général, on peut dire que le Tibétain est d'une douceur
non exempte d'hypocrisie; il est faible, timide, obséquieux
et défiant comme tous les faibles. C'est là une conséquence
du gouvernement clérical qui lui est imposé, gouvernement
tyrannique, sectaire, soupçonneux, tremblant de voir l'autorité lui échapper, attentif à maintenir chacun dans une
dépendance servile et faisant de l'espionnage et de la délation mutuelle la base de l'édifice social. La peur plane sur
le Tibet entier, le gouvernement craint ses sujets, et les
sujets leur gouvernement, chacun redoute son voisin, son
ennemi et son ami, le particulier s'effraye du pouvoir arbitraire du fonctionnaire et du lama, ceux-ci tremblent
devant leurs supérieurs, lesquels à leur tour sont sans
cesse inquiets des sourdes intrigues qu'ils découvrent ou
supposent chez leurs inférieurs. La peur conduit ordinairement à la cruauté et cela explique la fréquence des
meurtres et surtout des empoisonnements, ainsi que la
barbarie des supplices que les Tibétains font subir à leurs
condamnés; ce n'est point que leur cœur soit naturellement dur et fermé à la pitié. Il va de soi que les Tibétains
montrent encore plus de défiance à l'égard des étrangers
que de leurs compatriotes et c'est pour cela qu'il est si
difficile de tirer d'eux le moindre renseignement. Mais
c'est si bien une affaire de politique que les Tibétains
Pon-bo, qui détestent les bouddhistes, s'ouvrent assez
volontiers aux Européens, en qui ils voient des appuis
possibles contre leurs ennemis orthodoxes. De même les
Tibétains de l'est, divisés en tribus indépendantes et hostiles les unes aux autres, exposés aux pillages de leurs
voisins, toujours sur le qui-vive, sont beaucoup plus
batailleurs et querelleurs que leurs congénères de l'ouest
et du sud et se livrent avec moins de contrainte aux violentes impulsions de l'instinct. Il n'est pas de voyageur

qui n'ait noté l'insouciance du Tibétain. Il n'aime pas les longues pensées et il est d'avis qu'à chaque jour suffit sa peine, aussi lorsque l'occasion s'en présente, il s'amuse, chante, danse et fait ripaille sans s'inquiéter du lendemain. Mais de quoi veut-on qu'il se soucie? L'organisation sociale est telle qu'il ne peut guère s'élever au-dessus de sa condition et qu'en quelque lieu que le sort l'ait fait naître, il est à peu près sûr de sa pitance quotidienne, dont il se contente parce qu'il sait ne pouvoir se procurer mieux. Les caractères soucieux ne se rencontrent que dans les sociétés compliquées et instables comme les nôtres, où il y a surabondance de population, où presque tout le monde, au lieu de trouver en naissant sa place réservée au soleil, est obligé de se la faire lui-même par son propre effort, au prix de beaucoup de peine et de temps, où il est impossible de se satisfaire à peu de frais, où les ambitions sont déchaînées par la faculté que tous possèdent ou croient posséder de monter aux plus hauts sommets. On doit se mettre en garde, en une certaine mesure, contre les reproches de lubricité adressés aux Tibétains par les missionnaires, singulièrement gauches lorsqu'ils parlent de ces sortes de choses, et par les écrivains chinois, toujours pleins d'orgueil national et de respectabilité pudibonde. Je ne crois pas que les Tibétains soient foncièrement plus mauvais à cet égard que la plupart des hommes. A vrai dire, malgré les recommandations de la religion bouddhiste, ils n'attachent qu'une très faible importance à ce que d'autres considéreraient comme très immoral. Leur exemple est excellent pour démontrer la vanité de la théorie d'après laquelle les habitants des pays froids auraient les mœurs naturellement meilleures que ceux des pays chauds. Toutefois le Tibétain, plus grossier et moins contraint par le préjugé que le Chinois, met dans son libertinage moins de raffinement et de vice. Il est aussi moins orgueilleux et moins moqueur, peu porté à l'insolence et au dénigrement, mais bien plutôt à l'admiration naïve. Il a une gaieté simple, une bonne humeur ingénue, qui le fait s'amuser de la moindre chose comme un grand enfant qu'il est. D'une culture très médiocre, aussi bien dans les villes que dans les steppes, il a l'esprit moins avisé et moins industrieux que le Turc de Khotan ou de Kâchgar ; et pourtant l'instruction est un peu plus répandue dans le Tibet que dans le Turkestan, mais cette instruction se borne aux premiers éléments de lecture et d'écriture, aux prières et au catéchisme, et cet enseignement religieux, forcément grossier, n'a fait qu'accroître le caractère profondément superstitieux de ces âmes encore obscures, toutes pleines de peurs et de crédulités puériles. Cependant le Tibétain est supérieur intellectuellement au Mongol, moins lourd et moins stupide ; il ne manque pas de vivacité ni de bon vouloir et, avec une bonne direction, on peut en faire quelque chose.

III. — APERÇU HISTORIQUE

Sur les origines de la race tibétaine nous n'avons point d'information certaine et précise. Les Tibétains disent descendre d'un dieu-singe et d'un démon femelle (srin-mo) ; c'est ainsi que les Turcs prétendent que leur premier ancêtre était un loup. Les Chinois rapportent que les Tibétains sont les descendants des tribus San-miao, que Chun, l'Empereur mythique qui vivait au xxiiie siècle avant notre ère, envoya dans les environs du Kouke nor. Cela prouve

que dans l'opinion des Chinois les Tibétains auraient occupé primitivement les vallées fertiles de la Chine, d'où ils auraient été chassés par le peuple conquérant des cent familles, et que l'installation des Tibétains dans leur patrie actuelle remonterait aux âges préhistoriques.

Il est fort probable que les Tibétains appartiennent à la même souche que les divers peuples turco-mongols. Non seulement le type physique des uns et des autres présente une assez grande analogie, mais les mœurs et les croyances des uns et des autres ont des rapports frappants. Sans doute le processus de la civilisation ayant été à peu près le même dans toutes les races, il ne faut point s'appuyer sur l'identité de quelques coutumes chez deux peuples, ni même sur la similitude des principes généraux qui servent de base à leurs sociétés respectives, pour conclure à leur parenté ethnique. Autrement il serait très facile de démontrer que les Chinois ont la même origine que les Grecs. Mais en ce qui concerne les Tibétains, on observe entre leurs usages les plus anciens et ceux des Turcs et des Mongols des ressemblances si étroites, se poursuivant parfois si exactement jusque dans le menu détail qu'il est impossible de n'y voir qu'une concordance fortuite. La différence de langage est une difficulté : on sait que les Tibétains parlent un idiome en partie monosyllabique comme le chinois, en partie agglutinant comme le mongol, possédant déjà des rudiments de déclinaison et de conjugaison qui lui permettent d'avoir une syntaxe se rapprochant plus de la syntaxe turque que de la chinoise; d'ailleurs son vocabulaire est tout à fait spécial. Il est bien certain que, si l'hypothèse de la communauté d'origine des Tibétains et des Mongols est juste, les premiers ont été notablement modifiés au cours des âges comme leur type physique en fait foi. Il est très possible que, venus de

Mongolie, ils aient trouvé une autre race, installée avant
eux dans le pays des sources des grands fleuves, avec
laquelle ils se soient mélangés et dont ils aient emprunté
en quelque mesure la langue et la structure corporelle.
Peut-être subsiste-t-il quelques débris de cette race primitive parmi les peuplades sauvages du Seu-tchouen, du
Yun-nan ou de l'Himalaya.

Les légendes tibétaines du Livre des Rois ne nous apprennent rien sur les origines; ce ne sont que des inventions
laborieusement arrangées par des scribes pédants, qui
rappellent beaucoup les traditions de la Chine primitive,
déformées avec un rationalisme puéril par les historiens
postérieurs. C'est le même système qui consiste à attribuer
à une série de rois très sages la découverte et l'application
des arts nécessaires à la vie et l'établissement des institutions
qui sont la base de la société. Le premier de ces rois,
Nya-t'i ts'an-po, venait, dit-on, de l'Inde; il entra dans le
Tibet par le Bhoutan et passa par le mont Yar-lha-cham-po
pour se rendre à Lha-sa. C'est là une légende évidemment
forgée par les moines bouddhistes habitués à tout rapporter à l'Inde et qu'il faut rejeter d'emblée. Néanmoins il
n'est pas impossible que les moines aient en cela dit
inconsciemment quelque chose de vrai et qu'une partie de
la population tibétaine soit sortie à une époque extrêmement reculée de la plaine du Gange. La plus ancienne mention certaine qui soit faite des Tibétains dans l'histoire se
rencontre dans les Annales des Han, qui les connaissent
sous le nom général de K'iang et relatent que dès 770 av.
J.-C. ils furent en lutte avec les Chinois[1]. Dès le début de
l'ère chrétienne des marchands traversaient le Tibet pour

1. Il ne faut pas attacher beaucoup d'importance à cette date
de 770, l'histoire chinoise n'acquérant de certitude qu'à partir de la
seconde moitié du iiie siècle avant notre ère.

se rendre de Palimbothra regia (Patna) à la capitale de la Chine en passant par le Népâl et Lha-sa. Pline l'ancien appelle le Tibet pays des Attacores, nom qui se retrouve dans Ptolémée sous la forme Ottorokorrha, ville située près du Tsang-po et correspondant assez probablement à Lha-sa. Le géographe d'Alexandrie connaît déjà le véritable nom des Tibétains, οἱ βχότχε; mais pour lui les Bautes ne sont qu'une des peuplades qui habitent le pays compris entre l'Himalaya (Emodes) et le Nan chan (monts Kaciens), et il les place au nord de Lha-sa. Cependant il semble que c'était le principal des peuples du Tibet, puisqu'il a donné son nom au fleuve Bautisos, généralisation idéale de toutes les rivières, qui prennent leur source entre le Népâl et le Tsa-dam et qui pour Ptolémée se réunissent toutes au Hoang hô. Au ive siècle de notre ère les Tibétains contribuèrent à la ruine de la dynastie des Ts'in : ils comptaient alors cent cinquante tribus, subdivisées en une foule de petits clans, établies à l'ouest de la rivière Min et du Ta kiang. Leur chef le plus important résidait à l'est de la rivière de Lha-sa (Lo-so) probablement sur l'emplacement de la ville actuelle. Les Annales des Soei et des T'ang nous indiquent les tribus dominantes au vie siècle et fournissent des indications assez précises pour qu'on puisse les situer sur la carte. Ce sont en commençant par le nord-est :

1º Les T'ou-kou-houn, ainsi appelés du nom d'un chef turco-mongol qui vint du Liao-toung s'établir dans leur pays en l'an 512. Ils occupaient la région comprise entre Si-ning et le fleuve Jaune, les alentours du Kouke nor et le Tsadam. Ce sont les ancêtres des Pa-nag et des Gomi. Leur capitale était située à 15 ou 50 lis à l'ouest du Kouke nor. Au ve et au vie siècle leur domination s'étendit jusqu'à Tchertchen. Les femmes du pays des T'ou-kou-houn, comme les Tibétaines de notre temps, se divisaient les cheveux en

une foule de petites tresses et les ornaient de perles et de
coquillages. Le fond de la population était certainement
resté tibétain, mais l'élément turco-mongol apporté par les
envahisseurs n'était pas négligeable, ne comptant pas moins
de 1,100 familles au dire des Annales des Soei ;

2° Les T'ang-hiang[1], au sud des précédents et à l'est de
la rivière T'ao et de Song-p'an t'ing, occupaient la contrée
montagneuse du haut fleuve Jaune et du Dza tchou. C'était
un peuple de cavaliers, belliqueux et pillards, n'ayant point
de maisons, mais seulement des tentes en poil de yak. Nous
reconnaissons en eux les ancêtres des Ngo-log, des Dza-
tchou-k'a-pa et des gens du Nga-mdo. C'est de l'une de leurs
tribus, celle des T'o-p'a qu'est sortie la célèbre dynastie des
Si-hia ;

3° Diverses tribus, telles que Tch'oun-sang, Mi-sang, etc.,
au sud des T'ang-hiang et correspondant sans doute aux
gens du Dé-rgyé et aux cinq clans des Hor;

4° Le Niu kouo, c'est-à-dire le royaume des femmes, ou
plus exactement Niu-ouang kouo, le pays gouverné par une
reine. Ce pays situé à l'est (c'est-à-dire au sud-est) des
T'ang-hiang et au nord-ouest de Ya tcheou est le T'o-
skyab et le So-mo. M. W. Rockhill note que lors de son
passage chez les Hor, le So-mo était gouverné par une
femme. Il faut se défier des renseignements donnés par les
auteurs chinois, qui sont portés à exagérer les coutumes
différant des leurs et s'imaginent que si les femmes n'occupent point dans une société une place aussi inférieure que
dans la société chinoise, elles sont par cela même souve-
raines maîtresses. Remarquez bien que dans le Niu kouo
tous les fonctionnaires qui ne sont pas employés dans l'in-

---

1. Le terme *Tangout* vient du nom de cette peuplade. C'est le plu-
riel mongol de T'ang.

térieur du palais, les officiers militaires et les prêtres sont
des hommes;

5° Les T'ang-tch'ang, à l'ouest du Seu-tchouen (Ta-tsien-
lou);

6° Les Teng-tchi, à côté des précédents (Li-t'ang ou
Ba-t'ang);

7° Les Pé-lan, à l'ouest des T'ang-hiang, occupaient le
pays des Nyam-ts'o, des Tao-rong-pa et en général les
états du Nan-tchen gya-po. Leur nom se trouve sous la
forme Paliana dans Ptolémée qui les place par Lg. 162° 25′
Lt. 41° entre le Tsadam et Lha-sa.

8° Les To-mi, à l'ouest des précédents, occupaient les
états actuels du Hor-tsi-gyab-pé-ko dans le bassin du Sog
tchou;

9° Les T'ou-fan, au sud des précédents, à l'est du Népâl,
occupaient le pays de Lha-sa et toute la province de
Bou; ils étaient la plus puissante tribu du Tibet dès le
IV° siècle[1];

10° Les Si-li, au sud-ouest des précédents, tribu de
50,000 familles demeurant dans des villes et des villages.
Leur pays était le Tsang méridional et plus spécialement les
environs de Ta-chi-lhoun-po;

11° Les Tch'ang-kié-po, montagnards nomades, comptant
environ 2,000 tentes au sud-ouest des Si-li, c'est-à-dire sur
les confins du Népâl, dans les environs de Ni-lam;

12° et 13° Les Yang-t'oung, divisés en Petits et en Grands,
étaient des nomades qui paissaient leurs troupeaux à l'ouest
des T'ou-fan, au nord du Népâl, au sud de Khotan, c'est-à-
dire dans le Tsang occidental et dans le Nga-ris oriental,
soit à peu près entre 77° et 85° de longitude. Les Petits

---

1. Ils avaient absorbé entre autres peuples les Sou-p'i qui habitaient probablement le pays de Nag-tchou et le Nam-rou.

Yang-t'oung habitaient dans le Nga-ris et les Grands dans le Tsang ;

14° Les Grands Po-liu ou Po-lou, à l'ouest des Yang-t'oung. Ce sont les gens du La-dag ;

15° Les Petits Po-liu, à l'ouest des précédents, occupaient le Baltistân actuel. Ils étaient au débouché de la route de Kâchgar par le Pamir[1].

Les Annales des Soei et des T'ang nous peignent ces Tibétains d'autrefois comme très semblables à ce que nous les voyons aujourd'hui avec leurs figures sales, leurs cheveux emmêlés, leurs longues robes de peau, leurs tentes en poil de yak dans le nord et leurs maisons aux toits plats dans le sud. Comme aujourd'hui, ils fabriquaient de la bière d'orge, pétrissaient des boulettes de tsam-ba dans un breuvage beurré ; ils avaient le goût du brigandage et ne sortaient guère sans leurs arcs et leurs sabres ; leurs mœurs étaient très libres et les châtiments, qu'ils infligeaient aux criminels, très féroces. Leurs femmes portaient leurs cheveux divisés en une foule de petites tresses[2] et s'enduisaient le visage d'un enduit noir. Les cultures étaient rares et ne comprenaient guère que l'orge, le blé noir et les pois. Le père passait son autorité de chef de famille à son fils devenu grand. La religion était la même que celle des anciens Chinois et des anciens Turcs, consistant dans le culte des ancêtres et un naturalisme grossier ; nous verrons plus loin que cette religion a subsisté à peu près entière chez le peuple. Les prêtres-sorciers, semblables aux *kam*

1. Klaproth, *Tableaux historiques de l'Asie.* — Bushell, *The early history of Tibet.* — W. Rockhill, *The land of the Lamas.* — *Tibet, a geographical, historical and ethnographical sketch derived from Chinese sources.* — II. Bitchouriue, *Histoire du Tibet et du Koukou nor* (en russe).

2. Au moins chez les T'ang-hiang, Tibétains du nord-est.

tures, avaient beaucoup d'influence sur les esprits superstitieux des anciens Tibétains; ils donnaient par des sacrifices et des prières une sanction religieuse au serment de fidélité politique, que les chefs prêtaient au prince chaque année et avec une plus grande solennité tous les trois ans; et l'on rapporte que dans cette grande cérémonie triennale on sacrifiait des créatures humaines. Au reste, la civilisation de ces Tibétains était très rudimentaire; ils ignoraient l'écriture et se servaient, pour transmettre les ordres ou constater les contrats, de fiches de bois entaillées, de même que les vieux Turcs et que les peuplades tibétaines ou autres qui vivent encore aujourd'hui dans le coin sud-oriental du Tibet.

Vers 650 de notre ère, le prince tibétain Srong-tsam-gam-po (Srong-btsan-sgam-po, le très puissant et le très sage? Srong)[1] réunit en confédération un grand nombre de tribus tibétaines et fonda un grand État avec Lha-sa pour capitale. Ce nouveau royaume prit le nom qu'il a gardé depuis, *Tou-fa* en chinois, ou plutôt, selon l'ancienne prononciation, *Tou-pat*. *Pat* est la transcription du mot *Bod*[2], que les Tibétains emploient pour désigner leur pays et leur race; *Tou* représente le tibétain *mt'o* (pron. t'o) = élevé. Les Arabes en ont fait Tibbet[3], qui se prononce à très peu de chose près comme les deux mots anglais *tub*, *but*, et

---

1. Srong se prononce souvent Rong, aussi les écrivains chinois ont-ils transcrit ce nom par Loung. Le sens de Sgam-po est très douteux. Voir *Dict. de Jæschke*, p. 111. Plus brièvement on appelle ce souverain Srong-tsan-po.

2. Qui se prononce le plus ordinairement Bod comme il s'écrit.

3. Ils auraient dû transcrire par un *T'* et non par un *T*: mais on sait qu'ils avaient l'habitude pour arabiser les mots étrangers de substituer le *t* simple au *t'* aspiré. Quant au redoublement du *b*, c'est une corruption introduite après coup, et qui doit probablement son origine à l'effort que l'on faisait pour prononcer le son particulier de la voyelle *eu*.

Marco Polo en a tiré Tebet qui est devenu plus tard Tibet ou Thibet[1]. Quelques rayons de civilisation commencèrent à éclairer ce pays. Srong-tsan-po envoya dans l'Inde un missionnaire, qui en rapporta une écriture et traduisit deux ou trois traités bouddhistes; il donna quelques encouragements à la religion de Chakya Mouni et bâtit plusieurs temples; les lamas l'en ont récompensé plus tard en l'élevant à la dignité d'incarnation d'Avalokita. Cependant le bouddhisme se répandit fort peu au Tibet sous ce règne. Ce ne fut qu'après l'arrivée, au milieu du VIIIe siècle, du Maître Padma Sambhava, le dompteur des démons, que des monastères furent fondés et un clergé régulier créé. L'influence de la civilisation chinoise se fit sentir immédiatement avec beaucoup plus de force que celle de la religion du Bouddha. Srong-tsan-po reconnut la suzeraineté de l'empereur de Chine, épousa une princesse de la famille impériale, remplaça ses peaux de bête par des vêtements de soie à la mode chinoise, s'entoura de lettrés chinois chargés de sa correspondance officielle, envoya les enfants de la noblesse tibétaine étudier la littérature classique de la Chine, fit venir de Si-ngan des ouvriers pour fabriquer du papier et de l'encre. En même temps qu'ils se mettaient à

1. Voir la brochure de M. L. Feer : *Étymologie du mot Tibet*. Je crois devoir écrire Tibet sans *h* parce que : 1° le groupe *Th* ne représente pas pour moi un *t* aspiré, mais le son anglais *th*, qu'il est impossible de figurer d'une autre manière; 2° il est absolument inutile d'encombrer l'orthographe de noms aussi courants que celui de Tibet de lettres superflues qui ne se prononcent pas et ne peuvent se prononcer; 3° si l'on juge nécessaire de représenter l'aspiration tibétaine, à plus forte raison faudrait-il changer les voyelles *i* et *e* qui rendent le mot originel complètement méconnaissable; 4° les textes les plus anciens de Marco Polo donnent plus souvent *Tebet* que *Thebet*; 5° enfin, il est possible que la première syllabe au lieu d'être la transcription de *mt'o* soit celle de *stod* qui a le même sens et à peu près le même son, mais sans aspiration.

l'école de la Chine, les Tibétains acquéraient une puissance matérielle, qu'ils ne devaient plus retrouver dans la suite des âges. En 663, ils détruisirent la dynastie mongole des T'ou-kou-houn, qui dominait dans la région du Kouke nor et bientôt leur empire s'étendit depuis Lan-tcheou jusqu'aux portes du Badakhchân. Ils entrèrent en relations avec les khalifes de Baghdâd, qui tantôt s'allièrent avec eux contre les Chinois, tantôt avec ceux-ci contre les Tibétains; ils s'emparèrent à plusieurs reprises de Si-ngan, capitale de la Chine, et auraient peut-être réussi à ruiner au v111e siècle l'empire de leur suzerain, si celui-ci n'avait suscité contre ses dangereux voisins une coalition presque générale de l'Asie. J'ai expliqué ailleurs comment ils avaient été pendant près de deux siècles les maîtres plus ou moins irréguliers et contestés du Turkestan chinois, comment au cours du ixe siècle leur royaume se démembra par suite des rivalités devenues légendaires entre le pouvoir civil et le clergé. Les lamas, nourris, protégés, comblés de grâces par la royauté, reconnurent ses bienfaits, dès qu'ils se sentirent assez forts, en essayant de la chasser du logis où elle leur avait fait place. C'est l'éternelle histoire. Les rois se défendirent, et l'un d'eux, Lang-dar-ma, se signala par une persécution acharnée contre le clergé. Il n'était autre, si nous en croyons la chronique, que le diable incarné; il avait sur la tête un embryon de corne et il dissimulait attentivement cette difformité, qui eût révélé à son peuple sa véritable qualité. Seuls, ceux à qui il confiait le soin de sa barbe et de sa chevelure pouvaient apercevoir le signe dénonciateur, mais ils n'avaient garde d'être indiscrets, car, leur besogne achevée, ils étaient aussitôt mis à mort. Enfin un saint ascète, qui, à force de se consumer dans la contemplation, avait acquis le don de seconde vue, connut l'existence de la corne et comprit que son devoir

était de nettoyer de ce monstre impur la terre sacrée des
Bod. Il réussit à pénétrer secrètement dans le palais du
monarque et le tua d'un coup de flèche. Le clergé fut
rétabli au x⁰ siècle dans ses prérogatives. Khoubilay Khân
reconnut comme chef du clergé tibétain le supérieur du
couvent de Sa-skya[1], lui conféra l'autorité temporelle sous
sa propre suzeraineté, et depuis, la Chine ne cessa de soutenir le clergé. La puissance des moines vis-à-vis de la
royauté laïque déclina en même temps que la force des
empereurs et reprit vigueur avec elle. Tsong-k'a-pa, le
grand réformateur, triompha avec la dynastie des Ming,
ses successeurs furent éclipsés par les rois séculiers sou-
tenus des Mongols d'Ili dès que les Ming eurent perdu leur
ascendant, ils recouvrèrent leur prééminence aussitôt que
la dynastie des Ts'ing fut affermie, et finalement, le prince
laïque ayant essayé de ressaisir l'autorité, l'empereur K'ien-
long, qui porta à son apogée la puissance chinoise, le fit
condamner et exécuter, décerna le titre royal au Talé lama
et les fonctions de vice-roi à un autre lama (1751). La conséquence de cette bonne entente entre le clergé tibétain et
la Chine fut que celle-ci, sans envoyer de colonie au Tibet,
en y entretenant beaucoup moins de fonctionnaires et de
soldats que dans le Turkestan, y exerça cependant beaucoup plus d'influence sur la civilisation, et, d'une manière
générale, tout ce qui, dans la civilisation du Tibet, n'est
pas d'origine hindoue a pris sa source en Chine.

1. Prédécesseur et oncle du fameux P'ags-pa.

IV. — VIE MATÉRIELLE : HABITATION, VÊTEMENT, NOURRITURE, HYGIÈNE ET MÉDECINE.

Dans la première partie j'ai déjà donné quelques détails sur les différents sujets qui font l'objet de ce chapitre. De plus, M. W. W. Rockhill a traité ces questions avec une remarquable exactitude dans ses *Notes on the ethnology of Tibet*, qui sont abondamment illustrées d'après nature. J'y renvoie le lecteur et je me contenterai ici de résumer très brièvement mes propres observations et renseignements, qui confirment, sans y ajouter notablement, le travail du célèbre voyageur américain. Au point de vue de l'habitation, le Tibet se divise en deux régions, celle des tentes et celle des maisons. Cette dernière ne s'étend pas plus au nord que l'itinéraire de Nain Singh par Rou-t'og — Om-bo — Sen-dja dzong. A l'est du Nam ts'o, Nag-tchou, Gyé-rgoun-do et les villages de la vallée du La tchou offrent les spécimens les plus reculés de maisons de pierre. En deçà de ces limites, les tentes se mêlent aux maisons de pierre, plus nombreuses que celles-ci d'abord, puis moins nombreuses sans cependant jamais disparaître, sauf dans quelques districts particulièrement favorables à l'agriculture et impropres à la pâture. Ainsi dans le La-dag depuis le lac Pang-kong jusqu'à Lé et de Lé au col de Karaoul on ne rencontre point de tentes. Quoique la tente soit l'habitation par excellence des pasteurs, il y a néanmoins un certain nombre de Tibétains, qui, vivant uniquement de leur bétail, demeurent dans des maisons; tels sont les habitants de Nag-tchou dzong.

La tente tibétaine (gour) est tout à fait distincte de la tente mongole. Elle est faite en un grossier tissu noir de poil de yak, fort inférieur à tous égards au feutre mongol, elle est quadrilatérale au lieu d'être ronde, soutenue par un bâton horizontal et deux verticaux, qui sont fixés et fortifiés par un grand nombre de cordes tendues à l'extérieur, passant par-dessus de petits piquets à quelque distance de la tente, puis chevillées en terre. Elle n'est jamais plantée sur un sol uni, non seulement parce que le Tibet n'offre guère de surfaces planes, mais aussi parce que les indigènes fuient les bas-fonds et se réfugient sur les pentes des montagnes pour éviter une trop grande humidité au printemps et en général pour se mieux garder des brigands. La tente est appuyée le plus souvent sur une épaisse muraille de bouse desséchée, bûcher à la fois et écran contre le vent et la neige; elle est ordinairement entourée à quelque distance d'un petit mur de pierres ou de boue, très bas et insignifiant dans le Tibet central, très élevé dans les parties du Tibet oriental où le brigandage est fréquent. Cette clôture s'appelle *raoua* (ra-ba, le *yuentzeu* des Chinois) et c'est toujours de ce nom que j'ai entendu désigner les tentes tibétaines; la clôture a en effet une importance morale capitale, elle est la limite du domaine des dieux lares, et l'étranger qui en a franchi le seuil est déjà l'hôte du propriétaire. Au fond de la tente, la *cella*, l'armoire aux dieux, devant laquelle gît sur le sol, à la place d'honneur, une grosse pièce de bois longue de un ou deux mètres, haute de 20 à 30 centimètres, mal équarrie, sur laquelle celui qui est admis à la place d'honneur pose sa tasse de thé. Au centre, le foyer. Le fumier desséché brûle soit dans un très petit appareil de fer composé de trois cerceaux superposés et portés par trois pieds, ou dans un fourneau de maçonnerie, long, étroit, à hauteur d'appui, avec un foyer à une extrémité et un canal transversal sur lequel peuvent bouillir plusieurs marmites. La fumée s'échappe par le trou ménagé au sommet de la tente, ou le plus souvent se répand à l'intérieur, noire, âcre, gluante, contribuant de notable façon à bronzer le teint des indigènes. A droite en entrant, près de la toile, sont alignés de petits sacs contenant les provisions; à gauche, les feutres et les couvertures servant de literie sont empilés avec des selles, de la ferraille, des pots, des marmites, des tasses, un mortier de pierre à piler le thé, une baratte à beurre, des os de mouton, quelquefois un ou deux agneaux vivants, et un tas de fumier. Le mobilier des maisons offre la même simplicité, sauf dans les villes de quelque importance; le fourneau est semblable à celui des tentes et la cheminée est également réduite à un trou dans le plafond.

Les maisons tibétaines (k'ang-pa), construites la plupart en pierres plates, ont en général plusieurs étages, deux ou trois, le rez-de-chaussée servant d'étable. Les toits sont plats, les ouvertures sont ménagées avec parcimonie et donnent autant que possible sur la cour; la plupart des chambres ne sont éclairées que par d'étroites embrasures; seules les salles d'honneur reçoivent le jour par de larges fenêtres, garnies d'un vitrage de papier et munies d'épais volets de bois rouge. Toute maison notable présente au premier ou au second étage une vérandah qui n'est pas en saillie, mais est constituée simplement par une chambre dont la paroi extérieure est supprimée. Les maisons pauvres ont une cour sur le devant ou l'arrière, tandis que dans les demeures riches les bâtiments sont disposés autour d'une cour intérieure ou *tcham* (*k'yams*). Le *tcham* est quelquefois au premier étage, le rez-de-chaussée étant entièrement couvert, et en ce cas il n'a point d'analogue dans les constructions européennes; c'est une grande antichambre à ciel ouvert. D'après la description un peu sommaire que les Annales de T'ang nous donnent des maisons du Tibet au VIIe siècle, il semble bien que l'architecture n'en ait pas changé depuis. Ces maisons, plus solides que celles du Turkestan, sont en somme moins commodes, distribuées d'une manière gauche et bizarre, mais assez propres à servir de refuge contre une aggression à main armée ou de point d'appui pour une attaque. Comme les tentes, elles ont une prédilection marquée pour les terrains en pente, aimant mieux regarder le passant de haut que le voir d'en bas[1].

Le costume tibétain consiste essentiellement en une robe très ample, longue de 1 m. 65, aux manches très longues, serrée à la taille et relevée par une ceinture de manière à ne pas dépasser la cheville des hommes de qualité et des citadins, et le genou des gens vulgaires, obligés de beaucoup marcher et travailler. Ainsi relevée, la robe bouffe sur la poitrine, formant une vaste poche. La nuit, on la laisse retomber et l'on est enveloppé des oreilles aux pieds comme dans un lit. Les femmes portent la même robe; mais ne la relèvent jamais que jusqu'à la cheville. Ce vêtement s'appelle *tchou-ba* de même que la pelisse des Turcs orientaux (djouba, djoua). Chez les pasteurs du nord il est fait de peaux de mouton sans doublure, mais orné parfois de larges bordures en peau de panthère ou en étoffe de laine de couleur. Dans les villes on porte la même robe en étoffe de laine bleu indigo ou rouge foncé. Cette dernière teinte est la plus estimée. Une robe en laine de première qualité peut coûter à Lha-sa jusqu'à 400 *tan-ka*, soit 376 francs. Le costume de cérémonie des grands lamas et des fonctionnaires est le costume chinois en soie avec le

---

1. Voir p. 102, 116, 163, 181.

ma-koa-tzeu. Le pantalon n'est pas un vêtement national; ni les lamas, ni la majorité des nomades n'en usent. Les gens délicats ont des caleçons à la chinoise. Quant aux chemises, les raffinés en portent seuls, soit en indienne ou le plus souvent en une sorte de soie du Népâl, dite *bouré* (bou-ras), très grossière, que j'ai toujours vue grise, mais dont je n'ai jamais pu connaître la couleur originale.

Il y a deux sortes de bottes en usage, les bottes chinoises et les indigènes, dont la semelle est en peau de yak crue et la jambière en étoffe à bandes de couleur. Les grands lamas se servent aussi de bottes blanches qui se fabriquent à Lha-sa. Il n'existe peut-être pas de pays où l'on observe une plus grande variété de coiffures qu'au Tibet : turbans minces et rouges, petits chapeaux de feutre chinois aux bords étroits et relevés, vastes bonnets de fourrure munis d'oreillons, ornés ou non de larges rubans, chapeaux hauts de forme pour l'été, au tube étroit, aux bords très larges, attachés sous le menton par des brides, chapeaux de paille forme tyrolienne. Quelques-uns sont portés simultanément dans les mêmes endroits, les autres sont particuliers à certains districts, à certaines tribus ou certains groupes de tribus. Ainsi la forme des bonnets de fourrure du La-dag diffère beaucoup de celle des bonnets en usage à Lha-sa. Les Ngo-log, les Dza-tchou-k'a-pa ont un bonnet spécial, rond, ajusté à la tête par derrière, formant visière par devant, les Pa-nag sont coiffés d'un bonnet rond, au sommet en pointe, mais très peu élevé. Beaucoup de nomades se contentent de se couvrir le sommet de la tête et les oreilles d'une bande de peau de mouton comme d'un mouchoir de paysanne. Enfin un grand nombre vont tête nue, ce qui n'a pas d'inconvénients parce que la plupart des Tibétains laissent pousser librement leur chevelure qui est drue et enchevêtrée. Ils ont coutume de tresser en une natte les cheveux du sommet du crâne de manière à concilier la coiffure nationale avec la chinoise, et ils ornent cette natte d'un anneau d'ivoire et d'une bande d'étoffe étroite où sont fixés des turquoises et des coraux. Dans les villes, la chevelure est accommodée à la chinoise, mais avec moins de soin que parmi les habitants de l'empire du milieu. Les Dza-tchou-k'a-pa, les Ngo-log et les Pa-nag ont par exception la tête rase. Les Tibétains, comme tous les peuples encore barbares, affectionnent la bijouterie voyante et massive. Dans la région de Gyé-rgoun-do, il n'est guère d'hommes qui n'aient à l'oreille gauche un anneau d'argent grand et lourd, orné d'un corail ou d'une pierre précieuse. Un des fonctionnaires qui vinrent de Lha-sa à notre rencontre sur les bords du Nam ts'o avait en pendant d'oreille un saphir oblong qui n'était pas loin d'atteindre la grosseur d'un œuf de pigeon. Quant aux femmes, elles ont sur la tête de véritables magasins d'orfévrerie. Chez les nomades, leurs cheveux, disposés en petites tresses innombrables qui demandent plus d'une journée de travail, sont décorés de trois grandes bandes de laine ou de soie rouge semées de roupies, de coquillages, de perles fausses, de coraux, de turquoises, de grains d'ambre, d'agates rouges, de reliquaires d'or, d'argent ou de cuivre, etc. La coiffure des femmes du La-dag est plus modeste. Les femmes de Lha-sa portent, m'a-t-on dit, leurs cheveux comme les femmes de Turkestan chinois, réunis en deux tresses pendant sur le dos. Le costume des femmes varie plus selon les districts que celui des hommes. Dans l'est, elles portent par-dessus le *tchou-ba* une sorte de jupon rayé de bleu, vert, rouge et jaune. A Lé, elles ont le dos couvert d'un châle en peau de mouton attaché sur la gorge par une broche. Ce châle est de rigueur dans toutes les cérémonies, les visites; les riches doublent la peau de mouton en soie ou en drap anglais en ayant soin de mettre bien en vue sur l'épaule la marque de fabrique en lettres d'or. On a beaucoup parlé de la coutume générale parmi les Tibétaines de s'enduire le visage avec du cachou, et l'on a beaucoup disserté sur les causes de cette coutume bizarre. La vraie cause est le désir de se garantir des gerçures que le vent et le froid ne manqueraient pas d'occasionner. Lorsque les femmes vont dans le monde, comme nous dirions, elles enlèvent cet enduit et sont très fières de pouvoir montrer un teint frais et rosé.

Les Tibétains, surtout les nomades, portent généralement sur eux une foule d'accessoires, couteau, étui à aiguilles, corne à tabac, pipe, poire à poudre, briquet. Les briquets sont semblables à ceux du Turkestan et de l'Altay. Rarement, au moins dans les régions que j'ai visitées, un homme sort sans être armé. Ordinairement il se contente d'une fronde et d'un sabre à lame droite, forte, à double tranchant, passée obliquement en travers de la ceinture ainsi qu'une dague. Lorsqu'il est complètement armé, il a de plus une longue rapière à la ceinture, à la main une lance de six pieds, à la pointe de fer, au manche solide et léger, en bandoulière un long fusil à mèche, à la crosse grêle, au canon de fer large et épais, muni d'une fourche d'appui.

La nourriture des Tibétains a été décrite trop souvent et avec trop de détails pour que j'y insiste. Je ferai seulement quelques remarques. Le *tsam-ba*, grains d'orge grillés et moulus, n'est point, comme on l'a dit, le fond de l'alimentation. C'est une denrée très chère, principalement parmi les nomades, et on l'économise autant que possible. Un homme n'en mange guère qu'une ou deux poignées par jour; en revanche il boit continuellement des tasses innombrables de thé battu avec du beurre et salé et il ne peut s'en passer longtemps, car il craint par-dessus tout d'avoir

l'estomac sec. C'est là, avec le fromage sec et morcelé, la
véritable base de la nourriture tibétaine. On y ajoute une
très notable quantité de viande fournie par les bêtes mortes
du troupeau, les animaux tués à la chasse, quelques yaks
et moutons qu'on égorge dans les grandes occasions. On a
coutume de conserver précieusement un certain os (je ne
me rappelle plus lequel) de chaque bête mangée et l'on voit
ainsi dans les tentes de nombreux os alignés. A Lha-sa, on
use surtout de viande de yak. En général on tue les animaux
destinés à la consommation à la fin de l'automne lorsqu'ils
sont bien engraissés; on les détaille par quartiers que l'on
fait sécher, et pendant le reste de l'année on mange cette
viande crue en la découpant par lanières minces. Le cochon
et la volaille sont absolument inconnus des nomades et
l'on n'en trouve que dans les villes du sud. Un appoint de
nourriture est fourni aux pâtres du nord-est par une racine
qui pousse naturellement jusque par 4500 mètres d'altitude
(l'o-ma?), noirâtre, grosse comme un petit radis rouge,
ayant un peu, lorsqu'elle est cuite, la saveur du salsifis. A
Lha-sa, on a des choux, des pommes de terre de l'espèce
européenne, des oignons, des carottes, des navets, des
pois et des haricots. On y mange une assez grande quantité
de farine de froment et de riz. Le riz est en général bouilli
à la chinoise et on l'accompagne de diverses viandes en
sauce à la manière kachmirienne. On connaît aussi le pilaf
et divers mets chinois. Mais les Tibétains ne sont nullement
raffinés en fait de cuisine et ils ne tiennent pas à la variété.
Ils sont naturellement gros mangeurs encore que beaucoup
d'entre eux soient obligés de se priver. Un Tibétain, qui
avait voyagé dans tous les pays environnants et qui resta
quelque temps avec nous, admirait notre sobriété et nous
disait qu'il n'avait jamais vu que les Anglais manger autant que ses compatriotes. Ils ont un faible très prononcé

pour les liqueurs alcooliques, ils boivent de grandes quantités de leur bière nationale (tch'ang, p. 105) et d'eau-de-vie, dont ils fabriquent une espèce (arak) et dont une autre leur est fournie par les Chinois. On peut être sûr qu'un Tibétain, qui a de l'eau-de-vie à sa portée et de l'argent pour s'en procurer, s'enivrera. Mais sa pauvreté monte autour de lui une garde quelquefois trop sévère.

Le climat très rigoureux du Tibet est sain à cause de sa sécheresse, moins extrême que dans le Turkestan, et de la pureté ordinaire de l'atmosphère. Ce qu'il offre de plus dangereux ce sont les grandes variations de la température. Nous avons observé des variations diurnes de 27° en décembre et en janvier sur les bords du Nam t'so et à Nag-tchou et de 24° à la fin de mai à Gyé-rgoun-do. A Lha-sa le thermomètre oscille très probablement entre — 30° en hiver et + 35° en été. Le dégel offre aussi quelques inconvénients par l'humidité qu'il engendre; mais en somme la nature du pays n'est point favorable à la maladie. On n'en peut dire autant des habitudes des indigènes. Ils ont, il est vrai, l'avantage de vivre beaucoup dehors, mais aussi leurs maisons sont malpropres, comme elles l'étaient il y a treize siècles, et pleines de courants d'air; ils couchent directement au-dessus des étables; les cours sont infectées de détritus de toute sorte et de fumier. Chez les nomades, des familles entières sont empilées pêle-mêle dans des tentes toujours trop étroites, dorment dans des lits graisseux dévorés de vermine, dans une atmosphère empestée par la fumée et par les émanations des troupeaux assemblés alentour. Ni les hommes ni les femmes ne prennent soin de leur personne. Ils conservent fort longtemps leurs vêtements sans les changer, les brosser, ni les secouer, les gardant même la nuit, s'en servant comme de torchons et d'essuie-mains, ne les quittant que lorsqu'ils s'en vont d'eux-mêmes. Ils ne se lavent jamais le corps, et ce n'est que dans les circonstances tout à fait exceptionnelles qu'ils se lavent le visage et les mains. Toutefois, pour se préserver des morsures du vent ils s'enduisent tout le corps de beurre, rance autant que possible, préférant manger l'autre ; et c'est très efficace, car sur cette couche grasse la poussière, la suie, les parcelles de bouse et de crottin viennent se fixer et forment un tégument, qui double ou triple heureusement la peau déjà épaisse octroyée par la nature aux Tibétains. Grâce à ce procédé les gens du pays exhalent une odeur caractéristique, moins agréable que pénétrante et persistante et dont les plus grands personnages ne sont pas exempts. Ils négligent leur chevelure autant que le reste de leur corps et ne se peignent pas plus aujourd'hui qu'ils ne se peignaient il y a treize cents ans. Ils se contentent de beurrer de temps à autre leurs cheveux afin d'en chasser les poux. On se demande ce que ce serait s'ils ne prenaient cette précaution. Dans ces conditions il n'y a pas lieu de s'étonner que les maladies soient extrêmement fréquentes ainsi que les maladies infectieuses et contagieuses de tout genre, telles que les ulcères cancéreux (lhog-pa), la lèpre (mdzé), la peste (nyan), la syphilis, la variole noire (doum nag). Le froid cause beaucoup de cas de rhumatisme ou de gangrène. Les cas d'ophtalmie sont également très nombreux à cause de la saleté, de la fumée et de l'éclat de la neige sous le soleil. La médecine, d'origine hindoue, est exercée exclusivement par des lamas qui usent principalement de remèdes chinois. J'en ai dit un mot ailleurs et je n'y reviendrai pas.

V. — LA FAMILLE

Les liens de la famille ne sont pas, à beaucoup près, aussi relâchés dans le Tibet qu'ils le sont dans le Turkestan. L'individualisme a fait peu de progrès, et la société tibétaine est encore aujourd'hui essentiellement une société à formation communautaire. Elle est fondée sur l'idée de la *gens*[1], du groupe de personnes qui peuvent remonter par une chaîne ininterrompue de générations à un ancêtre commun. Chaque Tibétain suit sa parenté jusqu'à un degré fort éloigné, et tous ceux qui sont unis entre eux par le sang n'ont pas seulement les uns vis-à-vis des autres de vagues devoirs de courtoisie, mais des obligations précises et graves. Tous sont tenus d'assister collectivement leur parent dans le besoin, de lui venir en aide pécuniairement lorsqu'il marie ses enfants, de payer ses dettes, de veiller à ce qu'il soit enseveli selon les rites, de réclamer, en cas de meurtre, le prix du sang. La difficulté qu'il y a de recueillir des renseignements au Tibet m'empêche de délimiter cette solidarité avec exactitude, mais tout le monde la reconnaît, la proclame, et, si probablement elle s'est affaiblie avec le temps, elle est néanmoins bien vivante encore et elle se manifeste dans tous les actes de la vie. Quand un individu est coupable d'un crime de haute trahison, il arrive souvent que tous ses parents, jusqu'à un degré très éloigné, soient englobés dans la punition qui lui est infligée. Il semble que, parmi les nomades, les

---

1. *Gyoud* (brgyoud) mot qui signifie également *corde* ou comme nous dirions *chaîne*.

tribus ne soient que de grandes familles, dont tous les membres se considèrent comme issus d'une origine commune. En effet, il est d'usage qu'ils portent tous le même nom en y adjoignant, pour se distinguer, un surnom emprunté d'ordinaire à la nomenclature bouddhique. Enfin, l'ensemble du peuple tibétain est conçu comme une famille encore plus étendue; l'on use, pour le désigner, de la même expression qui indique la série des générations issues d'un ancêtre commun (bod-kyi mi-gyoud) et l'on donne quelquefois au roi le titre du père de famille. Jusqu'à présent nous ne remarquons rien qui ne se retrouve également, à des degrés divers, chez les Chinois, les Mongols et les Turcs. En poursuivant notre analyse et en passant de la famille large à la famille étroite, nous verrons que les principes sur lesquels celle-ci repose sont, au fond, les mêmes chez les Tibétains que chez les Turcs, sauf en un point, très important il est vrai, et si frappant qu'il a fait, à tort, oublier les ressemblances. Le père de famille est le maître absolu et unique, sa femme et ses enfants lui doivent une entière obéissance, ne possèdent rien en propre et ne peuvent même pas, en théorie du moins, disposer de leurs personnes. Les fils demeurent ainsi en tutelle jusqu'au jour de leur mariage; alors le père, contrairement à ce qui se passe en Chine, conserve seulement de son patrimoine ce qui lui est nécessaire pour vivre et pour subvenir aux frais de ses funérailles et constitue ses fils propriétaires du reste. C'est ici qu'apparaît la différence entre la coutume turque et la coutume tibétaine. Chez les Turcs, chaque fils reçoit sa part distincte (intchi) au moment où il se marie; chez les Tibétains, le fils aîné seul reçoit le tout et devient chef de famille; les cadets passent sous son autorité, tombent à sa charge, restant sous sa tutelle des mineurs incapables, comme ils l'avaient été sous celle de leur père; c'est le droit d'ainesse dans toute sa rigueur. Devons-nous voir là deux coutumes radicalement différentes ou considérer que l'une dérive de l'autre, et, en ce cas, laquelle est la plus ancienne des deux? Je me borne à poser la question, ne connaissant point de fait qui me permette de la résoudre. Je noterai seulement que chez les nomades du nord-est il y a une tendance très marquée à partager les troupeaux entre les enfants, quoique ce ne soit pas la coutume générale. On peut prétendre que c'est là une survivance du vieil usage, les nomades étant plus fidèles à la tradition que les sédentaires; mais, au contraire, on soutiendrait avec peut-être plus de vraisemblance que l'indivision, plus conforme au principe, qui va s'affaiblissant, de la solidarité familiale, était la règle primitive, que les nomades y ont dérogé avec le temps parce qu'ils en ont senti les inconvénients et qu'il n'est ni difficile ni dommageable de partager des troupeaux, tandis que les agriculteurs ont persévéré dans les errements du passé, parce qu'ils ont trouvé mal commode de lotir des maisons et des champs et qu'ils ont estimé qu'à diviser et à subdiviser entre les enfants et les enfants des enfants des terres qui ne s'accroissent pas d'elles-mêmes comme les troupeaux, on en arriverait à faire d'une grande et riche famille une collection de petits ménages pauvres, incapables de soutenir l'honneur du nom de l'ancêtre.

En ce qui concerne le mariage, nous observons les mêmes analogies et les mêmes différences. Le mariage, chez les Turcs comme chez les Tibétains, a pour but et pour effet de faire passer une femme d'une famille dans une autre, de la soumettre non pas seulement à l'autorité de son mari, mais aussi à celle de la famille de son mari. Le lien qui l'attache à cette famille est si fort, qu'il ne se rompt pas même après la mort de l'époux; elle reste alors sous la tutelle du frère ou du plus proche parent du défunt, elle devient sa propriété et, qui plus est, sa femme, sans qu'il soit besoin pour cela d'une nouvelle cérémonie. Le rite nuptial accompli par le premier mari a créé aux parents de celui-ci des droits sur la femme épousée, droits que chacun d'entre eux peut être appelé à exercer à tour de rôle au décès du précédent ayant droit. Les beaux-frères d'une femme turque sont ainsi ses maris suppléants, dont les droits sont seulement suspendus tant que le mari principal vit encore. Au Tibet, il n'y a point de suspension; tous les frères collectivement deviennent les maris de la même femme aussitôt le rite accompli. Il y a ainsi une correspondance exacte entre le régime du mariage et celui de la propriété. Chez les Turcs, chacun a son lot particulier, s'établit dans une tente séparée avec sa femme, dont il est seul propriétaire de la même manière et dans les mêmes limites que de ses troupeaux. Au Tibet, la terre étant indivise entre les frères, la femme participe à cette qualité; ou plutôt, car ces termes indivis, indivision, sont gros de confusions et d'erreurs, c'est le frère aîné qui est seul possesseur de la terre et seul mari de la femme. Dans la cérémonie nuptiale, les frères cadets n'ont absolument aucune part; mineurs incapables, ils ne peuvent passer aucun acte valable que par le canal de leur aîné; ils n'ont pas la faculté de contracter mariage pour leur propre compte, de même qu'ils n'ont point celle d'hériter de leur père en concurrence avec leur aîné. Les Tibétains considèrent la famille comme un groupe d'une unité si absolue, qu'il ne peut y avoir qu'un seul individu majeur, qui est le premier-né de chaque génération. Celui-ci est seul fondé de pouvoirs et lieutenant sur la terre de ses ancêtres; il a l'autorité sur les personnes de

la famille et gère le patrimoine; il est l'anneau vivant de
la chaine mystique et réelle tout ensemble, qui est formée
par les ancêtres morts et leurs descendants futurs; il a la
charge de pourvoir à la continuation de cette chaine après
lui en procréant des fils, et de garder pour ceux-ci les
biens qu'il a reçus de ses pères. Le premier fils né, c'est
lui qui est désormais le dépositaire des droits des aïeux
et quand il est devenu grand, qu'il est capable d'agir par
lui-même et de remplir les fonctions qui lui incombent,
le père s'efface devant lui, il le marie et, par conséquent,
l'émancipe, car le mariage est en soi un acte de majeur,
puisqu'il permet de remplir l'office essentiel du chef de
famille, qui est d'assurer la suite de la descendance. Le
père a forgé solidement son anneau dans la chaine, sa
tâche est achevée en ce monde, il prend sa retraite et n'a
plus qu'à attendre, avec le petit domaine qu'il s'est réservé,
que l'heure sonne pour lui d'aller rejoindre les ancêtres
sous terre. C'est le fils émancipé qui est alors le véritable
et unique maitre, seul chargé de continuer le culte familial, seul responsable et capable d'agir et de parl   au
nom des ancêtres qu'il représente, seul maitre de tout ce
qui se trouve dans la maison patrimoniale; les femmes qui
y entrent sont siennes, les enfants qui y sont procréés
sont siens. Mais ses frères cadets, issus d'une même lignée,
ont une sorte de délégation naturelle de ses pouvoirs; lui
mort, son puiné deviendra, *ipso facto, sui juris*, il sera
maitre de la femme, des enfants mineurs et des biens du
défunt dans les mêmes bornes où celui-ci l'était, c'est-à-
dire avec le devoir de s'effacer, le moment venu, devant
le fils premier-né, qu'il soit le sien propre ou celui du
mort. L'ainé vivant, tous ses frères ont la faculté de se
substituer à lui dans tous les actes de la vie, ils sont véritablement ses suppléants. Ils jouissent, pour leur part, des

biens paternels, dont ils ont la propriété virtuelle sans en avoir l'administration, et si leur aîné renonce pour un temps à faire valoir ses droits sur sa femme, ils peuvent, dès lors, faire valoir les leurs, et la femme a vis-à-vis d'eux les mêmes obligations que vis-à-vis du chef de famille, dont ils sont les aides nés dans sa tâche de perpétuer la race. Il ne leur est pas permis de prendre femme pour eux-mêmes, puisqu'aucune personne étrangère ne peut être introduite au foyer paternel, qui doit être unique selon l'idée tibétaine, que par un acte du père de famille, seul majeur, et toute femme introduite est nécessairement l'épouse du maître; d'autre part, celui-ci n'a pas le droit de se priver du concours de ses cadets, car il risquerait de compromettre la continuité de la famille, que la naissance d'un assez grand nombre de fils peut seule assurer d'une manière certaine. Quoiqu'il ait le droit de refuser sa femme à ses frères, de même qu'il a celui encore plus grave de les chasser, néanmoins, s'il se réservait d'exercer seul les prérogatives du mari simplement par aversion pour le partage, il serait universellement et sévèrement blâmé. Un pareil partage n'a rien qui répugne aux idées tibétaines, car, outre que les relations d'une femme avec plusieurs frères issus du même ancêtre n'altèrent pas la pureté de la descendance, toute autre considération disparaît devant la conception juridique d'après laquelle tout ce qui pousse, croît ou naît dans la maison paternelle, quelle qu'en soit l'origine, appartient au maître de la maison. Les conceptions juridiques de cette espèce ont, en général, beaucoup plus de pouvoir sur l'esprit des barbares que sur le nôtre, et il n'est pas toujours vrai de dire que les peuples primitifs ou très anciens sont plus près que nous de la nature. Du reste, si une femme n'est pas jugée suffisante, le frère aîné peut en épouser une seconde et une troisième, sans être limité que par son désir et ses ressources; rien n'empêche alors que chaque frère ait pratiquement une femme pour lui seul, c'est une question d'arrangement amiable. Cela me conduit à penser que l'idée de limiter la population n'a contribué en rien à l'établissement ni au maintien de la polyandrie.

En résumé, la polyandrie tibétaine a son principe dans une conception rigoureuse à l'extrême du privilège du premier-né et de l'unité de la lignée généalogique, qui ne doit pas se briser et s'éparpiller en d'innombrables branches divergentes. Elle est en corrélation étroite avec le régime de la propriété, qui est concentrée dans une seule main et constituée en majorat parce qu'il faut que les biens, que l'ancêtre a consacrés par sa possession et légués à sa postérité, soient conservés dans leur intégrité. Cette corrélation est démontrée péremptoirement par ce fait que, lorsque l'un des frères quitte la maison paternelle et s'établit à part pour vivre de son industrie et de son travail, il peut introduire à son nouveau foyer une femme légitime, qui appartient à lui seul comme son foyer et sur laquelle ses frères n'ont aucun droit, car elle ne vit pas sur le bien de la famille; et en même temps il garde ses droits sur la femme de ses frères comme sur l'héritage paternel, dont il a toujours l'usufruit pour sa part. Chez les nomades, qui partagent quelquefois leur patrimoine, la polyandrie cesse avec l'indivision de la propriété. S'il est vrai qu'à une époque préhistorique les Turcs et les Mongols aient vécu sous le régime de l'indivision, il est probable que la polyandrie régnait également chez eux. La coutume que j'ai rappelée plus haut semble en être un vestige, et, de plus, nous savons par les Annales de Liang qu'au vi^e siècle une peuplade turque, celle des Hoa ou Yeptalites, pratiquait encore la polyandrie de la même manière que les Tibétains, c'est-à-dire restreinte aux fils du même père.

La coutume de la polyandrie s'atténue considérablement dans la pratique parmi les familles riches, où les frères ont beaucoup plus d'occasions et de facilités de s'établir à part, et par conséquent d'avoir chacun leur femme particulière. Orazio della Penna l'avait remarqué justement, mais il avait eu le tort de croire que la polyandrie n'était qu'un abus introduit par le relâchement des mœurs dans les classes pauvres (tra le persone non molto comode). C'est au contraire parmi les riches que la coutume primitive a été altérée et dans la pratique seulement, car la théorie reste la même. Ce qui a conduit le moine italien à penser que la polyandrie n'était pas autorisée par la loi (non ordinato della legge), c'est qu'en effet les lamas rigoristes la blâment ; mais elle était si profondément entrée dans les mœurs que le bouddhisme a toujours été impuissant à l'extirper et aujourd'hui les membres du clergé l'acceptent sans rien faire pour la combattre, se contentant de répondre aux voyageurs qui leur demandent leur avis : chaque pays a ses usages. Le frère, qui se sépare de la communauté pour fonder une famille nouvelle, peut prendre autant de femmes qu'il le désire et ce n'est que la pauvreté qui l'oblige à se satisfaire d'une seule. En résumé, on rencontre au Tibet quatre espèces de ménages réguliers, à savoir, en les rangeant par ordre de fréquence : ceux où il y a plusieurs maris et plusieurs femmes, ceux où il y a plusieurs maris et une seule femme, ceux où il y a un seul mari et plusieurs femmes, ceux où il y a un seul mari et une seule femme.

Le mariage tibétain est exogame, on ne se marie pas entre personnes parentes à moins de quatre degrés et les chefs nomades doivent se marier hors de leur clan. L'union conjugale étant une affaire de famille et non point personnelle, le goût des jeunes gens intéressés n'est nullement consulté; ordinairement le mariage est décidé dès la naissance des enfants par les parents des deux partis. Je n'insisterai point sur les cérémonies qui l'accompagnent; elles se rapprochent pour le fond sinon toujours par la forme de celles qui sont en usage parmi les Kazak et les Kyrghyz. Les négociations sont menées et les fiançailles conclues par des courtiers (bar-mi), envoyés par le père du prétendant. Celui-ci paye au père de la fiancée un kâlyn (p'yos-ma, pr. tcho-ma), mais ce dernier, au lieu de ne rendre qu'un présent insignifiant selon l'usage turc, rend à peu près l'équivalent de ce qu'il reçoit et le tcho-ma ne représente pas plus le prix d'achat de la femme que le kâlyn[1]. Le rite même du mariage se divise en trois parties : la cérémonie par laquelle la jeune fille est séparée des dieux de sa famille, le transfert à la maison du fiancé et le simulacre de lutte entre les amis de celui-ci et les parents et amies de la jeune fille, ce qui figure les anciennes guerres à la suite desquelles les clans ont obtenu entre eux le *jus connubii*, enfin l'introduction de la fiancée au foyer domestique de son mari, la purification à laquelle elle est soumise, et sa participation au *tsam-ba*, au beurre et au lait (c'est la *confarreatio*). Elle reçoit alors un nom nouveau, car elle est comme un enfant nouveau-né pour la famille de son époux, puis elle prend entre ses dents un morceau de bois que son mari serre entre les siennes et tresse un cordon de quelques fibres de laine qu'il tient dans sa main.

1. La femme est considérée comme ayant toujours appartenu à la famille où le rite du mariage l'a fait entrer. Son père, qui a subvenu à son entretien jusqu'au jour du mariage, est comme un père nourricier que l'on rembourse de ses frais par le kâlyn (V. *Mission scientifique dans la Haute-Asie*, II, 114).

Tout se termine par un grand repas, et par des chants mêlés, exécutés alternativement par les jeunes filles et par les jeunes hommes[1]; celui qui reste court lorsque son tour est venu d'improviser son distique ou son quatrain est mis à l'amende.

Le lien conjugal est indissoluble en principe et il paraît, si mes informations sont exactes, que le divorce n'est point légalement organisé. Cependant le mari a le droit de répudier sa femme pour cause grave, pour adultère par exemple. Le mari mort, la femme continue à être liée par le mariage aux frères du défunt; mais si elle n'a point d'enfants, elle peut reprendre sa liberté, à condition qu'elle ait eu le soin de déclarer son intention avant le décès de l'aîné; si celui-ci est d'accord, il tient l'extrémité d'un fil dont sa femme tient l'autre, tous deux prononcent la formule de séparation et rompent le fil en le brûlant. Ce rite accompli et le décès du premier époux survenu, la veuve peut retourner dans sa propre famille. Il est remarquable que le mari doit obtenir le consentement de ses frères pour répudier sa femme malgré elle. Si les frères cadets ne veulent pas se séparer d'elle et que l'aîné s'obstine dans sa décision, il peut y avoir lieu à la division du patrimoine, les cadets prenant une part en même temps qu'ils gardent la femme repoussée par l'aîné. Cela prouve la gravité exceptionnelle du lien conjugal et montre que les frères cadets ne sont pas seulement, comme on l'a prétendu, des esclaves et des amants autorisés de l'épouse de leur frère aîné, mais qu'ils possèdent des droits particuliers, qu'ils tiennent de leurs ancêtres, et qui, pour être le plus souvent latents et endormis, sont capables de se réveiller en certaines circonstances. Il importe de ne pas confondre la

---

1. Même coutume chez les Kazak.

solidité du lien conjugal avec la fidélité conjugale. Il n'existe point de rapport fixe entre ces deux termes. Les époux tibétains, unis entre eux par une chaine très forte, observent en général peu strictement ce que nous considérerions comme leur premier devoir. Sans doute l'adultère est tenu pour une faute grave puisqu'il altère la pureté de la descendance ; mais ce n'est pas un crime mortel, le plus souvent le mari se contente de corriger sa femme et d'exiger du complice une légère indemnité, quatre ou cinq roupies. Au point de vue du droit de famille et de la religion domestique, c'est la notion juridique : *Is pater est*, qui l'emporte ; l'essentiel est moins la réalité matérielle de la filiation que la légitimité de l'épouse, la reconnaissance de l'enfant par le père et son initiation solennelle au culte familial. C'est à cause de cela que le Tibétain, qui ne peut avoir d'enfant de sa ou de ses femmes, introduit quelquefois à son foyer un étranger, qu'il charge de perpétuer sa descendance en son lieu et place. En réalité cet étranger est devenu un frère conventionnel, ayant les mêmes droits qu'un frère naturel. De même, l'hospitalité consistant chez les hommes primitifs en une accession de l'hôte à la famille de celui qui le reçoit, il s'ensuit qu'il peut prétendre aux faveurs de la dame du logis. C'est ce qui a lieu au Tibet, toutefois on réserve ce privilège à ses amis intimes ou aux personnages notables qui daignent honorer leur hôte du moment en se considérant comme de la famille. Je me souviens d'un Tibétain qui se montrait extrêmement fler de ce que le chef de l'ambassade du La-dag lui avait témoigné son estime de cette manière. Cette coutume suppose la polyandrie, et chez certains peuples lui survit.

Les femmes tibétaines jouissent d'une liberté d'allures inconnue des femmes de la Chine et des pays musulmans ; mais les auteurs chinois et après eux plusieurs écrivains

européens ont beaucoup exagéré la supériorité de leur
condition et leur influence dans la famille et dans la
société. Elles sont des mineures perpétuelles, sous la tutelle
de leur père, puis de leur mari, de leur fils enfin. Elles
s'occupent de toutes les besognes qui répugnent le plus à
leur faiblesse ou que les hommes rebutent, travaillent aux
champs, vont puiser l'eau à la rivière en de lourds tonne-
lets, recueillent la fiente le long des chemins, portent les
charges des caravanes dans les passages difficiles. Les auteurs chinois, souvent plus raisonneurs que bons et fidéles
observateurs, ont avancé qu'elles sont plus vigoureuses
que les hommes : cette allégation est absolument inexacte,
quoique à la vérité, est-il besoin de le dire? elles sont
moins frêles que les femmes chinoises et en général plus
robustes que les pâles scribes du légat impérial, dont le
poignet est moins ferme que le pinceau n'est élégant. Si
elles exercent la haute main sur les affaires ménagères,
c'est surtout à la paresse de leurs maris qu'elles le doivent ;
d'ailleurs elles ne seraient pas femmes si elles ne savaient
profiter de la pluralité de leurs seigneurs et maîtres pour
susciter des rivalités entre eux, s'appuyer sur l'un contre
l'autre et en arriver à leurs fins. On en voit qui ont l'un
des frères pour favori et rendent la vie si dure aux autres
qu'elles les amènent au partage des biens ou à l'exil. De
là à poser en principe que la femme tibétaine est maîtresse
dans la maison il y a très loin, et, en effet, elle est assez
méprisée et durement traitée. J'ai renoncé à compter le
nombre de fois que des Tibétains m'ont exprimé leur
étonnement de ce que l'Angleterre était gouvernée par une
reine et il était beau de voir l'air de commisération et de
dédain avec lequel ils m'en parlaient, comme si j'étais personnellement responsable de ce fait. « Chez nous, con-
cluaient-ils, avec orgueil, la ligne féminine est inférieure. »

Toutefois, je remontais dans leur estime, lorsque je leur expliquais que si une femme régnait à Londres c'était uniquement parce que le dernier roi n'avait pas laissé d'enfants mâles. Les nonnes tibétaines sont fort au-dessous des moines dans l'opinion générale et sont à peine supérieures aux laïques. Le meurtre d'une femme donne lieu à une compensation moitié moindre que celle exigée pour le meurtre d'un homme. La polyandrie tibétaine n'a aucune espèce de relation avec le matriarcat, elle n'est qu'une forme de patriarcat non moins absolue dans son principe que les formes chinoise ou romaine. Ceux qui s'imaginent que la polyandrie est une transition entre le matriarcat et le patriarcat pourraient faire valoir à l'appui de leur thèse qu'au Tibet, ou au moins dans plusieurs parties de ce pays, pour donner une jeune fille en mariage, le consentement du frère de sa mère (jang-po) est requis. Mais le patriarcat n'a jamais supposé la suppression de tout rapport entre un individu et sa famille maternelle; le mariage rompt seulement les liens juridiques et religieux qui rattachaient une fille à son père, il laisse subsister les liens naturels; les parents de la jeune fille continuent à être ses protecteurs après son mariage, ils ont le droit de faire des représentations au mari s'il se conduit mal, de recueillir leur fille si elle est maltraitée, abandonnée ou devient veuve, de veiller à ce que ses intérêts soient respectés, et cette protection peut s'étendre en certains cas à la fille de la fille sans qu'il soit besoin pour l'expliquer de recourir à l'hypothèse d'un matriarcat primitif, que rien ne justifie dans l'espèce.

Les familles tibétaines sont médiocrement prolifiques, plus que les françaises, moins que les chinoises. Nos propres informations concordent assez bien avec les renseignements que le préfet de Nag-tchou nous a donnés sur Gyang-tsé et Lha-sa pour nous permettre d'avancer qu'une famille polyandre compte en moyenne sept ou huit enfants viables, soit environ trois enfants pour deux parents. Les ménages monogames procréent moins absolument, plus en proportion. Les filles sont un peu moins nombreuses que les garçons, sept contre huit, selon le préfet de Nag-tchou, ce qui est précisément le rapport indiqué par A. Cunningham pour le La-dag. On ne peut donc pas dire que l'insuffisance du nombre de filles ait été la cause de l'institution ou soit le motif du maintien de la polyandrie. Au contraire, il y a aujourd'hui trop de femmes au Tibet, et beaucoup ne trouvent pas à se marier pour ces deux raisons qu'il y a en moyenne dans les familles tibétaines un peu plus de maris que d'épouses, et qu'une foule d'hommes sont voués au célibat religieux. Quelques-unes se font nonnes, un plus grand nombre se livrent à la prostitution. Dans toutes les villes et dans les plus petits villages il y a des femmes célibataires, qui tiennent ostensiblement de petits commerces et particulièrement des bars, mais l'eau-de-vie et la bière sont les moindres choses qu'elles vendent. Lha-sa n'est pas moins renommé pour la multitude de ses filles de plaisir que pour la multitude de ses moines, et un Tibétain, qui savait mal farder la vérité, m'avoua un jour qu'à l'exemple de la plupart de ses compatriotes il y allait en pèlerinage plus pour le premier motif que pour le second. En somme les Tibétains ont à notre point de vue de très mauvaises mœurs et ils sont trop grossiers pour y attacher une importance sérieuse.

Aux yeux du voyageur qui passe, l'intérieur des familles tibétaines semble dépourvu de lumière et de joie, tant l'apparence des choses est misérable; au dehors, un froid glacial sévit, la bourrasque de neige tourbillonne, au dedans un pauvre feu flambe fumeux et puant, presque inutile, la tente ou la maison est sale, peu commode, froide et nue avec des feutres trop usés pour amortir la rudesse du sol, les vêtements sont négligés et pleins de vermine, la nourriture fade et monotone, les tâches rudes ou abjectes. Pourtant nul n'aime autant que le Tibétain sa patrie et son foyer; pour lui son pays morose et rebelle est le plus beau du monde, pour lui hors de sa maison délabrée, hors de sa tente déchiquetée et secouée par le vent, il n'y a ni paix, ni joie. Il trouve moyen d'être gai plus souvent que triste; il se donne du bon temps et se divertit à peu de frais. Une tasse de thé beurré ou un pot de bière avec une bonne pipe de tabac, une causerie bruyante, relevée de plaisanteries au gros sel, une partie animée de dés ou d'osselets, cela suffit au bonheur d'un Tibétain. Je n'ai pas remarqué que leurs divertissements fussent très variés; qu'importe, s'ils y trouvent toujours un plaisir nouveau? À ce propos je relèverai une erreur commise par M. Rockhill, d'ordinaire observateur si sûr; il prétend que les Tibétains pratiquent peu les jeux de hasard et que notamment le jeu de dés leur est inconnu. Or, il n'existe point de peuple plus épris de la passion du jeu que les Tibétains, ils dament le pion (qu'on me permette l'expression!) aux Chinois eux-mêmes et gageraient jusqu'à leur chemise s'ils en avaient. Le jeu le plus communément usité parmi eux est justement celui de dés; ils se servent de trois dés cubiques (cho) marqués sur leurs faces opposées 1 et 6, 2 et 3, 4 et 5. Mais de tous les divertissements, ceux qui occupent la première place dans leur opinion, ce sont le chant et la danse. Ils ont la voix forte et ne l'élèvent pas sur un ton aussi aigu que les Turcs; leurs chants, comme leurs danses, sont moins gais et moins vifs, non dénués de grâce pourtant. Quoique la lenteur et la monotonie des voix et des mouvements nous semblent tristes, les Tibétains sont convaincus que rien ne saurait être plus

joyeux. Les instruments de musique sont la guitare hindoue (pi-ouang), la guimbarde (k'a-pi), le chalumeau de
bambou à six ou sept trous (ling-bou), le tambourin. On
affectionne les doubles chœurs d'hommes et de femmes,
rangés face à face et se répondant vers par vers en avançant et en reculant doucement en cadence. C'est surtout
au printemps que l'on se livre à ces exercices, et ils sont
toujours entourés d'une certaine solennité ; le temps en est
fixé d'avance, ceux et celles qui y prennent part doivent
avoir fait leurs ablutions et revêtu des habits propres
comme pour une cérémonie religieuse. Il serait peu décent
de danser au hasard et sans règle, uniquement pour
l'amusement. Les Tibétains ont coutume de chanter en
accomplissant les divers travaux agricoles, le labour, les
semailles, la moisson. Dans le Turkestan, Tchertchen est
le seul lieu où j'aie observé le même usage. En 1892, nous
avons assisté à Lé à une danse de tout point semblable à
celle dont G. Bogle a été témoin à Ji-ka-tsé au siècle dernier : un grand nombre d'hommes et de femmes dansant
très lentement en cercle, et au milieu quelques hommes
exécutant des entrechats extraordinaires [1]. Les femmes qui
participaient à la danse appartenaient toutes à la noblesse ;
car les dames nobles sont seules admises à danser devant
le roi ; c'est pour elles une obligation et un privilège. Dans
l'espèce, le roi était représenté par le vézir du Maharadjah
de Kachmir.

1. C. R. Markham, *Narrative of the Mission*, etc., p. 92.

VI. — ORGANISATION SOCIALE

La société tibétaine est essentiellement aristocratique, presque sans aucun des tempéraments qui se sont introduits dans la société de la Chine ou dans celle du Turkestan. Il y a une noblesse héréditaire qui concentre dans ses mains tout ce que l'élément laïque a conservé de richesse, de pouvoir et d'influence. Quant au clergé, il n'en sera pas question ici ; ses communautés ne sont aussi bien que des nobles collectifs plus puissants que les autres. Le principe d'hérédité domine tout et se fait sentir partout. Chacun est lié très solidement, sinon indissolublement, à la profession et à la condition de même qu'à la maison de son père. La constitution de la famille est excellente pour perpétuer dans une même lignée la possession des mêmes terres, empêcher autant que possible la propriété de se morceler et de passer de main en main. Non seulement les fils succèdent à leurs pères dans leurs biens, ils leur succèdent aussi dans leur métier. Le fils du fonctionnaire est fonctionnaire ; nul n'est secrétaire d'administration, cultivateur, peintre ou chaudronnier si son père n'a exercé la même profession. Quelques exceptions se rencontrent, mais leur rareté confirme la règle. Le secrétaire-greffier de la préfecture de Nag-tchou manifesta une profonde surprise lorsque je lui demandai ce qu'avait été son père ; vraiment c'eût été une chose admirable que l'on se fût permis de profaner la corporation des greffiers en y introduisant des gens qui n'eussent pu justifier d'un nombre respectable de quartiers de noblesse greffière ! Il y a là quelque chose qui rappelle les castes de l'Inde, avec cependant moins de rigueur et de complication.

Il ne semble pas que rien empêche de passer d'une profession à une autre également honorable et la société tibétaine n'est point divisée comme celle de l'Inde en une foule de petits clans strictement fermés. Je la concevrais plutôt, autant que j'ai pu me rendre compte de l'état des choses, comme partagée en diverses classes entre lesquelles s'élèveraient des barrières difficiles à franchir: nobles, bourgeois, roturiers, serfs, parias. Ces derniers appartiennent tous à certains métiers méprisés qui sont exercés par les seuls parias de père en fils, par exemple ceux de forgeron, de porteur de cadavres, de corroyeur et de boucher, qui tous impliquent une souillure religieuse. Je ne crois pas qu'il faille voir là un effet du bouddhisme, car la profession de forgeron n'a rien de blâmable au point de vue des doctrines de Chakya Mouni. Si un individu appartenant à une classe honorable de la société est privé par le malheur des temps de tout moyen d'existence, il mendiera plutôt que de se livrer à une de ces professions dérogatoires. Parmi les parias eux-mêmes il y a des degrés, le forgeron méprise le corroyeur et celui-ci le porteur de cadavres. Les métiers réputés honorables ne sont pas non plus tous sur le même pied et par exemple un chaudronnier est moins estimé qu'un fabricant de statuettes religieuses. En général, les arts qui touchent à la religion confèrent à ceux qui les exercent une dignité spéciale et les placent à part entre tous les ouvriers; c'est évidemment au bouddhisme qu'ils doivent ce traitement de faveur. Ce qui rend dans la pratique très difficile de changer de métier afin de s'élever sur l'échelle sociale, c'est que les patrons ne prennent point d'apprentis parmi les fils de profanes. Si cependant un paria réussit par exception à exercer un métier honnête et à y gagner de l'argent, il n'en sera pas moins en butte au mépris des gens de bien, qui le traiteront en intrus, et en même temps il aura perdu l'estime des parias, qui le repousseront comme un faux frère. Tout le monde refusera d'accepter son fils pour gendre; qu'enfin un homme honorable, mais pauvre, se trouve, qui se résigne à déroger pour un peu d'argent et donne sa fille au fils du paria, la souillure originelle restera attachée à celui-ci ainsi qu'aux enfants issus de ce mariage mixte et ne s'effacera qu'à la deuxième génération. Il est encore plus difficile, pour ne point dire impossible, aux roturiers de passer dans la classe noble. Ils peuvent y arriver quand par hasard un noble nécessiteux consent à donner sa fille à un roturier riche; à la longue, les descendants de celui-ci pourront être tenus pour nobles s'ils réussissent toujours à épouser des filles nobles pendant plusieurs générations, or cela n'est pas aisé, car c'est une déchéance pour un gentilhomme que de laisser passer sa fille dans une classe inférieure. Quant au prétendant à la noblesse, sa situation est embarrassante et douteuse. On m'a cité l'exemple d'un homme du La-dag, qui, ayant acquis une fortune considérable, réussit à s'allier par mariage à une famille aristocratique ; tant qu'il vécut il s'imposa tant bien que mal par la vertu de l'argent ; mais après sa mort nul ne voulut conduire ses funérailles, ni les nobles qui ne l'avaient jamais considéré comme un des leurs, ni les roturiers qu'il avait reniés et qui le reniaient à leur tour. Le préjugé de classe est plus fort que la religion même. Le roi bouddhiste du La-dag et les roitelets musulmans du Baltistân consentent très bien à s'allier entre eux, mais ils n'acceptent aucune alliance matrimoniale entre leur famille et celle d'un coreligionnaire de rang inférieur. Comme, d'autre part, il existe peu de moyens de s'enrichir puisque la grande industrie est inconnue et que le commerce est dans l'enfance, presque entièrement dans les mains du gouvernement et de l'aristocratie laïque ou religieuse, il s'ensuit que, de même qu'il y a de grands obstacles opposés par les mœurs aux changement de classe, il s'élève peu de prétendants au changement. La stabilité des conditions est donc très grande. La royauté n'a rien fait pour y porter atteinte; pour gouverner elle s'est servie de la noblesse, à qui elle a réservé toutes les fonctions publiques importantes, en sorte que fonctionnaire et noble sont deux termes synonymes. Le gouvernement ne délivre pas de lettres de noblesse, il peut se faire seulement qu'un roturier, grâce à un mérite éminent ou à une fortune singulière, parvienne à une des plus hautes charges de l'État; si ses descendants savent se maintenir, ils finiront par prendre rang parmi l'aristocratie héréditaire.

En dehors des domaines privés qu'ils ont hérités de leurs aïeux, les seigneurs tibétains reçoivent de l'État, à titre de bénéfices, des terres plus ou moins considérables, qui constituent le salaire afférent à la charge dont ils sont investis; ils exercent sur ces biens les droits de justice, de taxation, de réquisition et de corvée au lieu et place du gouvernement. En échange, ils doivent à celui-ci une certaine redevance annuelle et un certain contingent militaire en cas de besoin. La population qui habite ces domaines seigneuriaux est dans un état de servage que mes informations incomplètes ne me permettent pas de définir exactement. Il semble qu'en droit nul ne soit attaché à la glèbe et que l'on puisse toujours quitter le service d'un maître; mais en pratique on reste serviteur héréditaire du maître héréditaire par suite de la difficulté très grande de trouver des ressources ailleurs. Ces serfs s'appellent *mi-ser* ou *yog* (gyog), ils sont agriculteurs, gardiens de troupeaux, artisans, employés de commerce, domestiques et secrétaires et fournissent leur travail pour un certain salaire ou une certaine part dans les profits de leur travail. L'État possède de son côté des domaines particuliers, organisés et administrés de la même manière, et l'on peut dire que l'État ou plutôt le roi n'est qu'un grand seigneur plus riche que les autres; mais il a de plus, comme nos rois du moyen âge, un droit éminent de propriété sur tout le sol du royaume. Outre leurs serfs nés, les nobles ont autour d'eux quelques hommes, qui se sont mis volontairement à leur service dans l'espoir d'obtenir par leur faveur un poste honorable et de faire fortune; ces clients sont généralement des cadets, qui se sont sentis mal à l'aise au foyer du frère aîné. Ajoutons enfin à ces diverses catégories sociales celle des francs tenanciers, des petits propriétaires, qui, tout en étant roturiers, sont maîtres de disposer à leur gré de leurs biens, ne doivent rien à personne, sauf l'impôt, le service militaire, la corvée et la réquisition à l'État.

Les territoires des nomades du nord-est, qui ne dépendent point de Lha-sa, ont une organisation sociale analogue, mais plus simple et probablement plus ancienne. Les divers rois ont autour d'eux une cour de barons (koutsa) héréditaires, qui se partagent les principaux offices de l'État et reçoivent des concessions de terres perpétuelles, dont les habitants sont leurs serfs. Au-dessous d'eux sont les chefs de tribus, également héréditaires et toujours les plus grands propriétaires de leur tribu, puis les chefs de clan, qui constituent le dernier degré de la noblesse nomade. La royauté est un organe relativement moderne qui a été superposé aux deux groupes essentiels et primitifs, la tribu et le clan. Ceux-ci paraissent être dans leur principe des familles de plus en plus étendues, dont les chefs possèdent en outre du pouvoir politique toute l'autorité du père de famille et toutes les prérogatives du propriétaire. Les Tibétains ne connaissent pas d'autre nom de famille que celui de leur tribu[1] et les titres dont ils désignent leurs chefs sont les mêmes qui servent à marquer les relations de serviteur à maître et de tenancier à propriétaire (pon-bo, dag-pon).

En résumé, la grande masse de la société laïque du Tibet m'a paru se diviser en deux classes principales : des seigneurs et maîtres très puissants et très honorés d'un côté, de l'autre des domestiques et des serfs dont la condition est assez misérable, sauf pour ceux qui sont investis de la confiance du maître. Presque tous les hommes que nous avons rencontrés dépendaient de grands propriétaires, n'avaient que la garde d'une faible part des biens de ceux-ci, avaient de lourdes charges et peu de profit, ne possédaient pas le droit d'aliéner un seul mouton et ne se souciaient que de vivre au jour le jour avec le moindre labeur possible. Quant à ce que l'on pourrait appeler la bourgeoisie indépendante, elle semble médiocre et de nulle influence ; les petits propriétaires de terres et de troupeaux sont généralement dévorés de dettes pour le plus grand profit des nobles et surtout des moines, qui leur prêtent à gros intérêts, laissent leurs créances s'accumuler, en exigent tout à coup le payement lorsqu'ils savent leurs débiteurs insolvables, et font alors saisir et vendre à vil prix les biens des malheureux emprunteurs. Au reste, ce sont là des questions encore fort obscures, qui réclameraient une longue étude faite sur place avec soin et patience. Je ne me dissimule pas combien mes observations sont incomplètes, mais je serais satisfait si j'avais pu attirer sur quelques points importants l'attention d'un voyageur intelligent.

1. Les Annales de Soui (vi⁰ siècle) notent qu'il en était de même chez les T'ang-hiang.

VII. — ÉTAT ÉCONOMIQUE.
ÉLEVAGE, AGRICULTURE, INDUSTRIE

L'organisation de la famille et de la société telle que nous venons de l'esquisser est très défavorable au bon aménagement économique du pays. Elle décourage l'esprit d'initiative et d'entreprise. Chacun est assuré de trouver ce qu'il lui faut dans la maison paternelle commune à tous les fils, chacun est confiné dans la condition et la profession de son père sans avoir les moyens de s'élever; ceux, cependant, qui sont trop à l'étroit au foyer familial trop encombré, ceux qui répugnent à la profession paternelle, ceux qui aspirent à sortir du rang obscur où la naissance les a placés, tous ceux enfin qui chez nous sont le plus puissant levier du progrès de la richesse publique s'en vont grossir la clientèle des nobles ou l'armée innombrable des moines, qui vivent aux dépens de la population travailleuse, accumulent des capitaux sans cesse grandissants et dont l'activité économique ne va pas sans une grande déperdition de forces. Quelques métiers utiles sont réputés vils et sont réservés aux parias; un individu de rang honorable, tombé dans la misère, mendie plutôt que d'exercer une profession dérogatoire. Les serfs n'ont aucun intérêt à améliorer la culture ou l'élevage parce qu'ils en profiteraient beaucoup moins que leurs maîtres; les petits propriétaires sont écrasés par les grands seigneurs et les couvents, qui font peser sur eux la charge des impôts, les mangent par l'usure, les empêchent de s'accroître en n'aliénant pas ou presque pas, accaparent les produits et tiennent le marché; les grands propriétaires individuels ou collectifs ne sont pas poussés par la concurrence à développer sans cesse leur production. Ainsi, du haut en bas la routine règne avec la négligence, l'effort vers le mieux est banni; car il serait presque toujours inutile, quelquefois dangereux. A ces faits généraux, communs à tout le Tibet, il faut joindre, pour la partie orientale du pays, les troubles politiques, les luttes entre les tribus, le brigandage endémique, le peu de sécurité pour les personnes et les biens.

Les mauvaises conditions physiques s'associent aux mauvaises conditions sociales pour faire du Tibet une des plus pauvres contrées de la terre. On sait combien la végétation y est naturellement indigente. Il y a, répandus sur toute la surface du Tibet, de grands espaces couverts de neige et de rochers, occupés par des pentes abruptes où rien ne pousse. Les espaces non absolument arides ne produisent dans la plus grande partie du pays qu'une végétation herbacée, qui n'est rien moins que luxuriante. En 1892, 1893 et 1894 nous avons voyagé au Tibet sans rencontrer de bois. Les forêts ne dépassent pas une ligne tirée environ au N. 60 E. à partir de quelques kilomètres au nord de Lha-sa, passant par Ba-ta soum-do, le nord du Dé-rgyé et aboutissant à Lta-sen gon-pa au coude du fleuve Jaune. Au nord de cette ligne il y a seulement en certains endroits spécialement favorisés quelques arbrisseaux ou buissons que l'on pourrait compter. Au La-dag le genévrier (choug-pa) et le tamaris (om-bou) sont les seuls arbres qui croissent naturellement, sur les bords septentrionaux du Nam ts'o quelques genévriers apparaissent et dans le bassin du haut Mékong par près de 33° de latitude on rencontre quelques saules nains (tchang-ma). Au sud on trouve les mêmes essences, mais les saules sont plus grands; en outre on rencontre le pin et le sapin (som ching) qui sont les essences de beaucoup les plus répandues, le houx, le bouleau, puis, en faible quantité et seulement, je crois, dans le Tibet oriental, le cèdre, le chêne et l'orme. L'abondance ne compense d'ailleurs pas l'absence de variété, car nulle part le bois ne suffit au chauffage des indigènes, qui partout usent de fiente desséchée. Les cultures, qui dans le Tibet occidental se rencontrent jusqu'au pied du Kara-oul davân et à l'extrémité ouest du lac Pang-kong et dans le Tibet oriental jusqu'à Dam et à La-houg gon-pa, sont très peu étendues, ne constituent nulle part de vastes champs continus et ne sont que comme de petites taches de moisissure sur l'énorme squelette des montagnes tibétaines.

En général, le terrain et le climat ne conviennent bien qu'à l'orge, qui n'a pas besoin d'un sol très riche ni de beaucoup d'humidité, qui se sème en mai au sortir des gelées de l'hiver et se récolte en septembre. Cette céréale croît jusque par 4,575 mètres d'altitude au La-dag, par 4,400 à Dam. Elle pourrait peut-être réussir dans quelques régions aujourd'hui entièrement incultes, comme, par exemple, dans certains cantons du bassin du haut Mékong inférieurs à 4,500 mètres; mais il est évident qu'il n'y aura jamais de grands espoirs à fonder sur cette extension possible des surfaces cultivables. Le prix de l'orge dans les endroits où elle se récolte est plus du double de ce qu'il est dans le Turkestan chinois, variant de 4 à 4 1/2 roupies l'hectolitre. Le blé, plus rare et de moins bonne qualité, atteint jusqu'à 3,960 mètres dans le Spi-ti, 3,800 mètres dans le pays de Gyé-rgoun-do. Le rendement est très faible, ne dépasse guère cinq pour un et ne monte à dix ou douze que dans les très bonnes vallées, chaudes et basses. On dit qu'on cultive le riz à Lha-sa par plus de 3,500 mètres, cependant les renseignements que j'ai obtenus ne concordent pas tous sur ce point. En tout cas le riz tibétain est très mauvais, dur, aux grains petits, irréguliers, plus ou moins rougeâtre, et les gens riches font venir de Chine le riz qu'ils consomment. Parmi les légumes, ceux qui poussent le mieux et en plus grande quantité sont les oignons (tsong); on en trouve à l'état sauvage dans les pays inhabitables par 5,500 mètres d'altitude. Les navets et les pois sont également très répandus. Quant aux fruits, ce sont les noix (star-ka) et les pommes qui tiennent le premier rang pour le nombre. J'ai indiqué ailleurs tout ce que l'on cultive de fruits et de légumes à Lha-sa. Les pluies étant peu considérables, on recourt le plus souvent à l'irrigation artificielle. Les instruments agricoles sont aussi peu nombreux que grossiers et cette insuffisance de l'outillage aggrave encore les effets de l'ingratitude du sol. La charrue (chol), d'origine indienne, consiste en une pièce de bois recourbée avec un soc à l'extrémité inférieure, cette machine est tirée par un yak et ne fait qu'égratigner la terre. Les cultivateurs tibétains usent en outre de la bêche, de la houe et moissonnent avec la faucille. Je ne sais pas s'il y a des herses ailleurs qu'au La-dag.

La principale ressource du Tibet consiste actuellement dans les pâturages et les troupeaux. Il n'existe point de prairies naturelles et pour ainsi dire point de prairies artificielles, sauf quelques champs de luzerne. La nourriture des bestiaux est fournie uniquement par des pâtis spontanés, médiocrement riches par conséquent, très vastes du moins. L'herbe en est extrêmement nourrissante, mais dure et rêche, ne convenant qu'au bétail spécialement adapté. Les moutons et les yaks sont les deux espèces les plus répandues et les plus précieuses. Tout le monde

connaît le yak (gyag[1]), le *koutas* des Turcs, bœuf grognant
de très grande taille, aux longs poils noirs, quelquefois
gris ou même blancs; il sert comme animal de bât, il
fournit des poils pour la fabrication des tentes et de quelques étoffes grossières, de la viande savoureuse encore
qu'un peu coriace, des peaux pour l'exportation; la femelle
donne en outre un lait excellent, de tout point semblable
à celui de la vache, et dont on fait le beurre et le fromage.
Le beurre, que fabriquent les Tibétains, est blanc, de
consistance médiocre, d'un goût fade quoique nullement
désagréable; il se rapproche beaucoup du beurre russe.
Cette denrée joue un rôle prédominant dans la vie du
Tibet, qui est véritablement le pays du beurre : il constitue
le fond de l'alimentation, il sert de pommade, de cold-
cream, de vaseline, d'huile à brûler, de matière à sculpter
diverses figures religieuses en certaines fêtes. Le prix d'un
bon yak de bât oscille entre 15 et 20 roupies à Nag-tchou
et à Gyé-rgoun-do; les bêtes destinées aux transports sont
naturellement des individus exceptionnels et un yak ordinaire ne vaut en moyenne que 10 ou 12 roupies. Des moutons et des brebis on tire de la viande, des fourrures pour
l'hiver, de la laine pour l'exportation ou la fabrication des
tissus indigènes. Dans le Tibet occidental, où les yaks sont
moins nombreux, on se sert des moutons pour porter les
fardeaux. Le mouton tibétain est moins gros que le mouton
kyrghyz, et celui du La-dag, pays peu riche en pâturages,
est plus petit que celui du Tibet oriental ou du Tibet central. La chair est moins délicate que celle du mouton de
Khotan, la graisse plus abondante, la laine moins fine,
épaisse, drue, assez grossière. Le prix de la laine est à peu

1. Le *g* initial est quiescent comme beaucoup de lettres initiales
en tibétain; le *g* final se prononce très dur selon la règle générale;
c'est pour cela qu'on le transcrit par un *k*.

près le même qu'à Khotan, de 26 à 28 roupies le quintal;
il faut seulement faire attention que la vie étant plus chère
au Tibet qu'au Turkestan, les Tibétains tirent en réalité
un moindre profit que les Turcs de la laine de leurs troupeaux. Un mouton en bon point qu'on aurait à Polour
pour une roupie ou un peu plus se paye généralement
2 1/2 roupies dans les pâturages tibétains. Le Tibet ne
nourrit qu'une petite quantité de chèvres dont on n'estime
ni la chair, ni la fourrure, qui est réservée aux gens de la
dernière catégorie. Il paraît qu'on ne sait pas en tondre le
duvet, sauf au La-dag. Ce dernier pays très sec et rocheux
convient bien à l'élevage des chèvres : on y en compte
plus de 80 000, toutes de fort petite taille; leur duvet
(560 quintaux par an à 500 roupies l'un) est expédié au
Kachmir où il est employé à la fabrication des châles concurremment avec le duvet de qualité supérieure provenant
de Tourfân. Les chevaux sont peu nombreux, petits et
médiocres, excepté sur les bords du Kouke nor où paissent
une multitude de chevaux de race mongole, assez bas sur
pattes, trapus, au corps gros et court, au cou massif, à
la tête brève et large, à la croupe aplatie. Ils diffèrent sensiblement des chevaux kyrghyz et ressemblent tout à fait
à ceux de Polour. Ambliers excellents, bons coureurs à
l'occasion, ils sont surtout très résistants, sobres, doux et
patients, font de très longues courses, sans s'arrêter, boire,
ni manger, dans les sables profonds du désert ou sur les
rocs durs des monts, sous le soleil ardent de l'été ou par
la neige et les vents glacés de l'hiver, se contentant à
l'étape d'eau saumâtre et d'un peu d'herbe dont on pourrait faire des manches de porte-plume ou des crayons,
toujours d'humeur égale et prêts à repartir au premier
signal. Quelques-uns sont exceptionnellement grands et
allongés, j'en ai même vu qui avaient la taille de nos nor-

mands. Un cheval de selle ordinaire, d'âge convenable, vaut 200 francs (80 roupies) à Lha-sa, 120 seulement à Si-ning ; il faut doubler ces prix pour avoir une bête propre au service d'un fonctionnaire. Les pâturages du Kouke nor, qui sont probablement les meilleurs du Tibet, nourrissent des bœufs et des vaches, pareils et non inférieurs à ceux de Suisse. Le métissage de la vache avec le yak donne un produit spécial appelé *dzo* (*mdzo*). L'âne ne se rencontre qu'au La-dag ; à Lha-sa on n'ignore pas l'existence de cet animal, mais on le tient en grand mépris, et nous scandalisâmes fort un brave Tibétain à qui nous offrîmes un jour un de nos ânes en cadeau.

A côté des animaux domestiques, les animaux sauvages sont une ressource qui n'est pas à dédaigner. Les nomades sont bons chasseurs, ils font à la recherche du gibier de longs voyages qui durent quelquefois plusieurs mois et pénètrent dans des régions lointaines, inhabitées et très peu hospitalières. Ils remontent au nord du Nam ts'o jusqu'au delà du 34e parallèle, rarement jusqu'au 35e. On est étonné de la foule d'animaux qui trouvent leur subsistance dans les solitudes glacées et stériles du Tibet septentrional. Il y en a trois espèces qu'on rencontre en tout lieu : le yak sauvage que l'on nomme *dong* (brong), semblable au yak domestique, mais plus gros, l'*equus semionus*, nommé *kiang* (rkiang) par les Tibétains, *koulân* par les Turcs et les Mongols, qui a le pelage fauve, la taille et l'apparence d'un mulet, l'antilope (*kiik* en turc, *cha-wa*, *go-ba* ou *tsod* en tibétain). On distingue cinq espèces d'antilopes[1], dont je ne connais que les noms turcs : le yourgha, le sarygh tekké qui a de très longues cornes droites et cannelées,

---

1. Il y a deux autres variétés de *kiik* qui ne se rencontrent pas dans les montagnes : le *boughou* ou cerf, et le *djirân* ou gazelle.

c'est peut-être le *tsod* des Tibétains, l'*aka*, le *djoura* et le *koukmet* au pelage blanc. Il n'y a nulle part autant de ces différents animaux que dans le haut bassin du fleuve Jaune, au nord du pays des Ngo-log, où ils errent par milliers au milieu des beaux pâturages abandonnés de l'homme, qui s'étendent dans les larges vallées de cette région. C'est le plus admirable terrain de chasse de l'Asie. Les Tibétains chassent les yaks et les hémiones pour leur peau, les antilopes pour leurs cornes, que la médecine chinoise considère comme le plus merveilleux des fortifiants et des reconstituants. Les lièvres abondent dans les contrées les plus reculées et les plus sauvages, mais la superstition les protège contre les chasseurs. Les ours bruns sont plus délicats que les bêtes déjà nommées : si nous avons constaté leur existence tout le long de notre route entre le Nam ts'o et Gyé-rgoun-do, ils paraissent ne pas fréquenter les parties désertes des hauts plateaux. Les loups pénètrent un peu plus loin, ils sont de petite taille et peu redoutés des hommes. Nous avons plus d'une fois campé à proximité d'une nichée de loups sans que personne ait songé à prendre des précautions spéciales; ils ne sont dangereux que pour les brebis et pour les chiens qui en ont grand'peur, sauf les énormes dogues de Lha-sa au poil roux. Les renards sont très communs dans le sud comme dans le nord et ne craignent guère que les régions les plus inaccessibles et les plus froides. Enfin d'autres animaux ne se rencontrent que plus au sud, hors des routes que nous avons suivies; tels sont le petit singe, qui dans le Tibet oriental remonte jusqu'au Nya-rong par 32° de latitude, le lynx, l'écureuil, la loutre et la panthère. La peau de ce dernier animal est particulièrement estimée, et les Tibétains élégants se plaisent à en border leurs habits. On n'en a pas à moins de 10 roupies à Lha-sa et il faut mettre le double pour en acquérir une belle. En somme, le Tibet est bien loin de fournir autant de fourrures et de si précieuses que la Mongolie septentrionale et la Sibérie. De tous les animaux sauvages il n'en est point dont la chasse soit aussi profitable que la chèvre à musc, dite *la-ba* (gla-ba = moschus moschiferus). Je ne parle que pour mémoire de divers oiseaux, perdrix, très communes sur les bords du Nam ts'o, oies sauvages, fréquentes dans le Tibet nord-oriental, grues des mêmes parages; les Tibétains n'aiment pas à y jeter leur poudre. Quoique beaucoup de lacs soient poissonneux, comme par exemple le Nam-ts'o, et que nous ayons pêché de petites truites dans le bassin du Mékong par 4500 mètres d'altitude, la pêche ne semble pas être en honneur et ne constitue pas une ressource appréciable pour la population, au moins dans les régions que nous avons visitées, excepté à Tchou-choul sur les bords de l'Indus, au sud de Lé.

Il est difficile d'émettre une opinion valable sur les richesses minérales du Tibet. Elles sont probablement importantes. Les terrains aurifères se rencontrent un peu de tous les côtés surtout dans la vallée du Do tchou ou Ta Kiang, où l'or ne coûte que 15 fois son poids d'argent (Gyé-rgoun-do, Ba-t'ang), et dans la province de Tsang; il existe quelques mines de cuivre, d'argent, de pierres précieuses telles que la turquoise et le lapis-lazuli; le soufre, le sel ammoniac, le borax abondent. Les Tibétains cachent soigneusement leurs gisements de métaux et de pierreries aux voyageurs étrangers, parce qu'ils soupçonnent ceux-ci de n'avoir d'autre but que de leur dérober leurs trésors souterrains; chose grave, car si l'on portait une main profane sur les richesses enfouies dans les entrailles du sol, le dragon divin courroucé les ferait aussitôt disparaître et répandrait la misère dans le pays. Cette superstition rend les Tibétains très circonspects dans l'exploitation du sous-sol, mais n'existerait-elle pas que l'état rudimentaire de l'industrie ne leur permettrait point de tirer un grand profit de l'extraction des matières minérales.

Dans les métiers les plus usuels et les plus communs les Tibétains sont d'une ignorance et d'une gaucherie peu communes. Les forgerons, dont tout l'outillage se réduit souvent à une petite enclume, à un mauvais marteau de provenance chinoise et à un soufflet semblable à ceux des Soudanais, font avec la plus grande grossièreté le peu de choses qu'ils savent faire. Nous n'avons jamais pu nous servir d'une hache de fer fabriquée à Lha-sa; un silex préhistorique eût été préférable et cependant c'était le chef-d'œuvre du meilleur ouvrier de la capitale. En fait d'ouvrages en bois les Tibétains, qui n'ont, dans les parties que nous avons visitées, d'autres instruments que la hache et la doloire, ne fabriquent guère eux-mêmes que des barattes à beurre, des seaux à eau et, dans le Dé-rgyé et à Lha-sa, des selles et des écuelles de bois, pièce principale et la seule indispensable de la vaisselle indigène. Dans l'est, la charpente des maisons est presque toujours l'œuvre de charpentiers du Seu-tchouen. Les grains de chapelets, les passoires à thé en bambou, beaucoup d'écuelles de bois sont d'origine chinoise ou hindoue. Les poteries sont de fabrication indigène, mais on se sert du tour chinois. On ne sait pas tailler ni monter les pierres précieuses. L'art de l'armurier et celui de la cuivrerie, qui ont toujours été en faveur partout en Asie, sont moins négligés que les précédents. Lha-sa et le Dé-rgyé sont les deux centres les plus importants que je connaisse de ces deux industries, dont quelques produits ne sont point méprisables tant pour leur solidité et leur bonne adaptation à leur usage que pour leur ornementation; mais les poignards, sabres, canons de fusil, briquets, théières de cuivre, qui sortent des petits ateliers tibétains, sont loin de suffire à la consommation locale. Accordons aussi une mention particulière aux orfèvres qui façonnent des bijoux, la plupart d'argent massif et un peu grossiers, mais non dépourvus de cachet artistique, encore doit-on noter que les plus habiles des orfèvres de Lha-sa sont originaires du Népal. A part et au-dessus de toutes les industries, il faut ranger le tissage de la laine et les arts nécessaires au culte religieux, relativement florissants à cause des encouragements spéciaux qu'ils reçoivent. Les arts religieux sont généralement exercés par les lamas, qui impriment des livres, peignent des fresques sur les murs des couvents, fondent des statuettes de cuivre doré, de bronze et d'argent, fabriquent des bâtons odoriférants avec du bois de santal, du genévrier pulvérisé, du musc et de l'encens. La production des lainages est partout très considérable, et quoique l'on en fasse un très grand usage elle suffit à la consommation locale et alimente en quelque mesure le commerce extérieur. A Lha-sa ou dans la région environnante on fait des couvertures de laine très épaisses, chaudes et solides, qui sont peut-être les meilleures de toutes les couvertures de voyage. Dans les tentes et dans les maisons, sur toute la surface du Tibet, on foule des feutres assez médiocres et très inférieurs aux feutres chinois ou kyrghyz. Les nomades filent dans les longs loisirs de la vie pastorale une grande quantité de laine et en confectionnent eux-mêmes quelques tissus très grossiers, probablement semblables à ceux que fabriquaient leurs ancêtres au vi° siècle de notre ère. Dans les villages du Tibet oriental on en tisse des étoffes de qualité un peu supérieure, striées de bandes vertes, rouges, bleues et jaunes et ornées de petites croix. Mais c'est dans certaines villes entre Lha-sa et Ta-chi-lhoun-po et spécialement à

Gyang-tsé, centre principal de cette industrie, que sont faits les meilleurs tissus, connus sous le nom de *t'ouy* (p'roug). Ils sont teints d'une seule couleur, en bleu, en jaune ou en rouge foncé, cette dernière teinte étant de beaucoup la plus recherchée. La pièce, longue de dix bonnes brasses (environ 17 mètres) et large de 50 centimètres seulement, est d'un prix très variable selon la qualité : la plus médiocre espèce se paye 7 fr. 50 à Lha-sa ; pour 100 francs on a un fort beau tissu et enfin pour 150 francs (30 francs le mètre carré) on peut se procurer une des merveilles de l'industrie humaine, une étoffe moins dense que le drap, mais souple, robuste, chaude, lisse et veloutée, tout autre chose que les très pauvres spécimens qu'ont rapportés jusqu'à présent les voyageurs européens. Cette industrie est une industrie du gouvernement, qui se procure la laine nécessaire dans les pâturages du nord à titre d'impôt, la distribue aux habitants des districts du centre avec charge de la tisser gratuitement pour son compte ; cette corvée tient lieu de toute taxe pour les maisons qui y sont soumises. L'État vend une partie des produits au commerce à un tarif fixé d'avance ; il vend une autre partie à la population par l'intermédiaire de commissaires spéciaux, qui eux-mêmes chargent le plus souvent les fonctionnaires locaux du détail de l'opération ; en ce cas, le gouvernement surfait les prix conformément aux besoins de sa caisse, le commissaire prélève une commission, le préfet s'adjuge un petit bénéfice, le chef de canton se dédommage de ses peines et le contribuable paye la laine deux fois plus qu'elle ne vaut. Il est certain que si le tissage était libre les prix diminueraient notablement en même temps que l'activité individuelle, aujourd'hui entravée, trouverait une excellente occasion de s'exercer. On voit ainsi que les deux industries les plus importantes du

Tibet, le tissage et les arts religieux, sont en fait à peu près monopolisés par les deux grandes puissances officielles du pays, par le gouvernement et par les couvents.

VIII. — ÉTAT ÉCONOMIQUE (*suite*).
LE COMMERCE ET LES ROUTES

Le commerce offre encore moins d'issue à l'entreprise privée. Il est, en effet, presque entièrement accaparé par l'État, les lamas, les grands seigneurs et les étrangers, et il n'y a point que je sache de particulier qui fasse du commerce sa profession régulière et exclusive, sauf au La-dag, mais seulement parmi les musulmans. Cependant les Chinois considèrent les Tibétains comme doués à un haut degré de l'esprit de négoce et de brocantage. A vrai dire, ils trafiquent de toute sorte de choses dès que l'occasion s'en présente, et si l'occasion ne se présente pas, ils la font naître volontiers, offrant à tout venant n'importe quoi en échange de quelque chose qui leur paraisse valoir davantage. Il n'est pas facile de conclure un marché avec eux ni surtout d'en être le bon marchand. Quand il s'agit de gagner, le Tibétain déploie un esprit fécond en ressources, défiant, rusé, retors et tenace, il scrute avec la plus grande attention l'objet qu'on lui offre en échange de sa marchandise, le manie, le flaire, le soupèse en hochant la tête, lui trouve tous les défauts qu'il a et lui prête tous ceux qu'il n'a pas, vous examine du coin de l'œil pour pénétrer vos intentions et voir l'effet produit par ses paroles, jauge votre capacité commerciale, mesure le degré de votre générosité ou de votre avarice, tâte et flatte votre vanité.

met à l'épreuve votre patience, au reste ne fait pas de proposition nette, use de circonlocutions vagues et tourne indéfiniment autour du pot, montre d'autant plus de répugnance à conclure l'affaire qu'elle lui paraît plus avantageuse, ne s'engage que s'il est certain de ne jamais pouvoir obtenir mieux, et, s'il juge cependant s'être trop avancé, il revient déclarer que sa femme consultée refuse de ratifier le marché, et vous salue humblement en tirant la langue et se grattant l'oreille. Ce n'est pas ainsi qu'agit un véritable marchand. Le commerce réclame plus de liberté et de largeur, et le Tibétain, dans sa ruse naïve de montagnard mal léché, a trop peur d'être dupé et trop envie de duper pour faire jamais beaucoup d'affaires. D'ailleurs il est casanier à l'excès, comme tous les peuples primitifs et particulièrement les nomades; il n'aime pas à voir du nouveau, et quand par hasard les circonstances l'ont fait sortir de son trou, il est gêné, ahuri, n'aspire qu'à retourner chez lui au plus tôt, incapable qu'il est de modifier le moins du monde ses habitudes et de s'accommoder à un milieu insolite. Au fond, il est agriculteur et pasteur et n'est jamais que brocanteur d'occasion. Il ne s'établit pas négociant à demeure; tous les magasins et les boutiques du pays sont tenus par des Chinois, des Népalais, des Kachmiriens, des musulmans de l'Inde nord-occidentale, du Ladag et du Baltistân. Les débits de boissons (tch'ang-k'ang), exploités par les femmes indigènes, ne peuvent pas être considérés comme une exception. Les transactions du commerce intérieur se font soit dans les bazars des villes (*k'rom* pr. *l'om*) ou dans les foires périodiques, généralement annuelles, qui se tiennent près des villages ou des monastères. A ces foires on se rend de plusieurs centaines de kilomètres à la ronde; quelques pâtres parcourent 600 kilomètres pour aller vendre leurs produits à Nag-tchou dzong. Là les particuliers, bergers ou agriculteurs, échangent entre eux leurs marchandises respectives ou en trafiquent avec les marchands de profession, qui sont les étrangers désignés ci-dessus ou les représentants des grands seigneurs et des monastères, qui, avec l'État, sont seuls à faire le commerce en grand. Eux seuls en effet disposent de capitaux importants, constitués par leurs propriétés, leurs bénéfices, les impôts, le casuel, les dons et les legs plus ou moins volontaires, qui sont en bonne partie payés en nature, les produits des industries qu'ils exercent ou font exercer à leur profit. Ainsi le gouvernement de Lha-sa, les chefs des diverses principautés, les fonctionnaires, les couvents, accumulent des stocks considérables de marchandises, centralisent les produits des environs, équipent de grandes caravanes pour les transporter à plusieurs mois de marche et rapporter des marchandises étrangères, qu'ils écoulent au mieux de leurs intérêts, au moment le plus favorable. Du reste, princes, seigneurs et lamas abusent de leur pouvoir pour arrondir leurs bénéfices; si l'acheteur ne se présente pas de bon gré, ils lui font la chasse et lui vendent très cher ce dont il n'a cure; ils obligent le vilain taillable et corvéable à travailler pour eux gratuitement ou à un prix dérisoire, à vendre à perte ce qu'il possède, et le condamnent pour la moindre faute à payer en guise d'amende quelques briques de thé, des fourrures, des pièces d'étoffe.

Les grands seigneurs laïques ou religieux, qui font le trafic à l'étranger, entretiennent dans les places où ce trafic se concentre, à Tong-kor, Dar-tsé-do[1], Li-kiang, Lé, des agents responsables, appelés *ts'ong-pon*, c'est-à-dire surintendants de commerce, qui sont à demeure à leur poste,

____

1. Nom tibétain de Ta-tsien-lou.

surveillent le magasin où sont gardées les marchandises de
leurs commettants, reçoivent et hébergent les caravanes
envoyées par ceux-ci, procèdent aux opérations de vente et
d'achat. Ces *ts'ong-pon*, dont quelques-uns ont sous leurs
ordres de petites armées de domestiques et d'agents subal-
ternes, sont des personnages d'importance, hommes de
confiance, parfois parents de leur maître, fonctionnaires
du gouvernement ou lamas de marque. Ils ne sont pas
comparables à nos commissionnaires ou directeurs de suc-
cursales, car ils sont liés à leurs mandants, non seulement
par des obligations commerciales, mais aussi par des devoirs sociaux; ils sont leurs subordonnés en qualité de
sujets, obédienciers, parents, clients, serfs ou domestiques
avant de l'être en qualité de chargés d'affaires. Leurs fonctions sont en général héréditaires, sauf naturellement lorsqu'il s'agit de moines. Les routes étant longues, difficiles,
quelquefois dangereuses, on ne fait pas souvent des expéditions de marchandises; on a avantage à équiper les
caravanes les plus considérables possible afin de diminuer
les frais généraux, de ne voyager que dans les saisons les
plus favorables et d'être mieux en sûreté contre les brigands. C'est ainsi que nous avons rencontré sur la route
de Nag-tchou à Gyé-rgoun-do une caravane expédiée par le
grand lama de Ta-chi-lhoun-po, qui ne comptait pas moins
de 800 chevaux et 90 hommes. Ces grands convois sont
conduits par des ts'ong-pon, semblables à ceux qui résident
à l'étranger et qui sont de rang d'autant plus élevé que
celui qui les envoie est lui-même un plus grand personnage. Le ts'ong-pon a l'autorité suprême sur tous ceux qui
l'accompagnent; il peut, par faveur spéciale, permettre à
des particuliers de se joindre au convoi avec un nombre
limité d'animaux chargés, à condition qu'ils se soumettent
à son commandement et payent une certaine redevance.

En route, il a le droit de réquisitionner des animaux et des vivres partout et dans la même mesure où son maître le possède; s'il est moine, il reçoit l'hospitalité dans tous les couvents de son ordre, s'il est agent du roi ou d'un ministre, chez tous les fonctionnaires, s'il est commissionnaire d'un moindre seigneur, chez tous ceux qui ont avec son patron des relations d'hospitalité. Cette organisation du commerce extérieur remonte à l'antiquité la plus reculée; autrefois la Chine n'en connaissait point d'autre et les caravanes impériales et royales ne se distinguaient point des ambassades politiques. C'est ainsi qu'encore aujourd'hui les missions de négoce envoyées périodiquement à Pékin par le prince du Népâl, les grands lamas de Lha-sa et de Ta-chi-lhoun-po et à Lha-sa par le roi du La-dag ou en son lieu et place depuis 1842 par le vézir du maharadjah de Kachmir revêtent un caractère de mission politique.

Les voies de communication, extrêmement incommodes et difficiles, ne sont pas plus encourageantes pour le commerce que le peu de ressources du pays et l'organisation aristocratique de la société. Ce qu'on appelle route, *lam*, ou même grande route, *tcha lam* (rgya lam), est une simple piste qui franchit des vallées profondément encaissées, des torrents tumultueux rarement munis de ponts et pas toujours guéables, des cols abrupts de plus de cinq mille mètres d'altitude, sur les pentes desquels s'accumule une épaisseur de plusieurs pieds de neige; le terrain plein de bosses et de trous ou encombré de blocs de rochers offre peu fréquemment un espace assez large pour permettre à deux animaux chargés de passer de front; parfois la route n'est constituée que par un rebord de quelques centimètres en saillie sur la paroi perpendiculaire d'une montagne, rebord couvert de glace ou de boue gluante et

comme suspendu au-dessus de profonds précipices. Le yak
est l'animal qui convient le mieux à de pareils chemins :
par son poids il enfonce la glace et il ne glisse guère, sa
masse énorme et ses jambes courtes lui donnent un équi-
libre d'une stabilité merveilleuse, qui lui permet de passer
partout et de se tirer des plus mauvais pas. Il n'est pas nécessaire d'emporter des vivres pour lui, il se contente de
l'herbe qu'il trouve, si dure qu'elle soit, et cette qualité
est particulièrement précieuse sur les routes désertes, dé-
pourvues de toutes ressources comme celle de Nag-tchou à
Djoung. Mais les yaks sont paresseux, indisciplinés, aiment
à manger et à ruminer à leur aise; on ne peut leur imposer que de courtes étapes et des charges assez légères et
peu fragiles, car au lieu de marcher à pas comptés en file
régulière comme les chevaux et les chameaux, ils vont en
troupe, pêle-mêle, se secouent violemment, sautent, trot-
tent, se heurtent les uns les autres. En montagne ils ne
parcourent que 14 ou 15 kilomètres par jour, en plaine
comme entre le Tsadam et Si-ning on obtient d'eux jusqu'à
25^{km},5. Un cheval fait en un jour deux étapes de yak; aussi
les préfère-t-on quelquefois, quoiqu'ils soient plus coûteux
et plus difficiles à nourrir.

On peut diviser les grandes routes du Tibet en cinq
groupes. Le premier groupe fait communiquer Lha-sa avec
Si-ning (Zi-ling en tibétain) et Lan-tcheou. Le plus occidental des chemins de ce groupe, le plus long, mais le
plus fréquenté, parce que seul il est à l'abri des incursions
des brigands Ngo-log, passe par Nag-tchou dzong, les gués
Loug-rab et Tchou-mar Rab-doun, et Djoung en Tsadam.
Cette route, suivie par Huc, n'a été relevée par aucun Européen au sud du Do tchou. Elle mesure 1 860 kilomètres
ou seulement 1 810 jusqu'à Tong-kor où résident les agents
tibétains. Les yaks la parcourent en cent huit jours, vingt

de Lha-sa à Nag-tchou, quatre-vingt-huit de Nag-tchou à Si-ning. Elle ne traverse des pays bien peuplés que sur 90 kilomètres à partir de Lha-sa jusqu'un peu au delà de P'ou-mdo dzong, et sur 75 à partir de Si-ning jusqu'à Tong-kor gon-pa ; entre ces deux zones étroites le voyageur ne rencontre que deux petits villages, ceux de Nag-tchou et de Djoung sur une distance de 1 700 kilomètres dont plus de 800 de désert ininterrompu entre ces deux localités. Du moins, la région qu'elle franchit, très proche des sources des grands fleuves, n'offre pas encore de très profondes érosions ni par conséquent de grandes difficultés de marche, malgré l'altitude considérable. Une autre route, qui était en usage au siècle dernier, a été abandonnée par suite des brigandages des Ngo-log ; elle est plus directe que la précédente dont elle se sépare un peu au sud des gués Tchou-mar Rab-doun, pour se diriger sur les lacs Kya-ring et Ngo-ring entre lesquels elle passe et, de là, sur Tong-kor : elle compte jusqu'à cette dernière ville 1 700 kilomètres dont 1 500 dans le désert, par suite elle ne présenterait aucun avantage appréciable en admettant que la sécurité soit rétablie. La route que nous avons été les premiers à reconnaître et qui passe par les sources du Mékong, Ta-chi gon-pa, Gyé-rgoun-do, le Stong-ri ts'o et Tong-kor gon-pa, n'est pas sensiblement plus longue (1 780 kilomètres) et n'est inhabitée que sur 580 kilomètres entre le Dza tchou et les environs de Tong-kor gon-pa ; elle ne vaudrait cependant pas au point de vue commercial celle qui s'en détache à La-boug gon-pa et par Artchoung, Llaseu gon-pa, Lha-brang gon-pa, Hô tcheou, atteint Lan-tcheou qui est le véritable centre commercial de cette région. Par là on ne traverse à peu près que des pays peuplés et le trajet n'est que de 2 045 kilomètres au lieu de 2 105 par la route aujourd'hui employée. Mais les Ngo-log qui l'occu-

pent n'y donnent passage qu'aux caravanes de Lha-brang
gon-pa, de même qu'ils ne laissent ouverte la route du
Kya-ring ts'o qu'au grand lama de Ta-chi-lhoun-po, lorsque
tous les trois ans il se rend à Pékin, et celle de Gyé-rgoun-
do à Tong-kor qu'aux caravanes des monastères des environs de Gyé-rgoun-do.

Le second groupe de routes réunit Lha-sa à Ta-tsien-lou
(Dar-tsé-mdo). Ces routes sont au nombre de trois et, par
une fortune singulière, les premiers Européens qui les ont
vues et parcourues sont tous des Français. La plus méridionale, la plus directe, comme aussi la plus difficile, celle
qui passe par Gya-mdo, Lha-ri, Cho-ban-do et Tch'a-mdo,
n'a encore été suivie que par Huc et Gabet, elle a 1 650 kilomètres et demande aux yaks trois mois et demi de marche.
M. Bonvalot et le prince d'Orléans ont inauguré la route
centrale de Sog dzong et Tch'am-do qui paraît être de peu
d'usage ; enfin c'était à nous qu'il était réservé de faire le
premier tracé de la route septentrionale par les sources du
Mékong et Gyé-rgoun-do, le tronçon qui relie ce dernier
point à Ta-tsien-lou ayant été relevé en 1891 par M. W.
Rockhill. Cette troisième voie est plus fréquentée et n'est
guère plus longue que la précédente (1820 kilomètres au
lieu de 1760). Ce qui explique la préférence que beaucoup
lui accordent sur la route plus courte de Huc, c'est que
celle-ci est détestable. La description qu'en a faite le célèbre
missionnaire ne doit pas être éloignée de l'exacte vérité ;
plusieurs détails nous en ont été confirmés par des Tibétains qui l'avaient suivie et notamment celui relatif au col
que les yaks ne peuvent descendre qu'en se laissant glisser
du haut en bas sur la pente gelée. Néanmoins le légat impérial de Lha-sa ne passe jamais ailleurs parce que c'est la
route la plus peuplée et la mieux pourvue de ressources.
A ce groupe on peut joindre le chemin de 860 kilomètres

qui va de Soung-p'an t'ing à Tch'a-mdo par Dzog-tchen gon-pa et dont un embranchement conduit à Gyé-rgoùn-do, mais il n'est pas ouvert au commerce régulier et il ne sert qu'aux contrebandiers de Soung-p'an, bons amis avec les bandits du Ma tchou.

Le troisième groupe met en communication Lha-sa avec Li-kiang dans le Yun-nan. Entre ces deux villes il y a 1 500 kilomètres en passant par la vallée du Tsang-po-Brahmapoutra jusqu'à Tchoum dzong, par Po dzong, par Kiang-ka ou par Da-youl, par Tsé-kou et Oui-si. C'est la région la plus mal connue du Tibet.

Le quatrième groupe comprend les routes qui relient Lha-sa à l'Inde. La plus pratique d'entre elles est fermée au négoce par le gouvernement tibétain d'accord avec le gouvernement chinois. Longue de 520 kilomètres, elle mène un cavalier en 9 jours de Lha-sa à Do-rdjéling, point d'aboutissement du chemin de fer anglais. Les routes ouvertes n'atteignent l'Inde que par l'intermédiaire du Bhou-tan et du Népâl, Ta-chi-tcho-dzong, capitale du premier pays, est à 400 kilomètres seulement de Lha-sa, Katmandou, capitale du second, en est éloigné de 850 kilomètres par Gyang-tsé, Ta-chi-lhoun-po, Sa-skya, La-si-kar dzong et Ni-lam. Un quatrième chemin va de Lha-sa à l'Assam par Tché-tang, Di-rang dzong et Odalgari, mais la circulation y est insignifiante.

Le cinquième groupe est composé des deux routes qui mènent de Lha-sa à Lé, l'une par Ta-chi-lhoun-po, Gar-t'og et Rou-t'og, l'autre par Scu-dja-dzong, Om-bo et Rou-t'og. La première, quoique la plus longue (2 140 au lieu de 1 880), est la seule où le trafic soit considérable parce qu'elle traverse des régions beaucoup plus peuplées, les plus peuplées et les plus florissantes du Tibet. C'est elle que suit la mission du vézir du La-dag. Les marchands accomplissent le trajet en quatre mois avec des yaks et deux et demi avec des chevaux, tandis que les courriers officiels qui voyagent jour et nuit en changeant de cheval à chaque station l'exécutent en 18 jours, faisant ainsi environ 120 kilomètres en 24 heures. Nous ne parlerons pas ici des chemins qui permettent d'aller de Lha-sa ou de Ta-chi-lhoun-po au Turkestan chinois parce qu'ils n'ont aucune importance commerciale.

C'est avec l'Inde que le Tibet devrait naturellement entretenir les relations les plus actives; mais l'histoire et la politique en ont décidé autrement. La plus grande partie du trafic tibétain se fait avec la Chine et aboutit à Tong-kor, à Ta-tsien-lou et à Li-kiang, villes où sont établies les ts'ong pon. A Tong-kor les Tibétains achètent des chevaux mongols, du cuir, des selles et harnachements, des bottes, des chapeaux de feutre, un peu de soieries pour les lamas, quelques cotonnades dont les Pa-nag sont les seuls à peu près à se servir, de la farine, du tabac de Lan-tcheou et de Si-ngan, du papier, de la quincaillerie, des marmites de fonte et divers articles de quincaillerie, des sabres et des fusils. Ils vendent de la laine, des fourrures, du musc, des bâtons d'encens, de la rhubarbe et, en outre, du safran, du sucre candi, des dattes, des coquillages et de l'ambre qu'ils ont achetés dans l'Inde anglaise. La valeur des transactions ne paraît pas dépasser un million de francs. Beaucoup plus considérable est le marché de Ta-tsien-lou quoique les routes qui y conduisent ne soient pas plus brèves et même, si l'on considère comme points d'aboutissement les véritables centres commerciaux, à savoir Lan-tcheou et Tch'ing-tou, on trouve que le premier est moins éloigné que le second de Lha-sa (2 100 et 1 940 kilomètres au lieu de 2 170 et 2 000). Mais les pays qu'on traverse pour se rendre à Ta-tsien-lou sont plus peuplés; tandis que le Kan-sou est pauvre, la province de Seu-tchouen est une des plus riches et des plus populeuses de la Chine et produit à peu près tout ce que produit la Chine; le Tibet dépend politiquement du Seu-tchouen, et Ta-tsien-lou a le monopole du commerce du thé avec le Tibet comme Si-ning a le monopole du même commerce avec la Mongolie et le Turkestan. Or le thé est de beaucoup l'article qui se vend le plus et avec le plus de bénéfice au Tibet. D'après les comptes officiels du *li-kin*, Ta-tsien-lou vend chaque année à sa clientèle tibétaine 6 millions de kilogrammes de thé, valant, selon la qualité, de 0 fr. 85 à 1 fr. 25 l'un à Ta-tsien-lou et de 2 fr. 25 à 4 francs à Lha-sa. Il faut ajouter à ce chiffre déjà respectable tout ce qui passe en contrebande, principalement par Soung-p'an. Ce trafic est une source de gros bénéfices pour les maisons chinoises de Si-ngan, qui ont obtenu de leur compatriote le vice-roi du Seu-tchouen le privilège exclusif de vendre du thé sur le marché tibétain. Elles profitent du manque de concurrence pour faire payer très cher de très mauvaise marchandise. Ce thé d'exportation contient dans les briques de qualité inférieure plus de bois que de feuilles; il est souvent avarié et le meilleur n'a pas de quoi flatter notre goût européen. Mais les Tibétains y sont habitués et s'en déclarent satisfaits. C'est un préjugé profondément ancré dans leur esprit que tout autre thé n'est que du thé falsifié et dangereux. Même dans le La-dag, soumis à l'autorité britannique, où ils peuvent se procurer du thé de l'Inde de meilleure qualité et à plus bas prix, ils s'obstinent à user de cet affreux thé de Ta-tsien-lou, affirmant que celui des Anglais est un poison capable de donner toute espèce de maladie. Marchands, gouvernement et lamas, qui souvent d'ailleurs ne font qu'un, ont également intérêt à encourager ce préjugé populaire, les marchands à cause du profit matériel qu'ils en retirent, le gouvernement et les lamas pour empêcher autant que possible les relations commerciales avec les Anglais.

On pourrait écrire un curieux chapitre sur l'influence du préjugé en matière commerciale. On vient de voir à propos du commerce du thé que le préjugé peut être plus fort que l'intérêt. Le commerce du safran est un exemple non moins singulier du même fait. La Chine tire son safran du Tibet, qui lui-même est obligé de l'acheter à l'Inde. La route est mauvaise et longue, le transport coûteux. Pour remédier à l'enchérissement qui en résulte, on falsifie la marchandise, et les Chinois achètent sous le nom de safran un mélange aussi ingénieux que détestable. Il serait évidemment plus avantageux de faire venir cet article directement de l'Inde par voie maritime; on l'aurait ainsi à meilleur compte et de meilleure qualité. Mais les Chinois sont persuadés que le safran du Tibet est le meilleur des safrans, ils sont contents de leur erreur et ils ne veulent pas changer leur persuasion pour la vérité.

Outre le thé, Ta-tsien-lou exporte au Tibet des colonnades en petite quantité, des tentes de coton, des soieries pour une valeur assez importante, du brocard, des k'atag (k'a-btags), sortes d'écharpes en soie grossière et transparente que les Tibétains offrent aux personnes qu'ils veulent honorer et qui font l'office de nos cartes de visite, des fourrures de luxe, du cuir, des selles, de la porcelaine, des turquoises plus fines que celles du Tibet, des fusils, de la quincaillerie, des drogues, du tabac, des allumettes japonaises partout usitées dans le Tibet, de la farine de blé, du riz, du sucre noir, du vinaigre et des conserves alimentaires pour les fonctionnaires et les officiers chinois. Les Tibétains donnent en échange des étoffes et des couvertures de laine, des peaux et fourrures, du musc, des bâtons odorants, de la poudre d'or, des cornes d'antilope, de la rhubarbe, du borax et des marchandises de l'Inde. Ils achètent beaucoup plus qu'ils ne vendent et ils paient la différence en roupies, qu'ils se procurent dans leur commerce avec l'Inde, où ils vendent plus qu'ils n'achètent.

Le marché de Li-kiang fou semble avoir été important avant la révolte des musulmans du Yun-nan. Mais, à la suite de la guerre qui bouleversa ce pays entre 1855 et 1875, Li-kiang fut ruiné et depuis ne s'est relevé qu'imparfaitement. Cette ville est le centre du commerce assez mince que le Tibet entretient avec le Yun-nan et c'est par là que le musc passe pour aller au Tonkin. Elle est le débouché naturel des produits du Tibet sud-oriental et de la vallée relativement riche et populeuse du Mékong au sud de Yer-ka-lo. Sans doute, privé qu'il est du commerce du thé, ce marché est dans un état d'infériorité marquée vis-à-vis de Ta-tsien-lou. Cependant il est dans une assez bonne situation géographique; situé à sept jours au nord de Ta-li-fou, qui est lui-même au point de convergence des vallées du Mékong et du fleuve Rouge, il est plus proche de Lha-sa que toute autre ville chinoise, et, qui plus est, la capitale du Tibet est, par Li-kiang, à peine plus éloignée de la frontière tonkinoise que de Tch'ing-tou.

Il n'est donc pas impossible que le voisinage de nos colonies d'Indo-Chine revivifiant le commerce du Yun-nan, la place de Li-kiang en profite elle-même et nous fournisse les moyens de nouer des relations profitables avec le Tibet. Nous pourrions en tirer de la laine de mouton, du duvet de chèvre, des peaux et fourrures, de la viande, des bestiaux, des chevaux mongols, de l'or et du musc, toutes marchandises qu'en cette partie de l'Asie on ne peut guère se procurer qu'au Tibet. Nous donnerions en échange des drap lustrés, de couleur unie, de préférence rouges ou bleus, des pierres précieuses travaillées et montées, de l'ambre, des armes, des longues-vues, des lunettes à verres fumés, des montres et horloges, des boîtes à musique, de la vaisselle métallique, des serre-papier ornementés, des plumes métalliques à large bec, du papier à écrire fort et non glacé, des glaces, du fil, des aiguilles, des gros ciseaux, des couteaux. Chez les grands personnages et surtout dans les couvents, on trouve des collections assez curieuses d'objets européens de toute provenance. Le Talé lama et le Pang-tch'en rin-po-tch'é possèdent de petits musées de nos arts et de notre industrie. Il est bien certain que c'est seulement si nos négociants et nos industriels réussissent à implanter notre influence économique dans le Yun-nan que cette influence pourra s'étendre dans le Tibet oriental, et elle le fera alors tout naturellement. Il faut d'ailleurs se garder des illusions; le rayon de l'action commerciale du Tonkin est extrêmement restreint et ne s'étend que sur des contrées ingrates dont la population, clairsemée et pauvre, est incapable de nous acheter beaucoup et, qui pis est, mal disposée à se contenter des rossignols coûteux qu'on lui offre trop souvent. A cet égard il y a encore beaucoup moins à compter sur le Tibet que sur le Yun-nan. Ce n'est que si le Tonkin devient un pays industriel, ce qu'il est très capable de devenir, qu'il pourra être un centre d'attraction considérable. Alors le Yun-nan et le Tibet, aujourd'hui clients nuls et de peu d'espoir, seront utiles au développement de notre colonie par les métaux et la laine qu'ils lui fourniront.

Actuellement le Tibet se procure dans l'Inde anglaise presque toutes les marchandises européennes dont il a besoin. Mais ce commerce est loin d'être encouragé par les autorités tibétaines et chinoises et il souffre beaucoup de l'interdiction d'importer le thé de l'Inde, qui serait capable de faire une concurrence victorieuse au thé de Ta-tsien-lou. Nous avons dit que, la route du Sikkim étant rigoureusement fermée, il n'y a point de transactions directes entre le Tibet et l'Inde, sauf par l'Assam, exception d'ailleurs insignifiante. L'Inde trafique avec le Tibet principalement par le Népâl, en deuxième ligne par le La-dag, enfin pour une quantité à peu près négligeable par le Bhoutan. Par sa frontière méridionale le Tibet envoie dans l'Inde des couvertures et étoffes de laine, de la laine brute, des peaux et fourrures, de l'or, de l'argent, du borax et du sel, du musc, du carvi(zi-ra = cuminum cyminum) et des plantes médicinales; il en reçoit des draps de qualité inférieure, quelques soieries et cotonnades à fleurs, des brocarts, de l'indigo, des épices, du sucre candi, du corail, des perles, de l'ambre, des coquillages, des armes, couteaux, ciseaux et aiguilles, des casseroles de cuivre, un peu de vaisselle métallique et divers bibelots européens. La plus grande partie du riz consommée par les Tibétains vient du Népâl, du Sikkim et du Bhoutan; le Bhoutan leur fournit en outre du tabac très apprécié, et le Népâl l'étoffe dite *bouré* et de la bijouterie.

Lha-sa envoie à Lé principalement du thé, des lainages et des objets religieux. Les habitants du La-dag n'usent pas d'autre thé que du thé en briques de Ta-tsien-lou, qui leur revient à 8 fr. 55 le kilogramme, plus du double de ce qu'il coûte à Lha-sa, tandis que les marchands de l'Inde leur offrent de bon thé pour 5 fr. 55 (1 roupie la livre anglaise). Lé reçoit en outre du Tibet occidental ou du Tibet central pour les repasser à l'Inde de l'or des mines de la province de Tsang, des turquoises de Lha-sa ou de Chine, du sel, du borax et du soufre des plateaux du nord (Tchang-t'ang), de la laine de mouton et du duvet de chèvre des pâturages des provinces de Tsang et de Nga-ris pour environ 250 000 roupies), du musc, de la rhubarbe et diverses plantes médicinales. Il importe du Kachmir pour l'expédier dans le Tibet occidental et dans le Tibet central des châles, des brocards, des draps anglais, de l'indigo, du safran et des épices de toute nature, du sucre candi, un peu d'orge et de riz, de la vaisselle de cuivre, de la coutellerie, de la bijouterie, du corail, des perles fausses, etc. La valeur totale du trafic entre l'Inde et le Tibet est très faible. L'insuffisance inévitable des statistiques anglaises ne permet pas de l'estimer avec exactitude, mais je ne pense pas qu'il atteigne 2 millions de roupies. Entre 1891 et 1895, le mouvement des échanges avec le La-dag a été en moyenne de 53 500 roupies et de 169 000 avec le Tibet par l'intermédiaire du La-dag. Pendant la même période, l'Inde a fait pour 38 500 roupies d'affaires annuelles avec le Tibet par le Sikkim, pour 2 815 000 avec le Népâl, pour 49 000 avec le Bhoutan. Les échanges entre l'Inde et le Tibet se sont donc élevées à 261 000 roupies plus le montant indéterminé, mais très supérieur au chiffre précédent, des affaires qui se sont traitées par l'intermédiaire du Népâl et du Bhoutan.

L'augmentation de ce trafic dépend de l'ouverture au commerce de la route entre Do-rdjé-ling et Lha-sa par la vallée de Tchoumbi. Les tentatives faites par le gouvernement anglo-indien pour obtenir cette ouverture ont abouti en 1895 à un traité de commerce dont nous parlerons plus loin parce qu'il n'offre encore qu'un intérêt purement politique. Mais lors même que de ce côté le négoce serait entièrement libre, ni l'Inde, ni à plus forte raison l'Angleterre ne pourraient s'attendre à trouver dans le Tibet un marché très important pour l'écoulement de leurs productions; seulement, le jour où la région trans-himalayenne sera livrée à l'activité britannique et sera dans la dépendance au moins économique de l'empire indien, elle fournira à cet empire en abondance et à bon compte les choses qui maintenant lui manquent le plus, le sel et les peaux, surtout les métaux et la laine, qui dans l'Inde est de qualité très inférieure; alors l'Inde sera définitivement ce qu'elle est déjà en voie de devenir, l'une des plus grandes puissances industrielles du monde.

Lé est présentement une position commerciale aussi importante que peut l'être une position commerciale au milieu de contrées pauvres ou médiocrement riches. Ce n'est pas un centre de production et de consommation, car le La-dag est un des pays les plus arides, les plus déshérités du Tibet et sa population ne dépasse point 178 000 âmes, mais c'est encore le point de transit obligé entre l'Inde, le Baltistân et le Badakhchân, le Turkestan et le Tibet. Les routes qui y aboutissent de Lha-sa se prolongent sur Srinagar et Raoul Pindi, sur Yârkend et Khotan par le col de Karakoram, sur le Badakhchân et la Bactriane par Skar-do et Gilgit. Cette dernière route aujourd'hui peu considérable pour les relations extérieures du Tibet était célèbre au moyen âge et était la grande voie de communication entre Balkh et Lha-sa. De Lé à Skar-do il y a 10 jours de marche le long de l'Indus et 295 kilomètres, de Skar-do au col de Baroghil 13 jours et 400 kilomètres en descendant l'Indus, remontant les rivières de Gilgit et de Yâcin et traversant la passe de Darkot. Au delà du col de Baroghil on rejoint à Sarhad, sur le bord du Ouakhân sou, les routes qui viennent de Kachgarie, on descend le Ouakhân sou jusqu'à Ichkachim, on franchit le col Serdab pour atteindre Zebak, d'où l'on descend sur Feyzabâd, situé à 12 jours du col de Baroghil, à 9 de Balkh. Cette dernière ville est ainsi à 21 jours et à 700 kilomètres du col de Baroghil, à 44 jours et à 1400 kilomètres de Lé, à 3540 de Lha-sa. C'est de cette route que les Tibétains se servirent au VIIe et au viiie siècle pour aller occuper le Ouakhân et s'étendre jusqu'à l'extrême limite orientale de l'empire arabe. Depuis, la race et la langue tibétaines ont reculé jusqu'au Baltistân, et les relations entre le Tibet et la région du haut Oxus sont presque insignifiantes. Les bœufs-yaks du Tibet portent jusqu'au Ouakhân un peu de hachich acheté au Turkestan chinois, et dans le dialecte iranien du Ouakhân le hachich et le bœuf-yak ont gardé leurs noms tibétains *bang* et *dzó*. Le Tibet reçoit du Badakhchân quelques rubis et quelques lapis-lazuli et du Baltistân quelques fruits secs, particulièrement des abricots.

Le très faible commerce qui se fait entre le Tibet et le Turkestan chinois emprunte à peu près uniquement la route du Karakoram. Lé importe de Yârkend, soit pour la consommation locale, soit pour la réexportation au Tibet — nous ne parlons pas ici de ce qui est destiné à l'Inde — un peu de tabac, du hachich dont les Tibétains occidentaux ont pris, malheureusement pour eux, l'habitude, des fruits secs, des chevaux kyrghyz et des chevaux d'Ili, qui sont connus à Lha-sa sous le nom de chevaux de Yârkend et y sont recherchés pour leur taille relativement grande, des feutres et des tapis, surtout des tapis de selle de Khotan, quelques peaux de martre ou de loutre, un peu de cuir de Russie. Je ne sache pas que le Tibet donne en échange au Turkestan chinois autre chose que quelques turquoises et du musc, qui est devenu célèbre chez les écrivains musulmans sous le nom de musc de Khotan. Les Mongols de Karachahar, qui vont à Lha-sa par le col Ambal-achkân ou par la passe d'Angirtakchia, apportent à la capitale du Tibet quelques chevaux de leur pays et en rapportent des objets religieux et quelques lainages; mais cela est insignifiant.

Parmi les marchandises européennes qui se vendent au

Tibet, les marchandises allemandes ou autrichiennes tiennent le premier rang après et loin derrière les anglaises. La coutellerie, les drogues, les articles dits de Paris, le fil et les aiguilles sont les articles qui portent le plus souvent la marque *made in Germany* ou *in Austria*. La bijouterie fausse n'a eu jusqu'à présent aucun succès, les Tibétains n'étant pas des sauvages imbéciles et n'achetant en fait de bijoux que ce qui peut se revendre à l'occasion sans trop de désavantage. Une très petite quantité de marchandises russes pénètrent au Tibet par Yârkend ou par Lan-tcheou. Je n'ai constaté pour ma part en fait d'importations russes que des chevaux d'Och, un peu de cuir de Russie et quelques paires de bottes en cuir de Russie introduites par les Mongols. Certains voyageurs ont constaté la présence dans plusieurs districts du Tibet oriental de quelques pièces de drap russe, mais à Lé et à Lha-sa je n'ai jamais vu que du drap anglais. Du commerce français on peut se dispenser de parler, car il n'est sans doute pas très intéressant de mentionner les bouteilles de vins de bordeaux et de champagne que M. le résident de Lé possède dans sa cave, ni de la douzaine de boîtes de sardines que l'épicier hindou de la même localité offre aux rares touristes de passage; pourtant il serait injuste de ne point signaler une boîte de six savonnettes parfumées, le seul spécimen de savon qu'on put découvrir à Lha-sa au mois de janvier 1894 et que son acquéreur s'estima trop heureux de nous vendre après l'avoir gardé 40 ans en magasin.

La monnaie la plus usuelle dans les limites du royaume de Lha-sa est le *tan-ka*[1], pièce d'argent frappée à Lha-sa par le Talé lama, plus grande, mais beaucoup plus mince

---

1. Sans doute le même mot que le turc *tenga*, qui désigne une monnaie ayant exactement la même valeur.

que notre franc et contenant une quantité considérable
d'alliage. Elle vaut 1/8 d'once d'argent, 2/5 de roupie,
soit 0 fr. 94. Il n'existe point de monnaie divisionnaire, on
se contente de couper le *tan-ka* en deux, trois ou quatre
morceaux selon les besoins. Cette monnaie de Lha-sa est
peu en faveur hors des états du Talé lama et elle cesse
d'avoir cours à une faible distance de la frontière ou
n'est acceptée qu'à perte pour 1/5 de roupie ou pour
1/9 d'once.

Au contraire, les lingots d'argent chinois et la roupie
anglo-indienne (gor-mo), qui sert quelquefois à orner la
chevelure des femmes, passent partout sans subir de dépré-
ciation. Cependant la roupie n'est point reçue par les
Tibétains des bords du Kouke nor. Les lingots chinois sont
moins fréquents à cause de leur commodité moindre, mais
l'once d'argent (srang) est considérée de l'un à l'autre bout
des pays où sonne la langue tibétaine comme la véritable
base monétaire. L'once d'argent ne varie pas, tandis que la
roupie et le tan-ka sont sujets à de légères fluctuations. La
première était cotée en 1894 à 0 once 5125, le second
0,125. La valeur de la monnaie d'argent n'a nullement été
affectée par la baisse du métal blanc et le prix des denrées
est resté stationnaire. Seul l'or a augmenté de prix, mais
moins qu'en Turkestan; il ne coûte encore que 18 fois son
poids d'argent à Lha-sa et 15 fois à Gyérgoun-do ou à
Ba-t'ang.

IX. — LA RELIGION. SURVIVANCES DES ANCIENS CULTES. LES PON-BO.

Excepté les Balti, qui sont musulmans chiites, et environ un demi-million de Pon-bo répandus un peu partout, tous les Tibétains sont bouddhistes. Mais s'il m'a suffi de dire que les habitants du Turkestan chinois sont musulmans pour que le lecteur sût aussitôt à quoi s'en tenir, des explications sont nécessaires pour préciser ce qu'il faut exactement entendre par cette proposition : les Tibétains sont bouddhistes. La religion des Tibétains est fort différente de la doctrine que le Très Sage prêcha dans l'Inde au ve siècle avant notre ère. Cette doctrine concevait le monde comme une simple collection d'attributs qui ne sont attachés à aucune substance réelle; l'univers n'est qu'un composé d'apparences, une immense illusion; rien n'existe en soi, car tout cesse d'être au moment même où il est, tout s'écoule dans un perpétuel devenir. Le bonheur n'est donc point possible puisqu'il serait détruit à l'instant même où il serait atteint; la vie, agrégat de modalités indéfiniment changeantes, est nécessairement imparfaite, vouée au mal, à la douleur et à la mort. La mort à son tour n'est qu'un point dans l'évolution universelle, un passage d'une forme de vie à une nouvelle forme; car telle est la puissance de l'illusion que les éléments, qui constituaient l'apparence dissoute par la mort, conservent dans les profondeurs de l'inconscient le désir d'entrer dans la combinaison d'une apparence nouvelle, et, comme un aveugle qui ne voit pas la vanité des choses, ils errent dans la nuit vide, se laissant mener par la *karma*, résultante de leurs actions antérieures, et jeter dans le moule, supérieur ou inférieur, que celle-ci leur assigne [1]; la forme retrouvée, la conscience renaît et après elle successivement la sensation, le désir de vivre, l'attachement aux biens du monde, la transmission de l'existence à un héritier, la douleur et la mort. La roue tourne ainsi sans fin et l'on ne peut sortir de ce cercle de misères que par la connaissance de la vérité qui fait voir le mensonge des choses et le mal irréparable de l'existence, et par l'abolition de la passion

[1]. La conception bouddhiste de la métempsychose est fort différente de la conception vulgaire. Ce n'est pas la continuation de la personnalité de chaque individu après la mort, le passage de l'âme dans un autre corps. Les premiers bouddhistes et les profonds philosophes hindous, sur lesquels ils s'appuyaient, et qui ont inventé, cinq ou six siècles avant le Christ, à peu près toutes les idées que la philosophie allemande de notre siècle a cru découvrir, étaient bien éloignés d'idées aussi puériles Pour eux, l'âme n'est qu'une série d'attributs et d'actes psychiques, de même que le corps n'est qu'une série de faits physiques. Lorsque l'ensemble des faits qui constituent l'apparence corporelle se dissout par la mort, il ne disparaît pas plus que l'ensemble des faits psychiques qui constituent la personnalité morale, car rien ne se perd, rien ne se crée. Les actes subsistent et continuent à influer sur la vie entière du monde en entrant dans des combinaisons nouvelles. Si un individu a mal vécu, la résultante mauvaise de ses actes se fera sentir après sa mort en entrant dans la formation de nouveaux êtres moraux, qui auront les mêmes caractères d'avidité, de vain attachement aux choses du monde, et le mal de l'univers en sera accru. Au contraire, celui qui a bien vécu, qui a étouffé en lui le désir et supprimé l'activité, aura par cela même supprimé des causes de maux futurs. il n'aura pas contribué au mouvement de la roue de vie génératrice de misères, et si tous les êtres vivants l'imitent, cette roue fatale s'arrêtera enfin, le repos succédera à l'action, la perfection et le néant, ces deux termes indissolubles, régneront seuls. La sanction d'une bonne ou d'une mauvaise vie est donc non pas le bonheur ou le malheur individuel dans le siècle futur, mais le bonheur ou le malheur général. Cette théorie était trop haute pour l'égoisme universel, chacun a voulu garder pour soi le bénéfice de ses efforts au lieu de le mettre à la tirelire publique, et les Bouddhistes, sauf les docteurs les plus distingués, ont fini par accepter sur l'âme et la vie future les opinions puériles et populaires.

et du désir, qui sont les causes de la vie. L'apathie absolue réalisée, on échappe à la loi du devenir, on entre dans l'état parfait, immuable, où la conscience, le sentiment, la joie et la souffrance ont disparu. Cette philosophie pessimiste exclut toute spéculation de théodicée. Dieu est inutile, puisque tout dans le monde est rigoureusement déterminé. Il ne peut pas exister en tant qu'être parfait, distinct et maître de l'univers; car, ou bien l'existence ne se conçoit point sans action et sans mouvement, or l'action et le mouvement sont une dérogation à la perfection absolue; ou bien l'existence est conçue abstraitement, dégagée de toutes ses modalités, auquel cas l'Être parfait, immuable, sans pensée et sans volonté, sans colère et sans amour, incapable d'agir ou de songer à agir, sans limites et par conséquent indistinct, sans attributs en un mot (car les attributs sont relatifs et donc incompatibles avec la perfection), se confond avec le *nirvâna*, c'est-à-dire avec le néant, qui ne diffère en rien de l'absolu. Cette doctrine sévère, réservée à de rares initiés, se corrompit bientôt et fut envahie par les mythologies du Brahmanisme et du Chivaïsme, par les superstitions populaires et par la métaphysique des théologiens. L'altération fut surtout sensible dans les pays du nord, qui adoptèrent l'enseignement de l'école dite du grand véhicule (Mahayana) parce que, faisant la part plus large à la faiblesse humaine, elle se vantait de transporter plus d'hommes au rivage du salut.

Le Très Sage, le Bouddha, qui avait, dit-on, sous le nom et la forme d'un petit prince du nord-ouest de l'Inde, prêché le premier la bonne loi, devint dieu, fut considéré comme l'âme universelle au lieu et place de Brahma. Il fut le premier principe, l'être unique, éternel, incorruptible, se manifestant en trois personnes sans que l'unité de son essence en soit altérée : la première est le Bouddha transcendant, personnification du Nirvâna et de la Loi suprême, la seconde procède de la première dont elle est le reflet et le représentant dans le monde céleste, où la vie consciente et active se développe avec tout l'éclat et toute la perfection dont elle est capable, monde intermédiaire entre celui de l'absolu et celui de l'humanité; enfin la troisième, qui procède des deux autres, est le Bouddha fait homme. Plus tard, très anciennement pourtant, chacune de ces trois personnes se quintupla, chacun des cinq Bouddhas métaphysiques (Dhyani Bouddha) et des cinq Bouddhas célestes (Boddhisatva) se subdivisa, conformément aux conceptions chivaïstes, en deux principes mâle et femelle; et au-dessus de cette ramification on reconnut un Être suprême et primordial (Adi-Bouddha ou T'og-mai Sang-gyé) dont tous les autres ne sont que des émanations au premier, deuxième ou troisième degré. C'était un effort désespéré pour passer par une dégradation de nuances subtiles de l'illusion à la vérité, du mouvement au repos, pour jeter un pont entre l'homme misérable, mensonger, transitoire, et l'être vrai, éternel, infini, immuable, impassible, le Dieu-Néant, en supposant à cet Immobile une évolution interne, engendrant de toute éternité une manifestation consciente et agissante, mais toute spirituelle, qui engendre à son tour une hypostase agissante et charnelle. Le bouddhisme devint ainsi un monothéisme fortement imprégné de panthéisme et le Nirvâna se transforma en absorption dans le sein de la divinité ou de l'âme universelle, dont chaque âme individuelle est une parcelle détachée. Cette manière de voir semble avoir prévalu parmi le peuple tibétain, peu en état de comprendre la théorie du bouddhisme primitif. On parle généralement de Sang-gyé sans épithète comme d'un Dieu unique, malgré ses noms différents qui désignent ses nombreuses manifestations. On lui adresse des prières, on le croit capable d'intervenir dans les affaires du monde et de modifier même l'effet de la *karma*, ou plutôt toute invocation pieuse est portée à l'actif de celui qui la prononce et lui donne des droits à une vie future meilleure. Plusieurs lui supposent un pouvoir créateur semblable à celui que l'ancienne mythologie hindoue attribuait à Brahma. Il aurait, par un effet de sa volonté et la puissance de sa méditation, formé de la matière chaotique préexistante le Roi des Monts, le *Ri-rab gyal-po*, qui, prolongeant sa masse prodigieuse d'or, de rubis, de saphir et de cristal du fond de l'abîme jusqu'au sommet des cieux, devait être l'axe de l'univers; puis il fit sortir du sein des eaux primitives un premier monde qui fut successivement détruit et reconstruit un nombre incalculable de fois sous des apparences diverses. Sang-gyé, d'après les mêmes personnes, s'intéresse à l'univers et aux hommes en particulier; il est un dieu-providence. A l'origine, les hommes étaient des êtres supérieurs, qui voyaient Sang-gyé face à face, dont le corps était illuminé par une clarté intérieure tenant lieu du soleil absent; ils jouissaient d'une longévité extraordinaire, étaient exempts des maux et des maladies qui désolent la moderne humanité, et n'avaient pas besoin de travailler pour vivre. Mais à la longue ils se pervertirent, le poids de leurs mauvaises actions l'emporta sur celui des bonnes, et, perdant leurs privilèges, ils devinrent (probablement par palingénésies successives) semblables aux hommes d'aujourd'hui et plongés dans l'obscurité par suite de la perte de la lumière divine, qui jadis émanait de leurs corps. Alors Sang-gyé créa neuf soleils, dont l'ardeur excessive liquéfia tout ce qui existait et le monde ne fut plus qu'une masse en fusion, où seul le roi des monts subsista. Puis il provoqua par la force de sa méditation la formation d'une sorte de protoplasma, qui, se durcissant, s'accroissant et se subdivisant, constitua un nouveau monde avec les quatre continents réels ou fabuleux, les astres, les dieux, les hommes et les bêtes. Les hommes, confiants dans la subtilité de leur intelligence, se pervertiront de nouveau au point que, dédaignant la loi suprême et éternelle dont Chakya Mouni fut le prédicateur, ils en arriveront dans l'orgueil de leur puissance apparente à faire la guerre aux derniers fidèles et à l'incarnation terrestre du Bouddha, le Talé lama, qui devra, sous le nom de Gya-ser(?) gyal-po, monter sur son coursier blanc et tirer l'épée pour la défense de la vérité. Alors, la fin des temps sera proche et lorsque l'univers aura été détruit par la volonté de Sang-gyé, celui-ci en façonnera un autre dans une période ultérieure. Il est à noter que le monde dans cette conception ne cesse pas d'être une apparence sans réalité; il est le produit de la force d'illusion de Sang-gyé et comme un songe de la Divinité, seule véritablement existante. Cette théorie, essentiellement chivaïste, n'est peut-être pas conforme à l'enseignement de la majorité des docteurs tibétains, sauf la fin, qui reproduit la légende de Krichna, rappelle celle de l'Antéchrist et qui est article de foi; mais comme on attache peu d'importance à ces questions, des lamas Gé-long-pa même peuvent soutenir de pareilles idées sans être traités d'hérétiques.

A côté de Sang-gyé et de ses émanations célestes et terrestres, qui ne font qu'un avec lui, le bouddhisme tibétain reconnaît une foule de divinités secondaires empruntées à la mythologie hindoue et à la vieille religion locale. Ces divinités, bonnes ou malfaisantes, reçoivent un culte régulier, jouissent d'attributions spéciales et d'un pouvoir indépendant; les Tibétains craignent fort leurs caprices et leur colère, sont plus anxieux de ne point leur déplaire et de les apaiser ou de contraindre leur faveur par des cérémonies, des formules, des sacrifices que de suivre la voie mystique qui conduit à la délivrance finale. De cette manière, le bouddhisme, selon le côté d'où on l'envisage, est athée, monothéiste, panthéiste, polythéiste. Les disciples de Gautama ne sont nullement embarrassés de ce que nous sommes portés à prendre pour des contradictions monstrueuses. Ceux qui sont un peu habitués aux spéculations métaphysiques savent combien il est facile de passer de l'une à l'autre de ces catégories par des nuances presque indiscernables et combien sont fragiles les barrières qui les séparent, élevées par le parti pris ou la logique courte des philosophes ou des théologiens. Dans le fond, le bouddhisme tibétain ressemble beaucoup à l'indouisme par sa métaphysique, sauf quelques points importants, par sa doctrine de la karma, de la métempsycose, du renoncement aux biens du monde, de l'absorption dans l'âme universelle, par sa mythologie, son culte et ses cérémonies. Le bouddhisme, dépourvu de culte à l'origine, s'est attribué presque tout le culte de l'indouisme avec son cortège d'idoles, de formules, de rites compliqués. Il a emprunté aussi certains détails à la liturgie chrétienne par l'intermédiaire des Nestoriens établis au moyen âge en Chine et en Mongolie; mais il semble bien qu'on ait exagéré cette influence, plusieurs des choses qu'on avait cru tirées du christianisme se retrouvant dans les religions de l'Inde. Le perfectionnement moral et le détachement de l'illusion extérieure, nécessaires pour atteindre au salut, ont passé au second plan, et la conception populaire et grossière de la religion l'a emporté. La divinité a cessé d'être inactive, insensible aux vœux des hommes et à ses efforts pour lui plaire, elle est devenue un roi dont on doit craindre le courroux, mais dont on peut capter habilement la faveur; elle est retombée sous la domination des rites et des formules. La prière n'est plus un simple hommage, mais une sollicitation et même, dans certaines conditions, un moyen de contrainte efficace. Les œuvres ont pris une importance excessive, et par œuvres ce ne sont pas les œuvres bonnes moralement qu'il faut entendre, ce sont les actes de dévotion matérielle, destinés à circonvenir la divinité, à forcer son attention, à fatiguer sa résistance, à l'obliger de plier par faveur spéciale au gré de ses courtisans la loi impassible. Au Bouddha, qui a posé en principe le renoncement aux vanités du monde, qui a proposé comme but l'anéantissement de la personnalité, on demande les richesses, la santé, les satisfactions de la convoitise et de l'orgueil, on le contraint par une cérémonie solennelle entre toutes de fabriquer l'élixir de longue vie. On dit des prières pour les morts comme si les défunts pouvaient échapper à la conséquence fatale de leurs actes. Si le Bouddha ne se laisse pas fléchir, on s'adresse à quelqu'un des mille dieux qui l'entourent, qui ont chacun leur rôle particulier, leur pouvoir propre, leur forme spéciale, horrible ou aimable, leur caractère personnel, grincheux ou bienveillant, chambellans courtois, dames d'honneur gracieuses, généraux, farouches défenseurs de la foi, duègnes épouvantables, sans parler des bêtes diaboliques qui rôdent dans les environs cherchant quelque chose à dévorer. Le monde surnaturel est une cour où l'on distribue les bonnes et les mauvaises places pour la vie future, les grâces spirituelles et les biens temporels, les calamités et les misères; pour obtenir les unes et se faire dispenser des autres, les Tibétains s'épuisent en démarches, en sollicitations, en intrigues, en cadeaux. Ils construisent des milliers de temples, fabriquent des millions de statues, brûlent des milliards de bâtons d'encens, se prosternent, chantent des hymnes, murmurent des prières sans fin, en font moudre un plus grand nombre par des moulins à eau ou à main, récitent le rosaire, célèbrent des services solennels, font des offrandes et donnent des banquets à tous les dieux et à tous les diables, portent des amulettes et des reliques, écrivent des talismans, font flotter au vent des banderoles chargées de prières ou d'emblèmes porte-bonheur, que le souffle de l'air éparpille dans l'espace, accumulent d'innombrables tas de pierres couvertes d'inscriptions pieuses, tournent autour de tous les objets qu'ils tiennent pour sacrés, montagnes, lacs, temples, tas de pierres, accomplissent des processions et des pèlerinages, avalent des indulgences en pilules, confectionnées avec des reliques par les lamas, absorbent avec componction le divin nectar (*doud-tsi*), composé des dix impuretés, telles que la chair humaine, les excréments et l'urine, pratiquent l'exorcisme, la nécromancie et la magie, même pour obtenir des dons spirituels, jouent des mystères pieux, dansent des sarabandes étranges et effrénées pour chasser ou mettre en pièces le démon, et le Tibet est ainsi lancé éperdument sans repos ni trêve dans la ronde de l'insanité religieuse.

Je ne m'étendrai pas davantage sur la dogmatique ni sur le rituel du bouddhisme tibétain. M. Waddell a dernièrement traité ce sujet[1] avec beaucoup plus d'exactitude et de détails que je ne le pourrais faire d'après mes seuls souvenirs. Je me contenterai de fournir quelques indications sur un point qui a particulièrement attiré mon attention au cours de notre voyage, à savoir sur ce qui subsiste encore aujourd'hui du vieux culte local. Ce que j'ai dit précédemment suffit à montrer que l'esprit qui animait ce culte d'autrefois est resté vivace dans l'âme tibétaine, s'est greffé sur la tige bouddhique et lui a fait porter des fruits

---

1. L.-A. Waddell : *The Buddhism of Tibet*, London, 1895.

qu'elle n'était point destinée à produire. Bien plus, un certain nombre de formes, de rites, de divinités de l'ancienne religion sont demeurés sinon intacts, du moins reconnaissables. Tel est le culte des ancêtres, quoique le bouddhisme fût de toutes les religions la moins disposée à lui laisser une place; car il n'admet pas que les vivants puissent rien faire pour les âmes mortes ni celles-ci pour les vivants. Leur destinée est rigoureusement déterminée d'avance; elles ne restent pas dans le tombeau, mais elles sont condamnées à revivre sous des formes différentes, en de nouvelles combinaisons de matière, sans garder le souvenir de leurs états antérieurs. Cependant les lamas ont été contraints par la force de la superstition populaire de faire de graves concessions sur ce point. Ils viennent eux-mêmes réciter des prières et des litanies au chevet du défunt afin d'envoyer son âme dans le paradis occidental; ils accomplissent des services religieux dans les temples pour le repos des trépassés; les parents distribuent de larges aumônes au clergé et aux pauvres dans la croyance que cela sera utile au mort dans la vie future. Surtout les lamas ont soin de recommander au défunt poliment et en lui offrant une écharpe d'honneur de ne point revenir de l'autre monde, de bien comprendre qu'il est mort et qu'il ne faut pas retourner importuner les vivants; ils lui donnent des indications très précises sur le chemin qu'il a à suivre de peur qu'il ne s'avise de s'égarer et de se retrouver par mégarde là où il n'a que faire. Lorsqu'ils le conduisent au lieu de la sépulture, ils se retournent de temps à autre vers lui pour l'engager à ne point leur fausser compagnie, car il doit être sage et sentir qu'on ne veut que son bien. La crainte que l'esprit du trépassé ne s'échappe du monde infernal pour rendre visite à la maison qu'il a quittée domine l'âme des Tibétains. Chez les nomades du nord-est, lorsqu'un homme est mourant, on lui demande s'il a l'intention de revenir après son décès; s'il répond que oui, on l'étouffe, si non on le laisse mourir en paix. Le jour des funérailles les parents s'assemblent et font un repas en l'honneur du mort, qui reçoit sa part des mets. Les funérailles achevées, on revêt des habits du défunt un morceau de bois, et l'on place dessus une figure de papier qui est censée être son portrait, et chaque jour on lui offre à manger. Nous savons par les livres tibétains que c'était une coutume générale au viiᵉ siècle : aujourd'hui cette cérémonie est limitée à 49 jours, terme auquel l'esprit du trépassé a nécessairement trouvé place dans un nouveau corps. Mais on continue à lui rendre un culte; les cendres produites par le portrait brûlé sont mélangées avec de la terre et l'on en façonne de petits cônes (ts'a-ts'a), que l'on conserve précieusement sur l'autel domestique. On en dépose aussi quelques-uns dans de petits monuments grossiers élevés dans la campagne. Partout au Tibet on trouve de ces *ts'a-ts'a* dont on dit quelquefois qu'ils sont des représentations du Bouddha; ce n'est là qu'une manière d'en indiquer le caractère sacré. Les restes des personnages importants, des grands lamas, sont placés dans des monuments plus imposants appelés *tcho-rten* (mtchod-rten), c'est-à-dire réceptacles d'offrandes, autels. Aujourd'hui ces tcho-rten, très nombreux, ne sont le plus souvent que des cénotaphes; mais il n'en était pas de même autrefois comme on le peut conclure de leur ancien nom *doung-rten* (gdoung-rten), réceptacle d'ossements. Les auteurs chinois nous apprennent qu'au viiᵉ siècle on élevait sur la tombe des rois défunts des tumulus et même de grands édifices où l'on venait rendre hommage et présenter les offrandes à l'esprit du prince. C'est là le prototype des mazârs islamisés du Turkestan. Aussi bien les mânes vivaient dans la tombe une vie semblable à celle qu'ils avaient vécue sur terre, car on enterrait avec le roi ses menins, ses chevaux, ses habits, ses bijoux et ses armes[1]. Aujourd'hui les Tibétains célèbrent un an après la mort de leur parent une cérémonie commémorative, et chaque année, en été, ils offrent des libations aux mânes de leurs ancêtres morts. Devant chaque tente on voit une corde tendue horizontalement, où sont attachées des banderoles au nombre de neuf en général. C'est la reproduction des *somo* des Turcs de l'Altaï, qui représentent les âmes des neuf ancêtres, chargées de protéger leurs descendants; mais dans le Tibet moderne ces banderoles protectrices sont couvertes d'inscriptions bouddhistes avec des souhaits de bonheur[2].

Le culte que l'on rend aux ancêtres n'est pas seulement une marque de pieux souvenir, ce n'est pas seulement une pension alimentaire qu'on leur sert pour leur permettre de vivre dans l'autre monde, c'est encore un hommage rendu à des êtres divins, d'un pouvoir supérieur, en échange de leur protection. Les ancêtres reçoivent le titre de dieux (lha). C'est de leurs ancêtres que les sorciers tibétains, comme les *kam* des Turcs septentrionaux, tirent leur puissance et ils sont nécessairement héréditaires. Le grand sorcier officiel du Tibet, qui réside à Né-tch'oung, invoque toujours un démon spécial appelé le Roi (rgyal-po), dont il est lui-même le descendant et qui était originaire de Mongolie. Le lama appelé auprès d'un malade pour exorciser le démon qui le possède a recours à son génie tutélaire propre, qui est très probablement dans ce cas la forme

---

1. Bushell, *op. cit.*, p. 9.
2. V. Dictionnaire tibétain-anglais de Jæschke au mot *rmou t'ag* une référence à un passage du *Gyal-rabs* indiquant que ces banderolles attachées à une corde étaient un moyen pour les anciens rois d'entrer en communication avec leurs ancêtres.

bouddhique des génies ancestraux, protecteurs naturels de leur descendant. Un certain nombre de dieux ou de démons, honorés par les Tibétains, sont considérés comme les mânes de héros ou de héroïnes dont le culte s'est étendu de leur famille propre à un cercle plus large. Ainsi les *spa-mo*, fées chasseresses, sont les fantômes d'anciennes reines. On prétend que les plus terribles de tous les diables, les *doud*, sont les larves des anciens persécuteurs du boudhisme. Mais ce qui prouve bien que ce sont des divinités antérieures à la religion de Chakya Mouni, c'est qu'on leur sacrifie des porcs quoique les sacrifices d'êtres vivants soient interdits par cette religion.

Le culte des ancêtres se complète par le culte des lares domestiques, qui est avec le premier dans une corrélation que l'insuffisance de mes renseignements ne me permet pas de préciser. Chaque maison a sa divinité (nang lha), dont le siège ordinaire est le foyer, bien qu'elle ait l'habitude de s'installer à certaines époques en d'autres parties du domicile. Ce dieu n'aime pas les étrangers, qui pour ce fait ne sont admis en sa présence qu'avec certaines précautions. Chaque matin, on lui offre de l'eau, du vin, du lait, on allume une lampe devant lui et l'on a le soin de ranimer le feu du foyer avec une branche de genévrier, arbuste sacré pour les Tibétains comme pour les Turcs; le soir, on brûle de nouveau une branche du même arbrisseau et on la promène par toute la demeure et aux environs afin de chasser les mauvais esprits; car le feu lui-même est tenu pour un être divin, protecteur naturel de ceux qui l'entretiennent. Il y aurait lieu de rechercher si ce feu domestique n'était pas à l'origine parmi les Tibétains, comme il l'est parmi les Turcs et les Mongols, confondu avec le dieu domestique et avec les divinités des ancêtres mort.. Quoi qu'il en soit, c'est la communauté du culte domestique qui

forme le lien entre les membres d'une même famille et elle
peut tenir lieu de parenté réelle. Tous les Tibétains sont
organisés en petites sociétés d'ensevelissement mutuel composées de voisins et d'amis, qui ne sont pas tous unis par
le sang, mais qui ont tous le même dieu et qui par suite
sont assimilés à des descendants du même ancêtre (rous-pa
tchig-tchig); on les appelle *p'a spoun*, cousins, et ils ont le
devoir de pourvoir aux funérailles les uns des autres; et
nul autre qu'un p'a-spoun ne peut rendre les devoirs
suprêmes à un défunt, car les mânes repoussent les hommages de tout étranger à leur famille et à leur culte. Par
conséquent, l'âme de celui qui meurt loin de ses p'a-spoun
et qui est incinéré sans leur concours errera, perpétuelle-
ment misérable, au grand effroi des vivants. Pour apaiser
l'irritation des mânes qui n'ont point reçu de sépulture
régulière, les lamas vont de temps à autre jeter dans les
rivières et les sources des boulettes de tsam-ba en invitant
tous les esprits rôdeurs à venir y prendre part. De même,
deux Tibétains qui veulent conclure un pacte d'amitié
semblable à l'*andalakhou* des Mongols sacrifient solennellement un animal et en boivent le sang, liquide vital par
excellence, afin de se mettre en communion intime avec la
divinité à qui la victime a été offerte, et qui s'est infusée
par la consécration dans les veines de l'animal; de cette
manière, les contractants ont en eux du sang du même
dieu, c'est-à-dire du même ancêtre, ils sont frères.

A côté des survivances de la religion domestique, nous
en trouvons un grand nombre d'une religion de la nature
absolument semblable à celle des anciens Turcs et des
anciens Mongols et à celle qui est encore en vigueur, malgré quelques altérations, chez les Chinois. Les Tibétains
voient une divinité dans tous les phénomènes naturels, dans
tous les objets extérieurs qui attirent l'attention par leur

singularité ou leur grandeur. Beaucoup de lacs et de montagnes ont un caractère divin et sont l'objet d'un culte, tels sont le Nam ts'o, l'Iki namour, le Kouke nor, le Samtan gang-tsa, le mont Ti-sé près du lac sacré Mansarovar, l'A-mnyé Ma-tch'en, montagne sainte des Ngo-log, dont le nom signifie l'Auguste aïeul Ma et semble indiquer un rapport avec le culte des ancêtres. Je pourrais allonger la liste indéfiniment. Il y a un dieu qui fait fermenter les liqueurs, un autre qui cause des maladies, un troisième qui cause la mort, et chaque fois qu'un décès a lieu on a soin de faire une cérémonie pour le chasser. Une déesse s'occupe particulièrement des petits enfants (doum lha-mo), un dieu préside à la chasse, chaque canton, chaque vallée même inhabitée a son génie spécial (ji-dag = gji-bdag). Sur les rochers, dans les grottes, vivent des gnomes malicieux (tsan = btsan); les profondeurs de la terre sont occupées par des légions de démons (sa-dag = sa-bdag) jaloux et méchants, à l'apparence sombre et affreuse, qui entrent en colère lorsque les hommes creusent le sol pour y découvrir des trésors cachés ou pour toute autre cause, les font périr ou répandent dans les environs la misère et la maladie; les sources et les rivières sont gardées par autant d'hommes serpents (lou = klou) qui rappellent les naïades et ont été assimilés par les bouddhistes aux *naga* de la mythologie védique. Au-dessus de ces divinités particulières, il y a le dragon céleste (doug = hbroug), personnification du nuage et peut-être plus généralement du ciel sombre, qui fait éclater l'orage, donne la pluie bienfaisante, cause des inondations, envoie la peste et les contagions. C'est exactement le dragon des Mongols et des Chinois. Il a pour ennemi terrestre le tigre rouge (stag-mar). Celui-ci est souvent représenté en quintuple exemplaire : l'un jaune, au milieu, personnifie la terre, et dans les quatre coins le

bleu est le bois, le rouge est le métal, le blanc est le feu,
le noir est l'eau. Ce sont les cinq éléments sacrés, également
ment vénérés des Turcs, des Mongols, des Chinois et des
Annamites. Le tigre divin a été transformé par les Bouddhistes en un génie protecteur de la vraie religion. Quant
aux cinq éléments, quoique les Tibétains les connaissent
toujours et en parlent comme de choses saintes, leur culte
a perdu de son importance et de sa précision. On en trouve
encore la trace dans les cinq drapeaux que portent les sorciers officiels en accomplissant leurs rites, dans les cinq
couleurs dont les lamas Sa-skya-pa peignent leurs couvents,
surtout dans les groupes successifs de cinq hypostases par
lesquelles se manifeste le Bouddha. Au culte des cinq
éléments se rattachent encore les deux bâtons croisés,
symbole du feu sacré, et la fête de l'Eau, célébrée au mois
de septembre : à cette époque l'eau est considérée comme
douée de propriétés surnaturelles, tout le monde se baigne
dans les rivières, croyant ainsi obtenir une longue vie. Un
autre dieu ancien, ayant aussi une forme d'animal, est le
Vent-cheval (loung-sta = rloung-rta) qui est peint sur
d'innombrables banderoles flottant à l'air. Ce Pégase tibétain, que les Bouddhistes ont chargé des trois joyaux précieux de la bonne loi, paraît être une personnification du
vent qui galope dans l'espace, soufflant tour à tour le bonheur et le malheur. Lorsqu'un ouragan s'élève, les lamas
lancent en l'air une foule de feuilles de papier portant
l'effigie du Vent-cheval, afin que le dieu, agréant l'hommage, s'apaise et cesse de mettre les voyageurs en danger[1].
Les corps célestes entrent pour une moindre part dans les
préoccupations religieuses des indigènes bien qu'ils croient

---

1. Huc en décrivant cette cérémonie en a dénaturé la vraie signification.

à leur influence sur la destinée, mais l'astrologie, qui est très pratiquée, est de source chinoise ou hindoue. De même qu'en Chine, on porte un saint respect au lièvre, auquel les chasseurs ne touchent jamais; il est probable que cet animal est lié à un culte lunaire. Au mois de décembre 1895, nous avons assisté à la fête des lanternes ou plutôt des lampes, connue en Chine comme au Tibet. Les pauvres pâtres des bords du Nam ts'o allumèrent la nuit dans leurs tentes toutes les lampes de beurre qu'ils avaient à leur disposition: cette cérémonie, dans son humble simplicité, nous montra mieux qu'une fête fastueuse de grande ville la profondeur de la superstition qu'elle manifestait. L'objet en est de réclamer le retour du soleil et de prier pour le triomphe de la lumière menacée par les ténèbres hivernales. Les lamas en ont fait la fête de Tsong-k'a-pa; mais l'exemple de la Chine nous apprend que l'origine en est beaucoup plus ancienne. Dans ce chaos des divinités primitives on a tenté à une époque plus récente de mettre un peu d'ordre en les rangeant toutes en deux catégories ayant chacune un chef suprême. Les dieux terrestres furent soumis à la vieille mère Terre, vêtue de jaune, montée sur un bélier aux grandes cornes, déesse laide, sombre et farouche, gardienne des portes des gouffres infernaux, qui, s'ils s'entr'ouvraient, répandraient l'épouvante et la mort parmi la race des hommes. Nous avons vu qu'elle était adorée par les habitants du Turkestan chinois avant l'introduction du bouddhisme. Les dieux des cieux et des airs reçurent pour maître le Nam-lha-kar-po, vieillard à cheveux blancs, vêtu de blanc, chevauchant sur un chien. Il représente comme Zeus le ciel clair distributeur de la lumière .Ces deux divinités supérieures du ciel et de la terre ont leurs correspondants dans les mythologies des Turcs, des Mongols et des Chinois; elles étaient les deux principaux objets de l'adoration des Tibétains au viie siècle[1] et leur culte remonte très probablement à la période préhistorique où les quatre peuples étaient voisins dans les montagnes du nord de la Mongolie et ne formaient qu'un seul groupe ethnique.

Les Tibétains vivent ainsi au milieu d'un pullulement formidable de dieux et de démons[2] dont ils entendent les frôlements, sentent le souffle, entrevoient les formes vagues dans l'ombre. Ils ont fort à faire pour se concilier, éviter de froisser ou apaiser tous ces êtres fantasques, jaloux, susceptibles, puissants et toujours prêts, comme des sauvages, à abuser de leur force. De là les pratiques innombrables auxquelles ils se livrent et que le bouddhisme n'a fait que multiplier. Parmi ces pratiques, quelques-unes sont antérieures à l'introduction de la religion de Chakya Mouni. Par exemple, le nomade, avant de boire, trempe l'index de la main droite dans son écuelle et en répand quelques gouttes vers les quatre points cardinaux en récitant une prière ; c'est une libation en l'honneur des génies de l'air et des fantômes des morts qui peuvent errer dans les environs ; de même on leur offre les restes de chaque repas. Le voyageur ne manque point de rendre hommage à la divinité spéciale du canton qu'il traverse de peur qu'elle ne lui joue un mauvais tour ; les cols passent en raison de leur altitude pour être particulièrement fréquentés par les dieux, aussi le Tibétain parvenu au sommet murmure-t-il une formule déprécative en jetant une pierre sur

---

1. Bushell, *op. cit.*, p. 7.

2. Dieu = *lha*, démon = *dé* (*hdré*). Ce dernier mot semble avoir un sens très général englobant toutes les catégories des démons. Il ne faudrait pas traduire *lha* par bon génie et *dé* par mauvais génie ; les *lha* au fond ne sont pas meilleurs que les *dé* ; mais, génies de l'air et de la lumière, ils ont plus de biens à donner. Les autres sont les génies souterrains et ténébreux.

le petit tas amoncelé par ses prédécesseurs, presque toujours surmonté de quelques chiffons flottants. Ces tas de cailloux (*obo* en mongol, *rdo-boum* en tibétain), qui ressemblent aux anciennes tombes kyrghyz, sont des monuments sacrés et non pas seulement des bornes pour indiquer la route [1]. On tourne souvent autour, ce qui chez la plupart des peuples est un acte religieux. Ces tours pieux (*skor-ba*) [2] ne sont certainement pas d'origine bouddhique; car nous savons que les anciens Turcs témoignaient de la même manière leur vénération pour les lieux saints et pour leurs morts en particulier. Il est à remarquer que cette cérémonie se pratique en tenant l'objet du culte à droite, c'est-à-dire en tournant dans le sens de la course du soleil, et cela induit à penser que c'était primitivement une forme du culte solaire: on sait en effet que le soleil, surtout le soleil levant, avait une grande place dans la religion turque primitive. Il subsiste quelques vestiges des anciens sacrifices d'animaux bannis par le bouddhisme. Pour expulser les fantômes qui reviennent de l'autre monde, on sacrifie des animaux en effigie. Le dernier jour de l'année, les lamas, déguisés en squelettes et en démons hideux, célèbrent la danse du Tigre rouge, la plus extraordinaire des cérémonies du bouddhisme tibétain; on y met en pièces et l'on fait le simulacre de manger un mannequin à forme humaine représentant l'ennemi de la religion et du pays. Cette fête est évidemment la survivance de celle où les chefs du Tibet, rassemblés au premier jour de l'an, prêtaient serment de fidélité sous les auspices des prêtres, qui immolaient quelques criminels dont ils partageaient la

1. L'*obo* est l'analogue des *ansâb* des Arabes et des *cippes* des anciens Romains.
2. Le *tawâf* des Arabes.

chair entre les assistants[1]. Les sorciers tibétains sont très semblables aux sorciers des Mongols et des Turcs; comme ceux-ci, ils se livrent à des danses frénétiques et convulsives, à des hurlements horribles, et s'adressent soit à leurs propres ancêtres ou au ciel et à la terre. Le premier d'entre eux, le grand sorcier de Né-tch'oung, qui est l'un des principaux personnages du Tibet, prétend que ses aïeux étaient originaires de Mongolie. Il est très possible qu'il descende du grand prêtre de la vieille religion Pon-bo. Celui qu'on dit être son premier aïeul est précisément le dieu blanc du ciel, qui est la première divinité des Pon-bo, et la tradition qui veut que ses aïeux aient été des rois turcs ou mongols éveille l'idée que le clergé des anciens Tibétains était peut-être de même souche que celui des anciens Turco-Mongols. La similitude presque absolue de la religion de ces peuples en opposition avec des différences caractéristiques de langue et de coutumes s'expliquerait ainsi d'elle-même. Tous les sorciers (Ngag-pa == sngags-pa) à quelque catégorie qu'ils appartiennent sont lamas; ils prédisent l'avenir[2], indiquent les pratiques à accomplir pour se garder des maux futurs et remédier aux maux présents, conjurent et exorcisent les démons, guérissent les maladies. Il en est de particuliers, qui ont la spécialité de faire tomber ou cesser la pluie; ils sont analogues aux *yadatchi* turcs et comme eux ils se servent d'une pierre à laquelle ils attribuent des vertus surnaturelles et qu'ils appellent *crystal d'eau (tchou chel)*;

---

1. De là les accusations de cannibalisme dont les Tibétains ont été l'objet.

2. Quelques-uns de leurs procédés de divination sont purement chinois, d'autres sont turco-mongols, tels que les cailloux arrangés dans un certain ordre, analogues aux *houmalak* des Kazak, et la consultation de l'omoplate de mouton (sog-pa) exposée au feu, qui sert surtout à retrouver les objets perdus ou volés. Inutile de répéter ici les détails donnés à ce sujet par Radlof : *Aus Sibirien*.

c'est probablement le jade. Toutefois les lamas orthodoxes recourent à une simple offrande en l'honneur des divinités des eaux (Nagas), accompagnée d'une formule appropriée.

Non seulement la religion ancienne a laissé une empreinte profonde dans l'âme des Tibétains qui font profession de bouddhisme, mais encore elle a conservé jusqu'à nos jours un grand nombre d'adhérents, qui sont nommés comme autrefois Pon-bo[1]. On en trouve dans toutes les parties du Tibet, mais surtout dans le Tibet oriental et dans la province de Tsang, qu'ils considèrent comme leur berceau ou au moins comme le siége de leur sanctuaire le plus vénéré. Les Bouddhistes ayant porté leurs efforts principalement sur le Tibet central, c'est-à-dire sur la région la plus riche du pays, on n'y rencontre plus que fort peu de sectateurs du culte primitif. Au contraire, le Tibet oriental n'ayant jamais été soumis qu'en partie et superficiellement au gouvernement de Lha-sa, les Pon-bo y sont encore en force et leur nombre n'est pas loin d'atteindre la moitié de la population. Tous les Tibétains qui habitent le long de la grande route de Nag-tchou à Gyé-rgoun-do depuis le T'a-ts'ang la jusqu'au Dam-tao-la sont Pon-bo; de même beaucoup de ceux qui vivent dans le Dé-rgyé et dans tout le pays au nord-est de Tch'a-mdo. On dit aussi que les Pon-bo dominent dans le Po-youl. Dzog-tchen gon-pa est le plus important de leurs monastères dans le nord-est; c'est là que s'impriment la plupart de leurs livres. Détestant la religion victorieuse, ils en ont cependant subi l'influence, et, par peur, ils ont essayé d'atténuer les différences dogmatiques de façon à pouvoir se faire passer pour des bouddhistes hérétiques et non pour des infidèles. C'est ainsi qu'ils attribuent la fondation de leur secte à une divinité

____

1. Prononcez *Peun-bo*, comme *pun* en anglais. S'écrit *dbon-po*.

incarnée, qu'ils assimilent au Bouddha et nomment Chen-rab-young-doung (Gchen-rabs-gyoung-droung); néanmoins ils ne reconnaissent aucune des hypostases humaines du Bouddha que vénèrent les orthodoxes et ils traitent le Talé lama d'imposteur. Celui qu'ils tiennent pour la véritable et unique incarnation de Chen-rab porte le titre de Ma rin-po-tch'é. Ils racontent que le premier chef du bouddhisme au Tibet, qui se prétendait Dieu fait homme, soutint de longues controverses contre leur grand prêtre. Celui-ci proposa à son adversaire, pour vider la querelle, de tenter avec lui l'ascension de la grande montagne de glace *Gang-ri-mo-tch'é*, la montagne sainte et inaccessible qu'on dit être située dans le Tsang. Celui d'entre eux qui parviendrait le premier au sommet démontrerait par là la supériorité de sa doctrine et de ses dieux. La proposition fut agréée, et alors le grand prêtre des Pon-bo eut recours à de puissants enchantements, qui lui permirent de s'élever dans les airs et d'arriver sans peine à la cime inviolée du mont, au milieu des tonnerres et des éclairs, tandis que son rival s'épuisait à gravir les pentes inférieures. Les orthodoxes acceptent cette légende au moins en partie; mais ils affirment que le magicien mécréant fut frappé de la foudre pendant qu'il volait dans les airs, laissant ainsi la victoire au protagoniste de la vraie foi. Les lamas pon-bo, qui ne sont pas soumis au célibat et portent les cheveux longs, sont les uns réunis dans des couvents, les autres répandus parmi la population laïque, dont ils ne se distinguent ni par le genre de vie, ni par l'apparence extérieure. Les prêtres pon-bo sont souvent des ermites, demeurant isolé dans des montagnes reculées; plus ils sont solitaires, plus ils sont capables d'agir sur les puissances du ciel et de la terre. Nous avons passé ainsi au lieu dit *Za-ma* dans la sombre gorge du Char-rong tchou non loin de la tente d'un ermite pon-bo, prêtre révéré, magicien redoutable, et les Tibétains qui nous accompagnaient, effrayés, hâtaient le pas. L'institution des couvents est sans doute un emprunt fait au bouddhisme. Le clergé primitif du Tibet ne semble pas avoir eu une organisation monacale; il n'en était pas moins très puissant, comme on peut le conjecturer d'après le rôle important qu'il jouait dans l'acte le plus solennel de la politique tibétaine, le prêt du serment, d'après les luttes énergiques qu'il soutint contre le bouddhisme, d'après la haute place conservée dans la société moderne par les sorciers officiels, qui sont certainement les successeurs de quelques-uns des grands prêtres pon-bo, sinon leurs descendants.

Les lamas pon-bo sont avant tout sorciers et nécromants et ressemblent tout à fait aux *kam* des Turcs septentrionaux, aux *bö* des Mongols, à ceux enfin que nous appelons *chaman*. Dans l'exercice de leurs fonctions magiques, ils portent un grand chapeau pointu, noir[1], surmonté d'une plume de paon ou simplement de coq, d'une tête de mort et d'un carreau de foudre; ils ont un tambour formé de deux crânes humains et c'est là un objet essentiel pour eux comme le tambour de basque pour le chaman de Sibérie. A la différence des lamas orthodoxes, ils sacrifient des animaux et surtout des coqs, soit qu'ils attribuent un caractère sacré à cet animal, soit qu'il ait pour les dévots l'avantage de n'être pas coûteux. Parmi les pratiques de sorcellerie auxquelles ils recourent, j'en signalerai seulement deux. Ils opèrent l'envoûtement de la même manière que nos sorciers du moyen âge en perçant d'épingles une figurine représentant la personne envoûtée. Pour guérir les maladies, ils emploient le même procédé que les Mongols :

---

1. C'est probablement la couleur de leur chapeau qui leur a valu leur nom vulgaire de Lamas noirs.

ils revêtent des habits du malade une figure de terre sur
laquelle ils écrivent son nom et la jettent dans un lieu éloigné et désert ; l'esprit de la mort prend cette statuette pour
le malade lui-même et le croyant trépassé ne s'en occupe
plus. Si le malade est un chef notable, c'est un homme qui
pour un peu d'argent joue le rôle de la statuette ; il doit
quitter le camp ou le village et s'en aller aussi loin que
possible sans revenir tant que le chef est en vie. Ces coutumes ne sont peut-être pas inconnues des Tibétains orthodoxes. Les divinités principales des Pon-bo sont le Dieu
blanc du ciel, la Déesse noire de la terre, le Tigre rouge et
le Dragon. Ils professent une vénération profonde pour une
idole dite *Kyé-p'ang* formée d'un simple bloc de bois revêtu
d'étoffes. Je n'ai pu savoir ce qu'elle représente, mais on
dit que c'est la même divinité qui, sous le nom de Pé-kar,
inspire les sorciers orthodoxes. Le symbole le plus sacré
des Pon-bo est la croix gammée, la *srastika* des Hindous,
mais retournée de droite à gauche. Ce signe est un vestige
du culte du feu et du soleil, il figure la roue solaire et les
deux bâtons (les *arâni* des Hindous), dont le frottement
produisait le feu sacré. La présence du nom de ce symbole
(young-doung — gyoung-droung) dans le nom du fonda-
teur mythique de la religion pon-bo démontre l'importance
prédominante du culte du feu dans la religion primitive.
Les Tibétains bouddhistes possèdent aussi un signe pareil,
sauf que les crochets en sont tournés dans un sens opposé ;
ils lui accordent toutefois une moindre valeur que les Pon-
bo. D'ailleurs on peut appliquer à ceux-ci tout ce que j'ai
dit des survivances des anciennes croyances indigènes chez
les Tibétains soi-disant bouddhistes. Cette religion, natu-
risme grossier combiné avec le culte des ancêtres, est la
même que celle qui a été pratiquée depuis un temps immé-
morial parmi les Turcs, les Mongols et les Chinois et c'est

pour cela qu'elle ressemble tant au taoïsme, qui n'est pas autre chose que la religion primitive de la Chine, recouverte d'un vernis de métaphysique hindoue. Les pratiques des Tibétains Pon-bo ne diffèrent pas dans leur essence de celles de leurs frères bouddhistes; les uns et les autres récitent d'interminables litanies de formules invariables, agitent infatigablement leurs moulins à prières, élèvent des *ma-ni* et des obos, font flotter des banderoles pieuses, tournent toutes les fois que l'occasion s'en présente autour des monuments religieux, des temples et des *ma-ni*[1], des lacs et des monts sacrés. Mais les Pon-bo se distinguent par de petits détails de forme. Au lieu d'employer comme prière ordinaire la formule bouddhique *Om, ma-ni-pad-mé, houm!* ils se servent de la formule *Om, ma-té-meu-ya-sa-té-do!*[2] dont le sens m'est inconnu. Au lieu de faire tourner leur moulin à prières en dedans, de droite à gauche, dans le sens du cours du soleil, ils le font tourner en dehors de gauche à droite; de même, tandis que les orthodoxes en décrivant le cercle sacré autour des objets de leur culte les gardent toujours à droite, les Pon-bo les gardent toujours à gauche. C'est là la différence capitale entre les deux sectes, la seule dont chacun se rende compte, et les moulins qui tournent à droite ont en abomination les moulins qui tournent à gauche. Dans les anciennes religions, on trouve souvent les deux manières de tourner et les deux svastika employées concurremment, celles qui sont dans le sens de la révolution solaire étant considérées comme divines, les autres comme démoniaques propres aux opérations magiques. Les Bouddhistes n'ayant conservé que les premières, les Pon-bo se sont attachés uniquement aux se-

1. Le *mani* est un monceau de pierres couvertes d'inscriptions pieuses.
2. Prononciation certaine, mais orthographe douteuse.

rondes par esprit de contradiction et aussi parce que leur
vieille religion avait un caractère de magie noire très ac-
centué.

Ainsi, dans cette citadelle du bouddhisme qu'est le Tibet, la population est ou bien hostile à la religion de Chakya Mouni ou bien n'y a adhéré que des lèvres et pour la
forme sans que le fond des cœurs et des intelligences ait
changé. Les lamas laissent vivre les infidèles autour d'eux
comme ils laissent vivre les fausses opinions dans l'âme de
leurs fidèles. C'est qu'en réalité le bouddhisme, dont on a
quelquefois comparé l'expansion à celle du christianisme
et à celle de l'islamisme, est une religion de moines et d'initiés, qui n'est point faite pour les séculiers ni pour le vulgaire. Il n'y a de véritable bouddhiste que celui qui a
connu la vanité du monde et qui y a renoncé d'une manière
absolue. Hors de là, il n'y a point de salut. Les moines,
qui ont fait vœu de pauvreté et de chasteté, qui sont plongés dans la méditation et que les soins d'ici-bas ne regardent plus, sont donc seuls dans le giron de l'Église; les
laïques, les hommes noirs (mi-nag), comme on les appelle,
pauvres gens à l'intelligence obscure, enchaînés au mensonge, enfoncés dans la chair, dévorés de désirs, sont nécessairement hors de l'enceinte (so-so)[1], ils sont par définition ceux qui ne suivent pas la voie de vérité. C'est
pourquoi les lamas méprisent profondément les laïques et
cela d'autant plus que ceux-ci ne peuvent alléguer aucune
excuse, réclamer aucune indulgence puisque l'infériorité
de leur état est la conséquence de l'infériorité de leur conduite dans leurs existences antérieures. Sans doute, le

---

1. Cette expression est encore plus caractéristique si on la compare
à l'expression musulmane *ala l-fit'rah*, à l'intérieur de la barrière, qui
s'applique à tous les croyants sans distinction, laïques ou membres du
clergé.

christianisme prêche aussi le détachement du monde et il
n'y aurait pas besoin de presser beaucoup certains passages des évangiles pour en tirer une théorie du renoncement aussi absolue que celle du bouddhisme; mais à côté
de ces passages il y en a d'autres, qui font leur part aux
nécessités de la vie active et qui donnent place dans la
maison à tous les hommes de bonne volonté. Si les ten-
dances au renoncement parfait faillirent prévaloir aux débuts, alors qu'on était enfermé dans un cercle étroit et
qu'on croyait la fin du monde prochaine, le côté pratique
de l'enseignement évangélique prit vite le dessus lorsque
la communauté se fut étendue. Quant à l'islamisme, c'est
une religion toute pratique, qui ne se perd point dans les
régions indistinctes de l'idéal et qui, par suite, est encore
plus que le christianisme une religion de laïques, de gens
engagés dans les affaires du siècle, et tandis que dans le
christianisme le prêtre conserve sur le laïque une supériorité spirituelle marquée, il n'en a aucune dans l'islamisme. Telles sont les raisons pour lesquelles ces deux
dernières religions ont toujours exercé une influence sociale et morale incomparablement plus grande que le
bouddhisme.

Les lamas tibétains ne s'occupent guère du peuple que
pour en extraire leur subsistance et le maintenir sous leur
autorité temporelle. Pour cela, ils couvent avec sollicitude
ses superstitions au lieu de les écraser, ils nourrissent en
lui la croyance en leur supériorité, inaccessible à tout
laïque, en leur puissance sur les êtres divins, sur les démons et sur la nature. Ils se font passer pour les intermé-
diaires obligés entre les hommes et la divinité; il n'y a pas
de dieu sans lama, dit le proverbe, et le clergé s'est fait le
distributeur des biens temporels comme des biens spirituels, il a donné une chiquenaude au Bouddha pour obliger

ce dieu impassible à s'inquiéter un peu des affaires du
monde, il a infusé une vie nouvelle à toutes les divinités
populaires que le Très Sage avait rejetées dans leur néant,
les a accaparées et s'est fait leur commissionnaire terrestre.
La nécessité d'affermir leur crédit sur le vulgaire qui les
fait vivre a forcé les moines de modifier leur caractère primitif aussi bien que d'altérer leurs doctrines, ils ont dû
déroger à leur isolement, descendre de la tour d'ivoire où
Chakya Mouni avait prétendu les enfermer, de contempla-
tifs devenir militants, cumuler avec leur profession monacale les fonctions de prêtres et de sorciers. Ils se sont
purement et simplement substitués aux prêtres pon-bo
d'autrefois, et se sont résignés à rendre au peuple les
mêmes services afin d'en toucher le même salaire. Com-
merçants avisés en denrées religieuses, ils fournissent tous
les articles qu'on leur demande suivant le modèle désiré,
et, plus curieux de satisfaire aux goûts de leur clientèle
que de lui imposer les leurs, ils ont ouvert dans leur magasin beaucoup de rayons que le Bouddha n'avait point
prévus. A vrai dire, quelques-unes de ces marchandises
sont de qualité si inférieure que les lamas ne s'abaissent
point à en faire usage pour eux-mêmes, comme par
exemple les cérémonies destinées à guider les âmes des
morts dans le monde extra-terrestre; mais puisque le populaire en veut bien et qu'il en donne un bon prix, on lui
en livre autant qu'il lui plait.

En somme, le bouddhisme a fort peu amélioré les
mœurs des Tibétains; il a ajouté à leurs superstitions
sans en rien retrancher, il a fourni de nouveaux aliments
à leurs habitudes défiantes et rusées de montagnards, il
n'a rien fait pour leur inspirer un plus profond sentiment
de la vertu et de l'honnêteté; au point de vue religieux, il
ne leur a pas inculqué une conception plus saine de la

divinité, et de ses belles doctrines métaphysiques et morales une seule a pénétré tout le peuple, celle de la métempsycose, mais altérée, avilie, au point que le Tibétain en profite pour faire taire ses scrupules et duper en toute conscience son voisin, qu'il suppose avoir pu le duper lui-même dans une vie précédente. Cependant on doit faire honneur au bouddhisme d'avoir aboli les sacrifices humains, d'avoir répandu le respect de la science et des livres, d'avoir proposé à quelques âmes d'élite un noble but moral, d'avoir allumé une flamme d'idéal, si faible qu'elle soit, sur les monts du Tibet, qui sans lui seraient restés sombres et sans gloire.

X. — ORGANISATION DU CLERGÉ

L'influence du bouddhisme a été surtout matérielle et politique par son clergé, qui a conquis une puissance temporelle inouïe, a fini par dominer tout, par plier toutes les âmes à une obéissance passive et les incliner à une certaine douceur, qu'on a bien à tort attribuée aux théories de Chakya Mouni. Le clergé du Tibet doit sa maîtrise sociale et politique à plusieurs causes, d'abord à sa hiérarchie fortement organisée et à l'inflexible discipline à laquelle tous ses membres sont soumis. Au sommet, un général, dont la juridiction, qui comprend le droit de vie et de mort, s'étend sur tous les couvents et tous les moines de son ordre répandus sur toute la surface des pays de langue tibétaine; dans chaque district un provincial nommé par le général, à la tête de chaque couvent un abbé (*k'an po*) délégué par le provincial et sanctionné par le général. Au-dessous de l'abbé, dans chaque monastère, il y a deux catégories de dignitaires, les spirituels et les temporels. Les dignitaires spirituels sont le *lob-pon* (slob-dpon), directeur des études, le *bou-mdzad* (dbou-mdzad), chef du culte, le *tch'o-tch'im-pa* (tch'os-k'rims-pa), préfet de discipline, juge ecclésiastique. Le premier, mort ou démissionnaire, est régulièrement remplacé par le deuxième et celui-ci par le troisième : ce dernier est tiré au sort devant les images saintes parmi trois lamas désignés par les principaux dignitaires. Il arrive souvent que le lob-pon soit le même que le k'an-po, mais cela dépend de la volonté du provincial. L'administration des biens temporels du couvent est confiée à un *tch'ag dzöd* (p'yag-mdzods), trésorier, qui vient immédiatement après le bou-mdzad en dignité et qui a sous ses ordres un *nyer-pa*, économe, coadjuteur du trésorier *cum spe successionis*, assisté lui-même d'un *nyer-tchong* ou sous-économe qui est à la nomination du trésorier. C'est le sous-économe qui est l'agent ordinaire du couvent à l'extérieur, qui surveille les ouvriers, les cultivateurs, les bergers du monastère. Diverses fonctions inférieures, profitables et honorifiques, sont distribuées par les chefs spirituels et temporels qui entretiennent ainsi parmi les moines une émulation salutaire au bon ordre et à la discipline. Les moines sont divisés en deux classes : les *gé-long* (dgé-slong), qui sont moines de plein exercice, et les diacres *gé-ts'oul*, qui ont subi une initiation solennelle par laquelle ils sont devenus les époux de l'Église et qui restent douze ans stagiaires à divers degrés. Au-dessous de ces deux classes de moines sont les novices, *da-pa* (gra-pa), et enfin les simples candidats se préparant au noviciat, soumis à la discipline sans avoir aucun privilège. N'est pas admis qui veut à poser sa candidature; les couvents les plus importants ne reçoivent que des enfants de bonne famille, tous n'acceptent que des

enfants de naissance honorable, bien constitués physiquement et mentalement. Les monastères écrèment la population à leur profit : ils s'annexent les individus les plus
robustes et les plus intelligents. Comme, d'autre part, les
religieux se nourrissent mieux en général que les laïques,
— sauf les quelques-uns qui s'adonnent aux macérations,
— l'expression « gras comme un moine » n'est pas moins
de mise au Tibet qu'elle l'a été ailleurs, comme ils ont du
loisir et sont tenus d'étudier, ils maintiennent et augmen-
tent leur supériorité intellectuelle sur le reste de la nation.

A la solidité de l'organisation du corps monacal et à la
qualité supérieure de ses membres, ajoutez le nombre
extraordinaire de ceux-ci. Il n'y a pas d'exemple d'un pays
ancien ou moderne peuplé d'une pareille multitude de
moines, car on en compte en moyenne un pour quatre
laïcs. Il y a certainement dans le Tibet 500 000 moines au
minimum, en laissant de côté le La-dag et le Sikkim. Tous
les enfants surnuméraires qui encombreraient fâcheuse-
ment la maison paternelle, tous ceux qui, nés pauvres,
ont de l'ambition et se sentent assez d'intelligence et de
volonté pour parvenir, s'en vont grossir l'armée des moines ;
pour les gens de basse extraction, l'entrée en religion est
la seule voie pour sortir de leur bassesse ; ils peuvent par
ce moyen espérer atteindre aux plus hautes fonctions, avec
beaucoup de difficultés sans doute et un grand désavantage
vis-à-vis des membres de familles nobles ou riches, toujours préférés et privilégiés dans ces maisons d'humilité
et de pauvreté ; mais enfin la porte ne leur est pas hermétiquement fermée comme dans l'état laïque. De cette manière, non seulement le clergé attire à soi presque toutes
les valeurs individuelles, mais encore il n'est pas de
famille tibétaine, noble ou roturière, qui n'ait plusieurs
de ses membres dans les couvents et ne soit ainsi inté-

ressée à la prospérité du clergé. Le préfet de Nag-tchou
dzong nous disait que, dans toute famille, sur cinq enfants
mâles deux se font moines. Ce témoignage nous a été
confirmé par plusieurs personnes et rien ne serait moins
prudent pour une famille que d'essayer de se dérober à
cette dîme humaine. D'ailleurs, les avantages matériels
considérables qu'offre l'état ecclésiastique, les accommo-
dements que l'on peut se permettre avec la règle si rigoureuse en apparence, ne font pas envisager avec crainte la
prise de l'habit. L'armée monacale n'est pas seulement
nombreuse et bien disciplinée, elle est concentrée dans
3000 monastères semblables à des forteresses, perchés
sur les rochers des montagnes, largement approvisionnés,
remplis d'armes et de munitions auxquelles les lamas,
malgré leur ministère de paix, ne redoutent point de recourir. En cas de danger public, la trompette sacrée sonne,
les moines décrochent leurs fusils et leurs lances, se font
des pantalons de leurs plaids (*zang-gos*) et partent en
guerre. Autour de ces monastères s'étendent de vastes
terres qui sont leur propriété, des cultures et des pâturages qui nourrissent d'immenses troupeaux. Cultures et
pâturages sont confiés au soin de métayers (*gon-yog*), qui ne
possèdent rien en propre, qui prennent à forfait la culture
des terres et la surveillance des troupeaux des moines,
sont tenus de fournir chaque année une quantité de beurre,
de laine, d'orge, déterminée d'avance par le trésorier. Si
les troupeaux ou les champs confiés au métayer produisent
davantage, le supplément est pour lui; de même le croît
probable des bestiaux est fixé chaque année par le trésorier, et le métayer profite du surplus. Le trésorier calcule
assez rigoureusement pour que le profit des métayers soit
mince, et presque toujours il prend pour le couvent plus
de la moitié du revenu brut. Ces *gon-yog* ne sont pas

seulement agriculteurs et pasteurs, ils sont aussi industriels; ils fabriquent pour le compte de leurs seigneurs ecclésiastiques des étoffes de laine, de l'orfèvrerie, des poteries, ils sont maçons, charpentiers, forgerons, meuniers, caravaniers. Ils sont soumis à la juridiction des lamas et leur doivent toutes les corvées qu'il plaît à ceux-ci de leur imposer sans qu'il leur soit jamais dû de salaire. Toutefois, ils n'échappent pas entièrement à l'autorité du gouvernement de Lha-sa; ils lui paient l'impôt jusqu'à concurrence des deux tiers de ce que paient les sujets directs et peuvent recourir en appel à sa justice dans certains cas et selon certaines règles qu'il ne m'a pas été possible de préciser. Outre leurs propriétés foncières et bâties et leurs troupeaux, les couvents possèdent des trésors accumulés depuis des siècles, or, argent, objets précieux, qui sont quelquefois d'une richesse considérable. Ils reçoivent une foule de dons et legs, il n'est pas de Tibétain qui meure sans laisser au couvent voisin une bonne part de ses biens mobiliers, tout enfant qui entre en religion apporte une dot proportionnelle à ses moyens, tout lama donne à son couvent une part de ses gains personnels, car le lama n'est pas du tout une non-valeur économique. Il est, selon les cas, curé, tireur de cartes, diseur de bonne aventure, nécromancien, médecin, apothicaire, peintre, sculpteur, imprimeur, écrivain, lecteur, marchand et mendiant; il vend des statuettes, des moulins à prières, des livres, des porte-bonheur, des rosaires, des indulgences en pilules, des prières, des formules, des charmes et des amulettes contre tous les malheurs possibles et impossibles, des remèdes, des conjurations et des horoscopes. Si un homme se marie ou s'il meurt, les lamas viennent le plus nombreux possible prêter leur concours moyennant finance; s'il lui arrive un malheur, ils touchent pour

conjurer la mauvaise fortune; s'il lui arrive une bonne fortune, ils touchent pour rendre des actions de grâces; s'il
ne lui arrive rien, ni agréable ni désagréable, ils touchent
encore pour empêcher que les choses n'aillent plus mal.
Tout le casuel est au bénéfice particulier du moine, sauf
la dîme prélevée par la communauté. Si un lama laisse
à sa mort une fortune personnelle, elle passe à sa famille,
excepté la part qu'il laisse toujours par testament au
monastère. Au reste, les moines s'entretiennent à leurs
frais; ils ont dans le couvent une maison ou une chambre
à part, où ils vivent plus ou moins confortablement selon
leurs moyens et leur piété. La communauté se contente de
leur fournir une certaine quantité d'orge (110 kilogrammes
par an au La-dag), le thé beurré trois fois par jour et une
pièce de laine pour le vêtement. La dépense qu'elle fait
n'est pas égale au profit qu'elle tire de ses membres, et
encore ses charges sont-elles allégées par les offrandes des
laïques ou des lamas riches, qui paient souvent une tournée
de thé ou une pièce de laine à tous les religieux du couvent. Les grands lamas, étant personnellement plus riches
que les autres, sont naturellement entretenus aux frais de
la communauté; en vertu de leur dignité, ils reçoivent des
aumônes abondantes des dévots, les trésoriers gagnent
dans leur administration des sommes considérables et ont
toujours part, en général pour un cinquième, aux affaires
commerciales du couvent. Les monastères disposant de la
plupart des capitaux du pays, ils ont accaparé presque
tout le commerce et toute la banque et ce ne sont point là
les moindres sources de leurs revenus. Du commerce nous
avons déjà parlé; quant à la banque, les couvents se chargent de faire valoir l'argent des particuliers en le mettant
dans leurs propres entreprises; surtout ils prêtent à 30
pour 100 à tous ceux qui en ont besoin, pourvu qu'ils

puissent fournir de bons gages, principalement fonciers. Si l'emprunteur ne paie pas au temps dit, on montre de la condescendance et de la longanimité, on le laisse s'enfoncer, on l'y aide un peu et l'on finit par le saisir et par annexer ses champs à ceux du monastère. Aux prolétaires on ne prête pas, car en ce cas ce serait donner, et le lama reçoit, mais ne donne pas. Si l'on voulait chercher un terme de comparaison dans l'histoire, on pourrait dire qu'un couvent tibétain est un patricien romain collectif, grand propriétaire et justicier, ayant sous ses ordres de nombreux agents et de nombreux serviteurs, qui font de sa maison et de ses annexes une cité entière, produisant toutes les denrées nécessaires à la vie, pourvue de toutes les industries indispensables ou de luxe, important et exportant de grandes quantités de marchandises. Le rapprochement paraît encore plus juste si l'on considère que les lamas, comme les patriciens d'autrefois, sont maîtres des auspices, seuls en possession des formules qui agissent sur les dieux et qu'ils règnent sur les âmes comme sur la matière. Cette cause morale de la puissance du clergé n'est peut-être pas moins puissante que toutes les autres réunies. Il n'a pas converti les esprits à la vérité, mais il leur a appris le respect pour les ministres de la divinité, dont plusieurs centaines sont des dieux sur la terre[1], dont quelques autres sont capables par la force de la méditation de retenir leur haleine assez longtemps pour être enfin délivrés des lois de la gravitation et s'élever dans les airs. La religion du Tibétain consiste essentiellement dans un ensemble de pratiques superstitieuses et dans la vénération pour les lamas auxquels ce serait un crime sans nom que

---

1. Les incarnations de Bouddha sont au nombre de 70 dans le Tibet, de 76 en Mongolie, de 14 dans les environs de Pékin.

de causer le moindre tort. Un vol commis au détriment
d'un religieux entraîne une amende dix fois plus forte
que celui commis au détriment d'un laïque; le meurtre
d'un laïque coûte trois ou quatre fois moins cher que celui
d'un moine. Cela n'empêche point les Tibétains d'aimer
à dauber leurs moines, à critiquer leur âpreté au gain,
leur tyrannie, à railler leur hypocrisie et à conter des
histoires gaillardes sur leur compte. Ils ressemblent en
cela aux Italiens du moyen âge, mais leur hardiesse n'est
qu'en paroles et ils n'en sont que plus humbles et plus
serviles en action.

Ainsi, et pour nous résumer, le clergé tibétain possède
tous les éléments de domination connus : l'autorité religieuse, la richesse territoriale, la suprématie financière et
commerciale, la force armée, le nombre et la discipline.
Il n'est pas jusqu'au prestige qui dérive du principe d'hérédité que ces célibataires n'aient trouvé le moyen de s'attribuer d'une manière très particulière, car ceux des lamas
en qui réside l'autorité spirituelle sont considérés comme
des hypostases divines, dont ce n'est point seulement la race
qui se perpétue à travers les siècles, mais la personne elle-
même qui se réincarne, toujours identique, sous des
formes successives.

J'ai présenté jusqu'à présent le clergé tibétain comme un
corps un et indivisible, c'est la première apparence, mais
si nous poussons plus avant notre examen, nous voyons que
ce clergé est divisé en plusieurs ordres monastiques différents, qui ont chacun leur hiérarchie spéciale, leur général propre et indépendant. Le Talé lama n'est que le général du plus important de ces ordres; les généraux des autres
ordres ont pour lui la déférence due à une personne émi-
nente en dignité, mais ils ne lui sont nullement subordonnés au point de vue religieux, ils ne lui doivent obéissance

qu'en tant qu'il est actuellement souverain temporel, et c'est pour cela qu'il est absolument inexact de comparer le Talé lama au pape. Dans l'ordre même du Talé lama il y a un personnage, le Pang-tch'en rin-po-tch'é de Ta-chi-lhoun-po, qui n'est pas moindre en dignité spirituelle et n'est inférieur qu'en puissance temporelle. Les Chinois ont bien soin de l'entretenir, de le garder en réserve pour le cas où le Talé lama cesserait d'avoir la docilité nécessaire. L'ordre monastique dont le Talé lama est le chef est celui des Gé-loug-pa (dgé-lougs-pa) qui fut fondé vers l'an 1400 par Tsong-k'a-pa, moine des environs du Kouke nor que l'on peut comparer à Hildebrandt, comme lui réformateur des ordres monastiques tombés dans le relâchement et l'oubli des bonnes règles. Il tâcha de ramener le bouddhisme à sa pureté première, de le dégager de la sorcellerie et des pratiques superstitieuses qui le désho-noraient, d'astreindre les vrais fidèles, c'est-à-dire les moines, à une vertu plus austère et au respect de leurs vœux de renoncement et de pauvreté. Il y réussit en par-tie et quoique depuis sa mort les couvents de sa règle aient de plus en plus dégénéré, cependant ils sont encore ceux où règne le plus d'austérité et de discipline. Les moines qui boivent de l'eau-de-vie ou ont commerce avec une femme sont battus et chassés ; aussi rencontre-t-on un assez grand nombre de Gé-loug-pa défroqués. On prétend, il est vrai, que le châtiment n'atteint guère que les pauvres hères qui n'ont point d'argent pour amollir les règlements et ceux qui les appliquent : toutefois il ne faudrait pas accorder aux racontars populaires plus de créance qu'il n'en méritent et s'il y a évidemment des abus il n'en est pas moins vrai que beaucoup de grands lamas sont au-dessus de tout soup-çon. Quant à la sorcellerie, elle était un moyen de domi-nation trop efficace pour qu'on y pût renoncer sans se résoudre du même coup à une situation subalterne, aussi les Gé-loug-pa, tout en gardant sur ce point une certaine réserve, comptent cependant dans leurs rangs les deux ou trois plus grands sorciers du Tibet, et le fameux couvent de Ra-mo-tch'é, à Lha-sa, est une véritable école de magie. Depuis Tsong-k'a-pa, tous les chefs des Gé-loug-pa, appelés Talé lama ou Gya-mts'o rin-po-tch'é (Rgya-mts'o rin-po-tch'é)[1], ont été tenus pour des incarnations d'Avalokita ou Tchan-ré-zig (Spyan-ras-gzigs), le créateur, le juge des âmes, hypostase céleste d'Amitaba, le Bouddha-Soleil. Tchan-ré-zig s'était déjà incarné autrefois dans le roi Srong-tsan-gampo, il est le patron particulier du Tibet, celui à qui s'adresse l'invocation répétée des milliards de foi : *Om mani pad-mé houm !* Le Talé lama actuel, T'oub Tsan, né en 1876, est, selon la seule liste authentique et officiellement reconnue à Lha-sa, le 12ᵉ successeur du premier Talé lama, né en 1391. A côté des Gé-loug-pa il existe une vingtaine d'ordres différents, mais quatre seulement valent qu'on les mentionne. Le plus ancien de tous, le plus corrompu aussi, est celui des Nying-ma-pa (Rnying-ma-pa = les vieux) dont l'origine remonte à Padma Samhhava lui-même. Ce premier apôtre du Tibet avait été obligé, pour répandre au viiiᵉ siècle largement le Bouddhisme, de l'agrémenter d'une foule de diableries empruntées à l'Inde et à la vieille religion locale, combattant ainsi les Pon-bo avec leurs propres armes. Les Nying-ma-pa ont suivi les errements de leur patron, à qui ils rendent un culte idolâtrique, et ils sont encore aujourd'hui adonnés à toutes les pratiques de la magie familières

----

1. *Talé lama* est mongol. *Gya-mts'o-rin-po-tch'é* est tibétain. Le premier titre, quoique étranger, est assez connu au Tibet. *Talé* signifie *mer, océan* comme *Gyamts'o*. Rin-po-tch'é = joyau précieux. Le titre le plus fréquemment employé après celui-ci est *Bang (dbang) rin-po-tch'é* = Sa Très Puissante et Très Précieuse Majesté.

aux Pon-bo. Leur règle est peu sévère et n'ordonne point le célibat. Leur couvent principal, ou réside leur Bouddha vivant, est celui de Tsa-ri; Sag-ti gon-pa dans le Ladag et peut-être Dé-rgyé gon-pa appartiennent à cette règle, comme aussi le couvent de femmes de Sam-ding sur le lac Yam-t'ог, dont l'abbesse est une incarnation d'une divinité-truie fort révérée, assimilée à la déesse indienne de l'aurore, mais qui est probablement un reste du vieux culte local. Les Tibétains croient proprement que les nonnes de ce couvent sont des truies sous forme humaine et reviennent à leur véritable nature lorsqu'elles le veulent. Le porc joue un grand rôle dans la religion populaire des Tibétains; c'est un puissant ennemi des mauvais esprits, et le dieu du foyer est représenté avec une tête de porc. Il est probablement le symbole de la fécondité de la nature. Le nombre des moines Nying-ma-pa est très considérable et il n'est point sûr qu'il n'égale pas celui des Gé-loug-pa. Le mouvement réformiste, qui se produisit au xi⁰ siècle sous l'influence d'Aticha, donna naissance à deux ordres différents qui se subdivisèrent par la suite en plusieurs sous-ordres. Celui des Kar-gyou-pa eut peu de succès parce qu'il était un ordre d'ermites; mais il en sortit les deux sous-ordres importants des Kar-ma-pa et des Doug-pa (Hbroug-pa). Les principaux monastères des Kar-ma-pa sont ceux de Sou-ts'our, au nord de Lha-sa, et de Gyé-sé; le centre des Doug-pa est Dé-djen-tchou gon-pa (?) et leur couvent le plus célèbre et le plus riche est celui de Hi-mis dans le La-dag. Dans le Bhoutan, il n'y a que des moines de cette dernière règle, qui n'est pas beaucoup plus austère que celle des Nying-ma-pa. L'ordre des Sa-skya-pa, qui reçut de Khoubilay la souverai-neté temporelle sur le Tibet, domine encore aujourd'hui en Mongolie et dans le Tibet nord-oriental. Son Bouddha vivant qui réside à Sa-skya gon-pa, au sud-ouest de Ji-ka-tsé, est vénéré également des Nying-ma-pa. Le *gégen* d'Ourga, le grand lama de Mongolie, appartient à cet ordre[1]. Les moines de Gyé-rgou gon-pa et de Tong-bou-mdo, sont des Sa-skya-pa. Leurs couvents sont peints de bandes longitudinales blanches, noires, rouges, bleues, jaunes, qui sont précisément les cinq couleurs afférentes aux cinq éléments sacrés. Les lamas de cet ordre ne peuvent boire de l'eau-de-vie et le célibat n'est pas considéré comme nécessaire, mais seulement comme méritoire.

Tous les religieux autres que les Gé-loug-pa sont appelés vulgairement par les Chinois lamas rouges par opposition aux Gé-loug-pa, qui sont surnommés lamas jaunes à cause de la couleur du chapeau porté par les officiants dans les cérémonies du culte. Tous ces ordres se distinguent surtout par la discipline, par une dévotion particulière pour telle ou telle hypostase du Bouddha, par le choix d'une divinité tutélaire propre. Les différences dogmatiques sont pour nous insignifiantes ; elles ne sont pas plus grandes que celles qui séparent l'Église catholique romaine de l'Église catholique grecque. Beaucoup de lamas les ignorent totalement, et les rivalités, quelquefois très aiguës, qui existent entre les divers ordres ont des motifs temporels plus que spirituels. Tous, sans exception, reconnaissent le Pang-tch'en rin-po-tch'é et le Talé lama comme les plus hautes incarnations de la divinité, les Gé-loug-pa à leur tour admettent l'authenticité des incarnations vénérées par les Nying-ma-pa ou les Sa-skya-pa, et celles-ci ne sont point subordonnées aux premières puisque les unes et les autres représentent en principe un seul et même Dieu. Le Talé

---

1. Cette incarnation de Bouddha ne peut renaître qu'au Tibet. C'est une habileté de la politique chinoise qui a voulu ainsi en soustraire le choix à l'influence toujours considérable des princes laïques de Mongolie.

lama est simplement *primus inter pares*; il n'a aucune autorité sur les autres ordres, il ne peut pas réformer leur règle, qui n'a jamais été soumise à son approbation. Pour le peuple, il ne s'occupe point de ces divergences; tous les lamas, jaunes ou rouges, lui paraissent avoir également qualité pour agir sur les puissances surnaturelles, pour le soustraire aux malices des diables, lui procurer une bonne santé, de bonnes récoltes et une heureuse transmigration[1].

XI. — ADMINISTRATION ET POLITIQUE

Au point de vue politique, tout le Tibet, excepté le Ladag, le Baltistân, le Spi-ti et une partie du Sikkim, relève de la Chine, mais il est bien loin de former une unité administrative. Depuis les temps les plus anciens le Tibet est divisé en quatre provinces qui coupent le pays en zones longitudinales et qui sont, en commençant par l'ouest : le Nga-ris (*Mnga-ris* = région indépendante), le Tsang (*Gtsang* = la contrée pure), le Bou ou Wou[2] (*Dbous* = la contrée centrale), le K'am (*K'ams*, le pays). Le Nga-ris comprend le Baltistân, le La-dag, les districts de Gar-t'og et de Rou-t'og, le Tsang a pour capitale Ji-ka-tsé, Lha-sa est la capitale du Bou, Tch'a-mdo peut être considéré comme le centre du K'am, qui est la plus vaste des quatre provinces. Cette division purement historique ne répondant aujourd'hui à

1. Ces diverses considérations, jointes au fait qu'il y a fort peu de véritables bouddhistes en dehors de la Mongolie et du Tibet, montrent que toute politique fondée sur le *panbouddhisme* serait la plus vaine des illusions.

2. Que les Chinois appellent *Oui*.

aucune réalité, je la rappelle seulement pour mémoire. Pour l'administration chinoise, le Tibet est de notre temps partagé en trois parties : le sud-ouest qui dépend directement du vice-roi du Seu-tchouen, le nord-ouest qui est soumis à l'autorité du légat impérial de Si-ning, le reste, c'est-à-dire le plus gros morceau, qui relève du légat impérial de Lha-sa. La circonscription de ce dernier comprend le royaume du Talé lama et diverses principautés détachées. Nous nous occuperons d'abord du royaume de Lha-sa qui forme la partie la plus importante et la plus peuplée du Tibet. Les limites en sont l'Inde anglaise et le Turkestan chinois, les sources du Tchou-mar, les montagnes qui séparent le haut Nag tchou du haut Chag tchou, le col Ta-ts'ang la, la vallée du Nag tchou, la vallée du Mékong à partir de 31° environ jusqu'à près de 28°. Hors de ces limites, quelques territoires sont contestés, comme nous le verrons ; à l'intérieur, le Pang-tch'en rin-po-tché de Ta-chi-lhoun-po étend son autorité sur près de 100 000 âmes dans la province de Tsang, le grand lama de Sa-skya gon-pa est maître dans son district. Le Po youl, habité surtout par des Pon-bo, forme une enclave indépendante du Talé lama et relevant directement du légat impérial de Lha-sa. J'estime que les territoires soumis directement à l'autorité du chef des moines Gé-loug-pa contiennent une population d'environ 1 500 000 habitants dont 500 000 religieux.

Le gouvernement sous sa forme actuelle a été organisé par les Chinois, qui en 1751 ont aboli définitivement la royauté laïque et remis le pouvoir temporel entre les mains du Talé lama ; mais celui-ci n'a politiquement parlant qu'un titre purement honorifique, il n'est que le dépositaire nominal de l'autorité publique et il n'en pourrait guère être autrement puisque par principe il est élevé au trône dès les langes ; d'ailleurs il avilirait sa divinité à s'occuper de trop près des affaires du monde. Le pouvoir effectif appartient à un lama qui a le titre de vice-roi, *gya-ts'ab* (rgyal-ts'ab), qui nomme ou confirme tous les fonctionnaires, règle toutes les affaires de haute importance de concert avec les *ka-lon* (bka-blon). Ceux-ci, au nombre de quatre, sont tous laïques, ils ont la direction générale de l'administration, et sont dépositaires du sceau royal, mais sont tenus de rapporter au vice-roi les affaires considérables. Au dessous des ka-lon, il y a 16 ou 17 collèges administratifs de deux ou trois membres, laïques ou religieux, tels que le collège des comptes (*tsi-pon*), le collège du trésor (*tch'ag-dzôd*), le collège des greniers publics (*nyer-ts'ang-pa*), le collège de la justice (*chags-pon*), etc. Les ka-lon ont autour d'eux une cour de jeunes attachés (*toung-kor = droung-hkor*) tous nobles de naissance, parmi lesquels se recrute à peu près exclusivement le personnel administratif laïque. Le territoire tibétain est divisé en 80 (?) districts administrés par des préfets (*dzong-pon = rdzong-dpon*), qui, comme les fonctionnaires chinois, cumulent les fonctions administratives, judiciaires et financières.

Le gouvernement tibétain prélève peu d'impôts en argent, il tire le plus souvent de chaque district des contributions en nature selon le genre de productions propre à ce district, du beurre, des peaux, de la laine brute, de l'orge, du blé, des pierres à aiguiser, etc. Nominalement l'impôt est d'environ 1/60 du capital (1 roupie pour 5 yaks), mais l'arbitraire des fonctionnaires accroît notablement la proportion. De plus il y a des contributions en main-d'œuvre, fabrication pour le compte de l'État de tissus de laine, d'armes, d'ustensiles, d'outils, transport de bagages, construction et réparation de routes, ponts, forts, bâtiments divers. Si, heureusement pour les contribuables, l'État ne se prodigue pas en travaux publics, en revanche lui et ses agents font sans cesse circuler sur les chemins des marchandises et des bagages pour le transport desquels les sujets sont tenus de fournir gratuitement des chevaux, des yaks ou à l'occasion leurs épaules. Il n'est rien qui les fasse murmurer plus que cette corvée (*ou-lag*, du turc *oulagh*) qui les surprend souvent au moment où ils ont le plus besoin de leur temps et de leurs bêtes. Joignez à cela les ventes forcées à prix surfaits, dont nous avons déjà parlé et auxquelles le gouvernement a recours plus ou moins selon l'état de sa caisse, enfin les dons gratuits qui sont obligatoires; tout bon et loyal sujet, et tout sujet est tel par définition, est tenu de faire l'aumône à l'État et, lorsqu'il meurt, de lui léguer une partie de ses biens meubles. En somme, au Tibet, les enfants n'héritent rien de la fortune mobilière de leurs pères, ce qui ne revient pas au gouvernement passant aux moines. Le Talé lama a pour sa part une ressource spéciale dans la vente des indulgences, qui prend les formes les plus inattendues, dans celle des statuettes, des amulettes et des chapelets bénits. Il envoie ses agents dans tous les pays bouddhiques, dans le Tibet proprement dit, au La-dag, en Mongolie et en Chine[1] pour vendre en son nom des pièces de laine ou du thé aux prix les plus exorbitants, ajoutant en sus de la marchandise une quantité d'indulgences proportionnée à la générosité des fidèles.

Les fonctionnaires ne touchent point de traitement, mais reçoivent à titre de bénéfices des territoires plus ou moins vastes sur lesquels ils ont le droit de rendre la justice et de prélever des taxes pour leur propre compte. Ils ont en outre diverses sources de profit légales ou illégales : ils

---

1. Les Chinois achètent les objets provenant du Talé lama comme talismans magiques.

perçoivent des retenues sur le produit des impôts, ils réquisitionnent des ouvriers à titre gratuit ou quasi gratuit pour leurs besoins particuliers, ils se font donner des cadeaux en diverses circonstances, don de joyeux avènement, coup de l'étrier, etc., ils gardent le produit des amendes dont ils frappent les coupables, enfin ils touchent des épices des plaideurs. Cette dernière source de revenus est parmi les meilleures; car si le plaideur n'apporte pas quelques mottes de beurre sous son manteau, si l'argent ne résonne pas dans sa bourse, si un mouton ne bêle pas derrière lui, si quelques poulets ne piaulent pas dans son sac, sa cause est déclarée mauvaise et il est condamné aux dépens. Les Tibétains le savent et s'exécutent sans répugnance, pensant comme Crispin que la justice est une si belle chose qu'on ne saurait trop cher l'acheter. Le menu peuple montre en général à l'égard des magistrats et des agents de l'autorité une servilité rampante que je n'ai observée au même degré ni en Turkestan, ni en Chine. Ce respect n'est pas inspiré au Tibétain par l'estime, mais par un état d'âme où se mêlent la crainte des coups, la crainte superstitieuse, le sentiment de sa propre misère et de sa faiblesse contre les maux qui l'assiègent. Le roi et ses agents, même laïques, sont considérés comme participant à la nature divine, par suite on a d'eux la même opinion que l'on a des dieux, êtres redoutables et malfaisants, qu'il faut éviter avec grand soin d'irriter et contre lesquels il faut se protéger par des incantations. Un Tibétain n'entame pas un procès sans avoir accompli certains rites destinés à obliger le juge à lui donner raison.

La paix publique est assurée par une sorte de gendarmerie composée de gens appelés aptouk (?). Il y en a plusieurs centaines dépendant directement du gouvernement central, en outre chaque préfet en a plusieurs à sa disposition. Les gendarmes du gouvernement central sont nourris aux frais de l'État; mais ils vivent chacun à part dans leur famille et ne reçoivent pas de salaire. Ils doivent avoir leurs armes et leur cheval et être toujours prêts à partir à la première réquisition. Quand le père est trop vieux, le fils lui succède. Les gendarmes départementaux ne sont pas nourris aux frais de l'administration, ils sont seulement exemptés d'impôts. C'est de plus un titre d'honneur, les aptouk sont tous de bonne famille et jouissent d'un certain crédit.

Il n'existe point d'armée régulière, sauf une petite troupe à Lha-sa qui sert de prétexte au maintien en activité de six généraux, *da-pon* (mda-dpon) et de 156 autres officiers. Le peuple entier est organisé en milice de la même manière que les Mongols, mais avec moins de rigueur. Tout homme reconnu capable de porter les armes et de supporter les frais de son équipement militaire est tenu de servir en qualité de soldat toutes les fois qu'il en reçoit l'ordre. Son entretien pendant la durée de la campagne est à sa charge. C'est une très lourde charge, car il y a de très longues distances à parcourir par de très mauvais chemins. Bien commandés, les Tibétains feraient d'assez bons soldats, pourvu qu'on ne les emmène pas hors de leur pays. Ils sont habitués à la marche, se font un jeu de franchir des montagnes qui feraient hésiter des étrangers, se nourrissent facilement, craignent peu les intempéries, sont exercés au maniement des armes, ont un respect profond pour leurs chefs et rien n'est plus facile que de leur inspirer par des moyens humains ou surnaturels la plus absolue confiance dans la victoire. Mais le cléricalisme a énervé l'esprit militaire, et ceux qui se sont faits conducteurs d'hommes, souvent violents, sont timides et lâches. Lors des affaires du Sikkim, le gouvernement avait rassemblé à grand'peine sur la frontière anglaise 50 000 hommes dont quelques-uns venaient de Tch'a-mdo, ayant cheminé deux mois en portant toutes leurs provisions : le jour du combat venu, les Anglais bombardèrent les grands lamas réunis sur un tertre : ceux-ci tournèrent bride aussitôt, n'ayant imposé une pareille corvée et presque la ruine à de pauvres gens que pour leur donner leur propre honte en spectacle.

Malgré l'absence d'armée permanente et la faiblesse de la gendarmerie, le gouvernement sait faire obéir ses ordres jusque dans les districts les plus reculés. Cela est dû à la terreur qu'inspire la rigueur avec laquelle il punit les moindres fautes contre son autorité, à la présence dans tous les centres de quelque importance de hauts fonctionnaires, assez grands pour être respectés, trop petits pour oser rien tenter contre l'État, au savant système d'espionnage mutuel organisé dans toute la société, au grand nombre de lamas répandus partout, dévoués au gouvernement qui fonctionne par eux et pour eux. En effet, au point de vue politique et administratif, le clergé a réduit l'élément laïque à la portion congrue et ne lui a laissé que ce qu'il ne pouvait ôter sans risquer de l'exaspérer jusqu'à la révolte. A la vérité, les quatres ministres sont laïques, mais ils sont subordonnés au vice-roi religieux. Dans le gouvernement central il y a un nombre égal de lamas et de laïques, dans chaque district il y a deux préfets : l'un religieux, l'autre laïque, qui sont censés égaux tandis qu'en réalité le second a pour attribution principale d'approuver du bonnet les actes du premier. Un laïque est-il chargé d'une mission spéciale, diplomatique ou autre, il est toujours flanqué d'un lama, qui ne dit rien, semble n'avoir qu'à égrener son rosaire, mais qui surveille les paroles, les faits et gestes de son compagnon et les rapporte à Lha-sa. La situation sociale du clergé telle que je l'ai décrite au chapitre précédent faisait prévoir cette conséquence.

Absolue en théorie, l'autorité du pouvoir central est limitée en pratique par les priviléges du clergé en général auquel on doit la plus grande déférence et par les priviléges des seigneurs locaux. A Lha-sa, le vice-roi n'est maître qu'en apparence. Choisi obligatoirement parmi les membres de l'un des trois plus grands monastères des environs : Dépoung (*hbras-spoungs*), Sé-ra (ou Ser-ra) et Ga-ldan (*dga-ldan*), il est un instrument dans les mains de celui des trois auquel il appartient et il lui donne une influence prédominante. D'ailleurs les autorités ecclésiastiques de ces trois monastères sont toujours consultées dans les affaires importantes et chacun d'eux adjoint un délégué spécial à toute mission officielle. Tous trois placent un grand nombre de leurs membres dans les offices publics et il n'est guère de fonctionnaires qui ne sortent de l'un d'eux; tous trois sont également entretenus aux frais de l'État et l'on peut dire que tout le produit liquide des impôts, qui n'est pas absorbé par la cour du Talé lama et le culte officiel[1], est employé à pensionner Dé-poung, Sé-ra et Ga-ldan. En dernière analyse, ce sont ces trois couvents qui, en raison du nombre de leurs moines (20 000)[2], de leur richesse, de la multitude de leurs serviteurs, de leur voisinage de la capitale, de la quantité considérable de prieurés placés dans l'obédience de leurs abbés, de leurs

1. Dépenses du culte officiel, cérémonies, prières, etc. : 800 000 francs: du Talé lama et de sa cour, 180 000 francs pris sur l'impôt; il n'est pas tenu compte des bénéfices particuliers du Talé lama qui sont beaucoup plus considérables.

2. On dit 9 000 à Dépoung, 8 000 à Séra, 5 000 à Ga-ldan. Ces chiffres sont probablement un peu exagérés, mais pas de beaucoup. Il y a dans la plaine de Lha-sa 30 000 moines, qui tous voient en se levant les premiers rayons du soleil briller sur le toit d'or du Po ta-la.

relations avec les plus grandes familles du pays qui toutes y comptent quelques-uns de leurs membres, sont les vrais maîtres de l'État. Il en résulte entre eux d'ardentes rivalités où les intrigues, le poison et l'émeute jouent tour à tour leur rôle; ce n'est pas à des moyens plus louables que Sé-ra doit sa prééminence présente. Dans les provinces, le gouvernement est limité par les seigneurs terriens qui ont sur leurs serfs certains droits de justice, de corvée et de taxation, surtout par les premiers d'entre eux, à savoir les grands monastères tels que Di-koung, Min-dol-ling, Tsa-ri, Gyang-tsé, Ming-gé, Lha-ri. De plus, il se borne lui-même en abandonnant tout ou partie de ses droits sur des portions de territoire au profit de ses fonctionnaires ou des couvents, à charge pour eux de pourvoir à leur administration et de tenir un registre spécial des recettes et des dépenses qui y sont relatives.

Nous voyons maintenant la complication de la situation politique qui se cache sous une apparente homogénéité : deux aristocraties, une laïque, affaiblie et subordonnée, mais subsistant néanmoins; une autre religieuse, elle-même divisée en une vingtaine d'ordres monastiques indépendants, dont quatre ou cinq considérables. Dans le premier de ces ordres deux personnages égaux religieusement, inégaux politiquement; dans la clientèle du premier de ces personnages trois couvents se disputant l'influence. C'est ce qui fait comprendre comment le gouvernement chinois peut maintenir son autorité au Tibet avec vingt et un fonctionnaires et moins de 1500 soldats. C'est lui qui a placé le Talé lama et ses partisans dans la haute situation dont ils jouissent aujourd'hui parce qu'il a vu en eux le meilleur instrument capable de brider le roi et l'aristocratie laïque, toujours turbulents et impatients du joug, parce qu'il avait eu l'intelligence très claire qu'une

administration ecclésiastique est éminemment propre à
mater les âmes, à leur apprendre la mansuétude et l'obéissance, parce qu'enfin, en s'attachant le principal chef religieux du bouddhisme, il s'assurait du même coup la fidélité des pieux Bouddhistes que sont les Mongols. Si le Talé
lama et son entourage étaient tentés d'oublier les obligations qu'ils ont envers le gouvernement chinois, ils ne sauraient oublier que le Tibet est incapable de résister à une
armée chinoise et que l'empereur, en transportant sa bienveillance aux rivaux du Talé lama, causerait à celui-ci de
sérieux ennuis. Au surplus, l'empereur n'admet point
qu'une incarnation du Bouddha puisse, en vertu de sa
nature divine, échapper d'une manière quelconque à l'autorité impériale et, le cas échéant, il s'arroge le droit de
retirer de la circulation les Bouddhas qui ont cessé de
plaire en leur interdisant par décret de reparaître sous la
forme humaine. Aussi le résident général, représentant
l'empereur à Lha-sa, jouit-il tant dans les affaires intérieures que dans les extérieures d'une autorité considérable, — je ne dirai pas incontestée, — car les Tibétains,
avec leur air de douceur, ne manquent point de cette obstination et de cet entêtement qu'on observe chez les dévots
de tous les pays.

Ce résident général ou légat impérial (k'in-tch'ai) a le
même grade qu'un gouverneur de province (2ᵉ classe du
2ᵉ rang, globule rouge foncé). Il est toujours choisi parmi
les Mantchous, de même que les légats impériaux de Si-ning
et de Mongolie. Il dépend du vice-roi du Seu-tchouen, mais
il a le droit de correspondre immédiatement avec Pékin.
Il est assisté d'un vice-légat également mantchou, de quinze
fonctionnaires, secrétaires ou interprètes mantchous, chinois ou népâlais. De plus il y a un intendant (leang t'ai) et
un officier militaire à Lha-ri avec 150 soldats, un intendant

et quatre officiers à Lha-sa avec 500 hommes, un intendant
et 6 officiers à Ji-ka tsé avec 700 hommes, et un officier
avec quelques soldats à Ting-gé sur la route entre Ji-ka tsé
et le Népâl. Les troupes sont entretenues par le trésor du
Seu-tchouen; les intendants sont nommés par le vice-roi de
cette province; ils sont chargés de payer les troupes et
font les fonctions de consuls, c'est-à-dire qu'ils jugent les
différends entre les marchands chinois ou entre ceux-ci et
les Tibétains. Le légat impérial a seul qualité pour gérer
les affaires étrangères du Tibet, cependant il est tenu de
consulter les autorités locales. A l'intérieur, aucun fonctionnaire, aucun abbé de grand monastère n'est nommé
sans son approbation; il a pratiquement le dernier mot dans
l'élection du vice-roi; il a le droit de contrôler les finances
publiques. D'ailleurs, il est égal en dignité au Gya-ts'ab,
par conséquent supérieur aux ministres, qui n'ont que le
rang de *tao-t'ai* (3ᵉ rang, globule bleu clair), et à tous les
fonctionnaires, qui lui doivent donc en principe obéissance
absolue. Mais son autorité n'est acceptée et respectée qu'à
condition qu'il ne la fasse pas trop sentir. Il a le droit
d'ou-lag dans tout le Tibet, et comme à tous les fonctionnaires
tibétains il lui est assigné à titre d'apanage un certain nombre de cantons, où il perçoit les impôts et exerce tous les
droits de la souveraineté. C'est ainsi que le canton de Dam
et une partie de pays au nord du Dam-la-rkang-la ressor-
tissent au légat impérial. Au Tibet comme en Mongolie, la
cour de Pékin a soin d'allouer des traitements aux principaux personnages; c'est un signe de souveraineté en même
temps qu'un moyen d'action[1], assez faible, il est vrai: le

---

1. La dépendance de Lha-sa à l'égard de Pékin se marque d'ailleurs
de la manière la plus formelle. Le nouveau Talé lama désigné par le
sort doit recevoir l'investiture de l'Empereur qui peut ne point l'accorder. Le vice-roi tient son sceau de l'Empereur; les ka-lon sont munis

Talé lama lui-même et le vice-roi touchent de ce chef une certaine somme, les ministres reçoivent 750 francs chacun avec quatre pièces de satin par an et l'ensemble des couvents environ 500 000 francs.

Les Chinois, non plus ici que dans le Turkestan, ne cherchent à tirer parti des ressources économiques du pays. Ils y entretiennent bien un certain commerce, ils s'y sont bien réservé comme dans le Turkestan le monopole du thé, mais ils n'ont rien fait pour améliorer les voies de communication, perfectionner les cultures, développer l'industrie pastorale, qui pourrait fournir de laine tout le sud de l'Asie, exploiter les mines diverses dont le sous-sol semble être fort riche. Les marchandises chinoises ne sont admises qu'en payant un droit d'une pièce d'argent par paquet, les marchands chinois ne peuvent résider dans le pays, et il ne leur est permis d'y pénétrer pour faire le commerce que munis d'un billet de l'administration du Seu-tchouen, lequel n'est valable que pour un an; ce terme écoulé, ils sont obligés de s'en aller. Quant aux femmes chinoises, il leur est absolument interdit à toutes, même aux femmes des fonctionnaires et officiers en service dans le Tibet, de mettre le pied dans ce pays. Aussi, tandis que dans le Turkestan on rencontre du moins un petit nombre de colons chinois, on ne trouve pas un seul enfant de l'Empire du milieu établi au Tibet. Ces mesures sont attribuables à un sentiment de prudence de la part du gouvernement de Pékin, qui tient à éviter les difficultés et les affaires, et aussi à l'intolérance nationale des Tibétains qui ne veulent pas souffrir d'étrangers chez eux. Les moines, ces représentants d'une religion qui a pu passer pour une religion

de brevets impériaux; les édits impériaux sont valables au Tibet à condition que les autorités locales les contresignent, ce qu'elles ne peuvent refuser.

de fraternité universelle, n'ouvrent leurs couvents et ne confèrent les ordres qu'aux Tibétains, fils de Tibétains. Les points de vue économique et colonial sont pour les Chinois tout à fait secondaires; c'est surtout dans un intérêt stratégique et politique qu'ils se sont annexé cette marche de Tibet afin qu'elle leur serve de barrière contre des voisins indépendants et envahissants. Selon les principes que j'ai exposés à propos du Turkestan[1], il leur a paru que le meilleur moyen pour eux de tenir le pays à bon compte et facilement était d'empêcher les étrangers d'y entrer et de lui ôter ainsi toute tentation d'y nouer, sous couleur de relations commerciales, des intrigues avec les mécontents et d'exciter le peuple à l'insubordination. On a quelquefois agité la question de savoir si ce sont les Tibétains qui veulent fermer leur porte ou les Chinois qui les forcent de la fermer. C'est là une question oiseuse. Les Chinois et les Tibétains se gourment quelquefois, mais ils sont parfaitement d'accord contre les étrangers. Les lamas, jaloux de régner sans partage sur le peuple qui les nourrit, craignent qu'avec les étrangers des idées nouvelles ne pénètrent, que la simplicité des cœurs ne s'altère et que leur clientèle ne diminue. Ils savent très bien, et l'exemple du La-dag est là pour le leur rappeler, que si une autre puissance que la Chine s'emparait du Tibet, elle ne manquerait pas, avec la complicité des laïques, de réduire les prérogatives et les bénéfices exorbitants des monastères; partant, à quelque ordre qu'ils appartiennent, ils se sentent intéressés à tenir à l'écart les étrangers, à faire échec autant que possible à leurs prétentions, à faire cause commune à cet égard avec le gouvernement chinois. Profitant de la crédulité sans bornes de leurs ouailles, il n'est légende absurde qu'ils

<hr>

1. *Mission scientifique dans la Haute Asie*, II, 292 et sqq.

n'accréditent sur le compte des Européens, sorciers sinistres qui viennent pour voler au Tibet ses dieux protecteurs et le livrer en proie à tous les diables déchaînés de l'abîme.

Cependant, le gouvernement de Lha-sa ne peut fermer hermétiquement la porte de son territoire, il est bien obligé d'admettre chez lui, sous la réserve d'une surveillance étroite, les indigènes de l'Inde à qui la communauté de religion, ou une vieille coutume ou un traité régulier donne le droit de voyager et de commercer dans le pays. Malgré des entraves gênantes, le commerce entre l'Inde et le Tibet est assez actif; dans les principales villes du pays résident, au moins à titre provisoire, des marchands kachmiriens, népâlais, hindous; des musulmans de l'Inde occidentale ont bâti une mosquée à l'ombre de la montagne sainte. Par leurs sujets, marchands, pèlerins, bandits, qui circulent secrètement dans le Tibet, les Anglais sont parfaitement renseignés sur ce qui se passe chez leurs soupçonneux voisins, sur les dissidences religieuses, sur les factions qui s'y agitent, sur ce qu'ils peuvent en attendre. La topographie de la contrée leur est assez bien connue pour leur permettre, au besoin, une expédition militaire, les cartes présentes n'étant pas plus mauvaises que celles dont nous nous sommes servis pour conquérir le Tonkin. Certains indices autorisent à croire que l'argent anglais s'est glissé parmi les personnages influents du Tibet pour payer des services actuels ou virtuels d'ordre politique. Mais le système d'isolement des Tibétains n'en a pas moins le double avantage de nourrir les défiances et les préjugés du peuple contre les Européens et d'en faire un gardien vigilant comme d'un chien qu'on attache — et en outre d'empêcher les Anglais d'organiser librement et d'entretenir un parti propre autour duquel pourraient se

ranger tous les mécontents et les chercheurs de nou-
veautés.

Jusqu'à présent les Anglais ont montré peu d'entrain et
de décision dans leurs tentatives pour faire cesser cet état
de choses. Le dernier fait important a été la conquête du
Sikkim accomplie par eux en 1888, consacrée par le traité
de 1890. Cette conquête a achevé de leur donner la ligne
de faîte de la première chaîne de l'Himalaya, sauf toutefois la petite vallée de Tchoumbi où ils ont tenté un effort
infructueux. Cette vallée étant la clef de la meilleure
route conduisant de Lha-sa à Calcutta, les Tibétains tiennent
beaucoup à la conserver.

Lorsqu'en 1893 nous sommes arrivés sur les bords du
Nam ts'o, les Anglais et les Tibétains étaient justement
occupés à discuter à Dor-djé-ling sur les termes d'une convention commerciale, et cette coïncidence n'a pas été sans
nous causer des difficultés. Le gouvernement de l'Inde
réclamait l'ouverture au commerce de la route de Dor-djé-
ling à Lha-sa par la vallée de Tchoumbi et les Tibétains
s'y opposaient de toutes leurs forces. Des troupes furent
rassemblées et l'on nous racontait qu'on était prêt à en venir
aux mains. Enfin tout s'arrangea, et le 5 décembre un traité
fut conclu entre les Chinois et les Anglais, stipulant qu'un
marché serait établi dans la vallée de Tchoumbi à 11 kilomètres au delà du col Djilep, qui marque la frontière. Les
négociants de l'Inde furent autorisés à se rendre à ce
marché et à y faire le commerce sous certaines conditions.
Les Anglais ont cru peut-être, en établissant le marché de
Ya-toung, ouvrir au moins une lucarne sur le Tibet, mais
les Tibétains ont eu soin d'y mettre un verre dormant. Cet
endroit de Ya-toung est un endroit absolument désert, où
il n'y a ni un homme, ni une maison. Les Chinois, il est
vrai, se sont engagés à y élever les constructions néces-

saires; c'est un bon billet qu'a La Châtre. La vente du thé
de l'Inde étant interdite pour cinq ans, il n'y a pas d'espoir
qu'en aucun cas on puisse faire beaucoup d'affaires sur ce
marché; mais les Anglais pensent, sans doute, que si l'on
n'y échange pas de denrées, on y échangera du moins des
coups, ce qui leur permettra d'envoyer quelques sipahis
rétablir l'ordre[1].

Si l'Angleterre a réussi à écorner légèrement la frontière
du Tibet, elle a perdu la faculté qu'elle avait au siècle
dernier d'y entretenir des agents. En 1772, le grand lama
de Ta-chi-lhoun-po ayant écrit à Warren Hastings pour le
prier de retirer les troupes britanniques du Bhoutan,
Warren Hastings accéda à sa requête et lui envoya en
ambassade G. Bogle, qui fut parfaitement bien accueilli.
En 1782, le Pang-tch'en-rin-po-tch'é étant mort, son successeur reçut les félicitations de Warren Hastings par l'intermédiaire du capitaine Turner. Après lui un Hindou,
Pouroungir Gosain, resta à Ta-chi-lhoun-po comme agent
permanent du vice-roi de l'Inde et fut même accueilli à
Lha-sa. En 1792, le successeur de Warren Hastings, au lieu
de soutenir les Tibétains contre les Népalais qui avaient
envahi le Tibet, prit le parti des Népalais contre les Chinois qui avaient envoyé une armée pour chasser les envahisseurs. Depuis lors, les Tibétains cessèrent d'avoir des
relations amicales avec les Anglais et s'unirent contre eux
avec les Chinois. Il ne faut pas d'ailleurs attribuer à ce
fait plus de valeur qu'il n'en a réellement : le gouvernement de l'Inde n'avait eu de rapports un peu intimes
qu'avec le grand lama de Ta-chi-lhoun-po dont l'importance politique est très faible; depuis, il n'y a pas eu
rupture absolue, le Pang-tch'en rin-po-tch'é n'est pas fon-

1. En réalité ce traité n'a jamais été exécuté. (Note de 1904.)

cièrement hostile aux Anglais et il y a lieu de penser que s'il ne tenait qu'à lui il recevrait assez volontiers leur visite. Le Talé lama, au contraire, a toujours montré beaucoup de réserve, quoique dans les débuts les choses n'en aient pas été au point où elles en sont aujourd'hui. En 1810, Thomas Manning, qui n'était, il est vrai, revêtu d'aucun caractère officiel, fut admis à Lha-sa en présence du Talé lama et demeura un an dans la capitale. Nul Européen n'y pénétra plus, sauf le P. Huc, qui en fut expulsé rapidement. Effrayés des progrès immenses et continus de la puissance indo-britannique, les Tibétains se sont tapis dans leur tanière, en ont barricadé l'entrée et ne veulent plus laisser prendre à l'étranger un pied chez eux, de peur qu'il n'en prenne bientôt quatre. Je crois la Chine et le Tibet tellement convaincus de la nécessité de tenir leur porte close qu'ils risqueraient une guerre plutôt que de céder sur ce point. Or, quelque intérêt que l'Angleterre puisse avoir à entretenir de libres relations avec le Tibet, non seulement elle n'entreprendrait pas une guerre pour faire cesser l'isolement où se renferme ce pays, mais elle ne se soucie même pas d'engager pour cela une campagne diplomatique sérieuse. En effet, le Tibet, devenu accessible aux Anglais, le serait du même coup aux Russes, qui pourraient ainsi pousser leurs intrigues jusqu'à la frontière indienne, et l'Angleterre, qui ne peut jamais être sûre de la fidélité des innombrables populations de l'Inde, tient les intrigues de la Russie pour plus dangereuses que ses armes. Aussi j'estime qu'il y a des chances pour que le Tibet ne soit jamais ouvert aux Européens avant qu'il soit sous le protectorat britannique. Le gouvernement de l'Inde n'est pas pressé de s'étendre du côté du Tibet comme du côté de l'Afghanistan parce qu'il n'a pas à craindre le progrès d'une puissance ambitieuse et formidable telle que la Russie. Ç'a été jusqu'à présent, je le sais, un axiome fondamental de la politique indienne de tenir la Chine aussi loin que possible ; mais la Chine n'a de force au Tibet que juste assez pour n'en être point chassée par les indigènes, elle n'est point capable de prendre l'offensive et ne demande qu'à rester en paix et à y laisser ses voisins. Seulement, le jour où l'Angleterre serait incapable de défendre le Turkestan contre la conquête russe, alors il lui paraîtrait nécessaire d'imposer son protectorat sur le Tibet, non pas uniquement en guise de compensation, mais surtout afin de constituer sur sa frontière septentrionale une marche analogue à l'Afghanistan, destinée à écarter un voisinage désagréable et dangereux. C'est le même but qu'elle poursuit de tous les côtés sur sa frontière de l'Inde, et lorsqu'elle l'aura atteint, elle sera munie, avec l'Afghanistan, une partie des Pamirs, le La-dag étendu jusqu'à la lisière du Gobi, le Tibet et la Barmanie, d'un tampon colossal de montagnes, derrière lesquelles elle savourera enfin le repos dans son jardin, à l'abri des orages qui balayent le désert et ne sentant que la brise douce et rafraîchissante qui souffle de son océan. C'est un rêve grandiose et charmant, analogue à celui que la Chine avait fait, mais non pas irréalisable, ni absurde. On entend dire quelquefois que le protectorat sur l'Afghanistan est plus gênant qu'utile aux Anglais, à plus forte raison en serait-il ainsi d'un protectorat sur le Tibet. Ce jugement ne me paraît pas être inspiré par une saine intelligence des choses asiatiques. Le gouvernement de Calcutta est ambitieux, mais il a une vue nette et juste des conditions auxquelles il peut vivre et se développer. L'histoire est là pour lui apprendre qu'un ennemi puissant et belliqueux dominant en Afghanistan est bientôt maître du bassin de l'Indus et de la plaine du Gange. C'est ce que démontrent avec évidence les exemples des Ghaznévides, du sultan Baber et d'Ahmed châh. Or il en est exactement de même du Tibet. Dès que les Anglais pourront redouter de voir pénétrer dans ce pays l'influence d'une puissance dangereuse comme la Russie, ils seront amenés à y établir leur protectorat. Que les Cosaques entrent à Kâchgar et à Khotan, les sipahis entreront à Ta-chi-lhoun-po et à Lha-sa. Ces deux éventualités dépendent rigoureusement l'une de l'autre[1].

Il y a plus : le Tibet serait pour l'Angleterre une position excellente pour défendre contre les entreprises de tout autre peuple ce bassin du fleuve Bleu, dont elle est si jalouse, et le conserver dans sa dépendance au moins économique. Si la Chine se montre définitivement impropre à résister ensemble aux ennemis qui l'assiègent de toutes parts et aux maux intérieurs qui lui dévorent les entrailles,

---

1. Je ne change rien à mon texte de 1898. Depuis, le gouvernement de l'Inde a été amené à intervenir au Tibet par les inquiétudes que lui ont causées les tentatives faites par la Russie de nouer des relations avec le Talé lama.

Un grand lama de Lha-sa, Agoan Dordjief, bouriate et sujet russe d'origine, s'était rendu à Pétersbourg en 1900 et 1901 et avait été reçu officiellement par le Tsar. Le gouvernement russe, de son côté, avait envoyé en mission à Lha-sa M. Tsybikof, bouriate, gradué de la Faculté des langues orientales de Pétersbourg, qui séjourna dans la capitale du Tibet à peu près toute l'année 1901. Les Tibétains, fermant leur porte également à tout le monde, se constituaient par cela même les protecteurs volontaires de la frontière septentrionale de l'Inde, et l'Angleterre avait intérêt à respecter leur isolement. Puisqu'ils cessaient de jouer ce rôle, il convenait au contraire au gouvernement britannique de chercher à faire prévaloir son influence dans leur pays. Le but est resté le même ; les circonstances et les moyens diffèrent.

La Russie, séparée de Lha-sa par plusieurs milliers de kilomètres de déserts et de montagnes en partie infranchissables, est mal placée pour s'opposer à l'action anglaise. Aussi bien, elle peut s'en désintéresser parce que le bouddhisme n'a qu'une très faible importance politique, que l'influence du Talé lama, créée par les pouvoirs civils, peut être par eux détruite, réduite, transférée à d'autres incarnations du Bouddha. (Note de 1904.)

si la marche en avant de la Russie du côté de la Mongolie et des provinces du nord en vient à menacer le bassin du grand fleuve, les Anglais sentiront la nécessité, pour protéger leurs intérêts, de s'étendre jusqu'à la porte du Seu-tchouen, et de tenir fortement par terre, en occupant la citadelle tibétaine, le fleuve que leur puissance maritime ne suffirait plus à garder.

La Chine comprend très bien la nature précaire de sa domination dans le royaume de Lha-sa, menacée par les Anglais d'une part, compromise d'autre part par l'ambition jalouse des lamas qui ne la supportent que dans la crainte de tomber dans un mal pire. Elle cherche à porter remède à cette situation non pas en agissant à Lha-sa et en tâchant de substituer le gouvernement direct au protectorat, ce qui serait trop difficile et hasardeux, mais en diminuant petit à petit l'étendue du pays soumis à l'autorité du Talé lama, en en détachant chaque fois que l'occasion s'en présente quelque parcelle de territoire, en mangeant l'artichaut feuille à feuille. Elle ne demande pas mieux que de laisser les Tibétains tranquilles, mais un Tibet puissant et ... ne fait point son affaire. Dans les siècles précédents, les luttes entre le clergé et le pouvoir civil avaient été un moyen excellent d'affaiblir le Tibet, et lorsque l'empereur se décida à intervenir en faveur des représentants de la religion et à leur remettre le gouvernement, il eut soin de garder pour sa peine un gros morceau, les parties de l'est et du nord-est aujourd'hui administrées directement par les vice-rois du Seu-tchouen et du Kan-sou, de manière que, si le royaume de Lha-sa venait à être perdu par une révolte nationale ou une conquête étrangère, il restât encore une bande de terrain qui servit de couverture à la Chine propre. Les successeurs de K'ien-long ont poursuivi la politique d'empiétements

successifs et presque insensibles avec la continuité de
vues et la ténacité qui caractérisent la diplomatie chinoise.
Ils profitèrent des rivalités tantôt latentes, tantôt actives,
entre les princes indigènes, les grands lamas, les diverses
sectes, prétextes incessants d'intervention, et dès qu'un
seigneur terrien réclamait avec énergie son indépendance
et se montrait assez fort pour la maintenir, ils démontraient au gouvernement de Lha-sa qu'il avait bien tort de
se charger d'administrer un vassal aussi turbulent et qu'il
valait mieux 'pour son repos s'en soulager sur les épaules
plus robustes de la Chine. Le Dé-ba-djong, de son côté,
se servait de toutes les circonstances pour essayer de
remettre la main sur les pays qui lui avaient été enlevés;
d'où conflits sans cesse renouvelés. Les revers terribles
qu'éprouva la Chine après 1860, la révolte des Ta-ping,
celle des musulmans du Turkestan, du Kan-sou et du
Yun-nan firent la partie belle à Lha-sa. En 1863, une guerre
ayant éclaté entre le Mé-nyag et le Dé-rgyé, le Dé-ba-djong
intervint en faveur de ce dernier à qui il imposa son protectorat, et annexa le Mé-nyag en 1866. Le général du Dé-ba-
djong, un certain Poun-ro-pa, gouverna le pays pendant
dix ans et le pressura sans pitié pour subvenir au luxe
barbare dont il s'entourait. Habile politique, il avait réussi
à préparer l'annexion des pays voisins de Li-t'ang et de
Ba-t'ang et avait déjà passé des conventions secrètes avec
les chefs de ces deux territoires. Mais les populations
s'étaient plaintes à Lha-sa des exactions dont elles étaient
victimes, et la jalousie qu'on éprouvait de la puissance et
des succès de l'ambitieux général firent écouter ces do-
léances. On rappela Poun-ro-pa en lui promettant de le
nommer ministre; mais il était à peine rentré dans la
capitale qu'il mourut subitement en décembre 1877; après
lui, son fils, sa fille, ses parents disparurent en quelques

semaines et aujourd'hui il ne reste plus un seul membre de sa famille. Le Dé-rgyé profita du départ de Poun-ro-pa pour recouvrer son indépendance; en 1890, le Mé-nyag à son tour, à l'instigation des Chinois, se révolta et chassa les fonctionnaires de Lha-sa. En 1887, le Dé-ba-djong intervint dans le pays des Hor K'ang-sar, en 1894, il entra en conflit avec les gens de Sou-rmang qu'il prétendait soumettre à l'oulag; mais dans les deux cas ses intrigues furent déjouées par la diplomatie chinoise. Les Chinois, débarrassés des musulmans, avaient repris l'avantage du côté du Tibet. Les pays des Hor-tsi et de Ri-bo-tch'é furent détachés de Lha-sa, en 1886, les grands lamas de Dja-ya et de Tch'amdo reçurent l'autorisation d'envoyer des ambassades périodiques à Pékin de même que le Talé lama et le Pang-tch'en rin-po-tché et leur indépendance à l'égard du Dé-ba-djong fut reconnue. Au moment où nous écrivons, nous apprenons qu'un préfet chinois a été installé dans le Mé-nyag. Le progrès de la puissance chinoise ne va pas sans rencontrer des obstacles sérieux tant de la part des chefs locaux que de celle de Lha-sa. Quoique le nom de l'Empereur ait conservé dans ces contrées un très grand prestige moral, et que les chefs indigènes préfèrent la suzeraineté douce et presque insensible de Pékin à la domination plus dure et plus impérieuse de Lha-sa, cependant les efforts qu'ont faits les Chinois pour restreindre la juridiction du Dé-ba-djong n'ont pas été dénués d'inconvénients pour eux-mêmes. Ils ont attisé les sentiments d'indépendance des princes voisins de leur frontière, les ont excités à la révolte contre Lha-sa afin de les rattacher à leur autorité directe; mais ces princes n'avaient pas rejeté un joug pour passer docilement sous un autre et les Chinois sentirent la difficulté de soumettre à leur loi ceux dont ils avaient encouragé l'indiscipline. Les chefs indigènes réduisirent leurs obligations

au minimum, quelques-uns même se refusèrent à tout
acte de soumission. Le prince du Dé-rgyé n'admet pas de
marchands chinois à résider sur son territoire et ne les
laisse passer sur la grande route que moyennant finance.
Les dix-sept autres États tibétains du Seu-tchouen, Tchag-la
(Ltchags-la = principauté de Ta-tsien-lou), Li-t'ang, Ba-
t'ang, sur la route de Tch'a-mdo, Mi-li au sud de cette
route, le Mé-nyag, les cinq clans des Hor-pa, le T'o-skyab,
le So-mo, etc., au nord, bien que depuis longtemps vassaux directs de la Chine, donnent au vice-roi beaucoup de
peine pour faire respecter d'eux le peu d'autorité auquel
il prétend. Les Chinois ne sont sérieusement installés qu'à
Ta-tsien-lou, ils n'ont sur la route de Gyé-rgoun-do que
trois petits postes d'une vingtaine d'hommes dont le plus
reculé et le plus considérable est celui de Hor Kang-sar près
de la rivière Dza tchou. De leur occupation récente du Mé-
nyag il est impossible encore de rien dire.

En dehors des États Tibétains qui relèvent directement
du vice-roi du Seu-tchouen, il y en a deux autres catégories
qui relèvent l'une du légat impérial de Lha-sa, l'autre du
légat impérial de Si-ning. Le légat impérial de Lha-sa est
chargé d'exercer le protectorat chinois non seulement sur
les possessions du Talé lama, mais aussi sur tous les pays
indépendants qui y sont enclavés, Ta-chi-lhoun-po, Sa-
skya gon-pa, Po-youl, et sur tous les pays extérieurs qui en
ont été détachés postérieurement à la conquête de K'ien-
long, à savoir la principauté des Hor-tsi, Ri-bo-tch'é,
Tch'a-mdo et Dja-ya. La circonscription du légat impérial
est limitée au nord par les cols Tang la et Dam-tao la, par
les montagnes séparant le bassin du Nou tchou de celui du
Pam tchou, par une ligne traversant le Pam tchou et le Dza
tchou-Mékong par environ 31° 40′ Lt.; puis la frontière
atteint la vallée du fleuve Bleu, la descend jusque par envi-

ron 29°30', de là tourne sur la vallée du Mékong et la suit jusque par environ 27° Lt. Les Chinois entretiennent une petite garnison à Kiang-k'a sous les ordres d'un capitaine, une autre à Tch'a-mdo sous les ordres d'un colonel, mais ils ne sont même pas représentés dans les pays de Ri-botch'é et des Hor-tsi. Ce dernier pays qui s'étend entre le Ta-ts'ang la et le Dam tao-la comprend les bassins du Chag Tchou et du Sog tchou ; au sud du T'a-ts'ang-la, la petite vallée de Doug-long en fait également partie. La majorité de la population est pon-bo et ç'a été la cause de sa séparation de Lha-sa. Tous les Tibétains qui vivent sur la route de Nag-tchou à Gyé-rgoun-do dans les limites indiquées, les Dza-mar-pa, les A-tag, les Hor-pong-ra-ma, les Sog-dé-ma, les Kong-kié-ma, sont dissidents sans aucune exception. Il en est de même de leur chef, qui porte le titre de Hor-tsi-gyab-pé-ko[1], qui est laïque et vit sous la tente comme tous ses sujets. Sa résidence se trouve à Pa-tch'en à deux jours en aval de Oua-bé soum-do, sur un petit affluent de gauche du Sog tchou. On peut remarquer à ce propos que les chefs tibétains non plus que les chefs mongols n'aiment à s'installer sur les grandes routes, ni au bord des grandes rivières, ni dans les plaines ; ils se réfugient le plus souvent dans des endroits écartés, d'accès difficile, vers les sources des fleuves. A trois jours en aval de Pa-tch'en dans la vallée du Sog tchou s'élève le monastère de Sog-zen-dé, dont les lamas sont indépendants du Hor-tsi-gyab-pé-ko. La domination de ce dernier s'étend d'ouest en est depuis le grand tributaire oriental du Ts'o nag par environ 89° 15' lg. jusqu'à Bon-mou-mdo par 94° lg. Il a

1. *Gyab*, orthographe douteuse. La région au nord du fleuve Nag tchou ou Nou tchou est appelée quelquefois *Gya dé*, probablement la région du *Gya* ou *Gyab*. Dans Gyab-pé-ko on prononce distinctement un double *p*.

sous ses ordres un certain nombre de chefs de tribus ou dé-ba et reçoit un traitement léger de l'empereur de Chine. Ce roitelet, dont le pays est pauvre et peu peuplé, et qui est habillé d'une simple robe de peau de mouton, semble être assez bien obéi; il perçoit sur chaque famille et chaque tête de bétail un impôt très modéré dont le légat impérial touche une partie. Celui-ci n'a point d'agent dans le pays, mais de temps à autre il envoie un officier à Pa-tch'en pour recevoir l'hommage et le tribut du prince.

La troisième partie du Tibet soumis à la Chine est constituée par la circonscription du légat impérial de Si-Ning, qui lui-même relève du vice-roi du Kan-sou. Cette circonscription est limitée par celle du légat impérial de Lha-sa jusqu'aux sources du Dé-rgyé tchou, puis la frontière remonte au nord-est, traverse le Do tchou à 60 milles S.-E. de Gyé-rgoun-do, passe par le nord des pays de Dé-rgyé et des Hor-pa, traverse le Ta Kin tchouen par 52° Lt. et va rejoindre au nord-est la frontière du Kan-sou proprement dit en suivant la ligne de partage des eaux entre le Hoang hô et la rivière Min. Dans ces limites sont compris les États du Nan-tch'en gya-po, les quatre tribus des Dza-tchou-k'a-pa, les États du roi des Ngo-log, les tribus des Go-mi, et des Pa-nag, enfin le pays de Nga-mdo. Le Nan-tch'en gya-po, roi laïque, réside à Pam-dzong sur le Pam tchou au nord de Ri-bo-tch'é. Toute la région depuis le Dam-tao la jusqu'à la frontière du Tsa-dam mongol et jusqu'aux bornes du bassin du Do tchou est placée sous sa suzeraineté. Les Tibétains en parlent comme d'un personnage très vénérable, mais aussi comme d'un assez pauvre sire mené en laisse par les lamas. Au reste, dans toutes les principautés du Tibet oriental les lamas ou bien sont les maîtres nominaux et réels ou bien sont complétement indépendants du pouvoir civil et exercent sur lui une influence considérable. Le roi de Ta-tsien-lou est le seul qui ait autorité sur le clergé de ses États, aussi est-il entouré aux yeux des Tibétains d'une majesté redoutable et profonde non moins que le roitelet du La-dag, à qui rien au monde ne saurait être comparé sinon l'empereur de Chine en personne. Le pouvoir du Nan-tch'en gya-po n'est effectif que dans la vallée du Pam tchou, dans les environs immédiats de sa résidence. Ailleurs les chefs de tribus, plus ou moins encouragés par les Chinois, ne lui rendent guère qu'un hommage platonique. Celles de ces tribus qui me sont connues sont celles des Doung-pa, des Gé-dji (Gé-rgy ou Gé-rgyé), des Ra-k'i, des Tao-rong-pa et des Nyam-ts'o. Les Doung-pa s'étendent entre le Dam-tao la et la source du Mékong. Leur chef est campé à Dam-sar-tsa-wo près de la source du Dam tchou, à trois jours à l'est de la route. Les Gé-dji, plus nombreux et comptant trois mille laïques et cinq cents lamas, sont répandus dans le bassin supérieur du Mékong entre le Dza-nag la et le Dzé la. Leur chef est campé à Dza-mar-sang. Les Ra-k'i vont du Dzé la au Ser-kyem la. Les Tao-rong-pa, très supérieurs aux tribus précédentes, sont limités par le Ser-kyem la, le Tao la à vingt milles au sud-est de Gyé-rgoun-do, la limite de partage des eaux entre le Do tchou et le Dza-tchou-Ngo-log. Leur pays peu vaste est relativement très peuplé, semé de nombreux villages, et seuls parmi les tribus que j'ai citées ils s'occupent d'agriculture. Ils sont divisés en vingt-cinq clans commandés chacun par un chef laïque; il ne semble pas qu'ils aient un chef général, et les affaires communes sont réglées dans l'assemblée des chefs de clans. En réalité c'est l'abbé Sa-skya-pa de Gyé-rgou gon-pa qui est le véritable maître, et les chefs de clans ne sont en effet que ses agents. Il a trois mille moines dans son obé-dience, répandus en divers couvents possédant chacun de grandes propriétés et ayant droit de haute et basse justice sur les cantons environnants. Les seules parties du pays qui échappent à son autorité sont les terres et les villages appartenant aux rares monastères Gé-loug-pa, dont le chef est l'abbé de La-boug et qui ne comptent pas plus de 800 moines. Au nord des Tao-rong-pa sont les Nyam-ts'o qui confinent eux-mêmes aux Mongols du Tsadam.

A l'est, la région du Haut Dza tchou, assez peuplée, pourvue de cultures et de villages excepté dans la partie que j'en ai traversé, est indépendante en droit comme en fait du Nan-tch'en gya-po. Elle est divisée en quatre cantons, administrés par quatre chefs indigènes, dont le principal est le supérieur de Toub-chi gon-pa. Puis viennent le supérieur de Ka-nar gon-pa, le chef laïque de Yong-cha et le chef laïque de Chou-ma. Les gens de cette contrée se distinguent à première vue par leurs têtes rasées des sujets chevelus du Nan-tch'en gya-po. Ils portent aussi des lances beaucoup plus longues, mesurant environ 3 m. 50. Ces traits les font ressembler à leurs voisins de l'est, les Ngo-log, avec lesquels, d'ailleurs, ils ont beaucoup de relations de parenté. Ils sont particulièrement turbulents, et s'ils sont un peu plus réservés dans leurs brigandages que les Ngo-log, c'est uniquement parce qu'habitant dans des maisons, ils sont plus exposés à des représailles. Si les sujets du Nan-tch'en gya-po font à la population du Dza-tchou-k'a une mauvaise réputation, ce n'est point qu'eux-mêmes valent beaucoup mieux. La propriété privée est peu respectée parmi eux ; on rencontre assez souvent de petites caravanes de Tibétains ou de Chinois dépouillées de leurs chevaux par les indigènes, et les gens de Lha-sa ne passent par là qu'en nombre et bien armés. Quant aux chefs de canton, la plupart lamas perchés dans leurs lamaseries comme en des nids d'éperviers, il n'est pas rare qu'ils soient complices et justifient les pilleries en invoquant le droit de représailles. En effet chacun, craignant d'être volé par son voisin, se dédommage quand il peut, parfois d'avance, et se paye par le vol des pertes qu'il a subies ou pourrait subir à l'avenir. Le système du *baramta* kyrghyz est partout pratiqué. Lorsqu'un individu a à se plaindre d'un vol, d'un meurtre, d'un rapt, d'un outrage quelconque de la part d'un individu d'un autre clan, au lieu de recourir à l'huissier ou au procureur, il fait appel à son propre clan, qui prend les armes et s'en va razzier les troupeaux du clan auquel appartient le coupable. C'est la manière tibétaine de pratiquer la saisie conservatoire. Il s'ensuit des luttes quelquefois sanglantes, on se fait des prisonniers qu'on jette à l'eau, et de représailles en représailles la querelle peut durer indéfiniment. Il est très difficile d'amener la paix définitive qui efface tous les torts de part et d'autre.

Les Ngo-log[1], appelés ordinairement *Si fan* par les Chinois, sont maîtres dans toute la région entre le Kya-ring ts'o et la ligne de partage des eaux entre le Ma tchou et la rivière Min; ils descendent au sud jusqu'au 32ᵉ degré de latitude, confinent au Dé-rgyé et aux clans des Hor-pa. Ils sont divisés en douze tribus dont la principale est celle des Ken-gen. Leur roi, qui porte le titre de Artchoung[2]-nour-bou gya-po, réside dans la vallée du Ma tchou au sud de la puissante chaîne de l'A-mnyé Ma-tch'en. Ils sont équipés et habillés de la même manière que les Dza-tchou-k'a-pa : vêtements de peau de mouton, longue lance, cheveux courts, bonnet plat et rond ajusté à la tête en arrière, formant une sorte de visière en avant. Ils n'ont point de mai-

---

1. *Ngo* = face, *log* = de travers, c'est-à-dire *rebelle*. *Ngo-log tched-pa* faire la face de travers est une expression courante pour dire : se révolter.

2. Mot d'orthographe douteuse.

sons et vivent tous sous la tente, les lamas et le roi comme les autres. Le clergé semble être chez eux dans une condition subalterne, bien qu'il soit assez nombreux et non dépourvu d'influence. Les Ngo-log sont absolument indépendants de la Chine, nominalement et réellement. Ils forment une société de pillards régulièrement organisée. Chaque année en été ils font une ou plusieurs expéditions de trois cents à mille cavaliers, qui se dirigent surtout du côté de Lha-sa, qui enlèvent les troupeaux, les femmes, les enfants, pillent les caravanes de marchands. Ces expéditions sont commandées par les chefs de tribus de l'aveu du roi, qui perçoit un tant pour cent des produits. Elles pénètrent quelquefois jusqu'en vue de Nag-tchou dzong et poussent des pointes jusque très avant dans la Mongolie. Les gens du Tsadam les redoutent fort; Naichi où il y avait autrefois des pâturages fréquentés par les Mongols a dû être abandonné à cause des pillages répétés des Ngo-log. Tout autour du pays de ces bandits le vide s'est fait, de grands et riches pâturages sont aujourd'hui déserts, nul n'osant s'y aventurer et se mettre dans la gueule du loup; quoiqu'ils ne plantent jamais leurs tentes et ne mènent point leurs troupeaux au delà des monts A-mnyé Ma-tch'en, ils ne permettent à personne de s'installer, ni même de passer entre ces montagnes et le lac Kya-ring. Ce n'est point là la politique du chien du jardinier, c'est une simple variante du protectionnisme. Les Ngo-log, ce faisant, s'attribuent en vertu du droit du plus fort le monopole de l'exploitation du sel du Kya-ring ts'o et ce monopole est très fructueux, car une grande partie du Tibet oriental manque de sel; tout le pays entre le T'a-ts'ang la et Gyé-rgoun-do en est dépourvu et les indigènes pauvres le remplacent par de la terre rouge salée. Les Ngo-log vendent donc leur sel au prix qu'ils veulent aux Dza-tchou-k'a-pa et aux Hor-pa qui le repassent à leurs voisins. Gens pratiques, ils ne ferment pas leur porte à tout trafic, ils ont une sorte de traité de commerce avec les musulmans Salar et avec les gens de Soung-p'an l'ing qui peuvent vendre librement leurs marchandises chez les Ngo-log à condition de céder une certaine part de leurs bénéfices aux chefs de tribus et au roi. Les Salar et les gens de Soung-p'an, étant contrebandiers, n'y perdent rien; ils payent seulement aux chefs des Ngo-log ce qu'ils auraient dû payer au fisc impérial.

En même temps que négociants et industriels avisés, les Ngo-log sont des gens pieux qui savent à quoi la religion les oblige : ils laissent traverser leur territoire aux caravanes de certains couvents tels que La-boug et Lha-brang, qui les payent en indulgences et en lettres de change sur l'autre monde. Quant aux marchands qui n'ont point de passeport régulier, ils sont pillés sans pitié et les fonctionnaires chinois sont moins épargnés que personne. La paresse et la corruption de l'administration chinoise l'a toujours empêchée d'employer la force pour imposer l'ordre et la paix. Les mandarins, pour excuser leur négligence, font une peinture très romantique de la contrée habitée par ces bandits, la représentant comme inaccessible, hérissée de montagnes formidables, coupée de gorges ténébreuses. A vrai dire, elle est une des contrées les moins inaccessibles du Tibet; les vallées y sont larges, les cols faciles, hormis peut-être ceux des A-mnyé Ma-tch'en. Cependant les Ngo-log sont malaisés à saisir; vivant sous la tente, ils ont vite fait de lever leur camp à la première alarme et de se réfugier sur des hauteurs peu abordables; mais la raison principale de la tranquillité où on les laisse, c'est qu'une expédition militaire en un pays pauvre, éloigné au milieu de populations revêches, est une opération coûteuse et pénible qui entraîne de lourdes responsabilités. Il est évidemment plus simple de rester paisiblement chez soi et de mettre dans sa poche l'argent que l'empereur envoie pour l'entretien des troupes.

Il ne me reste plus que peu de chose à dire des Pa-nag qui habitent sur les bords du Kouke nor, au sud, à l'est et au nord, la rive occidentale étant occupée par des Mongols. Ils ont la tête rase comme les Ngo-log, ils se distinguent des autres Tibétains nomades par leur bonnet rond au sommet en pointe et leurs pantalons bleus en cotonnade chinoise. J'ai déjà indiqué les particularités de leur type physique qui dénotent un mélange avec l'élément mongol du voisinage. Comme les Mongols, ils sont toujours à cheval pour garder leurs troupeaux, habitude de gens de plaine ou de larges vallées plates. Leurs tentes sont semblables à celles des autres Tibétains, sauf en ce qu'elles sont plus vastes, mesurant jusqu'à 16 mètres sur 10. Le foyer de maçonnerie est aussi un peu différent d'aspect. Quelques Pa-nag ont des tentes de feutre blanches et rondes pareilles à celles des Mongols, mais ce n'est qu'une exception. Les Pa-nag semblent n'entretenir que peu de relations avec leurs congénères tibétains du sud, dont ils sont séparés par des solitudes de plusieurs journées de marche et ils ne les connaîtraient presque pas s'ils n'allaient en pèlerinage à Lha-sa et s'ils ne voyaient passer chez eux quelques caravanes de Lha-sa ou de Gyé-rgoun-do. Ce fait se manifeste immédiatement au voyageur par la disparition de la roupie, remplacée par l'argent chinois. Les Pa-nag sont connus dans le Tsadam, à Tong-kor et à Si-ning comme des voleurs incorrigibles quoiqu'ils m'aient paru assez braves gens; ce ne sont que des larroneaux et non des brigands comme les Ngo-log. Ils n'ont point de roi, mais seulement des chefs de clans; ils sont soumis plus étroitement que les autres Tibétains au pouvoir du légat impérial de Si-ning et lui payent des impôts annuels.

On peut dire que l'autorité de la Chine ne s'exerce point d'une manière ferme au delà du Tsadam, de la chaîne sud du Kouke nor, du pays des Go-mi et de Lha-brang gon-pa. Les Ngo-log ne s'occupent point du légat impérial, autrement que pour voler ses agents à l'occasion, et le légat impérial, de son côté, affecte de les ignorer. Dans la vaste région qui s'étend entre le Tsadam, Tch'a-mdo et le Dam tao-la, il n'a que deux représentants à Gyé-rgoun-do, simples interprètes (t'oung-cheu) de son *yâ-men*, connaissant la langue tibétaine. Ces modestes agents s'emploient de leur mieux à persuader aux petits chefs locaux de se tenir en paix, et leur médiation a parfois de bons résultats ; mais cette médiation est d'ordre platonique, car ils n'ont point de moyens sérieux de faire respecter leur autorité, sinon la menace d'une intervention chinoise. Ils n'ont aucune escorte, mais seulement quelques *dorgha* ou gendarmes indigènes analogues aux *aptouk* de Lha-sa. Les quelques marchands chinois qui font le commerce dans le pays ne peuvent résider qu'à Gyé-rgoun-do et, quoique ce village dépende du Kan-sou, ils doivent être munis de billets de l'administration du Seu-tchouen. Le légat impérial ne délivre de billets que pour les environs immédiats du Kouke nor et le Tsadam, et ces billets ne sont valables que pour quarante jours, ce qui empêche les porteurs de se rendre jusqu'à Gyé-rgoun-do. Le seul motif de cette mesure est de réserver à l'administration du Seu-tchouen tout le bénéfice du commerce du Tibet, dont une partie passe par Gyé-rgoun-do. Les charges des habitants de cette région au profit du gouvernement chinois se réduisent au payement d'une taxe de 1/8 d'once, soit de 1/5 de roupie par feu et par an, à l'entretien des deux interprètes et de leurs *dorgha*, et à la fourniture gratuite des bêtes, de la paille et du combustible dont ils ont besoin dans leurs déplacements. Le légat impérial ne paraît jamais dans les contrées qu'il est chargé d'administrer; il pense, à juste titre d'ailleurs, que sa majesté gagne à n'être pas vue de près. Seulement, tous les trois ans ou peut-être tous les ans, il se rend en grande pompe jusqu'au premier col d'où l'on peut apercevoir le Kouke nor, il présente ses offrandes et ses prières à la divinité du lac, qui, en échange, lui assure la possession de toute la contrée dont elle est la protectrice. En outre, tous les trois ans il envoie à Gyé-rgoun-do un fonctionnaire chinois du rang de préfet, afin de recevoir solennellement l'hommage de tous les chefs assemblés. C'est la même cérémonie qui était observée au vi^e siècle et sans doute plus anciennement encore. En vérité, les Tibétains sont un des peuples qui ont le moins changé dans le cours des siècles et il est bien à regretter qu'ils soient si peu accessibles et si rebelles à l'enquête.

TABLE DES MATIÈRES

PREMIÈRE PARTIE
VOYAGES A TRAVERS LE TIBET

CHAPITRE I
PREMIÈRES EXPLORATIONS DANS LE NORD-OUEST DU TIBET ET AU LA-DAG

CHAPITRE II
MARCHE SUR LHA-SA. — LE DÉSERT DE MONTAGNES LE NAM TSO. — NÉGOCIATIONS AVEC LES FONCTIONNAIRES TIBÉTAINS

CHAPITRE III

EXPLORATIONS DE 1894. — DU NAM TSO A GYÉ-RGOUN-DO

CHAPITRE IV

DE GYÉ-RGOUN-DO A SI-NING. — MORT DE DUTREUIL DE RHINS

DEUXIÈME PARTIE
VUE D'ENSEMBLE SUR LE TIBET
ET SES HABITANTS

I. — DESCRIPTION GÉNÉRALE DU PAYS

II. — LES HABITANTS, TYPE PHYSIQUE ET MORAL

III. — APERÇU HISTORIQUE

IV. — VIE MATÉRIELLE : HABITATION, VÊTEMENT, NOURRITURE, HYGIÈNE ET MÉDECINE

V. — LA FAMILLE

52818. — Paris, imprimerie LAHURE, 9, rue de Fleurus.

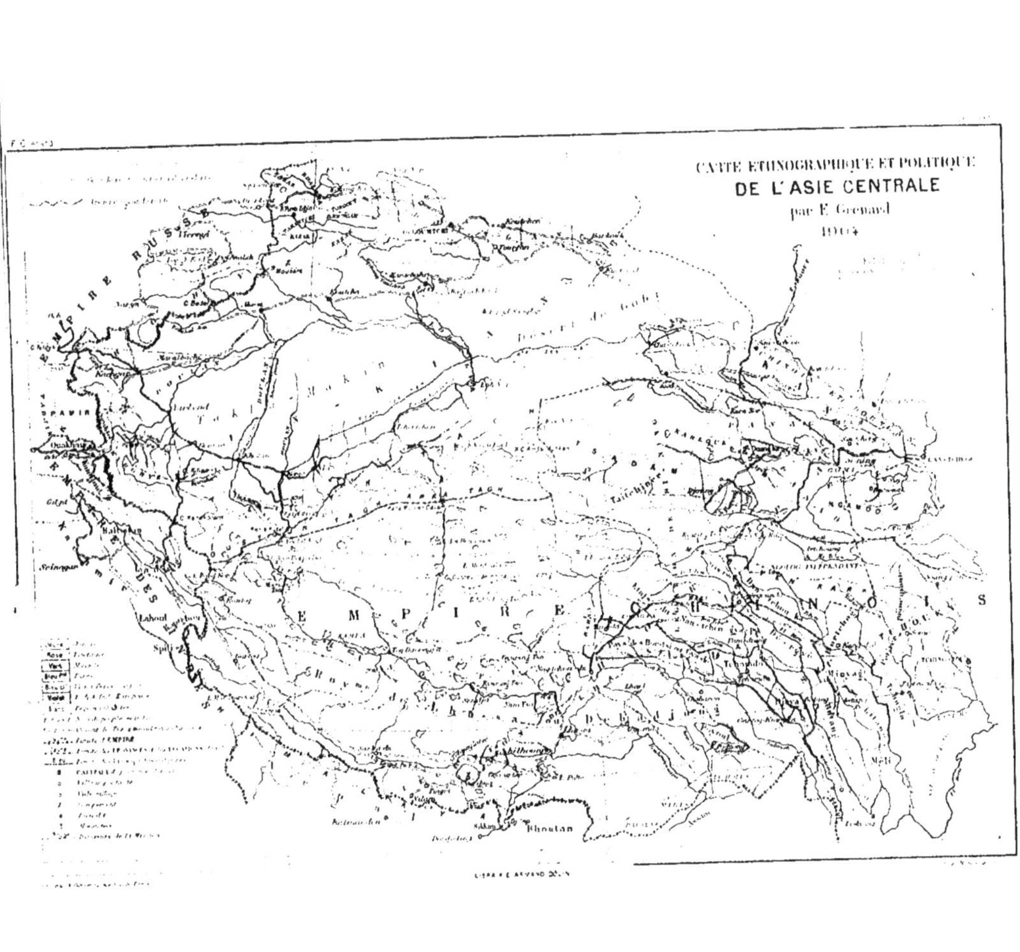

CARTE ETHNOGRAPHIQUE ET POLITIQUE
DE L'ASIE CENTRALE
par F. Grenard
1904

www.ingramcontent.com/pod-product-compliance
Ingram Content Group UK Ltd.
Pitfield, Milton Keynes, MK11 3LW, UK
UKHW020720120726
13693UKWH00001B/83